21世纪高等院校人力资源管理专业教材新系

Human Resource
Management

劳动经济学

LABOUR ECONOMICS

（第六版）

何承金　主编

东北财经大学出版社
Dongbei University of Finance & Economics Press
大　连

图书在版编目（CIP）数据

劳动经济学 / 何承金主编. —6版. —大连：东北财经大学出版社，
2021.3

（21世纪高等院校人力资源管理专业教材新系）

ISBN 978-7-5654-4090-8

Ⅰ.劳…　Ⅱ.何…　Ⅲ.劳动经济学-高等学校-教材　Ⅳ.F240

中国版本图书馆 CIP 数据核字（2021）第030603号

东北财经大学出版社出版

（大连市黑石礁尖山街217号　邮政编码　116025）

网　　址：http://www.dufep.cn

读者信箱：dufep@dufe.edu.cn

大连雪莲彩印有限公司印刷　　东北财经大学出版社发行

幅面尺寸：170mm×240mm　字数：461千字　印张：22.25　插页：1

2021年3月第6版　　　　　　　2021年3月第1次印刷

责任编辑：李　彬　王芃南　　　　　　责任校对：赵吉鑫

封面设计：张智波　　　　　　　　　　版式设计：钟福建

定价：45.00元

新世纪人力资源管理的思考（代序）

跨入新世纪，经济全球化、技术进步和消费者地位的提升等使得企业的外部经营环境变化越来越快。很多企业管理的研究者与实践者都有一个共识：不确定性是企业所面临的新竞争环境的主要特征。以不确定性为特征的竞争环境向企业提出了新的挑战，企业如何应对这一挑战呢？企业管理的研究者和实践者不约而同地将目光投向了人力资源。例如，核心能力理论认为，企业在本质上是一个能力体系，能力是能够为人们共同感受到的智力资本，它包括人力资本、结构资本和顾客资本。组织变革理论认为，有效的沟通是一种重要的组织资源，组织内群体之间、个体之间以及群体与个体之间能否有效地整合和分享有价值的信息与知识是衡量组织有效性的标准，从而将研究的焦点指向了组织内的人。而以资源为基础的企业理论则认为，传统的竞争优势来源（如技术、财务资源的获得）已不再能以稀缺的、不可模仿的和不可替代的方式为企业创造价值。因为人力资源的价值创造过程具有路径依赖和因果关系模糊的特征，其细微之处竞争对手难以模仿，所以，企业的人力资源将是持久竞争优势的重要来源，有效地管理人力资本，而不是物质资本，将是企业绩效的最终决定因素。尽管不同的理论对"什么是人力资源"有着不同的解释，其殊途同归的根本原因却在于"人是企业能对自身进行变革以适应环境变化的唯一动力"。在企业系统中，人具有其他要素所没有的特性——自我变革与自我发展的能力，即也只有人，才能够对企业的构成要素以及要素之间的关系进行调整。可见，当企业与环境间的平衡被打破时，必须借助于人的力量，才能重新达成企业与环境间的适配。因此，面对具有不确定性的竞争环境，企业管理的研究者和实践者都只能从人——这个企业自身变革的唯一动力源上，来试图找出有效的对策。从这一认识出发，可以毫无疑问地断言，人力资源成为企业管理研究与实践的热点和核心是一种历史的必然。

然而，"人力资源"并不等同于"人力资源管理"，正如一位首席执行官在回答记者提问时所说："如果你是指小写的 hr（指人力资源），那么我认为其是企业成功的关键;如果你是指大写的 HR（指人力资源部或人力资源管理实践），那我就并不这么认为了。"这表明人力资源管理在实践中并没有受到重视。为什么人力资源管理并没有在实践中发挥应有的作用呢?我们知道，人力资源管理在本质上是人力资源能够被开发的工具。企业管理者们可以运用人力资源管理实践，如人力资源规划、招聘与挑选、培训与开发、绩效管理与评估、薪酬制度管理等，来吸引、确认和保留高质量的人力资源。企业在获得高质量的人力资源之后，人力资源管理的下一个目标是鼓励人们表现出支持企业利益的行为。因为人力资源对企业持续竞争优势来说只是一个必要条件，而不是一个充分条件。人力资源潜力的实现，在一定程度上是由于人们通过表现出特定的行为而允许企业从中获益。因此，人力资源管理是人力资源和企业绩效关系的中间变量。人力资源仅仅在与正确的人力资源管理实践——通过诱发员工行为产生优势的实践——相结合时，才是有效的，即进行正确的人力资源管理是人力资源效率最大化的必要条件。这种中间变量角色在一定程度上也解释了为什么许多企业强调人力资源的重要性，而只有极少的企业能够开发出作为竞争优势之源的人力资源。

现实中人力资源管理没有发挥出应有的作用通常在于人们对于人力资源管理角色的错误定位。人们依然按照传统人事管理的观念将企业人力资源管理看成"成本中心"，而在新经济条件下企业人力资源管理应该成为企业的"利润中心"。要实现人力资源管理从成本中心向利润中心的转变，企业对人力资源管理的定位应该实现如下的转变：

首先，人力资源管理部门必须转变其思想观念，从注重"人力资源管理做什么"转变为关心"人力资源管理的产出是什么"，从解决"企业经营运作过程中的人的问题"转变为解决"与人有关的企业经营运作问题"。

其次，人力资源管理者必须从传统的职能专家向战略伙伴、员工支持者转变。其中，战略伙伴角色主要集中于把人力资源的战略和行为与经营战略结合起来。在这一角色中，人力资源管理以战略伙伴的面目出现，通过提高组织实施战略的能力来帮助保证经营战略的成功。员工的支持者角色意味着人力资源管理需要帮助维持员工和企业之间的心理契约，把精力投入到员工日常关心的问题和需求上，积极地倾听、积极地反应，并向员工提供为满足他们不断变化的要求所需的资源，创造一个学习的氛围和环境，让企业员工置身其中，激发出一种自然的学习动力和工作成就感。

最后，人力资源管理必须掌握新的技能：掌握业务，掌握人力资源、个人信誉和掌握变革。掌握业务要求人力资源管理成为企业核心经营管理的一部分，了解并参与基本的业务活动，具备强烈的战略业务导向。掌握人力资源是指人力资源管理要确保基本的管理和实践相互协调，并担当起行政职能。个人信誉是指人力资源管理者应具备良好的人际影响能力、问题解决能力和创新能力。掌握变革要求人力资源管理者应懂得如何领导企业变革与重组。很显然这四种新技能是与人力资源管理的新角色对应的。

人力资源管理任重而道远。相对于肩上的千斤重担，这门年轻的学科显得十分稚嫩，迫切地需要企业管理研究者和实践者们辛勤地培育。东北财经大学出版社的这套丛书从不同的层面、不同的视角对人力资源管理领域内的不同问题作了全面、系统和深入的探讨，对推动人力资源管理的理论发展，提高人力资源管理的实践水平，无疑是雪中送炭。这套丛书与20世纪90年代以来陆续引进和出版的人力资源管理教材不同，其具有两个显著的特征：一是先进性，这套丛书紧跟时代步伐，汇集了人力资源管理的最新观点、内容、原理和方法；二是适用性，这套丛书以培养能力为目标，吸收了国外教材的众多优点，特别适合于企业管理专业和人力资源管理专业的本科生、硕士研究生、教师以及人力资源经理们使用。总之，这套丛书是国内不可多得的优秀人力资源管理教材。十分感谢东北财经大学出版社给我这套丛书先睹为快的机会，读书偶感，权且为这套丛书的出版作贺。

赵曙明

于南京大学

第六版前言

在本书第五版出版的时候，我们提到以"阿尔法 GO"为代表的人工智能（AI），让"狼来了"的呼声成为现实。而后，一句"'电商吃肉，银行喝汤'时代来临"的话，更是足以表达人们对此的惊恐。

其实，那才刚刚开始。

但是，就像人类刚开始遇到火一样，起初是害怕，后来学会了控制火，火就成了人类的朋友。

没几年，我们欣喜地发现，老老少少玩"微信"，网上"淘宝"，出门不带钱，购物"支付宝"，什么都讲"大数据"，从"虚拟现实（virtual reality，VR）""增强现实（augmented reality，AR）"到"混合现实（mix reality，MR）""融媒体""5G"……成为街头巷尾的谈资。人们正在拥抱人工智能，利用人工智能创建新经济、新业态，创造新生活。人工智能和实体经济深度融合，万物皆互联互补，让40年前预言家预见的"地球村"，真正来到了我们的面前。

新一轮世界科技革命，一个数字化、智能化时代的浪潮汹涌奔驰而来。

数字化、智能化不是企业明天发展的机遇，而是企业今天生存与发展的条件。因此，世界各大国都在发展人工智能。美国、日本和欧盟等发达国家正加快第四次工业革命速度。"中国制造2025"战略就是要在未来摆脱过去单纯靠"人口红利"、劳动力驱动经济增长，转而重点依靠人工智能、机器人和各种高新技术，成为经济长期稳定增长和创新发展的动力。

然而，科技从来就是一柄双刃剑。

纵观迄今为止的科技革命，每一次都在解放生产力的同时，都给劳动就业及劳动力市场带来了巨大的震荡和变化，概莫能外。这一次的特点是，以人工智能为代表的新科技、新经济，给人们带来福音的同时，在当下，与另一柄双刃剑——全球化，携手"发威"。几个看似毫不相干的关键词，"联合"起来给企业"制造"麻烦：世界贸易战、人工智能、劳动力供给侧结构性压力。全球持续性经济低迷，世界各国的企业毫无例外地被牵连其中，艰难撑持，抑或倒闭。

人工智能被世界贸易战的本质——核心技术战——所裹挟，倒逼人们不进则退。大到国家，小到个人，在新的科技革命到来之际，不仅要有硬实力，还应有软实力、锐实力，才能立于不败之地。

我们正面临经济进一步转型，从经济结构工业化转向经济结构服务化。这一次的供给侧结构的革命性转变，是从过去主要以提供"解决温饱"的"物质"供给侧，转变到现在完全着眼于"人的生活质量提高"的"服务"供给侧。

从劳动经济学角度看，劳动力供给侧结构服务性改革，是在丝毫不放松拓展一般意义上劳动力需求管理，解决劳动就业量持续不断增加压力的同时，把重点调整到满足服务业就业需求上，特别是要通过发展现代科技、信息、金融等含金量高的高端服务业，以提高各种类型产业需求的人力资本存量和增量，激发更多新的经济增长要素和增长点。归根结底，这是一个依托人力资本不断提升，推动和引领创新发展的过程。

劳动经济学理论研究与教学工作者，认识劳动经济领域的新现象、新实践，探讨和预判劳动经济学理论的新走势，比如 AI 的运用与发展，将会怎样引起就业与失业、劳动关系、薪酬、社会保障、罢工、工会等一系列理论问题的全新变化，同样是一个艰巨的任务。

这次修订本书，比较充分地反映了近 5 年来人工智能等新科技、新经济对社会经济生活带来的新变化、新趋势，及其在劳动经济学研究领域的最新状况。希望这部分粗浅的工作能够助力同行教学与研究思考。

何承金

2020 年 10 月于四川大学竹林村

目录

第1章 /导论

—————— 学习目标 ——————

　　通过学习导论，了解劳动经济学的发展沿革，明确劳动经济学研究的对象和方法，并从经济学、社会学、管理学等多个学科的角度把握劳动经济学的学科体系及其发展趋势，为系统学习以后各章设定一个场景。

1.1　　　　　　　　劳动经济学的产生

　　人类在劳动中产生和发展，劳动是人类社会最基本最普遍的活动。可以说，劳动是与人类相伴而生的。同样，劳动经济学说也是随着人类劳动经济和劳动管理活动的发展逐步发展起来的。

1.1.1　劳动经济学的起源

　　劳动经济学，作为一门在经济学发展的基础上分化出来的独立学科，其形成和发展与经济学密不可分，其理论范式与主流经济学研究范式基本保持内在一致。但是，在市场经济成为社会主导的经济体制以前，系统的经济学理论尚未形成，因此劳动经济学也就无从谈起。这一时期，古代和中世纪的思想家们对劳动问题的论述与哲学、经济学、法学、伦理学、农学等混杂在一起，内容十分分散。

　　1）古希腊和古罗马时期的劳动经济思想

　　人类如何生存并发展下去，自古以来就是人们关注的焦点，而劳动自然成为关注之最。世界上最古老的典籍之一——古希腊的《荷马史诗》中记载了原始社会末期的社会劳动，描述了人的劳动分工，歌颂了人的劳动能力。生活在公元前430—公元前355年的著名思想家色诺芬，在其著作《经济论》中就已经开始了对劳动中社会分工问题的考察和研究，肯定了社会分工的必要性。与色诺芬处于同时代的思想家柏拉图，也曾在其著述《理想国》中表述了关于社会分工的思想。此外，他还首先注意到了劳动力资源与国土资源的关系，提出"一国的人口数量应该与国土保持相应的比例"。亚里士多德是柏拉图的学生，他的《经济学》与色诺芬的《经济论》内容大体相同。不过，亚里士多德承认社会分工的必然性是想以此证明奴隶制度是自然的、合理的。

古罗马时期关于劳动经济的思想主要反映在农学家克尤斯·加图（公元前234——公元前149）、马尔库斯·铁伦提乌斯·瓦罗（公元前116——公元前27）、柯鲁麦拉（公元前1世纪——？）等人的著述中。他们的著作类似古希腊思想家论经济的著作，内容主要是论证如何管理奴隶制经济和农业耕作技术的问题。特别是柯鲁麦拉在其《农业论》中创造性地提出应该注意提高奴隶的劳动兴趣、劝告奴隶主改变对奴隶的态度等观点，已经明显地反映出当时的思想家们十分关注劳动经济管理的问题。

2）欧洲中世纪的劳动经济思想

从5世纪末到10世纪末是西欧封建社会的早期。反映这一时期劳动经济思想最重要的史料是《萨利克法典》和《庄园敕令》。《萨利克法典》反映了五六世纪刚步入封建社会初期法兰克王国的经济制度及编写者的主要经济观点。它十分重视对作为主要生产者的自由法兰克人的人身自由及个人财产的保护，规定劳动所得归农户个人所有。《庄园敕令》是8世纪末查理大帝为整顿领地而下的一份诏令，它对农作物的耕作、收割，对农奴的监督、耕畜的使用等都作了详尽的规定。与《萨利克法典》不同，《庄园敕令》把如何有效地剥削农奴作为一个核心问题，它要求庄园管事充分利用土地和劳动力，督促农奴"勤于耕种"、不要"虚度工作日"，更具有劳动经济管理的倾向。

西欧从11世纪起进入封建社会的极盛时期，西欧的经济思想也进入了一个新的发展阶段。行会就是在这样的历史条件下形成的。行会制度中所反映的劳动经济思想主要是规定男女平等的原则；行会管理机构负责举办集体福利事业，并对某些专业匠师人数以及取得匠师身份所需的公民资格、财产状况、投资水平作出规定。

3）重商主义的劳动经济思想

重商主义是在西欧封建社会瓦解和资本原始积累时期产生的，它是对资本主义"现代生产方式的最早的理论探讨"[①]，与重商主义主张相适应的劳动经济思想主要包括：①贵金属是一国财富的主要形式，而财富源于天然的禀赋和劳动创造两方面；②立法保护本国的熟练技工，培训本国技工和吸引外国技工都可以增加国家的财富；③以高报酬刺激劳动的发展，增加国家的财富；④低利率可促使技工更勤劳以及提高熟练度，物价上涨对固定收入者的危害最大。

1.1.2 劳动经济学的形成与发展

随着资本主义生产方式的产生和发展，劳资雇佣关系扩展到社会生活的各个领域。与此相联系，劳工问题日益突出，劳动经济和管理活动日趋独立化。作为独立的经济学科，劳动经济学形成并发展起来了。一条清晰的脉络是，劳动经济学的基本理论在古典经济学基础上形成，在制度学派与新古典经济学争论中发展，在20

---

① 马克思. 资本论：第二卷 [M]. 中共中央马克思恩格斯列宁斯大林著作编译局，译. 北京：人民出版社，1976：376.

世纪新古典经济学的继承者、凯恩斯主义学派及其他诸多学派的争论与趋同中不断得以完善，从制度机制、市场竞争机制、要素共享机制、社会运行效率等多个层面展开研究，内容日趋丰富，已经从依附于主流经济学逐渐独立并发展为完整的理论范式。

1）古典学派

这一学派以亚当·斯密和大卫·李嘉图为主要代表，亚当·斯密在劳动分工对劳动生产力增长的影响、工资性质及决定工资差别的因素、劳动力供给与需求和工资运动状况等方面的论述，系统地奠定了劳动经济学的基本理论框架。此后，大卫·李嘉图通过对工资性质和工资决定问题的研究，提出了著名的工资理论，成为劳动经济学工资运动的规律以及劳动供给决定工资观点的直接基础。

古典学派较有影响的还有市场法则论和工资基金学说。让·巴蒂斯特·萨伊的市场法则论为劳动力市场的均衡分析、微观经济学及其后劳动经济学说的进一步发展奠定了直接的基础，而由重农主义者提出，亚当·斯密发展、约翰·斯图亚特·穆勒定型的工资基金学说在受到众多经济学家攻击的同时，客观上也促进了劳动经济学的成熟。

2）制度学派

从市场经济国家的历史来看，劳动经济学是伴随着劳动力市场发展成长起来的一门学问。工业革命之后产生了雇佣劳动，伴随雇佣劳动产生、普遍化和发展的诸如工资、失业、劳动时间、劳动条件、劳动保护、劳资谈判等问题日益突出。19世纪70年代，美国资本主义迅速发展，劳资矛盾极为尖锐，工会成为劳动力市场上一支重要力量，对劳动力资源的配置价格进行干预。在这种背景下，制度学派以劳资关系、劳动力市场的竞争和制度结构为对象，撰写了大量论著。其中，埃利·理查德在1886年出版的《美国劳工运动》一书中，考察了工会运动的发展，分析了工会在劳动力市场、劳动条件的决定方面的地位与作用等问题，开创了系统地对劳动力市场现象进行制度与组织分析的先河。1925年出版的布鲁姆的《劳动经济学》，是历史上第一本以《劳动经济学》正式命名的劳动经济学教科书，开始系统地涉及劳动力市场上的就业、工资、劳资关系、劳工运动等内容。

制度学派一般不涉及正规模型或对劳动力市场的数量分析，主要侧重于对劳工运动的历史研究以及对当时劳工问题的调查研究。市场的力量"被软化、限制，甚至被社会及其他非经济因素所替代"，标志着该学派以制度性因素和社会性因素来解释市场运行的结果。

3）凯恩斯学派的劳动经济思想

凯恩斯将其经典巨著《就业、利息和货币通论》称之为"我的充分就业经济学"，从中我们不难看出凯恩斯对就业问题在一国经济发展中作用的高度重视。凯恩斯用"有效需求不足"对资本主义国家所面临的经济萧条进行了解释，并进一步提出通过国家干预的方式，可以实现充分就业。凯恩斯的理论开启了国家干预经济，推动充分就业目标实现的大幕。

4）马克思主义的劳动经济学说

马克思主义政治经济学全面研究社会劳动和劳动管理活动，其中包含了大量的劳动经济思想和理论。马克思关于劳动价值论的研究，关于价值、劳动二重性、生产价格的理论，关于剩余价值的研究，关于利润、地租、工资理论和劳动与劳动力的科学区分，关于资本积累理论的研究，关于有机构成的理论、劳动力商品的存在产生的劳动力市场社会关系问题的研究等，实现了对古典学派经济学的一场深刻的革命。

5）劳动经济科学在我国的建立

我国对劳动经济问题的研究始于20世纪20年代[①]，但当时这些问题大多被纳入劳动社会学研究或劳动立法研究的范围，相关著作相继出版。1928年，日本北泽新次郎的《劳动经济论》译本在中国出版。1929年出版的陈达的《中国劳工问题》一书，论述了中国劳工问题的历史、现状和解决途径。1931年，朱通九的《劳动经济》一书出版。朱通九认为，劳动经济学是研究劳动者的经济行为的科学。中华人民共和国成立后，在苏联的帮助下，我国开始建立劳动经济学科。1958年，在高等院校中设置了劳动经济专业，但直到1982年才正式出版了我国的第一部《劳动经济学》教科书（任扶善教授主编）。其后，随着改革开放的深入发展，涉及劳动经济各领域的专著相继出版，整个劳动经济的学科建设呈现出繁荣兴旺的新局面。

改革开放之后我国关于劳动经济学的研究，依据不同时期的研究重点，可以划分为三个时期：第一个时期是20世纪70年代末到20世纪80年代中期，主要研究城镇待业青年的就业问题以及如何调整收入分配政策以提高劳动效率的问题；第二个时期是从20世纪80年代末期至20世纪90年代初期，重点在于讨论劳动力的流动特别是农村剩余劳动力的转移等有关问题；第三个时期是20世纪90年代以后，特别是中后期，主要研究社会主义制度下的劳动力市场建设、就业、失业及社会保障等有关问题。

1998年，我国高等教育调整优化专业设置目录，人力资源管理专业取代劳动经济专业。《劳动经济学》成为人力资源管理专业学生的必修专业基础课之一。

进入21世纪后，世界经济越来越成为一个相互依存互补、"谁也离不开谁"的多元化体系。开放的中国正以充分的自信，更加深刻地融入世界经济大家庭。可以预见，随之而来的中国劳动经济问题将不仅具有中国特色，也势必更多地反映国际劳动经济的一般属性，而世界劳动经济学学科也会因"中国案例""中国理论"的加入而受到理论界和实际工作部门的关注。

---

① 1924年陈达教授指导清华学生对北京海淀区人力车夫的生活费进行调查；同年，甘博、孟天培、李景汉在北京对1 000个车夫的收入和家庭支出进行了调查和分析，得出他们入不敷出的结论。

1.2　劳动经济学的研究对象

1.2.1　劳动经济学的定义

经济学要研究的是社会如何利用稀缺的资源以生产尽可能多的有价值的商品，并将它们分配给不同的个人的问题。绝对的物质丰富是不可能的，资源的稀缺性促使社会必须作出选择。然而，选择即意味着放弃，因此，选择是要付出代价的，是有成本的。经济学中的成本最重要而又最容易被人忽略的是机会成本，即将稀缺的生产资源用于此种需要和愿望的满足而损失的是用于次佳用途所能获得的回报，可简单地理解为"选择的代价"。而引导我们作出选择的则是利润最大化原则（对企业而言）或效用最大化原则（对个人而言），即以尽可能少的投入获得尽可能多的经济利益。正是由于资源的稀缺性、机会成本以及利润最大化（效用最大化）原则的存在，人们才需要在理性分析的前提下作出经济决策。

劳动经济学的基本理论假设是资源稀缺性及完全理性的经济人假设，其研究对象是由劳动力资源稀缺性引起的资源配置问题及资源利用问题。

劳动力资源也是一种稀缺的社会生产性资源。可面对当前整个世界日益严峻的失业问题，人们会问：社会上存在那么多失业者，为什么还说劳动力资源是"稀缺"的呢？对此，我们可以从劳动力资源的质和量两个层面去理解。从量的层面上说：小而言之，企业在进行生产经营活动时，所能控制和使用的劳动力资源是有限的。不管是出于支付能力还是支付意愿的限制，企业实际获得的劳动力资源相对企业希望获得的劳动力资源总是稀缺的。大而言之，社会劳动力资源是稀缺与过剩并存的。社会总需求总是不断增长、变化的，因而从长期来看，劳动力资源是稀缺的。从质的层面上说，相对低质劳动力，高质量的劳动力资源是稀缺的；相对目前的产业结构，配置给高新技术产业的劳动力资源是稀缺的。此外，还应该看到，就某个具体时点来看，出于对劳动效率的追求，以及由于劳动力资源需求方的支付能力和支付意愿的限制，劳动力资源在劳动力市场上可能表现出"过剩"的状况。

基于以上分析，劳动经济学关注的焦点是如何以最少的劳动费用投入获得最大经济效益。据此可以说，劳动经济学是研究劳动的经济效率的科学。这也是传统上人们都以经济学理念来认识劳动的经济效率，从而得出劳动经济学是属于经济学范畴的学科的原因。然而，"劳动的经济效率"，首先源自"劳动力组织（或配置、管理）的效率"，简而言之，"劳动管理的效率"。从这个观点出发，加上在劳动经济学研究对象中将要提到的原因，劳动经济学同样又在管理学中占有一席之地。"管理科学，兴国之道"（朱镕基）。在知识经济时代，经济管理中传统上以"物"为中心的管理已经转变到以"人"为中心的管理上来。因此，我们从经济学与管理学相结合的角度给劳动经济学下如下定义：

劳动经济学是以劳动力价格及其影响因素为中心，研究劳动力资源如何通过劳动力市场机制的作用，实现劳动力资源的社会与个体利益的最佳结合，以及在这个过程中的人与人之间的劳动关系和劳动力资源与其他生产资源之间的关系的学科，并对劳动力市场组织、运作及其结果，当前和未来的劳动力市场参与者的决策，以及与劳动力资源就业和收入分配有关的公共管理政策与制度进行研究。

1.2.2 劳动经济学的研究对象

从劳动经济学产生至今，理论界对其研究对象的界定一直存有争议，莫衷一是。现将劳动经济学的各种对象论作一个简要评介。

1）研究劳动力市场运行和结果

"劳动经济学研究劳动力市场的运行和结果。确切地说，劳动经济学研究雇主和雇员对工资、价格、利润以及雇佣关系的非货币因素（如工作条件）的行为反应。"[①]"从经济学的一般定义出发，劳动经济学是研究劳动资源在既定目标下的有效利用的学科，它研究劳动力市场的运行和结果，即劳动力供需双方的相互作用。确切地说，劳动经济学研究劳动者与经营者对工资、价格、利润以及劳动关系的非货币因素（如工作条件）的行为反应。"[②]围绕这种对象论建立的劳动经济学主要包括劳动力市场概论、劳动力需求供给分析、劳动经济学的一些专业问题（如工会的影响、歧视性工资等）。

2）研究劳动力资源投入与产出机理

我国一些学者认为，"主流经济学会把劳动经济学的研究对象，概括为效用最大化假设下，劳动力资源的投入-产出机理。这就是：研究在人的理性行为遵循效用最大化的前提下，人们在生产中将作出什么样的劳动投入决策"。[③]这种理论主要包括劳动投入生产理论、劳动投入成本理论、劳动投入收益理论以及劳动投入的经济效益分析。

3）研究劳动关系及其运行规律

这种观点认为，劳动经济学的研究涉及劳动中的人与人的关系、人与物的关系和人的劳动力这样三个方面的内容。而作为一门经济科学，其主要的研究对象应该是人与人之间结成的劳动关系。以此建立的劳动经济学主要研究劳资关系、分配关系、劳动组合关系，以及这些关系的成因、作用，并对其作出评价。该观点符合传统马克思主义经济学的基本研究视角。

4）研究与劳动相关的问题

这些问题包括劳动力市场问题、劳动报酬问题、劳动力管理问题、失业与通货膨胀问题、劳资纠纷问题、社会保障问题、人力资本投资问题等。也就是说，所有与劳动相关的经济管理问题都可以纳入劳动经济学的研究对象。

此外，还有一些其他的对象论。例如"研究劳动力资源的合理配置""研究社

---

① 伊兰伯格，史密斯. 现代劳动经济学理论与公共政策 [M]. 刘昕，译. 10版. 北京：中国人民大学出版社，2011.
② 马培生. 劳动经济学 [M]. 北京：中国劳动社会保障出版社，2002.
③ 赵履宽，等. 劳动经济学 [M]. 北京：中国劳动出版社，1998.

会劳动组织""研究劳动力资源的有效利用"等。关于劳动经济学对象的讨论仍在继续,它必将随着劳动经济理论的不断发展而日趋完善。

本书认为,作为一种社会生产性资源,劳动力资源同其他经济资源一样,具有相似的经济属性。因此,劳动经济学的研究对象势必包含劳动力市场及其运行的规律。同时,我们更应该看到劳动力资源较其他经济资源的特殊性。这种特殊性表现在,由于劳动力是附着在人身上的一种能力,而人在具有个性的同时还具有明显的社会属性,所以劳动力资源与人本身的不可分割性和同一性,使得我们还要把研究对象拓展到社会学和管理学领域。不仅如此,劳动力资源与其他生产性资源还有一个明显的区别,即劳动力资源在社会生产活动中具有能动性特征。明确这一点是非常重要的,因为普通的生产资源都是被动地接受"修理""处置""改造",好比一件工具,我们把它搬来搬去不需要向它说明和解释。然而,要实现劳动力资源的有效利用,则必须充分发挥劳动者的积极性、创造性和主观能动性,而这离不开对其心理规律的认知和研究。这样,劳动经济学研究的触角又伸到了心理学领域,要研究劳动者的心理状况和心理反应。最后,社会生产力发展的目标是实现人的全面发展,最充分地发挥人的潜在能力,因此,劳动经济学关注的将不仅是劳动力资源配置所带来的国内生产总值(GDP)和社会福利增加,还更要关注人自身的发展,也即劳动者自身福利的增加和生活质量的全面提高。

根据这样的认识,本书把劳动经济学的研究对象归结为:以社会经济的可持续发展为目标,以劳动力的经济活动和劳动者自身福利的增加、生活质量全面提高为中心,研究各种劳动经济现象及其运动规律,涵盖劳动力市场及其变化、劳动力的投入与产出效率、劳动经济管理及其运作机制、劳动和谐关系的维护、社会劳动问题的处理等领域。在宏观层面上,根据社会经济的发展规律,注重社会的劳动力供给和经济发展的需求相协调及劳动力资源配置和素质的提高,总之,社会劳动力结构性供给应与国民经济结构现代化发展不同阶段的要求相吻合,才能为社会的可持续发展奠定基础。在微观层面上,一方面要研究企业组织如何以最小的劳动投入获取最大的经济效益,以及为获得最大的效益必须具备的环境与前提条件;另一方面,要研究在通过劳动力资源的发展及有效配置推动社会经济发展的同时,如何使劳动者更多地从劳动中解放出来,获得较多的闲暇以及精神生活。

1.2.3 劳动经济学的地位

1)劳动经济学在管理科学中的基础地位

随着社会经济的发展和人们认识的深化,劳动力资源已经上升到了资本的高度。用于"人力"上的投入已不再简单地被当作消耗,而是作为一种投资,这种投资是社会经济发展过程中一个非常重要的内容。只有在了解和掌握了劳动力市场运行规律、工资理论、福利与社会保障、劳动经济信息以及相关法律法规的前提下,才能有效地进行企业管理特别是人力资源的开发和管理。可以说,劳动经济学是管理科学的一个重要理论基础。

2）劳动经济学与其他经济科学的关系

劳动经济学作为经济学的一门分支学科，和其他经济科学有着密切的联系。下面，分别从劳动经济学与经济科学体系中理论经济学、应用经济学和技术经济学的关系进行阐述。

（1）理论经济学

理论经济学是从整体上研究经济活动中某些事物的性质、特征及其运动规律的经济科学。政治经济学、发展经济学、经济史学、经济思想史都属于这一范畴。前面在对劳动经济学的起源进行论述的时候，其实就是从经济思想史的角度展开的。对此，不再赘述。

（2）应用经济学

应用经济学主要侧重于对理论经济学所阐明的理论与方法在现实经济活动中的应用方面。按其研究范围的不同，又分为部门经济学、专业经济学和综合经济学三类。

部门经济学是研究国民经济某一部门范围之内各种经济现象的经济科学。劳动经济学的研究必然会涉及国民经济各部门内的劳动经济问题，因此两者在研究内容上有一定的交叉。劳动经济学要吸收、概括、总结各部门经济学在研究劳动经济问题方面的成果，而部门经济学在研究劳动经济问题时，也要掌握和运用劳动经济学所揭示的劳动经济规律。其区别主要在于，部门经济学在研究劳动经济和其他方面的问题时，其部门界限是不能跨越的，它的研究局限于部门内部特殊的劳动经济和其他方面的经济现象；而劳动经济学则是全面、系统地研究劳动经济问题，既不受国民经济各部门的限制，也不受国民经济各地区的限制，它所揭示的劳动经济规律对各部门各地区都有普遍的指导意义。

（3）技术经济学

技术经济学是研究与经济有关的技术、方法的经济科学。劳动经济学与技术经济学的关系也非常密切。技术经济学在研究方法上可为劳动经济学提供帮助，而劳动经济学的理论对技术经济学的深入研究也具有一定的参考价值。

3）劳动经济学与其他劳动科学的关系

迄今为止，以劳动的不同侧面作为研究对象的科学日臻完善，形成了一个较为完整、独立的劳动科学体系。劳动经济学在整个劳动科学体系中地位十分重要，是其理论体系的基础和核心。在这个科学体系中，除了劳动经济学主要还有劳动社会学、劳动法学、劳动统计学、劳动生理学、劳动心理学、劳动卫生学等。

（1）劳动社会学

劳动社会学是研究劳动与人的社会生活相互关系及其规律性的一门科学，它是社会学的一个分支。它的主要研究内容包括劳动与人类生活发展的内在联系，劳动者的需要、动机和劳动行为、职业选择，人员的社会流动和迁徙，劳工运动和工会，职业道德和劳动纪律，影响劳动者积极性的各种因素，以及劳动的现代化和劳动者的现代化等。

（2）劳动法学

劳动法学是研究调整劳动关系的法律规范的科学，它是法学的一个分支。劳动法调整的社会关系的内容不仅包括经济方面的内容，而且也包括政治方面的内容、文化方面的内容、人身保护的内容。例如，劳动者通过职工大会、职工代表大会或者其他形式参与民主管理方面的内容；劳动者职业培训方面的内容；劳动者享有休息、休假和劳动保护方面的内容等。

（3）劳动统计学

劳动统计学是研究劳动关系的指标体系和它的数量表现的科学，它是统计学的一个分支。它对劳动力的数量和质量、工时利用程度、劳动生产率、工资、劳动保险、劳动保护等进行统计分析。劳动统计学是研究国民经济各部门、各要素之间平衡关系不可缺少的一部分，是国民经济统计的重要组成部分。劳动统计学既从微观角度又从宏观角度研究劳动经济现象的数量方面，它研究的理论、原则、方法对建立和完善劳动统计工作有不可忽视的作用。

（4）劳动生理学

劳动生理学是研究人体在各种劳动条件下生理机制变化的科学，它是生理学的一个分支，它主要研究人的劳动生理机制，包括人体生理系统的劳动功能、在各种不同的劳动条件下劳动能力的生理意义的消耗和恢复、劳动生理现象的技术测定等。为减轻劳动者在劳动过程中的疲劳，防止劳动中可能出现的损伤，劳动生理学从生理学方面提供理论依据，增强劳动者的体质，提高劳动效率，并提出具体措施。

（5）劳动心理学

劳动心理学是研究劳动者在劳动过程中心理活动规律的科学，它是心理学的一个分支。其内容是按心理学提供的心理现象（感觉、知觉、注意、思维、意志、动机、情思和技能形成等）方面的规律性认识，去研究劳动过程中的人-机关系和人-人关系以及劳动者技能形成的课题，保证劳动者心理健康，以改进劳动动作和行为，改善劳动条件和人-机系统，建立良好的人际关系，为提高劳动效率服务。

（6）劳动卫生学

劳动卫生学是研究劳动条件中卫生问题的科学，它是卫生学的一个分支，主要研究劳动过程中的外界环境对劳动者健康的影响以及防止不良的劳动条件应采取的各种措施。劳动生理学、劳动心理学、劳动卫生学都是新兴的劳动自然科学。

以上劳动科学都有其具体的研究对象和侧重点。我们相信，随着社会转型的加快，还会派生出新的劳动学科，各学科间相互影响、相互促进会进一步加深。劳动经济学为这些学科的发展提供重要的理论基础，而这些学科的研究成果又促进了劳动经济学更深入发展。

1.2.4 劳动经济学研究体系

所谓体系是指若干有关事物互相联系、互相制约而构成的一个整体①。体系不仅包括构成体系的基本要素，还包括各要素之间相互作用的机制。

由于劳动经济学是研究以劳动力为中心的资源利用效率和效果的科学，涉及劳动力供给与需求、劳动力结构与调整、劳动力配置与再配置、劳动力的成本与追加投资，以及劳动管理等诸多问题。而这些问题，都离不开市场的主导。因此，本书认为，以劳动力市场为中心讨论劳动经济学的科学体系是比较恰当的。

1）劳动力市场

在市场经济条件下，资源的配置是通过市场实现的。劳动力市场包括两层含义：一是指劳动力供求双方双向选择和进行劳动力交换的场所；二是指运用市场机制调节劳动力供求关系的组织形式。这里，我们采用前一种狭义理解。同其他商品市场一样，作为一种劳动力交换的场所，既可以是有形的也可以是无形的。有形的市场，如职业介绍机构、人才市场；无形的市场如劳动力信息中心、劳动就业法律服务中心、互联网上的招聘网站等。

2）劳动力市场主体

在劳动力市场体系中，家庭（个人）、企业组织、政府、工会共同构成了其主体。家庭（个人）是劳动力的供给方，企业组织则是劳动力的需求方。从生产要素投入的视角观察，劳动力市场供求双方的行为调节着劳动资源的配置；从收入的视角观察，劳动力市场的供求运动决定着工资。需要指出的是，劳动力供求双方的利益既有一致性又存在对立面，因而劳资关系也呈现出缓和与冲突并存的状态。这种关系既受市场机制的制约，又弱化市场机制的作用。前面我们已经提到过劳动力资源的"能动性"，在充分市场经济条件下，工会的产生可以看作这种"能动性"的结果。它不仅对劳动者本身的权益有着举足轻重的影响，而且对劳动力市场乃至整个经济都有十分重要的作用。

3）劳动力市场的基本要素

劳动力市场的基本要素是价格，即工资。一般说来，劳动者以劳动力在市场上交换，都是希望换取尽可能多的经济回报，即高工资和优福利。工资与福利不仅直接影响着劳动者劳动投入的数量、质量、积极性，而且与企业的生存发展休戚相关。如何制定合理的工资与福利制度，在劳动者和企业的利益之间找到平衡点，工资与福利受哪些因素的影响……都是劳动经济学所要研究的。

4）劳动力市场的规则

劳动力市场规则主要包括市场进出规则、市场竞争规则、市场交易规则和市场仲裁规则。完善的市场规则是市场有效率运行的必要条件。政府通常通过制定各项政策来管理劳动力市场的运行。尽管在市场经济条件下，政府的具体职能已经弱

---

① 辞海编辑委员会. 辞海［M］. 上海：上海辞书出版社，1979：521.

化，但一定程度的宏观调控和管理是不可或缺的。

5）劳动力市场信息

"完全信息"只存在于经济学的假设中，实际上，我们生活在一个充满不确定性的世界里，而获取信息则是消除不确定性的主要途径。充分的劳动经济信息不仅使劳动力资源达到最合理的配置，而且能优化劳动力资源。劳动者通过与信息的接触，不断深化认识，提高自身的生产技能和管理水平，极大地提高了生产率。在人类已经进入信息时代的今天，信息已经成为一种重要的生产资源。因而，我们在研究劳动经济学的时候，应对劳动经济信息给予充分关注。

1.2.5　学习劳动经济学的意义

1）从宏观方面看，劳动经济问题是关系国计民生和社会安定的重大问题

尽管今天我国经济总量已经跃居世界第二，但我国仍然是一个人口和劳动力多、经济发展水平较低的发展中国家，我们在解决劳动经济问题时，面临着由此产生的一系列矛盾和困难。例如，在我国人均收入大大提高之前，在劳动力相对过剩问题根本解决之前，我们面临着提高劳动生产率和增加就业岗位之间的矛盾，我们还面临着增加就业岗位和提高平均工资之间的矛盾，我们也面临着提高劳动报酬水平和改善保险福利待遇之间的矛盾等。而学习劳动经济学则有助于我们从产生这些问题的背景和根源去深刻地认识这些矛盾，并为我们解决这些矛盾提供理论支持和政策建议。如果社会中的劳动经济问题不能得到有效解决，势必发展成影响经济发展和政治稳定的重大问题。

2）从微观方面看，劳动经济问题是影响企业效益的关键性问题

劳动经济学对企业的重要意义可归纳为以下几点：

（1）指导企业正确配置和合理使用劳动力，使每个员工都有明确而适当的分工和密切的合作，从而保证企业的生产活动协调、高效地进行。

（2）保证企业及时更新劳动力，不断补充具有一定素质的技术人员、管理人员，使企业拥有一支高水平、高效率的职工队伍，使职工队伍的结构和各类人员的比例更合理，以满足生产服务不断发展的需要。

（3）可以做好劳动定额管理，改善劳动组织，提高劳动生产率，帮助企业取得较大的经济效益。

除了上述两个方面，劳动经济学还与我们每一个人的生活直接相关。例如，"下岗""结构性失业""通货膨胀蚕食了人们的收入""最低工资法""就业中的性别歧视""个人维权""集体谈判"……这些都是发生在我们现实的经济生活中的经济和管理问题。学习和掌握劳动经济学，将有助于我们在雇佣、就业、晋升、培训、工资报酬、激励等方面作出合理的决策。同时，还可以提高我们分析经济社会问题的能力，从而成为更理智敏锐的公民。

1.3 劳动经济学的研究方法

1.3.1 劳动经济学的假设前提

1）经济学一般的假设前提

（1）人是合乎理性的人或经济人。西方经济学的理论基础是人是理性的。人性既非本善也非本恶，而是本利。人是合乎理性的人或经济人的假设就是以利己动机来从事经济活动的人，泛指一切追求自己的目标，并且能以明智的方式追求这一目标的人。劳动力资源的市场配置将是劳动力供需双方的利益平衡过程，只有将劳动者定义为合乎理性的人，我们才可以考察其劳动力市场均衡。合乎理性并不等于是理性的。任何一个劳动者都是基于自身掌握的信息和自身效用判断而参与劳动力市场，信息的不完全将使劳动者的决策也是非完全理性的而只能是部分理性或称合乎理性。

（2）"劳动力"资源有限。经济理论认为，所有的经济资源都是稀缺的，即任何资源都是有限的。在此假设前提下，劳动者在对其所拥有的劳动力资源进行选择时就面临一定的机会成本，于是最大化自我效用就成为劳动力市场配置决策的依据。劳动力的需求方也将在自身利益最大化的追求下，对所拥有的劳动力进行科学使用，提高企业经营管理水平，以提高劳动力资源的使用效率。

（3）产权界定明晰。劳动力的产权是一个综合性概念，其中最核心的内容是所有权、使用权、收益权、处置权。劳动力的所有权归劳动者个人所有；劳动者本人可以在一定条件下让渡其劳动力的使用权和处置权，并因为权利的让渡而获得相应的收益。所以，如果说劳动力产权界定不清，则劳动力市场的正常运行就会受到阻碍，劳动者的正常权益也就不能得到保障。

2）管理学一般的假设前提

现代管理学理论不仅注意到传统的员工是理性人或经济人的假设，而且还进一步看到他们具有社会人的一面。因此，今天无论是在宏观还是微观领域，从以"物"为中心转变到以"人"为中心，全面贯穿"以人为本"思想的同时，都承认人性的多元化，因人而异地做好劳动管理，无疑就成为提高劳动经济管理效率的关键所在。

1.3.2 研究劳动经济学应遵循的总原则：辩证唯物主义和历史唯物主义

辩证唯物主义和历史唯物主义是我们认识世界和改造世界的有力武器。我们在研究劳动经济学的时候，要用辩证唯物主义对立统一的观点认识、分析和处理劳动经济活动中的矛盾及问题。同时，还要运用历史唯物主义的观点和方法，从特定的经济形态和历史发展阶段出发研究本国的劳动经济问题。总之，坚持辩证唯物主义和历史唯物主义是学习和研究劳动经济学的总原则。

1.3.3 研究劳动经济学的方法

在理论体系上，劳动经济学已经形成一个微观个量分析与宏观总量分析并重的完整理论体系。而在方法论上，由于劳动力资源及劳动力市场与其他生产资源和市场的不同，形成了实证主义与规范主义两种方法并重的特征。

1）实证研究方法

实证研究方法是认识客观现象，向人们提供实在、有用、确定、精确的知识的方法，其重点是研究现象本身"是什么"的问题。实证研究方法试图超越和排斥价值判断，只揭示经济现象内在的构成因素及因素间的普遍联系，归纳概括现象的本质及其运行规律。实证研究方法具有以下两个特点：①其目的在于认识客观事实，研究现象本身的运动规律及内在逻辑；②实证研究方法对经济现象研究所得出的结论具有客观性，并可根据经验和事实进行检验。

运用实证研究方法分析研究经济现象，目的在于创立用以说明经济现象的理论。因此，运用实证研究方法研究客观现象的过程即形成经济理论的过程。这一过程可简单地概括为如下步骤：①确定研究对象，搜集相关资料；②设定分析所需的假设条件；③研究分析后得出理论假说；④验证。

实证研究方法实际上是一种行为理论，它虽然回答了研究对象本身"是什么"的问题，但它不能回答这种现象及其后果的好坏问题。对结果的好坏进行评价则须用规范研究方法。

2）规范研究方法

规范研究方法以某种价值判断为基础，说明现象"应该是什么"的问题。其目的在于提出一定的标准作为经济理论的前提，并以该标准作为制定经济政策的依据，以及研究如何符合和实现这些标准。

规范研究方法具有如下特点：①规范研究方法以某种价值判断为基础，解决客观经济现象"应该是什么"的问题，即说明其对社会的意义是积极的还是消极的；②其研究经济现象的目的，主要在于为政府制定经济政策服务，往往成为政府制定社会经济政策的工具。

通过对实证研究方法和规范研究方法的对比，可以知道，实证研究方法排斥价值判断，规范研究方法却以价值判断为基础。然而，这并不表示两种研究方法是完全对立的。科学研究的目的在于获取真理性知识并用于指导我们的实践活动。尽管人们在追求真理的总目标上具有一致性，但由于对真理追求的侧重点不同从而导致了方法的差异。在研究劳动经济学时，我们要把实证研究与规范研究结合起来运用。

3）研究劳动经济学的具体方法

（1）社会调查法

任何科学研究都必须占用足够数量的数字和事实材料，开展社会调查是取得这类材料最重要的方法。对劳动经济问题的研究必须联系目前的实际，重视对客观事物进行系统周密的社会调查，掌握丰富的实际材料，在此基础上进行理论抽象和概括，使理论植根于现实生活的土壤之中。

（2）实验方法

实验方法又称试点方法。劳动经济问题，反映的是劳动者在劳动中所结成的社会关系，它不能像自然科学的研究那样利用物理、化学等方法，完全排除与研究对象无关的因素在纯净的实验室中进行，得出假设的结果，而只能进行社会实验。社会实验又受许多无法消除的社会、心理、文化、宗教等因素的影响，必须经过较长期的调查、分析、研究和试验，才能得出大体近似其发展规律的理论结论。所得的结论可能是对劳动经济关系最一般的内部必然联系的概括，长期起作用的规律性，也可能只是一定时期、一定条件下产生的相互联系、暂时起作用的因素。因此，实验得出的结论必须不断在实验中检验，以发现更本质的关系，进行新的概括和总结，以便充实、完善和发展相关理论。

（3）定性分析与定量分析相结合

劳动经济学既有质的规定性又有量的规定性，并且是发展变化的。在其发展变化中，劳动关系的性质规定着它的数量，其数量的多少制约着它的性质。要重视劳动、劳动关系性质的分析，因为它反映事物的本质，使不同的劳动及劳动关系相互区别，并呈现出发展的阶段性。但是，质的变化是由量的积累达到一定程度引起的。抛弃量的分析，质就失去了依据。然而，劳动关系数量分析也要一个限度，要在一个能够说明问题的范围内进行，超越一定的界限，它就会脱离劳动关系，变成数量关系本身或是数学科学分析的内容，抑或是数学游戏。

（4）比较分析法

劳动经济学的研究还应该运用比较分析的方法，包括纵向比较和横向比较两个方面。所谓纵向比较，即从时间序列的角度，从对历史的反思、比较中，寻求合乎规律性的东西。所谓横向比较，即从地理空间的角度，通过国与国之间的比较，发现别人的长处和自己的短处，取长补短，借鉴别国的经验，吸取合理的、有价值的东西，以提高自身的劳动经济理论水平。

（5）统计方法

统计方法是收集和整理科学研究资料，使之系统化的一种重要方法。人们通过社会调查方法得到的资料往往是零散的，不系统的，借助统计方法，特别是大数据统计，就可以把这些原始资料加工成有明确时空界限的、可比较的资料。

此外，近年来，博弈论与信息经济学、微观计量经济学的发展也为劳动经济学研究提供了良好的分析工具，其研究方法日趋完善和科学。

1.4 劳动经济学的新发展

1.4.1 劳动经济学理论的新发展

1）新古典学派的劳动经济理论

在当代劳动经济学领域中，新古典学派是公认的主流学派。新古典学派源自亚当·斯密、大卫·李嘉图开创的古典经济学及其在19世纪后期的扩展。新古典学派中劳动经济学的发展大致可以分为三个阶段。

①第一阶段是19世纪末。马歇尔堪称新古典劳动经济学的代表。他在微观经济理论及其与劳动经济有关的论著中，将对劳动问题的研究纳入了竞争的市场供求框架，强调市场供求的竞争作用是形成劳动力市场运行结果的主要原因。马歇尔的经济学体系为劳动经济学的发展奠定了坚实的基础。今天流行于世界的"当代劳动经济学"或"西方劳动经济学"，都是以此为基础的。

②第二阶段是20世纪30年代。继马歇尔之后，牛津大学的庇古、希克斯和芝加哥大学的保尔·道格拉斯进一步把新古典劳动经济学推向了一个新的高度。

庇古的贡献在于他的著作促进了劳动问题与经济原则更加系统的结合。在其著作《财富与福利》中，庇古把劳动经济学问题放到一个包括工资、工时、报酬、劳动力的职业和区域分布，以及劳动力流动的更为广泛的经济学论述中。此外，庇古对劳动力质量问题作了深入的研究。他强调了教育和培训对提高劳动生产率的贡献。

希克斯则在其著述《工资理论》中创立了一系列关于劳动力需求和供给的关键性理论概念。他也试图把工会纳入新古典经济学的研究范围，尤其是在运用边际生产率理论进行劳动力需求分析的时候。此外，他还提出了在劳资双方都认识到分歧代价的前提下如何解决劳资纠纷的办法，并对集体谈判条件下的工资决定体制进行了纯理论分析。

与希克斯因袭了新古典主义推导式传统相反，道格拉斯以统计结果来验证边际生产率理论。他曾用统计方法测量了美国在1889—1922年经济中资本与劳动力的增长情况，而且计算了它们各自对生产的相对贡献。道格拉斯把经济理论与计量方法相结合的尝试使得熊彼特称赞他为"在经济学研究中一次极具想象力的探索"。

③第三阶段是20世纪50年代中期以后。因20世纪30年代的"大萧条"而逐渐丧失了其主导地位的新古典学派，在50年代中期又重新崛起，特别突出的贡献就是工资决定机制理论。首先是工会与工资决定。其中，刘易斯对工会究竟在何种程度上影响劳动力市场运行结果的研究尤其值得称道，为后来的工资集体谈判奠定了理论基础。其次是人力资本理论把劳动经济学理论与实践推向了一个新的高度。著名经济学家、诺贝尔经济学奖得主西奥多·舒尔茨，最终发现了科技、教育等极大地提高了人的能力并成为推动经济发展的第一位因素，他成功地解释了美国农业生产力提高的原因，从此奠定了他作为人力资本理论创始人的不可动摇的地位。另一位诺贝尔经济学奖得主加里·贝尔在对人力资本投资进行了一般意义上的分析之后，对高等教育带来的个人受益率和社会受益率进行了实证分析。他明确地把教育和培训看作个人投资方式的观点，对解决劳动经济学领域与酬金结构有关的许多问题很有指导意义。

人力资本理论开拓了劳动经济学的新视野，与新古典学派共同把劳动经济学推向了一个新的阶段。

此外，贝克尔等人在时间分配和家庭生产方面对消费者行为模式的研究作出的贡献，也是本阶段不可遗忘的内容。

2）制度学派的劳动经济理论

这里主要指新制度学派，其劳动经济学理论大体也经历了三个发展阶段。

①第一阶段是 20 世纪 40 至 50 年代。相对早期的制度主义者，新制度学派侧重于研究劳动力市场实际运行的理论和实践，通过对劳动力市场的案例研究，力图向人们证明工资及就业水平的形成机制和劳动力市场上的实际情况，与新古典理论相去甚远。不过好景不长，随着 20 世纪 60 年代芝加哥学派使新古典学派理论再度兴起，新制度主义在劳动经济学领域的影响逐渐衰弱，只在劳资关系的基础研究领域仍然具有较强的影响力。其劳资关系理论在继承早期制度学派的劳动经济学研究成果的基础上，对推动诸如人事管理、组织行为学等新兴领域的发展起了积极作用。

②第二阶段从 20 世纪 60 年代末开始。米契尔·派尔雷、彼得·多林格尔和包里·布鲁斯通等制度学派的新秀，发展了其前辈的理论，提出了"二元的"或"分割的劳动力市场"理论（简称 SLM 理论），即著名的二元劳动力市场模型，强调工会和公司政策以及社会性因素对劳动力市场变化的影响。该模型将新古典理论关于市场竞争性因素起作用的领域缩到了更小范围内。

③第三阶段始于 20 世纪 80 年代中期。这一时期劳动经济学的研究仍继承了前三个阶段的制度主义传统，在奥利弗·威廉姆森的领导下，新制度经济学派在 20 世纪 90 年代获得了迅速发展。新制度学派把旧制度学派的有限理性和新古典学派的竞争效率最大化的方法融合起来，以解释劳动力市场的制度性特征，例如内部劳动力市场的存在和自由雇佣政策。

需要指出的是，尽管新古典学派和新制度学派在理论框架和方法论上都存在重要区别，但在劳动经济学的历史发展过程中，两个流派的观点相互融合，形成了以新古典框架为基础兼有制度主义分析方法的当代劳动经济学主流。

1.4.2 劳动经济学的若干前沿问题

近年，劳动经济学的研究也打上了时代的烙印，主要是随着大数据库的建立，微观计量经济技术得到了发展和运用，学科与学科之间的交叉和融合日益紧密。围绕劳动经济学传统的劳动力供给与需求的经典模型，一个个数量模型得到开发并日趋成熟。因本书篇幅所限，只简要介绍几个问题。

1）关于家庭产出与时间配置的研究模型

该模型主要研究者有贝克尔、西加诺、桑普斯福特等人。他们通过对单身、两人家庭以及劳动力性别分工的研究，提出了家庭产出模型，重点是多成员家庭的时间配置、生育决策及其对女性劳动参与率的影响、男女两性对工资变动的不同反应，以及规模经济与交易费用等。这个模型，尤其在劳动力供给方面有了的新认识，基本结论是：家庭是劳动力供给行为决策中的基本单位。一个家庭会在效用最大化原则的支配下，确定家庭成员从事市场性活动和非市场性活动的时间安排比例、自产物品和外购商品的组合，以及不同家庭成员从事各项工作的劳动分工等。这些新认识，是他们之前的研究者使用的较为传统的分析法难以企及的。这就将劳动经济学的微观研究提高到了一个新的高度，并为此奠定了不可动摇的基础。

2）劳动力市场寻访理论模型

经典的劳动力市场理论认为，劳动力的供给与需求是在信息完备的、无摩擦的市场环境下运作的，带有显著的理性特征。然而，现实不是这样，劳动力市场上劳动力供求双方的信息是不对称的、有摩擦的。这就需要找到劳动力供求双方满意的、个体理性和双方利益尽可能最大化的模式。

劳动力市场寻访理论有一个发展过程。早期理论构建的模型，假定职位供给分布是一定的，劳动力供给方（劳动者）在搜寻职位时，只考虑了自身对工作的需求，忽视了劳动力需求方即企业的用工行为对劳动者搜寻职位的影响。所以，早期的模型是一个"一厢情愿"、非均衡的模型，其缺陷是显而易见的。针对这一缺陷，后来的劳动力市场寻访模型把劳动力需求方的行为与劳动力供给方的行为，一同纳入作为模型的内生变量予以分析，从而使模型更加完善。后来的劳动力市场寻访模型又被称为均衡搜寻模型。它为审视整个劳动力市场的运行机制提供了新的思路。

根据目前查阅到的文献，均衡搜寻模型研究的侧重点有所不同，大致可以分为两类：一类是匹配模型（matching approach），另一类是工资公告模型（wage posing approach）。[①]

桑普斯福特等人也在研究序列寻访模型及其含义方面作出了贡献[②]。

3）劳动力市场分割理论

劳动力市场分割理论也被称为双重劳动力市场模型，由美国经济学家多林格尔和皮奥里于20世纪60年代提出。劳动力市场分割是指由于社会和制度性因素的作用，形成劳动力市场的部门差异，不同人群获得劳动力市场信息以及进入劳动力市场的渠道差别，导致不同人群在就业部门、职位以及收入模式上的明显差异。[③]

到20世纪80年代末，随着实证工具特别是计量经济学的发展，早期分割理论的许多论点逐渐得到了实证检验，特别是以狄更斯和朗（Dickens and Lang）在1985年和1988年所采用的实证方法为基础，对各国不同部门的劳动力市场分割状况或不同的分割形式进行的大量研究发现：第一，广泛存在劳动力流动的障碍；第二，不同行业的工人的工资收入差距不能完全用人力资本来解释；第三，劳动力市场分割与自愿失业具有一定关系。

4）开放经济中的劳动力市场

开放经济是与封闭经济相对而言的，具备三个要素市场，即产品市场、资本市

① 黄亮，彭碧玉. 劳动力市场搜寻理论新进展 [J]. 经济学动态，2005（9）；乐君杰. 工作搜寻理论、匹配模型及其政策启示——2010年诺贝尔经济学奖获得者研究贡献综述 [J]. 浙江社会科学，2011（1）.
② 桑普斯福特，桑纳托斯. 劳动经济学前沿问题 [M]. 卢昌崇，王询，译. 北京：中国税务出版社，2000.
③ 徐林清. 中国劳动力市场分割问题研究 [M]. 北京：经济科学出版社，2006.

场和要素市场（特别是劳动力市场）同时开放的要件。从劳动经济学角度观察，要求终结就业二元体制，将城乡分割的二元劳动力市场转换为一元的、城乡统一的劳动力市场。为此，特别需要关注如何消除城乡间劳动力流动的障碍、劳动力市场总需求与总供给在新形势下的特征、实际工资与竞争力之间的关系、劳动力需求函数灵敏度及就业与失业的关系等。

5）转型中的劳动关系

纵观劳动关系发展史，早期工业化国家曾经历过灵活就业向稳定就业的转变。之后，由于经济全球化、科技革命和社会发展的影响，劳动就业又正在由规制期的稳定性向新的无规制期的灵活性转变。

所谓稳定性就业，是雇员与雇主直接建立的、全日制的、无终止期的劳动关系。长期以来，它是工业化国家主流的就业形式。作为标准的就业形态，它是独一无二的。灵活性就业则呈多样化：临时工、有固定期限的合同工、劳务派遣工、非全日制工、老年工，以及不具备劳动关系的就业形式，如自谋（自雇）职业、个人承包等。

许多国家的劳动就业受制于传统的影响，所谓就业的标准就是有"稳定的岗位"，造成就业市场的灵活性不足。已经发生在发达国家的劳动关系灵活性、多元化的这种转换趋势，对这类国家具有多重意义：

第一，尽快结束当前就业二元体制，建立就业一元市场。

第二，制定一个较长时期里就业市场的流动性规划。

第三，突破劳动法立法中的两难：如果按传统的立法思路，则应当稳定和固化劳动关系，从而全面维护和实现劳动者权利，快速完成农民向产业劳动者的过渡；或者顺应流动性需要，认可和鼓励大量的非标准就业，逐步实现灵活性就业与稳定性就业的齐头并进。

6）隐性合约理论

贝利、戈登和阿扎利艾迪于20世纪70年代中期创立一个劳动力市场模型，它通过对完全信息下和不对称信息下的两种隐性合约理论的探讨，较好地解释了导致实际工资刚性的原因以及由实际工资刚性所引发的非自愿失业现象。在这个假设前提下，厌恶风险的工人，为了避免收入不确定性而与风险中性的企业达成一种非明文规定的长期保险合同，即所谓的"隐形合约"。信息的对称性与信息的完全性仅是一种理想的假设，因此，20世纪80年代以后，经济学家们对早期合约理论进行补充和修订。其中较近的要算桑普斯福特等人，他们通过对为什么会存在隐性合约、隐性合约的简易模型、隐性合约的执行等问题的研究，得出了一个比较符合现实状况的劳动力市场模型。①

7）就业失业与工作流动

就业失业理论是劳动经济学的核心理论之一。阿西莫格鲁从完备的劳动力市场

---

① 桑普斯福特，桑纳托斯. 劳动经济学前沿问题［M］. 卢昌崇，王询，译. 北京：中国税务出版社，2000.

假定出发，研究不完备劳动市场条件下的技术创新和包括失业保险在内的制度安排的效率问题，以及雇主为寻找合适的雇员所付出的找寻成本问题。阿西莫格鲁认为，雇主与雇员间的信息不对称会对雇员流动性产生影响。他首次提出了"有指导的工作搜寻"（directed search）概念，指导失业工人在寻找下一个新的工作之前，首先要了解不同厂商的特点，然后结合自身情况向其中的一些雇主提出工作申请。这比原有的古典工作搜寻模型和保留工资模型更具有说服力。

工作流动是就业失业理论的一部分。目前，一些理论模型认为，工作流动是导致劳动力流动的重要原因，二者之间的关系可用下述模型表示："创造—增加、消亡—减少"。当前，工作流动主要表现为低技术水准的职业由发达国家或地区转移到发展中国家或地区的速度加快，使得后者变成提供"低技术劳动力密集服务"的出口商，而前者则专门从事技术密集活动。学者还对工作流动与劳动力流动间的因果关系进行了实证检验①。

8）关于工会的研究

工会性质及作用一直是多年来的研究重点。对工会的研究主要集中在处理劳资关系中如何发挥工会的影响，从 20 世纪 80 年代开始，主要围绕以下几个方面展开：一是谈判理论；二是罢工理论；三是工会作用的弱化或异化。这些问题具体是：

①什么样的人才能参加工会？从组织行为学的角度看，公司聘用的高级管理人员能不能参加工会？

②工会应该是一个纯粹的经济组织，还是同时也是一个政治组织？在实践中，工会与政党及其他政治组织应保持什么样的关系？

③工会组织达到其目标的方法，例如从集体谈判到工人参与管理的做法，特别是在维护劳动者劳动权益基础上采取的进一步的政治行动，以及如何参与确定工资水平等。

在工会谈判问题上，一些经济学家特别提出了工会行为的标准模型、模型的基本构架、管理权模型及效率谈判模型等②。

④劳资合作与共处研究。西方国家出现一个新的趋势，即越来越多的雇主、管理人员、专业人员直接参与政府决策机构，而一些退休的政党官员经常在顶尖的公司取得董事席位。如果说在工会运动形成和发展初期，资本主义社会中"资本"与"劳动"以其对立而引人注目，那么今天劳资之间如何"合作"与"共处"则成为社会关注焦点。更有甚者，引出了现在工会的作用正在发生变化、"蜕变"或"异化"的声音。

① 麦亚（1996）对美国的研究发现，在私有制造业部门，"创造—增加"比例为 52%，"消亡—减少"比例为 23%。由工作配置引起的劳动力流动占全部流动者的 35%～40%。考虑到工作流动的溢出效应，实际比例可能会更高。

② 目前，经典模型主要有三个：希克斯模型(1936)、纳什隐性策略模型（1950，1951）和鲁宾斯坦的"交互报价"模型（1982）。

9）利润分享理论

近年来，欧美国家普遍存在"滞胀"现象，也许是劳动力市场难以健康运作的最明显证据。"久病不祛"，令众多经济学家大伤脑筋。韦茨曼（Martin Weitzman）坚信，变革传统的工作制定方法是祛除此疾的唯一良药。在一系列雄辩有力的论著中，韦茨曼认为，政府应当在整个国民经济中推行利润分享制（profit-sharing），传统的固定工资制度应当废除。韦茨曼的建议引起了人们极大的兴趣，它是促使英国政府在1987年度财政法规中对"利润挂钩工资体制"（profit-related pay，PRP）提供补贴的一个重要因素。目前，我国很多企业推行的员工持股计划、股票期权等，可以看成是这一理论的应用。它对劳动力市场的需求和供给具有政策性启示。

不过，需要注意的是，任何理论都需要在实践中检验和完善。近年来，已经有学者对韦茨曼模型存在的某些问题进行研究。[1]

10）人力资源治理与人力资源治理经济学成为劳动经济学研究的新问题[2]

人力资源治理作为一种新兴的企业实践，认为人力资源需要将视野放到企业层面，关注企业"大"人力资源体系的宏观层面。人力资源治理是指研究企业层面的人力资源问题，关注公司治理中核心的"机构与人员"，包括宏观组织架构（董事会、专业委员会、监事会、高管层、工会、工作委员会等机构）的设置和高端人力资源（董事、监事、高管、职工监事、职工代表等人员）的治理。

提出这一问题的现实背景，固然有中国企业的现代企业制度建设在公司治理层面的规范化需要，更要强调的是，经济全球化要求劳动经济学具有国际视野。经济全球化带来的是国际市场的形成，一旦国际劳动力市场形成，劳动经济学便突破了一国的领域，如劳动力的国际流动、劳动力的国别歧视、劳动力的国际福利区别，使得劳动力在实现合理配置上更为复杂。在收入分配上，由于国际差异巨大，对效用的偏好不同也不易理清。企业要融入世界经济体系，必须要对国际劳动力市场有整体的把握，才能作出合理选择。

人力资源治理经济学立足于公司人力资源体系的宏观层面，运用经济学的方法研究公司层面的人力资源治理问题，关注公司治理中核心的"机构与人员"，以人力资源治理的主要内容为研究对象，基于委托-代理理论，强调人力资源治理过程中成本与收益的分析，尤其关注人力资源治理各指标与公司绩效关系的研究。然而，不可回避的是，企业必须从人力资源运营方面的微观经济核算做起。

11）新人力资本理论

教育一直以来被视为人力资本理论的核心，但近期有关人力资本的系列经验研究表明，能力包括非认知能力，同样会显著影响到个体经济社会的结果。同时，能力的形成是长时期的；先天与后天因素并不能简单进行二分法，而是具有交互影响

---

① 桑普斯福特，桑纳托斯．劳动经济学前沿问题［M］．卢昌崇，王询，译．北京：中国税务出版社，2000．

② 20世纪80年代初，Devanna 等就在其著作《人力资源管理：一个战略观》中提出了战略人力资源管理的概念。中国人民大学杨伟国等的《人力资源治理经济学》《战略与执行：人力资源治理与人力资源管理》则是目前国内研究该问题的代表作。

的。这些事实引发了基于教育的传统人力资本理论的变革，导致基于能力的新人力资本理论的概念框架逐步确立。有学者认为，新人力资本理论主要包括基于能力的人力资本形成机制以及投资策略；能力对个体经济社会表现的影响。[1]国际经济合作与发展组织给出的最新定义是，人力资本指的是个人拥有的能够创造个人、社会和经济福祉的知识、技能、能力和素质。[2]

12）劳动经济效率与效果的衡量指标研究

（1）衡量劳动经济效果的核心指标——劳动生产率

劳动生产率是指人们在生产中的劳动效率。其通常有三种表达方式：

①实物量表示法，即劳动者在单位时间内所生产的合格产品的数量。计算公式：劳动生产率=实际产品产量÷实际消耗的劳动时间（工时）。

用这种表示方法，劳动生产率高低与产量成正比。

②时间表示法，即用生产单位合格产品所消耗的劳动时间来表示。计算公式：劳动生产率=实际消耗的劳动时间（工时）÷实际产品产量。

用这种方法来表示，劳动生产率高低与消耗的劳动时间成反比。

③价值量表示法，也称货币劳动生产率，即将产品总量按货币计算成总产值或净产值，然后计算出人均产值来表示。

第一种：以总产值表示的劳动生产率，计算公式：劳动生产率=总产值÷平均人数。

第二种：以净产值表示的劳动生产率，计算公式：劳动生产率=净产值÷平均人数。

（2）衡量劳动经济管理效率和效果的指标

劳动生产率作为衡量劳动经济效率的常用核心指标至今仍具有不可替代的作用。但是，从经济社会和企业发展的全面可持续性的科学发展来看，这个指标如果单独使用，又有明显的局限性。这就催生了人们对衡量劳动经济管理效率与效果的新指标的研究。

劳动经济管理有宏观和微观两个层次。衡量劳动经济管理效率和效果的指标，除了衡量劳动经济效果的核心指标——劳动生产率，从宏观上看，还有劳动力幸福指数、劳动力市场动态均衡、充分就业和劳动力的社会公平。劳动力幸福指数要求我们在劳动力的管理中，不但追求劳动力生产效率的提高和公平工资的获得，更要求劳动力自身能够更多地从劳动中解放出来，工作紧张程度降低，精神愉快度增加，身体更加健康，社会保障度增加，人与人之间的关系更为和谐，家庭生活更加美满。劳动力市场动态均衡则要求从社会经济发展对劳动力需求角度出发，考虑一国劳动力发展政策（数量和质量的发展，也即人口政策和教育政策），通过市场杠杆的作用，在合理的工资水平上实现劳动力供需双方的利益。充分就业一直是政府劳动经济管理的重要目标。劳动力获取生活和发展的途径只有通过劳动，充分就业目标的确定将使一国经济发展战略更多体现为以人为本的战略性指导思想。劳动力

---

[1] 李晓曼，曾湘泉. 新人力资本理论［J］. 经济学动态，2012（11）.
[2] 中国人力资本与劳动经济研究中心. 中国人力资本报告 2016［EB/OL］. ［2019-07-12］. http://humancapital.cufe.edu.cn/rlzbzsxm/zgrlzbzsxm2016/zgrlzbzsbgqw_zw_.htm.

的社会公平要求必须保护劳动者的劳动权利，消除劳动力市场的各种歧视，实现就业中的人人平等。

从微观上看，除了企业的劳动生产率系列核心指标，可用一个大的指标体系"企业可持续发展能力提高度"来概括。本书提出这个指标体系的10个子指标系如下：

①企业社会贡献（SA8000[①]）指标系：企业的社会道德与责任、承担社会义务、维护商业信誉、资源利用可持续性、保护环境贡献等。

②经营者基本素质指标系：战略管理能力、知识结构、经营管理能力、决策水平、法治意识、廉洁自律、敬业精神、团结协作等。

③企业净利润增长率指标系：对技术及资产的有效使用率、企业资产使用管理质量、财务合理性、长期投资价值。其具体表现为财务效益（净资产收益率、总资产收益率，资本保值增值率、主营业务利润率、盈余现金保障倍数、成本利润率、经济增加值增长率），资产运营状况（总资产周转率、流动资产周转率），偿还债务能力（资产负债率、已获利息保障倍数、流动负债比率），发展能力（销售额或营业收入增长率、资本积累率）等。

④发展创新能力指标系：企业技术和产品发明（研制、创新）领先率，以及制度创新、管理创新和服务创新等。

⑤高质量产品市场占有率（服务满意度）指标系：品牌形象、产品更新速度、企业主导产品的技术含量、性能质量、竞争优势等；或者是客户对商品及服务的满意程度。

⑥技术装备更新水平（服务硬环境）：企业的技术装备情况、设备利用率等；或者为消费者提供服务的环境、设施等硬件水平。

⑦基础管理水平指标系：企业管理模式、制度建设、组织（部门）管理协调性、激励约束机制、劳动卫生安全事故发生频率等。

⑧员工工作生活质量提高度指标系：个人可支配收入水平及增长率、企业教育培训投入占企业销售收入比例及增长率、员工年平均培训费用与年平均受训学时数、员工患病率（尤其是职业病率）及病死率、员工职业规划实现率等。

⑨员工忠诚度指标系：员工缺勤率、离职率（流失率）、爱岗敬业与团队精神等。

⑩员工满意度指标系：领导与员工沟通频率、民主管理参与率、集体合同履约率、劳资纠纷频率。

1.4.3 我国目前较为突出的劳动经济问题

随着社会主义市场经济的逐步发展和人口结构老化，我国的劳动经济问题也出现新的特点。我们学习劳动经济理论的目的就是要指导经济建设实践。当前，我国劳动经济问题最突出的几个方面是劳动就业、工资分配、社会保障等。

———————————————————

① 详见本书第12章第12.3节。

1）劳动就业问题

（1）就业结构问题

就业结构低层次是大多数国家劳动力市场的特征。一个现代化强国的标志，应该是现代科技支撑的现代农业、现代工业和现代服务业的有机结合体，其中以现代科技和现代金融为核心的现代服务业要逐渐引领整个产业结构。要达到这个目标，从劳动经济学角度看，首先要改变劳动力供给侧结构，立足"现代"二字，培养符合要求的劳动力。

我国目前劳动就业结构存在以下问题：第一，由于长期人口政策的影响，以及现代年轻人口生育观念的变化，劳动就业结构呈现出老龄化的趋势。劳动力供给侧总体上因年轻人不足引起的招工难，成为一些地方和企业发展的瓶颈，其直接后果便是劳动效率低。第二，人口老化，创造力、创新力不足，使劳动效率低的问题更加严重。第三，从产业角度看，作为国民经济基础地位的农业，其劳动力供给纯粹依靠农民的"自身繁衍"，不仅城里人不会"屈就"农业，就连从农村成长起来的年轻人，包括来自农村的大学毕业生，宁愿去城里打工也不愿留在农村经营农业。许多地方的农村劳动力主体是"386199部队"[1]。在农业科技发展迅猛的今天，农业劳动力结构老化，知识结构跟不上，其后果便是农业的衰落。

（2）失业与就业

中国与许多发展中国家一样正持续面临一场世界最大的就业战争。不过，近年来，人们对这场"战争"的感受又有些许不同：曾经让人感触最深的国有企业冗员"下岗"，如今随着国家经济体制改革的深入，产业结构的进一步调整，已经退居次要地位，甚至不成谈资。理论总是应实践的需要而产生。

失业与就业是同一个"铜板"的两面，既包含原有在业者"下岗"失业后的再就业，又包含新增劳动力的初次就业。目前，我国总体失业状况不清。我国农村剩余劳动力不在统计范围之内，其数量众说纷纭，但都是一个估计的数据。城镇失业率从20世纪90年代中后期以来一直保持较高的水平，同时劳动参与率持续下降，加大了城镇失业的严重性，但同样是一个估计数据。其次，固然"4050"[2]劳动力"上有老下有小"、一人供养多人再就业最为严峻，但初次就业的压力亦不可小视，他们同样是社会稳定的巨大"砝码"。

在初次就业问题的研究中，大中专毕业生就业问题日益突出。我国失业人群的年龄结构与世界劳动就业形势走向一致，也有年轻化的趋势。其中高学历失业正成为一个"常态"，这又包括两个方面：一是其数量逐年增长；二是其失业率甚至高于全国总体失业率。[3]而且，据统计，学历越高，就业率越低。高校毕业生初次就

---

① "386199部队"指妇女、儿童和老人。

② "4050"是指在当前我国的失业人群中，年龄处于40~50岁的部分，他们的再就业异常困难。

③ 2012年年初，中国社会科学院发布的数据显示，2008年我国大学生失业率9.1%，2010年为12%，2011年达到17.5%。另据中国统计出版社出版的《国际统计年鉴2011》，在印度的失业人口中，受过高等教育者的比例，从2000年的30.1%上升到2005年的33.3%；同期，受过中等教育者的比例从40.4%下降到37.7%，受过初等教育者的比例从29.5%下降到29%。2000—2007年，美国受过初等教育的失业者的比例从21.8%下降到18.7%，受过中等教育失业者的比重从36.3%下降到35.5%，而受过高等教育失业者的比重则从41.9%上升到45.7%。

业难已经成为中国就业问题中一个新的严峻问题，引起了社会的广泛关注，也直接导致了我国对失业者的关注正在由"4050"变为"2030"①。

在劳动经济理论界的探索中，"工作分享制"这一全新的用工制度被提出来了。"工作分享制"的一种含义是"为了减少大范围非自愿失业而在员工之间进行的工作重新分配"，另一种含义是"为了维持或提高就业水平，通过重新调整付薪工作时间安排的方法"。欧洲工会组织的定义为："为了给所有希望工作的人提供就业机会，根据对目前工作机会短缺的观测与分析，采取在特定的经济系统中重新分配工作总量的方法提高就业水平"。它既可促进效率，又可在企业内部增加就业岗位。

近年来，在"招工难"影响下，我国已有部分地区有关部门充当"红娘"，引导企业（行业）之间"员工共享"，应该是"工作分享制"的一种新形式。对解决我国结构性失业问题和部分企业用工困难无疑具有重要的实践价值。

对我国城镇劳动力就业需要关注的问题，近年来逐渐引起实际工作部门和学界的关注。他们围绕我国产业结构发展层次、人力资源利用不足以及文化和年龄结构特征等进行了大量研究，得出了有益的结论，对实际工作部门具有重要的参考价值。

（3）延迟法定退休年龄的影响

在我国，"延迟退休"从过去的"研究"过渡到"实施"的一个"渐进式"延迟法定退休年龄的方案②呼之欲出。对于这个问题的讨论，目前大多停留在具体操作层面。本书认为，延迟退休有这样一些影响需要引起关注。

第一，对就业的影响。根据已有的研究，延迟退休对就业是正面还是负面的影响，学术界没有统一的认识。从理论上说，就业岗位是经济发展和产业结构调整的直接结果，而不是某人退出就业市场产生的，所以学术界非常关注经济发展和科技进步的就业弹性。但是，从目前已有的认识看，延迟退休至少对体制内岗位的影响是明显的，因为这类岗位设置的基本原则是"老不走，新不进"。

第二，延迟退休与养老金领取的关系。一是养老金社会总收支平衡问题。虽然人们目前并没有把实施延迟退休政策和已经持续一段时间的关于养老金入不敷出的舆论联系起来，但是肯定绕不过这个话题，即延迟退休能够缓解养老金危机吗？二是延迟退休与个人工作意愿，以及由此产生的推迟或提前领取养老金的社会影响。三是延迟退休与养老保险（含职工养老保险和城乡居民养老保险）的关系。如何调整领取养老金年限？

第三，延迟退休对经济效率和社会活力的影响。2017年，中国劳动人口平均年龄已经上升到37.8岁，较1985年增加5.6岁。③延迟退休政策实施之后，这个指标会有上升的趋势。如果没有其他外力的协同支撑，经济效率难免受到影响，社会活力可能会降低。

第四，延迟退休给劳动者带来的其他不利影响。例如，提高法定退休年龄，影

---

① "2030"是指处于20~30岁的失业人群。
② 《中共中央关于制定国民经济和社会发展第十四个五年规划和二〇三五年远景目标的建议》。
③ 中国人力资本与劳动经济研究中心. 中国人力资本报告2019〔EB/OL〕.〔2020-12-20〕. https://www.chinairn.com/news/20191216/170638892.shtml.

响正在工作的人群，特别是临近退休人群的利益，延迟一年退休，意味着少领一年退休金，多缴一年社会保险，综合损失较大。提高法定退休年龄，还涉及国家、企业和家庭养老责任的重新调整，是否会把养老责任由国家转移到家庭等。

（4）政府劳动管理

西方经济学认为，政府宏观经济管理有四大目标，即物价基本稳定、劳动就业、经济增长和国际收支平衡。这四个目标在一定程度上存在相互制约的关系，在一定的时期，政府宏观经济管理的政策着力点也存在差异，但是从中外的实践可以看出，促进社会就业水平的提高都是重要的目标。实行计划经济时期，农村劳动力自然就业，城市劳动力只要进入劳动年龄，就会得到政府的妥善安置，就业问题不用个人担忧。自从经济体制改革和实行资源优化配置以来，我国的劳动就业政策从政府安置为主与鼓励自谋职业相结合，转变为在发挥市场机制在资源配置中的主导作用的前提下，由政府对劳动力资源进行宏观调控。

但是，深层次看，政府劳动管理需要从四个层面进行检视：第一，劳动主体视角的劳动权问题；第二，劳动环境视角的劳动条件问题；第三，劳动过程视角的劳动关系问题；第四，劳动结果视角的劳动分配问题。在实践中，政府究竟怎样完善劳动管理，达到社会稳定，仍是一个亟待解决的问题。

（5）经济发展战略与劳动就业问题

中国实施面向全球的经济发展战略，必须认清世界经济发展的趋势以及中国具有的比较优势。在具体发展战略制定中，我们往往受制于产业升级对高素质人才的需要以及大量低素质劳动者就业需要的困境。不少学者提出，中国应该大力发展劳动密集型产业，以有效解决中国就业问题，并能发挥中国的比较优势。更多的学者则认为，知识经济时代的特征要求中国必须大力发展高新技术产业，实现产业技术升级，提升产业国际竞争力。如何在解决中国庞大的低素质劳动者就业问题的同时推动产业升级，是摆在中国经济发展面前的一道现实难题。

改革开放以来，随着我国新模式、新业态的不断出现，劳动就业形势总体稳定。但是，造成劳动就业形势严峻的固有矛盾没有消除。今后几年，总需求低迷和产能过剩并存的格局难以出现根本改变，经济增长不可能像以前那样，一旦回升就会持续上行并接连实现几年高增长，拉动就业快速提升。近年来，虽然结构性调整使服务业扩大明显，然而一些市场化程度较低、产业低端、结构单一的地区，经济下行压力还在加大，就业问题凸显，社会矛盾加剧。

中国倡导实施"中国制造2025"战略，用以引领中国工业化进入4.0时代。这将是一个推动中国真正成为世界一流强国的伟大转折。根据国际工业发展进入4.0时代的经验，核心是用机器人替代人工，企业转型升级，用自动化、数字化提升劳动生产效率，这是大势所趋。但是，需要考量的是，被工业机器人"解放"的中国人力的就业、再就业和岗位调整问题。

（6）城市化进程中的新就业问题

大力推进城市化是发展中国家未来很长一段时间经济发展战略的重要内容。城市化是一个双向的过程，一方面是人口向城镇集聚，城市规模扩张；另一方面是城市进一步扩大，人口向农村返流，曾经有人称之为"逆城市化"。其实，后者是一个不准确的称谓。根据发达国家的经验，那是在发展程度达到相当阶段后才能出现的现象，它不是简单地倒退回去。主流仍然是人口向城镇集聚，只是人们在追求更高的生活质量过程中，以居住为代表的生活方式发生了变化。

在城市化进程中，失地农民的就业问题日益突出。城市的扩张使农民赖以生存的土地被占据，而农民一旦失去了土地，将很难就业，因为他们的就业技能十分单一，政府必须考虑他们的生存和发展问题，例如城乡统一的劳动力市场建设、劳动法律法规的建立与完善、社会保障制度建设与完善、政府劳动管理放权与服务跟进等。

同样，吸取西方发达国家的经验，及早筹划引导人口分散的"逆城市化"进程，鼓励城乡开展"大众创业、万众创新"，加快乡村城市化，也是解决就业问题的应有之义。

2）工资分配和社会保障问题

过去，国有企业生产成果以利润或利税的形式全部上交国家，自身没有节余，国家则以投资的形式向企业提供必要的运转资金。体制改革以后，它们全部被推向了市场经济的汪洋大海，失去了依赖。企业的高就业、低工资、高福利的工资政策再也无法维系。当前，收入分配不公突出表现在部分行业工资上涨过快，国有大企业特别是中央企业、垄断行业企业的工资水平过高、增长过快，成为大家关注的焦点。据近年来的统计，工资收入分配秩序进一步规范，收入差距呈逐步缩小的趋势，广大劳动者和人民群众实实在在分享到社会经济的发展成果。2010—2018年，城镇单位就业人员年平均工资从 36 539 元增加到 82 413 元，年均增长 12.6%。同期，城镇私营单位就业人员年平均工资从 20 759 元增加到 49 575 元，年均增长 13.9%。二者均高于同期 GDP 的增速（11.8%）。[①]

深层次看，收入分配包含两个方面：一是在初次分配中，要形成劳动力市场供给主体与需求主体的规范组织行为，进而建立真正的集体协商制度，以便在劳动力总供给大于总需求的情况下，劳动报酬与资本收益之间保持基本平衡；二是在社会再分配中，政府将医疗养老等重大社会保障项目放在建立全社会安全网的战略高度进行顶层设计，避免社会保障待遇在不同群体间差异过大，危及社会稳定。

所以，建立一套合理的分配制度，在"效率优先，兼顾公平"的原则下，如何缩小收入差距，是必须考虑的问题。"以按劳分配为主体，结合按要素分配"已经成为我们分配的原则，如何在实践中体现这一原则，充分反映人力资本的贡献成为我们设计工资分配方案时必须考虑的因素。

此外，中国的社会保障制度建设落后于实践的需要，这也成为制约中国改革深入进行的一个瓶颈。不止一次提出的适当延长退休年龄问题，其背后的理由除了想减少退休人数，缓解社保资金不足之外，还加入了一个"社会（男女）公平"与

① 国家统计局. 中国统计年鉴 2019［M］. 北京：中国统计出版社，2019.

"人力资本节约"的理由。然而，观点一出，却引起不同行业、职业和职位的人的不同反应。其实，在要不要延长退休年龄问题的背后，最大的难题是怎么处置由于延长退休导致的现实劳动力供给增加的问题。

3）建立统一完善的劳动力市场问题

目前我国劳动力市场仍然是不完全市场：一方面，部分城乡劳动力仍然在按照原来的方式进行循环，仍然是两个隔绝的市场；另一方面，我国经理市场不健全，特别是国有企业领导人的选拔。这种制度在很大程度上妨碍了国有企业转型改革，不利于社会主义市场经济体制的建立。

在建立、完善劳动力市场过程中，积极推行职业资格认证是一项十分重要的工作，根据人力资源和社会保障部印发的《关于公布国家职业资格目录的通知》（人社部发〔2017〕68号），国家职业资格目录共计140项职业资格，其中，专业技术人员资格59项（准入类36项，水平评价类23项），技能人员职业资格81项（准入类5项，水平评价类76项）。职业资格认证工作的开展将为专业劳动力市场的建立和发展提供机遇。

4）建立人力资本的投资体制与制度问题

现代企业是人力资本与非人力资本的特别合约。在知识经济时代，企业核心竞争力的源泉在于拥有一批高技术水平的员工。员工的高技术能力需要不断进行人力资本投资。过去，人们习惯将工资、教育培训等支出当作费用处理。这是不对的，把它们不作费用而作投资的关键：一是要从理论上认识劳动力商品的"异质性"特征；二是要从理论与实践的结合上廓清人力资本的产权问题；三是要从实践上解决人力资本的计量问题。

5）正确处理劳动关系

第十六届国际劳动与雇佣关系学会全球年会资料显示，全球劳动关系研究呈现多元化趋势。从学者研究的主体看，工会与集体行动等不再是唯一的主角，越来越多的学者开始关注个别劳动关系、工作场所、员工参与、非标准劳动关系、移民、人力资源管理等话题。这种保护的背后，反映的是劳动关系的转型，即世界范围内正在逐渐从集体劳动关系转向个别劳动关系。对劳动关系的研究趋势，国际知名学者认为，劳动关系的研究范围逐步扩大，如劳动力市场、人力资源管理、非政府组织、企业社会责任等应是主题；应关注欧洲债务危机引发的劳动关系紧张。全球化是不可忽视的背景，即使国别研究也应如此。国际劳动与雇佣关系学会全球年会曾在其主会场以"当代中国劳动关系"为主题举行国别论坛。中美等国家和地区的专家，从理论与实证研究的高度，重点探讨了中国个别劳权法律的完善、中国的劳动关系快速向集体劳动关系转型，以及中国劳工政策的调整等问题，广泛的视角吸引了论坛与会者的关注。①

当前，整体上看，劳动关系的现状依然是经济持续增长与劳动关系紧张化并存，

① 邱婕. 国际劳动关系研究动态与趋势述评——第十六届国际劳动与雇佣关系学会全球年会侧记[J]. 中国人力资源开发，2012（09）.

劳动争议解决机制缺失且乏力，劳动关系调整还处在个别调整而非整体调整，调整内容和方式有待转变等。随着互联网、数字化深入世界的每一个角落，信息透明、信息公开、追求"公开、公平与公正"成为劳动关系中必须关注和妥善处理的重大问题。

6）正视罢工现象

罢工是产业行动①中最明确的方式，在市场经济环境中，劳动与资本之间发生矛盾在所难免，这种矛盾发展到一定程度演变成罢工也很正常。中国的特殊情况在于，改革开放40多年来，正是巨大的人口红利支撑着中国经济成就奇迹。然而，国家的崛起和企业的荣耀，与带给广大劳工的收入增长和工作条件的改善速度不匹配。因此，迄今为止的罢工，其原因基本上都是经济性的，工人的目标是更多的收入和更人性的工作环境。政府要在正视罢工现象的基础上，承认和尊重工人的罢工权，通过立法和完善相关制度，对罢工权利、罢工程序、劳资谈判机制、复工程序等作出规定，给工人开辟一个合法的权利诉求通道。

上述所有这些，既是理论问题，又是实践问题，都需要我们劳动经济学工作者进一步研究。

1.4.4 劳动经济学的发展趋势

过去，劳动经济学落后于整个经济学其他分支学科的发展是一个不争的事实。现阶段，劳动经济学研究的诸多层面，逐步显现出领先于其他学科，有推动整个经济学发展的态势。

未来有几种趋势值得注意：

第一，研究者对该学科的基本理论、观点、研究方法基本达成一致，学派之间针锋相对的状态有所改变，多学派更注重相互学习、借鉴和融通，甚至出现融合趋势，表明劳动经济学学科进入规范、稳定、持续发展的时期。

第二，未来一段时间内，将更加关注现实问题和制度性因素，如失业、贫困、弱势群体、人力资本回报率、委托–代理问题、福利制度问题等。随着经济全球化程度的加强和"一带一路"倡议国际认同度的提高，劳动力的国际流动必将扩大，由此引起的文化差异与包容、劳动力国别歧视与消弭、国际福利的区别与调整、经济转轨国家和发展中国家劳动力市场特征及运行机制等问题，将成为劳动经济学的研究热点。它也必将丰富和促进经济学理论与实践走向新的高度。

第三，理论与实践结合更紧密。通过实证研究促进现实问题的解决，为劳动经济学理论提供现实基础和大数据支持，力求实证结果更加准确、可靠、可信，推动劳动经济学乃至整个经济学的发展。

第四，人工智能（AI）发展对劳动经济学的影响更明显。随着人工智能大规模在各行各业和管理中的使用，人类即将迎来一场大解放。首先，行业壁垒逐渐被打破，新兴行业逐步发展。在这种局面下传统行业和新兴行业之间人才如何配置，才

---

① 产业行动是指在集体谈判过程中由雇员（无论是否通过工会）或雇主以施加压力为目的，单方面引起正常工作安排暂时停止的一种活动。

能符合劳动经济发展的一般规律。其次，人才发展和企业发展的矛盾。人才知识储备能力提升，企业管理水平相对稳定，如何运用与时俱进的理论依据、工具模型帮助企业和人共同发展。再次，持续创新将是企业发展最终的推动力，因此，确认和兑现人力资本投资回报率是一个不应再被回避的问题。最后，可以预期，过去困扰企业和员工以及政府管理部门的就业与失业问题、劳动关系问题、工会问题、薪资福利问题、社会保障、罢工问题……都将会以全新的面貌出现。

【推荐阅读材料】（一）

企业社会责任观的思想渊源

企业社会责任（corporate social responsibility，CSR）是指企业在创造利润、对股东承担法律责任的同时，还要承担对员工、消费者、社区和环境的责任。企业的社会责任要求企业必须超越把利润作为唯一目标的传统理念，强调在生产过程中关注人的价值，强调对消费者、对环境、对社会的贡献。

早在18世纪中后期英国完成第一次工业革命后，现代意义上的企业就有了充分的发展，但企业社会责任的观念还未出现，实践中的企业社会责任局限于业主个人的道德行为之内。企业社会责任思想的起点是亚当·斯密（Adam Smith）的"看不见的手"。古典经济学理论认为，一个社会通过市场能够最好地确定其需要，如果企业尽可能高效率地使用资源以提供社会需要的产品和服务，并以消费者愿意支付的价格销售它们，企业就尽到了自己的社会责任。

到了18世纪末期，西方企业的社会责任观开始发生了微妙的变化，表现为小企业的业主们经常捐助学校、教堂和穷人。

进入19世纪，两次工业革命的成果带来了社会生产力的飞跃，企业在数量和规模上都有较大程度的发展。这个时期受"社会达尔文主义"思潮的影响，人们对企业的社会责任观是持消极态度的，许多企业不是主动承担社会责任，而是对与企业有密切关系的供应商和员工等极尽盘剥，以求尽快变成社会竞争的强者，这种理念随着工业的大力发展产生了许多负面的影响。

与此同时，19世纪中后期企业制度逐渐完善，劳动阶层维护自身权益的要求不断高涨，加之美国政府接连出台《反托拉斯法》和《消费者保护法》以抑制企业不良行为，客观上对企业履行社会责任提出了新的要求，企业社会责任观念的出现成为历史必然。

【全球契约10大原则】

人权

1.企业应在其所能影响的范围内支持并尊重对国际社会作出的维护人权的宣言。

2.不袒护侵犯人权的行为。

劳动

3.有效保证组建工会的自由与团体交涉的权利。

4.消除任何形式的强制劳动。

5.切实有效地废除童工。

6.杜绝在用工与职业方面的差别歧视。

环保

7.企业应对环保问题未雨绸缪。

8.主动承担环境保护责任。

9.推进环保技术的开发与普及。

反腐败

10.积极采取措施反对贿赂等任何形式的腐败行为。

（根据《百度百科》资料略加编辑）

【推荐阅读材料】（二）

产值结构与就业结构的关系

根据国家统计局的统计，2000—2018年，我国第一产业在国内生产总值中的比重从14.7%下降到7.2%，占社会总劳动力的比重仍然保持高位，仅从50.0%下降到26.1%；同期，第二产业占国内生产总值的比重从45.5%下降到40.7%，占用社会总劳动力的比重从22.5%上升到27.6%；第三产业占国内生产总值的比重从39.8%上升到52.2%，占用社会总劳动力的比重从27.5%上升到46.3%。统计表明，我国三大产业的产值结构与就业结构的变动方向基本上是一致的，但三大产业的产值结构与就业结构存在着较大的差异。第一产业产值下降较快，但占用的劳动力变化不及产值变化；第二产业产值在2012年上升到30%以上后呈下降状态，但劳动力占用却在上升；第三产业发展呈现较好势头。低效率的第一产业和第二产业明显地阻碍了整个国民经济发展。

资料来源　国家统计局. 中国统计年鉴2019［M］. 北京：中国统计出版社，2019.

【推荐阅读材料】（三）

曼昆经济学十大原理

原理一：人们面临权衡取舍

当人们组成社会时，他们面临各种不同的权衡取舍。典型的是在"大炮与黄油"之间的选择，当一个社会的支出更多地运用在保卫海岸线免受外国入侵的时候（大炮），用于提高国内生活水平的消费品（黄油）就少了。在现代社会里，同样重要的是清洁的环境和高收入水平之间的权衡取舍。认识到人们面临权衡取舍本身并没有告诉我们，人们将会或应该作出什么决策。然而，认识到生活中的权衡取舍是重要的，因为人们只有了解他们面临的选择，才能作出良好的决策。

原理二：某种东西的成本是为了得到它而放弃的东西

一种东西的机会成本（opportunity cost）是为了得到这种东西所放弃的东西。当作出任何一项决策，例如，是否上大学时，决策者应该认识到伴随着每一种可能的选择而来的机会成本。实际上，决策者通常是知道这一点的。那些到了上大学的年龄的运动员如果退学，转而从事职业运动就能赚几百万美元，他们深深认识到，他们上大学的机会成本极高。他们往往如此决定：不值得花费这种成本来获得上大学的利益，这不足为奇。

原理三：理性人考虑边际量

"边际量"是指某个经济变量在一定的影响因素下发生的变动量。经济学家用边际变动（marginal change）这个术语来描述对现有行动计划的微小增量调整，边际变动是围绕你所做的事的边缘调整。个人和企业通过考虑边际量，将会作出更好的决策。而且，只有一种行动的边际利益大于边际成本，一个理性决策者才会采取这项行动。

原理四：人们会对激励作出反应

由于人们通过比较成本与利益作出决策，所以，当成本或利益变动时，人们的行为也会改变。这就是说，人们会对激励作出反应。然而，政策有时也会有事先并不明显的影响。在分析任何一种政策时，我们不仅应该考虑直接影响，而且还应该考虑通过激励发生的间接影响。如果政策改变了激励，那就会使人们改变自己的行为。

原理五：贸易能使每个人状况更好

也许你在新闻中听到过，在世界经济中日本人是美国人的竞争对手。实际上，两国之间的贸易可以使两个国家的状况都变得更好。从某种意义上说，经济中每个家庭都与所有其他家庭竞争。尽管有这种竞争，但把你的家庭与所有其他家庭隔绝开来并不会使大家过得更好。通过与其他人交易，人们可以按较低的成本获得各种各样的物品与劳务。

原理六：市场通常是组织经济活动的一种好方法

现在大部分曾经是中央计划经济的国家已经放弃了这种制度，并努力发展市场经济。在市场经济（market economy）中，中央计划者的决策被千百万企业和家庭的决策所取代。这些企业和家庭在市场上相互交易，价格和个人利益引导着他们的决策。

原理七：政府有时可以改善市场结果

为什么我们需要政府呢？一种回答是，"看不见的手"需要政府来保护它。只有产权得到保障，市场才能运行。但是，还有另一种回答。政府干预经济的原因有两类：促进效率和促进平等。尽管"看不见的手"通常会使市场有效地配置资源，但情况并不总是这样。经济学家用市场失灵（market failure）这个术语来指市场本身不能有效配置资源的情况。我们说政府有时可以改善市场结果并不意味着它总能这样。学习经济学的目的之一就是帮助你判断什么时候一项政府政策适用于促进效率与公正。

原理八：一国的生活水平取决于它生产物品与劳务的能力

世界各国生活水平的差别是惊人的。随着时间推移，生活水平的变化也很大。

用什么来解释各国和不同时期中生活水平的巨大差别呢？答案是几乎所有生活水平的变动都可以归因于各国生产率（productivity）的差别。生产率与生活水平之间的关系对公共政策也有深远的含义。在考虑任何一项政策如何影响生活水平时，关键问题是这项政策如何影响我们生产物品与劳务的能力。

原理九：当政府发行了过多货币时，物价上升

什么引起了通货膨胀？在大多数严重或持续的通货膨胀情况下，罪魁祸首总是相同的——货币量的增长。当一个政府创造了大量本国货币时，货币的价值就下降了。

原理十：社会面临通货膨胀与失业之间短期权衡取舍

当政府增加经济中的货币量时，一个结果是通货膨胀，另一个结果是至少在短期内降低失业水平。说明通货膨胀与失业之间短期权衡取舍的曲线被称为菲利普斯曲线（Phillips curve），这个名称是为了纪念第一个研究这种关系的经济学家。①货币量增加，提升支出水平，从而刺激物品与劳务需求；②长期的高需求引起高物价，继而引起企业更多的生产，更多的雇佣；③更多的雇佣则意味着更少的失业。经济学家仍对菲利普斯曲线有争议，但大多数经济学家现在接受了这样一种思想：通货膨胀与失业之间存在短期权衡取舍。这就意味着，在一两年的时期中，许多经济政策在相反的方向推动通货膨胀与失业。无论通货膨胀和失业从高水平开始（正如20世纪80年代初的情况），还是从低水平开始（正如20世纪90年代后期的情况），或者从这两者之间某个地方开始，决策者都面临这种权衡取舍。

资料来源　曼昆. 经济学原理［M］. 梁小民，梁砾，译. 7版. 北京：北京大学出版社，2015.

【本章小结】

伴随人类劳动经济和劳动管理活动的发展，劳动经济学从古典学派、制度学派到马克思主义的继承、斗争、发展和自我完善中走过了由萌芽到成熟的发展历程。作为经济学、管理学以及社会学相综合的劳动经济学，其研究的对象既包括劳动关系，也包括市场运行规律等与劳动力寻优配置相关的内容。在研究劳动经济学时，要始终坚持辩证唯物主义和历史唯物主义的原则，综合运用社会调查法、实验法、比较分析法、统计法、定量与定性相结合等多种方法。此外，劳动经济学与社会经济生活密切相关，社会经济生活中出现的新问题推动着劳动经济学的不断发展。

【关键概念】

劳动经济学　劳动经济管理　劳动力市场

【课堂讨论题】

劳动经济学是一门经济科学还是管理科学？

【复习思考题】

1.什么是劳动经济学?
2.劳动经济学的研究对象是什么?
3.劳动经济管理的目标有哪些?
4.联系实际谈谈生活中与劳动经济学相关的经济现象或事件。

【自测题】

1.如何理解人的有限理性。
2.简述劳动经济学各流派的主要观点。

第2章 /劳动力供给

—— 学习目标 ——

　　掌握劳动力和劳动力供给的概念，了解影响劳动力供给的因素，以及各因素对劳动力供给影响的作用机制，重点学习弹性的计算方法及个人劳动力供给决策的计算。

2.1　　　　　　　　　　劳动力供给概述

　　从事任何经济活动都需要一定的要素前提，而劳动要素就是劳动经济学研究的基本任务和重要起点。劳动要素寄托的实体是人，是人的劳动能力，因而劳动要素也称为劳动力或人力要素。

2.1.1　劳动力的一般界定

　　劳动力这个概念在经济学和管理学中使用的频率很高。它在实际使用中往往被赋予不同的含义，主要有以下三种：

　　第一，劳动力指人的劳动能力，是人在劳动过程中所运用的体力和智力的总和。

　　第二，劳动力指有劳动能力、从事劳动活动的人，即劳动者。

　　第三，劳动力指一个国家、一个地区或者一个部门的劳动者总和。

　　在实际工作和生活中，这三种含义往往是不加区别、不加说明地被混合使用。比如，当人们说"节约劳动力"、"浪费劳动力"和"开发劳动力"时，是用第一种含义的劳动力。当人们提到"管理劳动力"、"招收劳动力"和"调配劳动力"时是在使用第二种含义的劳动力。而当人们说到"工业劳动力"、"农业劳动力"和"社会劳动力"时，这里又是在使用第三种含义的劳动力概念。

　　劳动力的三种含义既有区别，又有联系。其中第一种含义的劳动力是后两种含义劳动力的基础。无论是劳动者个体，还是某一范围劳动力的总体，都必须在这些人"具有劳动能力"这一条件下才能被称为劳动力。因此，我们应该深刻理解第一种含义的劳动力。

　　马克思这样定义劳动力，即"我们把劳动力或劳动能力，理解为人的身体即活的人体中存在的、每当人生产某种使用价值时就运用的体力和智力的总和"。①为了全面、完整地理解马克思的这一劳动力定义，我们应重点注意以下几点：

第一，劳动力是人所特有的一种在人的意识支配和控制下的、具有再生性的生物力。自然界中任何其他力，无论是水力、风力、畜力、电磁力等，还是现代电脑表现出来的人工智力，都不具备劳动力的特性，因此也不能称作劳动力。随着科学技术的进步，人们完全能发现、开发能量十分巨大的各种力，并且利用高科技对其进行精确控制，但劳动力作为人的一种重要属性是不可能被替代的。

第二，劳动力是人在劳动中所运用的能力，也就是马克思所指的人在生产使用价值的活动中所运用的能力。这就把人的劳动力和其他能力区别开了。并非人的一切能力都是劳动力，劳动力只是人的能力的一部分，是人在劳动中运用和体现的能力。人在其他的活动和交往中运用并体现出来的能力，则不是劳动力。研究人的能力结构中劳动力所占的位置，提高人的能力结构中劳动力所占的比重，在人的能力开发中，注意开发人的劳动力，这些都是劳动经济学的重要课题。

第三，劳动力是存在于活的人体之中的能力。劳动力的存在是以人的生命延续和身体健康为条件的。因此，人的生命和健康是劳动力存在的基础，活生生的人是劳动力的体现者和承担者。

第四，劳动力是体力和智力的总和。劳动力是体力和智力的有机组合的统一体。体力和智力分别产生于人的躯体和大脑，它们相互分工、共同合作。躯体活动要受到大脑的指挥和控制；大脑的活动要通过支配躯体活动来反映和实现。当然，随着社会的发展，体力和智力在劳动力中的地位和作用是不同的，总的趋势是智力在劳动力中的地位越来越高、作用越来越大，劳动力的复杂程度越来越高，使用时具有越来越高的效率。由于智力是劳动力的有机组成部分，因此，劳动力绝不是一种简单的生理想象，而是包括自然、经济和社会文化因素在内的统一体。

第五，劳动力和劳动不是同一个概念。劳动力是内在于人的活的机体中的能力，在没被使用时只是一种潜在能力。而劳动是人们有目的地运用劳动力创造使用价值的过程，是劳动力与劳动对象结合的过程，即劳动力是劳动的前提条件，劳动是劳动力的体现和运用。它们相辅相成，缺一不可。

现代劳动经济学研究的劳动力有更具体的含义：它是指在一定年龄范围之内，具有劳动能力与就业要求，愿意参加付酬的市场性劳动的全部人口，包括就业者和失业者。值得注意的是，没有就业意愿或就业要求的人口不属于劳动力范畴。

劳动经济学研究的劳动力是一个具有时间和空间范围界定的概念，不同的时间和空间组合就构成了现实劳动力资源或潜在劳动力资源。所谓的现实劳动力资源，是指蕴藏在所考察范围内的全部经济活动人口（或称劳动力人口）中的劳动能力的总和。经济活动人口包括全部正在从事社会劳动的人口和尚未从事社会劳动但有劳动能力、有就业意愿，因而正在寻找职业的失业人口。潜在劳动力资源是指在所考

---

① 马克思，恩格斯. 马克思恩格斯全集：第 23 卷 [M]. 中共中央马克思恩格斯列宁斯大林著作编译局，译. 北京：人民出版社，1976.

察范围内全部人口所蕴藏的劳动能力的总和，而不论其有无就业意愿和就业资格。

劳动力资源同时具有量的规定性和质的规定性。量的规定性是指某一时间、某一地区劳动力数量的多少。质的规定性是指以劳动者的身体素质、科学文化水平和思想道德素质为标准衡量的劳动者的质量。从数量上看，劳动力资源首先取决于一个国家或地区在一定时期内的人口总数。人口越多，劳动力资源越丰富。其次，劳动力资源取决于一个国家或地区对劳动适龄人口范围的界定，其下限越低，上限越高，劳动适龄人口就越多。适龄人口越多，其劳动力资源就越丰富。最后，劳动力资源取决于一个国家或地区人们的身体健康状况。如果在劳动适龄人口中丧失劳动能力的人口越多，那么劳动力资源就越少。

劳动力资源质量是指一个国家或地区在一定时期内，劳动者群体所具有的认识和改造世界的能力。由于体力和智力是劳动力的两个有机组成部分，因此，其中任何一个或多个因素或部分的优劣都会影响到劳动力的数量从而影响到劳动资源的质量。随着社会的进步和发展，人们物质文化生活水平提高，劳动者身体状况越来越好，思想道德水平越来越高，科学文化知识也越来越丰富，整体的劳动力资源质量也就越来越高。

2.1.2 劳动力界定要素：劳动年龄和劳动能力

从定义可清楚看到，劳动年龄和劳动能力的界定将直接影响到劳动力范畴的大小。

1）劳动年龄

由于人的体力和智力有一个成长过程，只有当它们成长到一定阶段，从而使个体能承担一定的劳动时，人才能成为一个劳动力的承担者。这个成长阶段用年龄来衡量，就是劳动年龄的起点或下限。随着个体的成长，人到一定阶段会逐步衰老，直至最终丧失劳动力，不能从事劳动。同样，这个转折点一般也用年龄来衡量，这就是劳动年龄的上限。介于这两个年龄阶段之间的人口称作劳动适龄人口，处于这个阶段的个体一般称作适龄劳动力。在人口统计学中，通常把15～64岁作为劳动适龄人口。

劳动年龄的界定结果将实质性地影响一国劳动力的具体范围，而现代社会中劳动年龄的上限和下限并不是固定不变的。国际劳工组织通过《准予就业最低年龄公约》规定最低就业年龄是14周岁。在不同的国家和地区，由于自然条件、社会经济水平和文化条件的差异，以及人的身体发育状况不同，劳动年龄的上限和下限也有所不同。大多数国家根据自己的经济和社会发展状况、人口状况、教育制度、劳动力自身的生理特点等多种因素，以法律形式规定了最低就业年龄，即劳动年龄的下限：美国规定为16岁（1870—1930年为10岁、1940—1970年为14岁，从1970年起为16岁）；日本、英国规定为15岁；菲律宾为10岁；泰国为11岁。大多数国家都没有界定劳动年龄的上限。

2）劳动能力

劳动能力是指人们生产使用价值时发挥的体力和智力的总和，取决于身体健康程度、文化科技水平以及劳动经验丰富程度等。在劳动能力的界定上，世界各国都把因伤、病等原因丧失劳动能力的人口排除在劳动力资源之外，但是对退休人员的处理则存在国别差异。美国将这部分人作为具有劳动能力对待。

此外，劳动经济学中对劳动力资源中的特殊人群（现役军人和在押犯人）进行了界定。各国都不把服刑犯人作为劳动力（包括潜在劳动力资源）。对现役军人，一部分国家将其作为潜在劳动力供给予以考虑（如美国），而另一些国家则不将其包括在潜在劳动力资源之内（如俄罗斯）。

3）中国劳动力范畴

我国对劳动力范畴的界定随着中国对劳动问题的认识而不断发生变化。在1994年以前中国对劳动力资源的界定主要是沿用苏联的做法：①在劳动年龄的界限上，男性16~59周岁，女性16~54周岁，在此年龄范围内的便是劳动适龄人口，或称潜在的劳动力资源；②不在上述年龄范围内，但常年参加社会劳动的人口（包括16周岁以下和离退休人员）属于潜在劳动力资源；③潜在劳动力资源中不包括服刑犯人和现役军人。

随着改革开放的纵深进行和国际交往的频繁，我国对劳动力的范畴进行了新的界定。1994年，国家统计局结合各国对劳动力范畴的界定对我国劳动力资源统计范围作了调整：①取消了劳动力资源的劳动年龄上限；②劳动力资源中不包括16岁以下实际参加社会劳动的人口；③统计地区的劳动力资源总量时不包括现役军人，而在统计全国劳动力资源总数时包括现役军人，同时，离退休人员再就业的，计算为劳动力人口，否则，不包括在劳动力资源之内。我国现行的劳动统计在计算全国的劳动力资源数量时采用的是1994年规定的统计范畴。

2.1.3 劳动力供给的含义

所谓劳动力供给，是指在一定的市场工资率条件下，劳动力供给的决策主体（家庭或个人）愿意并且能够提供的劳动时间。可以看到，劳动力供给数量的落脚点是劳动时间，如工时等，而如果劳动时间是既定的（年），则可以用劳动者的人数来表示。

在市场经济中，劳动力供给的决策主体是劳动者家庭或个人。在作出劳动力供给决策时，决策主体一般面临两种选择：一为劳动参与决策，即是否进入劳动力市场寻求工作；二是劳动时间选择决策，即在个人可支配时间中，闲暇与劳动时间的选择。两种选择可同时进行，也可以分别进行。

劳动力供给决策的上述两方面内容，要受到种种因素的影响和制约。如果把影响劳动力供给的各种因素作为自变量，把劳动力供给作为因变量，则可以用函数关系来表示影响劳动力供给的因素与劳动力供给之间的关系，这个函数称为劳动供给函数。以 S 代表劳动力供给，以 X_i 代表影响因素，则劳动供给函数为：

$$S = f(X_1, X_2, \cdots, X_i)(i = 1, 2, \cdots, n)$$

(2.1)

劳动力供给具体可以从三个方面展开讨论：个别劳动力供给、家庭劳动力供给和社会劳动力供给。其中：个别劳动力供给是指劳动者个人一生中向社会提供的劳动总量，也称微观劳动力供给；家庭劳动力供给是指从家庭成立（结婚）到家庭解体（丧偶或离异）的过程中家庭成员向社会提供的劳动量的总和；社会劳动力供给也称为宏观劳动力供给，是全社会的人们在劳动力供给方面自由选择的结果，其供给状况在一定程度上决定了社会就业的基本格局。

2.1.4 劳动力供给的假设

劳动力供给是一系列相互作用的复杂因素共同作用的结果。在具体的研究中，可以在一定的时间范围内，假定某些因素既定不变，即进行一些必要的假设或抽象，从而更准确地把握某一主要因素对劳动力供给的影响。这些假设一般包括以下几个方面：

第一，劳动者作为理性的经济人，在进行劳动力供给决策时，充分权衡劳动力供给的利弊，追求效用最大化目标。

第二，劳动力供给市场结构。一方面假设劳动者出售劳动力的市场是竞争性的，即劳动者是劳动力价格的被动接受者，劳动者面对的劳动力价格是由市场决定的；另一方面假定劳动力市场是非竞争性的，即要么是劳动者操纵价格，卖方是价格的决定者；要么是买方操纵价格，买方是价格的决定者。

第三，假设提供给市场的劳动力只有数量的区别，在质量上没有差别，即劳动力都是同质的。

2.1.5 劳动力供给的类型

影响劳动力供给的因素多种多样，但我们通过一定的假定和理论抽象，使影响劳动力供给的因素变得相对比较单一，从而可以更为准确地研究劳动供给变动的规律。在劳动力市场上，毫无疑问，劳动力价格即工资对劳动力供给具有十分重要的影响。我们将劳动力供给量的变动对工资率变动的反映程度定义为劳动力供给的工资弹性，简称劳动力供给弹性，其计算数值为劳动力供给量的变动程度与工资率的变动程度的比值。

设 E_s 为劳动力供给弹性，$\frac{\Delta S}{S}$ 为劳动力供给量变动的百分比，$\frac{\Delta W}{W}$ 为工资率变动的百分比，则劳动力供给弹性的计算公式为：

$$E_s = \frac{\frac{\Delta S}{S}}{\frac{\Delta W}{W}} \tag{2.2}$$

概括起来，劳动力供给对劳动力价格或工资的反映主要有以下四种形式：无限弹性的劳动力供给、劳动力供给的正弹性、劳动力供给的无弹性和劳动力供给的逆变弹性。

1）无限弹性的劳动力供给

它是指在某一工资水平时有无穷的劳动力供给。依据此工资水平，厂商可以雇用到它想雇用的任何数量的劳动力；但在低于这一工资水平时，劳动力供给为零，厂商不能雇到任何劳动力；高于这一工资水平时，劳动力供给也不增加，即厂商也不能雇到更多的劳动力。

以普林斯顿大学 W.A.刘易斯教授为首的专家通过长期研究，绘制出了这种无限弹性的劳动力供给曲线图。他们认为，由于发展中国家的传统农业、家务劳动或贸易活动中存在着"就业不充分"的劳动力，其有微薄的收入，因此城市现代工业部门提供 W_0 的工资，就可以获得"无限的劳动力供给"。图 2-1 中与横轴平行的直线 S 就描述了这种类型的劳动力状况。

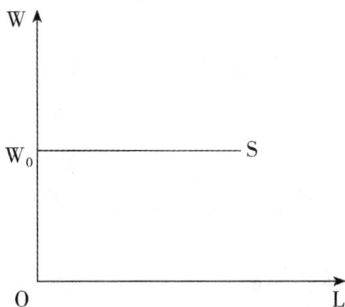

图 2-1　无限弹性的劳动力供给曲线

无限弹性的劳动力供给曲线具有如下含义：如果用横轴计量总人口，那么这条曲线就代表马尔萨斯在 18 世纪 60 年代所认定的那种人口的供给状况，所谓的"马尔萨斯人口陷阱"，即婴儿出生率取决于生活水平，而生活水平又取决于工资水平。当工资水平高于"维持生存的最低水平"时，婴儿出生率就会提高，这就造成人口的增加。人口的增加最终会导致劳动力供给增加，从而把工资压到维持生存的最低水平。图 2-1 的 W_0 即是维持生存的工资水平。如果工资水平在短期内高于 W_0，那么人口的增长最终会使工资退回到 W_0；如果工资水平低于 W_0，那么由于饥荒和疾病，最终会使人口减少，从而使工资再上升到 W_0。

2）劳动力供给的正弹性

它反映劳动力供给曲线对整个行业或某种职业可能的一种形状。在这种情况下，工资增加时（相对别处的工资）就会有较多的人愿意提供服务，而当工资减少时，愿意工作的人就减少了。图 2-2 的曲线 S 就属于这种情况：供给曲线向右上方倾斜，具有正的弹性。弹性越大，为吸引一定数量的劳动者进入或退出某种行业或职业所必需的工资变动就越小，图 2-2 中的 S_1 和 S_2 就体现了这一特性。

在图 2-2 中，劳动力供给曲线 S 与横轴夹角为 45°并向右上方倾斜，因此，劳动力供给为单位弹性，即 $E_s = 1$。此时，工资率变动与劳动力供给量变动呈现同比例变动趋势。这是一种非常偶然的理论情况。

实际生活中，劳动力供给更为常见的情况是富有弹性或缺乏弹性。

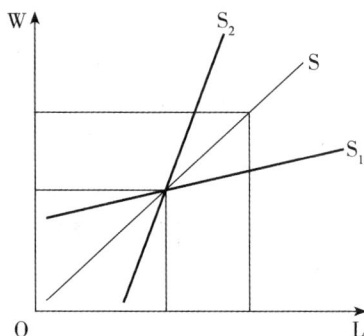

图2-2　向上倾斜的劳动力供给曲线

（1）劳动力供给富有弹性

图2-2中，劳动力供给曲线S_1是一条向右上方倾斜且较为平坦的曲线，与横轴夹角小于45°（且大于0°），因此，劳动力供给富有弹性，即$E_s > 1$。此时，劳动力供给量变动的百分比大于工资率变动的百分比，反映出整个行业或某种职业的工资率做很少的增加时（相对别处的工资），就会有很多的人愿意提供劳动时间，相反，只要工资率做很小程度的降低，愿意工作的人就会更少。

（2）劳动力供给缺乏弹性

图2-2中，劳动力供给曲线S_2是一条向右上方倾斜且较为陡峭的曲线，与横轴夹角大于45°（且小于90°），因此，劳动力供给缺乏弹性，即$0 < E_s < 1$。此时，劳动力供给量变动的百分比小于工资率变动的百分比。

可见，供给弹性越大，为吸引一定数量的劳动者进入或退出某个行业或职业所必需的工资率变动就越小，反之，供给弹性越小，则所需的工资率变动就越大。

3）劳动力供给无弹性

工资对劳动力供给数量没有影响，即无论工资如何变动，劳动力供给都不增加也不减少。例如，在较短时期内，人们还来不及调整他们的工作计划或某些职业的技能时，就可能出现这种情况。这时的劳动力供给主要由过去而不是现在的经济条件决定。图2-3表示的就是一条无弹性的劳动力供给曲线。这条曲线还具有另外一层含义，即该经济社会由产业结构决定的就业结构比较稳定，且劳动力已经充分就业。因此，即使增加工资也不能吸收更多的劳动力。

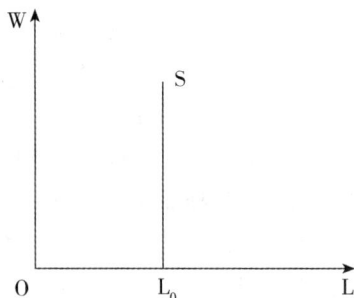

图2-3　无弹性的劳动力供给曲线

4）劳动力供给的逆变弹性

它指的是这样一种情况：在一定阶段，劳动力供给随工资的提高而增加，但是随着工资率的进一步提高，劳动力供给数量反而减少，即出现一条向后弯曲的劳动力供给曲线。这可能是由于这样的原因：在低工资阶段，由于收入水平仅能满足个体的基本需要，还有更多的需要等待满足，因此，工资的提高能够刺激劳动力供给的增加；当工资率高到总收入在满足物质需要后还有足够剩余，并能为闲暇的要求提供物质基础的时候，或人们怀着一个固定目标而工作（例如，想买一辆旧汽车）并已达到目标的时候，那么，工资增加就会导致劳动力供给数量减少，如图2-4所示。这实际就是西方劳动经济学理论中的所谓"收入效应"与"替代效应"。

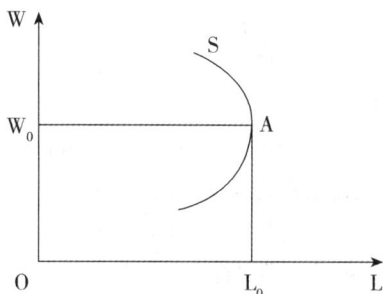

图2-4　向后弯曲的劳动力供给曲线

2.2　个人劳动力供给

劳动力供给作为一种市场经济行为，它要求以承认劳动力的个人所有制为前提。劳动力个人所有制是指人们在占有劳动力资源方面形成的人与人之间的关系。劳动力是生产力中最活跃的因素，但是劳动力只有与生产资料相结合才是现实的生产力，才能生产出现实的财富。一般情况下，劳动力与生产资料的结合不是直接的，而是通过市场以等价交换为特征进行让渡，才能实现劳动者与生产资料的现实结合。既然承认了劳动力的个人所有制，那么在市场交换活动中就必须充分尊重劳动者的权利，即市场交换中充分尊重劳动力所有者在一段时间范围内的效用最大化目标。因此，个人劳动力供给分析是分析劳动者可支配时间下的效用最大化决策。

2.2.1　劳动力供给的时间约束和效用分析

1）劳动力供给的时间约束

任何一个人都拥有相对有限的时间，其劳动力供给受制于时间的约束，包括个人的总时间、可自由支配时间、工作时间和闲暇。

以年为单位计量，365天8 760小时就是个人的总时间。个人总时间中有一部分必须用于维持生命的消耗，如吃饭、睡觉。这一部分可以有条件地压缩，但是必须有一个底限，即维持生命所需最少时间的限制或底线。个人可自由支配时间等于总时间减去维持生命所必需的时间。不同的人对可支配时间的利用存在差异，但从总体上看都可以分解为两种，即工作时间和闲暇。闲暇的消费使人身心得到放松、身体感到舒服、心情感到高兴，但会放弃参加社会劳动，而少得到货币收入。在劳动时间里，劳动者由于个人向市场提供劳动力，从而获得报酬，实现劳动力的价值。由于个人可支配时间总量一定，因而工作时间和闲暇是负相关的。从个人角度讨论的劳动力供给实质上就是个人在工作时间和闲暇之间的决策问题，而决策的依据是效用判断。

2）效用分析

效用是从某种物品的消费中所得到的满足。这种满足程度越高，效用就越大；反之效用就小。如果从消费中感受到痛苦，则是负效用。

一般来讲，效用具有这样一些特点：

（1）效用是一种心理感受。它的大小取决于消费者的主观评价，因而没有客观标准。不同的人消费同一商品，所得到的效用可以完全不同。

（2）效用尽管要取决于使用价值但又不同于使用价值。使用价值是物品本身的一种属性，具有客观性，而效用则是强调消费者对某物品消费的主观感受。

（3）效用的评价具有很大相对性。效用是一种心理感受，是相对"消费同类其他物品"或"别人消费同一种物品"时的感觉而言的。在效用评价上有基数效用论和序数效用论之分。所谓基数效用论，即定义某人在消费某物时效用是多少个单位。所谓序数效用论，即由消费者列出消费某物品所带来满足程度的高低，或主观选择的优先顺序，根据满足程度高低相应地给出一个序数。可想而知，运用基数效用论来衡量遇到的问题会比较多，而后者才更具有可操作性。

效用的选择与偏好相关。所谓偏好，是指个人对某一事物的喜欢。对同样的事物，不同的个人有不同的偏好，其获得的效用也就有所不同。一般认为，劳动的边际效用递减。劳动的边际效用是指增加一单位的货币收入（工作时间）或增加一单位闲暇所获得的效用。个人从每一增加的闲暇小时或收入中所增加的效用是下降的。该观点可以解释即使加班可以获得加班工资，但相当一部分人也不愿意加班而愿意休息。

我们可以用无差异曲线来描述劳动时间的不同分配给个人带来的效用感受。无差异曲线是指由取得相同效用水平的各种不同货币收入和闲暇组合的点所连成的曲线，如图2-5所示。

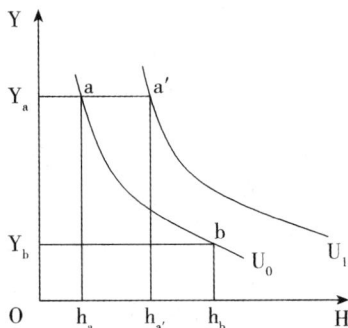

图2-5 劳动时间分配的无差异曲线

在图2-5中，横轴为闲暇 H，纵轴为劳动收入 Y，在 a 点劳动者消费 h_a 的闲暇和 Y_a 的劳动收入，其总的效用与 b 点即劳动者消费 h_b 的闲暇和 Y_b 的劳动收入时相同。尽管 b 点比 a 点所获得的劳动收入的消费效用少，但却通过消费比 a 点更多的闲暇带来的效用得到了补偿，因此 a 点和 b 点的总效用是相等的。同时，还会有许多与 a 点和 b 点相似的消费组合，其中与 a 点和 b 点相等的效用组合点形成一条曲线，即无差异曲线。U_0 表明 U_0 曲线上任何一点所表示的闲暇和劳动时间组合，给消费主体带来的效用一样。在曲线 U_0 外的任何一点的效用组合都与 U_0 上的效用不同。例如，a′点的效用组合，即消费主体消费 $h_{a'}$ 的闲暇和 Y_a 的劳动收入。其中，尽管消费的劳动收入与 a 点相同，都是 Y_a，但消费的闲暇 $h_{a'}$ 却比 a 点的 h_a 多，因此，消费主体在 a′点所获得的总效用比 a 点多，从而也比无差异曲线 U_0 上任何一点都多。与 a′点相似，所有位于 U_0 右边的任何一点的效用都大于 U_0 上的效用；同样，位于 U_0 左边的任何一点的效用都小于 U_0 的效用。

同无差异曲线 U_0 的形成一样，在 U_0 的右边和左边都会有许多效用相同的点组成的无差异曲线 U_1、U_2……这些无差异曲线所代表的效用分别从左到右依次增大，即越是靠右的无差异曲线的效用越大，反之则效用越小。

通过分析无差异曲线我们可以得到如下推论：

（1）在同一平面上，有无数条无差异曲线，同一条无差异曲线上的任何一点的效用都相同，不同无差异曲线上的点的效用不同。离原点越远的无差异曲线代表的效用越高；反之效用越低。

（2）在同一平面上，任意两条无差异曲线不能相交，否则会与无差异曲线的性质相矛盾。

（3）无差异曲线是一簇斜率为负，凸向原点的曲线。斜率为负表明主体为得到相同的效用，增加消费一种物品，必须同时减少消费另一种物品，两种物品不能同时增加消费或减少消费。无差异曲线向原点凸出的程度取决于增加消费一个单位某种物品而必须减少消费另一物品的多少，即边际替代率递减的性质。由于主体偏好不同，无差异曲线的形状也不同，即反映不同的人以劳动收入替代闲暇的不同比率。简言之，某人为放弃1小时闲暇从事劳动获得一元收入感到满足，而另外一人对此却认为根本没有意义。

为了更好地理解闲暇与劳动收入的选择，这里我们引入边际替代率（MRS）的概念。

边际替代率是指在同一条无差异曲线上增加消费一个单位某种物品同时就必须减少消费另一种物品的数量之比。具体到劳动力消费的无差异曲线上，即是指在维持消费闲暇和劳动收入的总效用不变的前提下，要多消费一个单位的闲暇就必须减少劳动收入的数量。通过观察可以发现，消费闲暇越多，其边际机会成本越高。这样，在无差异曲线上就表现为无差异曲线先是比较陡峭，后来变得平缓，如图2-6所示。这也说明，消费越少的物品，它的效用越大。

在图2-6中，ΔH为闲暇的变动量，ΔY为劳动收入的变动量，则边际替代率MRS的计算公式为：

$$MRS = \frac{\Delta Y}{\Delta H} \tag{2.3}$$

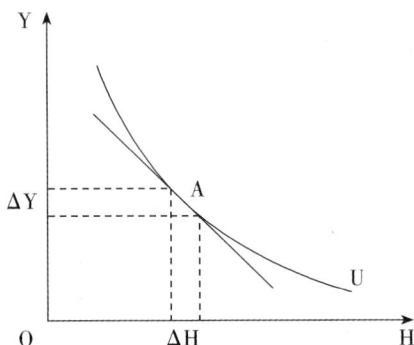

图2-6　无差异曲线与边际替代率

若ΔH无限趋近零，则边际替代率就是与无差异曲线相切于某点的切线的斜率。在图2-6中，A点的边际替代率就是过A点的无差异曲线的切线斜率。同时，效用水平是闲暇时间与劳动收入的函数，因此，效用的函数为：

$$U=f（H，Y） \tag{2.4}$$

由于在同一条无差异曲线上，效用水平不变，即dU=0，根据全微分公式可以得到：

$$dU = \frac{\partial U}{\partial H}dH + \frac{\partial U}{\partial Y}dY = 0$$

$$\frac{dY}{dH} = -\frac{\frac{\partial U}{\partial H}}{\frac{\partial U}{\partial Y}}$$

$$MRS = \frac{\Delta Y}{\Delta H} = \frac{dY}{dH} = -\frac{\frac{\partial U}{\partial H}}{\frac{\partial U}{\partial Y}} = -\frac{MU_H}{MU_Y} \tag{2.5}$$

这里，我们用MU_H表示闲暇的边际效用，用MU_Y表示劳动收入的边际效用，二者均为正数，因为从某种意义上说，闲暇和收入都是"商品"，能够使人们更加幸福。因此，边际替代率恒为负数。这与增加一种物品的消费，必然要减少另一种物品消费的前提相符。

此外，从图2-6中还可以看出，无差异曲线的切线从左上向右下移动，由比较陡峭变得比较平坦，这也说明边际替代率的绝对值越来越小，即边际替代率递减规律。

3）约束条件下的效用最大化

（1）预算约束

消费主体所选择的无差异曲线越是靠右，其享受到的效用越大。但事实上，消费主体是不能随意选择无差异消费曲线的。这主要是基于如下的两条原因，即工作时间的硬约束和工资的相对有限性，统称资源约束。

我们把主体所能支配的既定时间总量记为T，把全部时间用于劳动所获得的劳动收入记为Y。如图2-7所示，横轴为时间，OT为个人可支配的全部时间，从O到右为闲暇H，从T向左为劳动时间。在劳动者可支配的时间OT中，闲暇和劳动时间分布具有此消彼长的关系。纵轴为收入，如果劳动者把全部时间用于劳动，依个人劳动能力状况所获得的收入为OY。连接横轴上劳动者可用于闲暇的最长时间T点和纵轴上劳动者用全部可支配时间从事劳动获得收入的点Y，即为预算约束线，它表示个体在时间和劳动能力的约束下，所能消费闲暇和劳动收入的最大组合线。

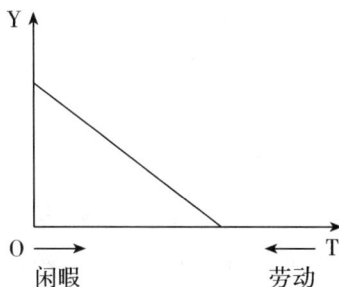

图2-7　劳动者个体预算约束线

假设某个劳动者能够获得每小时w的工资率，且将个人可支配全部时间中的H用于闲暇，则用于劳动的时间为T-H，预算约束线的方程为：

$$Y=w（T-H）=wT-wH \tag{2.6}$$

由于每小时工资率w和个人可支配的全部时间为既定常数，因此，预算约束线的斜率就是负的工资率，即-w，表示个人放弃的闲暇与所获得收入的比率，也可以看作闲暇的机会成本。

由此可知，处于预算约束线内的任何点的闲暇和劳动收入的组合都不能使个体的效用达到最大。处于预算约束线外的任何点的闲暇和劳动收入组合的效用个体都达不到。因此，该预算约束线描绘了个体劳动者的机会集的边界，即该劳动者能够支付得起购买所有消费品的集合。

当然，由于不同个体劳动者可能不完全相同，工作能力也不同，从而工资率也不相同，因此，所面临的个人的预算约束线也不同。显然，个体可支配的时间越多，工资率越高，预算约束线离原点越远，从而个体可享受到的总效用越高；相反，则个体享受到的总效用越少。而且，随着个体可支配时间的增加，由于工作能力的增加和经验的积累而使工资率上升。这样，个体就可能享受到更高的效用。

（2）劳动-闲暇决策模型

无差异曲线反映了个人的主观愿望，而预算约束线则体现了个人的客观条件。要使主观愿望与客观条件结合并使个人获得最大效用，即在受到限制的资源条件下，个人在闲暇与劳动时间之间做最佳配置以求获得最大效用，这里我们利用劳动-闲暇决策模型进行分析。

在图2-8中，U_i为劳动者时间分配的无差异曲线，EF为预算约束线。根据前面对无差异曲线的特征分析可知，劳动者的效用水平依次为$U_3 < U_1 < U_2$。虽然U_2效用水平最高，但由于它在预算约束线的右上方，相对劳动者的资源状况而言，无法实现。同时，U_3虽位于预算约束线的左下方，在劳动者的资源状况下可以实现，但并未达到资源约束下的最大效用。

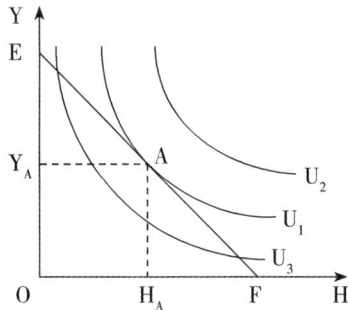

图2-8 劳动者的劳动-闲暇决策模型

可见，劳动者时间分配的无差异曲线U_i在预算约束线EF右上方的，个体劳动者因资源条件的约束而达不到那么高的效用水平；与EF相交的，个体劳动者在既定资源条件下又没有达到最大效用。因此，只有在图2-8中的A点，即预算约束线和无差异曲线相切的那个点，才能实现个体劳动者的效用最大化。此时，切点A就是主体在既定资源条件下获得最大效用的均衡点。

在最优点A，预算约束线与无差异曲线相切，意味着预算约束线的斜率等于无差异曲线的斜率，即：

$$-w = MRS = -\frac{MU_H}{MU_Y} \tag{2.7}$$

两边同时去掉负号后，得到个体劳动者在资源约束条件下获得最大效用的劳动-闲暇决策，须满足的条件为：

$$w = \frac{MU_H}{MU_Y} \tag{2.8}$$

因此，在选定的消费和闲暇水平上，边际替代率（即一个人愿意放弃闲暇时数来交换额外消费的比率）等于工资率（即市场愿意让该工作者用1小时的闲暇替代消费的比率）。

2.2.2 劳动力供给决策的影响因素：收入效应与替代效应

在可自由支配时间一定的情况下，一个人的工作时间和闲暇分配比例并不是固定的，在收入及劳动者自身需求阶段发生变化之后会重新调整二者的比例，以实现新约束条件下的效用最大化。

1）收入效应

从理论上讲，如果工资率和偏好不变而收入增加，愿意工作的时间就会减少，相反，愿意工作的时间就会增加。经济学上把这种工资率不变的情况下由于收入变化而导致的闲暇需求的变化称为收入效应，收入效应为负。

图2-9中的a和b两点分别表示了不同工作时间和闲暇组合决策下的收入、时间均衡点。我们可以看到，由于非劳动收入的增加，从a点到新的平衡点b点的过程中，闲暇时间增加了而工作时间减少了，这个过程就是收入效应作用的过程。

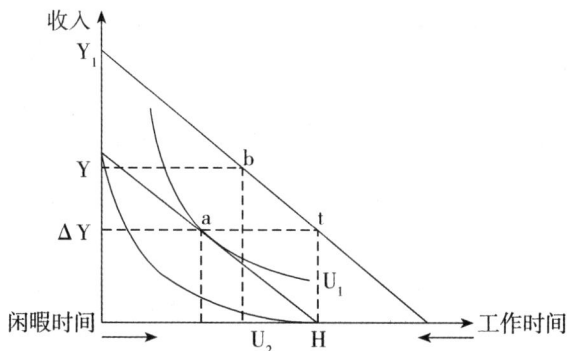

图2-9 收入效应

从收入效应得出的结论是：在闲暇时间机会成本（工资率）不变的情况下，非劳动收入增加将使人们希望得到更多的闲暇，也就意味着工作时间将减少。

2）替代效应

收入效应是假定工资率不变的情况下工作时间和闲暇的波动关系。从现实看，个体可支配的时间不变而工资率却有可能发生变化从而引起劳动收入的变化，使工作时间和闲暇重新组合。收入不变，工资率提高，闲暇的成本也就因此而提高，闲暇需求减少而工作时间增加，这就是所谓的替代效应，即在工资率变化的情况下，工作时间和闲暇相互替代。与收入效应相比，替代效应为正。

图2-10展示的就是在工资率变动情况下的替代效应。当工资率发生变化之后，原有的预算约束线内推，个体闲暇从H_a缩短到H_b，相应的工作时间就延长了。闲暇减少造成的效用损失由工作时间增加所带来的收入增加效用补偿。

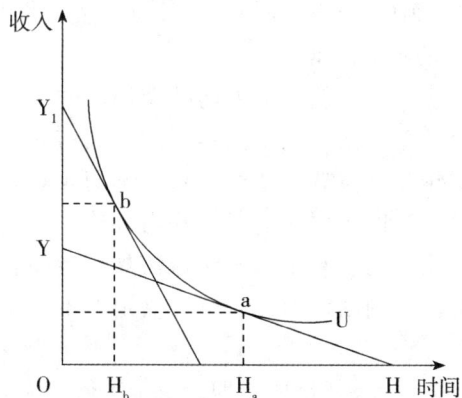

图2-10 替代效应

从替代效应得出的结论是：在真实收入保持不变的情况下，工资率的上升将使人们增加工作时数，也就意味着闲暇将减少。

3）个人劳动力供给曲线

替代效应是在收入不变，只是工资率变化时个体的均衡情况。收入效应是在工资率不变的情况下收入变化时个体均衡的结果。而现实的状况往往是工资率和收入都会发生变动，也就是说，劳动力现实供给实质上是收入效应和替代效应的共同结果。

图 2-11 描述了这样一种基本现象：在工资率较低的时候，替代效应大，随着工资率的提高，人们愿意提供更多的劳动，劳动力供给与工资率正相关；当工资率超过某一点后，随着工资率的提高，收入效应作用开始增加，人们倾向于提供较少的劳动，而享受更多的闲暇，劳动力供给与工资率为负相关关系。

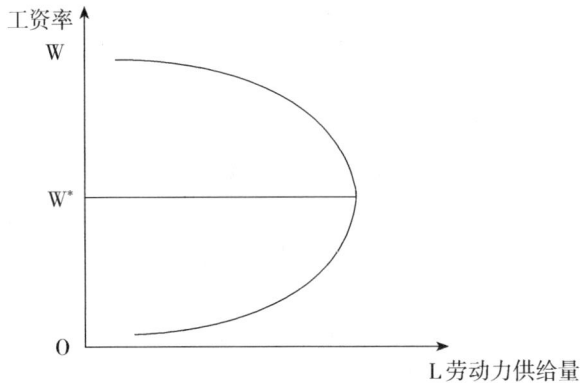

图 2-11　个人劳动力供给曲线

工作时数与工资率之间的关系可以总结为：如果替代效应的强度超过收入效应，那么工资率的提高将增加工作时数；如果收入效应的强度超过替代效应，那么工资率的提高将减少工作时数。

个人劳动力供给曲线的政策意义在于：要诱导劳动者提供更多的劳动，经济政策应该尽量减少收入效应，创造替代效应；而为了鼓励劳动者休息减少社会劳动力供给从而创造就业机会，则应该试图增加收入效应而减少替代效应。

4）收入、替代效应的年龄因素

个人劳动力供给考察的是劳动者个人向社会提供的劳动总量，这是劳动者一生中每个阶段劳动供给的总和。在人生的不同阶段，需求的中心存在差异，从而导致收入及替代效应与年龄阶段有密切的关系。不同年龄段与收入、替代效应的关系，主要考察两个方面，即不同年龄段劳动力供给的差别和退休年龄。退休年龄一般是三个因素共同作用的结果：国家法律法规、劳动者个人收入状况、劳动者个人对劳动和闲暇效用的判断。退休年龄的决定对不同年龄阶段劳动力供给有重要的影响。

以男性为例，在刚进入劳动年龄的初期，由于工作经验缺乏、资历浅，其劳动产出较低，工资率不高，这就意味着从事家务劳动和享受闲暇的机会成本也低，家务劳动和闲暇边际效用较高，因此，在这个阶段劳动供给较少。进入中年之后，由于经验增加、劳动技能提升导致劳动产出率较高从而获得了较高的工资率，其从事家务劳动和闲暇的机会成本就会提高，家务劳动的边际效用也随着家庭的建立及后代的成长而降低，促进劳动者向社会提供更多的劳动。在接近退休年龄的时候，个人的身体条件发生变化，经验变得陈旧，劳动产出的效率逐渐降低，从而工资率会降低，家务劳动和闲暇的机会成本随之降低，效用提高，劳动者会减少劳动供给。这就是我们经常讨论的劳动者生命周期内的劳动力供给。

2.2.3　市场劳动力供给曲线

所谓市场劳动力供给曲线，实际上是将一个市场中的个人劳动力供给曲线相加。因此，市场劳动力供给曲线是市场工资率和提供给市场的劳动供给时间的一种总的关系。

在图 2-12 中，我们描绘出 3 个有代表性的个人在 3 种不同工资率条件下所选择的情况，并根据这些选择归纳出市场的劳动力供给曲线。第 1 个人，当市场工资率提高后，替代效应大于收入效应，因此劳动供给时间由 20 小时增加到 30 小时、进而 40 小时。第 2 个人的情况相反，其收入效应超过替代效应，因此当工资率提高时，劳动供给时间由 40 小时减少到 30 小时，进而降到 20 小时。第 3 个人，当工资率为 W_1 时他没有提供劳动时间，当工资率为 W_2 时，其提供 30 小时劳动时间，当工资率上升到 W_3 时，他提供 40 小时的劳动时间。市场劳动力供给曲线 S_m 是这 3 个人在不同工资率条件下所提供的劳动时间的总和。因此，它反映了追求最大效用的个人在工资率发生变化时作出的选择。

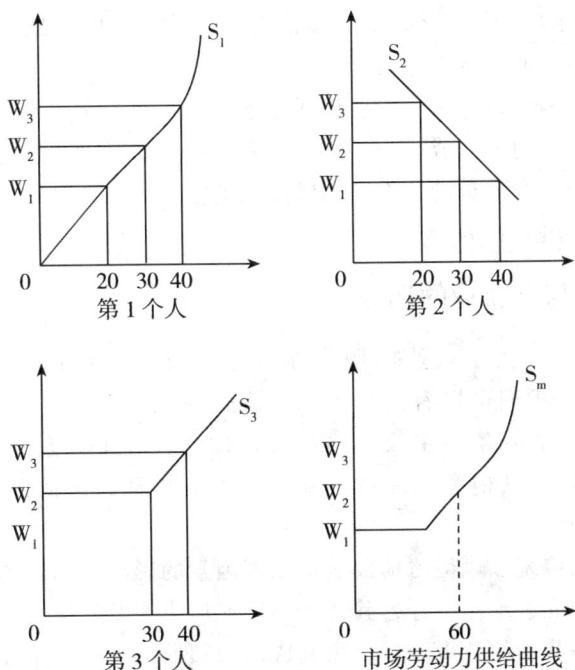

图 2-12　个人劳动力供给曲线和市场劳动力供给曲线

2.3 家庭劳动力供给

2.3.1 家庭生产理论

1）家庭生产理论的引出

个人劳动力供给主要讨论的是个人基于个体效用最大化的工作–闲暇时间分配。这种讨论存在着两个方面的不足：第一，忽略了个体劳动者属于特定家庭的一个成员，其决策往往是与其他家庭成员协商的结果。比如，丈夫和妻子并非独立地作出各自的工作和闲暇的时间配置，而是从家庭整体效用最大化出发，考虑如何共同分享彼此的时间资源。因此，考察劳动力供给时就必须将某一劳动力放置在家庭之中，充分考虑家庭中某一成员的工资率和收入变动对其他家庭成员劳动力供给决策所产生的影响。这样的研究才贴近现实。第二，个人劳动者在对时间分配进行决策时，并不仅仅是考察工作时间和闲暇时间的不同效用组合，还要考虑参加家庭劳动，而家庭劳动在劳动时间的决策中往往带有非市场性特征。个人劳动力供给决策分析的上述缺陷促使我们研究家庭劳动力供给。

2）家庭生产理论的基本内容

家庭劳动力供给要求将劳动者放在一个家庭的背景之下进行劳动力供给考察，其研究认为：

（1）在现代社会中，家庭既是一个消费单位，同时也是一个生产单位，因此家庭时间并不全是闲暇时间。家庭生产理论将个人的可自由分配时间划分为闲暇时间、市场工作时间和非市场工作时间（即家务劳动时间）。

（2）在一个由两个以上劳动者所构成的家庭中，每一个家庭成员在进行工作时间决策时，总要与其他家庭成员相互协商，并考虑自身生命周期不同阶段的劳动力供求特征。某一个家庭成员的工作决策既受其他家庭成员的制约，同时也影响着其他家庭成员的工作决策行为。

2.3.2 就业与非就业的选择

在家庭经济中，关于就业问题，在家庭成员之间存在着一定分工协作关系。一般情况下，我们可以看到户主工作提供收入，必要时他的配偶及其他家庭成员也去工作从而补偿户主收入不足。这样一种分工关系，意味着配偶（多数情况下是妻子）及其他家庭成员主要承担家务劳动，从而保持家庭经济正常运转。

由于社会文化传统、风俗习惯及其他制度因素的影响，当市场上有受雇机会的时候，谁去就业、谁去承担家务，其优先顺序如何决定？这取决于就业后预期能得到的工资率和家务劳动的效率。讨论家庭成员的预期工资率和家务劳动的效率，是一个比较复杂的过程。为便于分析，假定在家庭内部与就业有关的分工协作关系已经存在，其简化状态是：在考虑妻子是否就业以及家庭的其他劳动适龄成员是否就业时，家庭中已经有人（如男性户主）就业了。这些家庭成员的劳动供给决策是在一定的家庭收入的基础上作出的。图2-13的模型分析除家庭户主以外的家庭成员，主要是指妻子的就业选择问题。横轴表示收入，纵轴表示可支配时间，从原点向上计量为闲暇，从H点向原点计量为劳动时间，H−t为制度给定的劳动时间。OY_a表示家庭由于户主的劳动参与或其他原因已有的收入，U_i表示家庭收入–闲暇无差异曲线。在以U_i（i=1，2，3）表示的一簇家庭收入-闲暇无差异曲线中，按效用高低顺序排列为$U_1 < U_2 < U_3$；直线ab、ac、ad与制度劳动时间轴分别相交于b、c和d点，与家庭收入Y_a、Y_b、Y_c、Y_d直线的夹角分别为工资率W_1、W_2、W_3，而且$W_1 < W_2 < W_3$。当已婚妇女的工资率为W_2时，制度劳动时间为H−t时，可以看到，妻子是否就业不影响家庭的效用水平。在a点，家庭的收入就是家庭已有收入OY_a，妻子可支配的闲暇为OH；在c点，家庭收入$OY_a+Y_aY_c$，可支配闲暇为Ot，即放弃tH的闲暇可使家庭收入增加Y_aY_c。因为a、c两点同在无差异曲线U_2上，因此，妻子是否就业不影响家庭享受到的效用水平。当工资率低于W_2，比如为W_1时，若妻子选择就业，其组合点为b点，b点在无差异曲线U_1上，要比U_2的效用水平低；若此时选择不就业，其组合点为a，效用水平为U_2，反而比选择工作的效用水平还高。因此，在工资率低于W_2时，妻子必定选择不就业。如果工资率比W_2高，比如为W_3，情况又如何呢？显然，如果选择就业，这时无差异曲线U_3与制度劳动时间轴交于d点，此时效用水平可以达到U_3，高于选择不就业时效用水平U_2，因此，当工资率比W_2高时，妻子会选择就业。

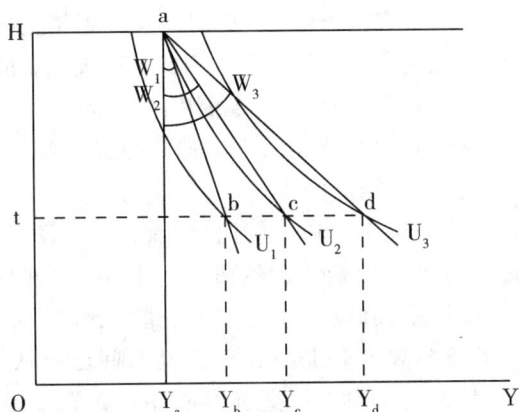

图2-13 就业与非就业选择

从家庭效用最大化行为目标来反思上面的选择，我们可以知道：当工资率低于W_2时，由于工资率很低，如果妻子选择就业获得的收入不足以补偿失去相应的闲暇而降低的效用，就会导致家庭的效用损失，从而妻子会选择不就业；当工资率等于W_2妻子选择就业时，由于就业而获得收入使家庭增加的效用刚好等于由于选择就业而失去相应的闲暇所减少的效用，这时妻子是否参加工作不影响家庭的效用水平；当工资率为 W_3 时，由于工资率高，如果妻子选择工作，她因提供劳动而获得相应收入，由此增加的家庭效用大于因提供劳动而相应减少闲暇所减少的效用，或者说，由于妻子参加工作使家庭总效用增加，因此妻子会选择工作。从收入效应和替代效应的角度考察，一般情况下女性劳动力供给的替代效应强于收入效应，这也是为什么结婚之后女性相对偏重家庭的原因。近年来，随着时代进步和女性独立主义的进一步发展，女性的劳动参与率上升，女性劳动力供给的替代效应有减弱的趋势，收入效应逐渐增加。

男性则与之相反。研究表明，已婚男子较少从事家务劳动，在家中的大部分时间是闲暇，收入效应对男性劳动力供给的作用大于替代效应的作用。

2.3.3 不同条件下的家庭劳动力供给

1）收入效应

如果家庭中已就业成员的劳动收入增加，对家庭非就业成员的劳动参与率有什么影响呢？

在初期均衡状态下，家庭非就业人员处于就业-不就业无差异的情况，此时的就业人员工资率为家庭劳动力供给的最低工资率。若家庭已就业人员由于某些原因收入增加，且原有的工资率保持不变，则家庭的非就业人员将选择不就业，非就业人员参与劳动供给的最低工资率将上升。因此，当家庭就业人员的收入增加后，将给家庭非就业成员参与劳动供给带来负面影响。

2）家务劳动的影响

尽管随着社会的发展，许多家务劳动已经社会化，但毕竟还有许多家务劳动和其他一些事务还没有社会化或者不能社会化。因此，每天必要的家务劳动必然会占用一定时间，比如照料幼儿。假设这个必须占用的时间为 C，而且是由家庭还未参与劳动的主妇承担。如果主妇打算参与劳动，那么她就必须考虑制度劳动时间 t 和必要家务劳动时间对她决策的影响。

在图 2-14 中，制度劳动时间为 H-t，且在没有家务劳动的情况下，与图 2-13 的情况一样，W_1 为最低劳动供给价格。然而，由于存在 C 小时家务劳动的制约，主妇在选择就业时，效用得失就应与 d 点的组合进行比较。C 小时的家务劳动这个因素并不影响最低工资率 W_1，但是，由于劳动时间已经从制度时间 H-t 变成了 C-t'，这时工资率 W_1 与时间轴 t' 的交点为 e。e 点在无差异曲线 U_3 上，U_3 的效用水平不仅远低于 U_1，而且还低于过 d 点的无差异曲线 U_2 的效用水平。所以，家庭主妇不会选择就业。既然 C 小时家务劳动是给定的条件，那么可以看到 U_2 穿过 d、f 两点，此时最低供给价格是 W_2。显然，这时的最低劳动供给价格比没有 C 小时必要家务劳动时间制约时要高。但工资率不是由家庭单方决定的。因此，从存在既定的家务劳动时间的条件出发，家务劳动的存在对劳动力参与率具有负面影响。

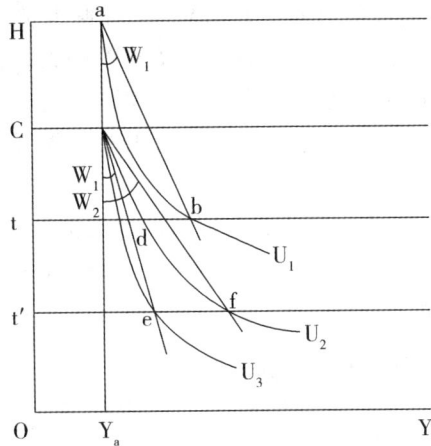

图2-14 家务劳动与女性劳动参与率

大量经验材料也支持了上述的模型分析，一些国家或地区的调查结果显示：当家庭在养育幼儿及孩子到小学阶段，对25～35岁年龄组的已婚妇女的劳动参与率有负面影响。我国学者提出妇女分阶段就业的政策建议的理论依据也在于此。

3）劳动时间长度对家庭劳动参与率的影响

制度劳动时间长度是影响劳动力参与变动的重要变量。在就业与非就业模型中，劳动时间长度由一定的劳动管理制度给定。在制度劳动时间缩短，工资率不变的情况下，劳动者的效用必定提高。因此，在其他条件不变的情况下，制度劳动时间缩短，在追求效用最大化的理性原则的驱使下，将刺激劳动参与率提高。相反，如果其他条件不变，制度劳动时间延长，劳动者劳动效用水平降低，其劳动参与率也将下降，从而对劳动供给产生负面影响。

4）教育、培训对劳动参与率的影响

教育、培训等人力资本投资对劳动力供给存在显著的影响。在个人或家庭中，闲暇等于可支配时间减去劳动时间。放弃闲暇用于接受教育、培训等亦可增加未来收入。替代闲暇的两种方式的边际效用的相对关系，对劳动参与率的影响可通过图2-15揭示。

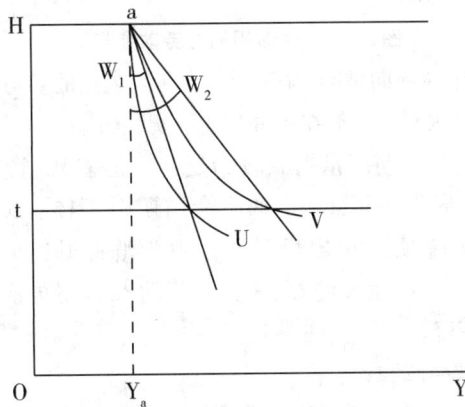

图2-15 教育、培训与劳动参与率

在图 2-15 中，无差异曲线分别为 U 和 V，同样制度劳动时间 H－t 但偏好不同的人，最低供给价格明显不同。闲暇-收入偏好为 U 的人，最低供给价格为 W₁；偏好为 V 的人，最低供给价格则为 W₂。偏好 U 与 V 的显著差异是闲暇的边际效用不同；偏好 V 的边际效用大于 U 的边际效用。由于对人力资本投资有较高的回报预期，所以在工资率为 W₁ 时，这些人选择不就业。因而，可以认为，如果其他条件不变，只限于教育、培训等人力资本投资回报较高的情况，人力资本投资对劳动供给是有负面影响的。正是由于这种关系的存在，造成 16～20 岁年龄组的青年人口劳动参与率自第二次世界大战以后呈持续下降趋势。

2.3.4 劳动参与率的周期变动

1）劳动参与率的生命周期

劳动参与率的生命周期是指劳动者参与劳动的时间比率，随着年龄的增长呈周期性变动的轨迹。在平面直角坐标系中，横轴为年龄，纵轴为劳动参与率，将各年龄或年龄组人口的劳动参与率连起来得到的曲线，即为劳动参与率周期变化的曲线。图 2-16 分别为男性和女性劳动参与率的生命周期。

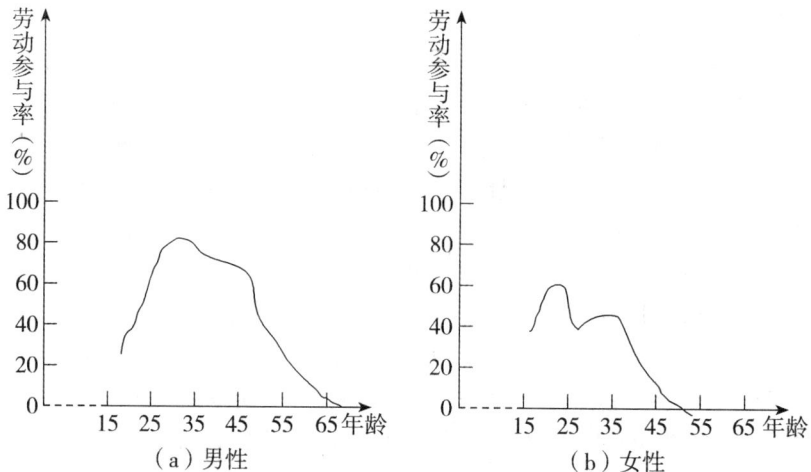

图 2-16　生命周期与劳动参与率

男性劳动参与率的生命周期呈倒"U"形，青年与老年的参与率较低，25～56 岁年龄段劳动参与率连续保持高水平，一般在 90% 以上；男性劳动参与率总体水平高于女性。

女性劳动参与率生命周期所呈形状较为复杂，但多数国家和地区女性劳动参与率的生命周期呈"M"形。在"M"形的生命周期中，15～20 岁年龄阶段，劳动参与率上升，形成第一个峰顶。20 岁后，女性由于婚育退出劳动力市场，劳动参与率下降，形成一个谷底。女性大约在 35 岁，劳动参与率再次形成第二个峰顶；50 岁以后，劳动参与率下降。

2）经济景气变动与劳动参与率

经济景气变动是指经济运行过程中繁荣与衰退的周期性交替。

理论上说，经济景气变动是这样影响劳动参与率的：经济繁荣时由于就业者工资率上升，家庭收入增加会给家庭劳动参与率造成负面影响，而当经济衰退时带来正面影响。当然，这些正、负面影响的真正体现，还必须同时受到来自市场的某些约束。

现实中，往往有这样的现象，即在某一段经济衰退时期，总劳动参与率上升，而在另一段经济衰退时期，总劳动参与率下降。针对这种情况，理论界提出了两种劳动参与假说：附加性劳动力假说和悲观性劳动力假说。

这两种假说都是基于这样一种前提，即二级劳动力的存在。一级劳动力是指男性成年人，他们是家庭的主要经济支柱，其劳动参与率相对比较稳定，或者说对经济周期反应不灵敏。这些劳动力无论短期工资和劳动力市场条件如何变化，不管是处于长期就业还是半就业状态，就业还是非就业状态，总是处于劳动力市场之中。他们可能表现为在就业与失业之间流动，而不表现为劳动与不劳动的流动。二级劳动力主要由中年妇女构成，她们的劳动参与率对经济周期有较灵敏的反应。

附加性劳动力假说认为，在经济繁荣时，由于一级劳动力工资率提高，家庭收入上升，从而二级劳动力劳动参与率下降；相反，当经济衰退时，二级劳动力的劳动参与率上升。

悲观性劳动力假说认为，在经济衰退时，就业率下降，失业率上升，大量一级劳动力处于失业状态，但仍滞留在劳动力市场。许多二级劳动力对寻找工作的前景抱悲观态度，因而情愿退出劳动力市场而不愿当失业者。因此，二级劳动力劳动参与率与失业率呈反向关系：失业率上升、二级劳动力劳动参与率下降。

由上可知，附加性劳动力假说和悲观性劳动力假说是在经济衰退时同时存在、效应相反的两种作用力。具体到某一经济衰退期时劳动参与率怎样变化，要取决于这两种作用力的强度和力量对比。如果附加性效应作用力比悲观性效应作用力强，则表现为劳动参与率上升；如果悲观性效应的作用力比附加性效应作用力强，则表现为劳动参与率下降。

2.4 　社会劳动力供给

2.4.1　社会劳动力供给的客观基础：人力资源状况

劳动力资源的数量和质量取决于一定时期一国的人口状况，包括人口规模、人口自然结构和人口的个人身体条件。

1）人口规模与劳动力供给

一个国家的人口规模从本质上决定了一国劳动力潜在的供给总量，而人口的增长要在一定时间之后才会转换为现实的劳动力供给。目前，世界劳动就业的基本格局是，发达国家劳动力严重不足，而发展中国家因人口众多和工资率低，使得劳动力供给总量很大，从而就业的压力很大。

2）人口自然结构与劳动力供给

从人口自然结构考察的影响劳动力供给的因素主要是性别结构和年龄结构。

前已述及，男性的劳动力供给量相对女性而言要高。在人口规模大致相同的国家，男性比重高的国家其劳动力供给相对较多。

人口的年龄结构对劳动力供给的影响是直接的。国际上将人口年龄构成划分为年轻型、成年型和老年型三种类型。劳动力的数量是由人口总量及在此基础之上的劳动年龄决定的。因此，不同的年龄结构就会有不同的劳动力自然供给状况。毫无疑问，年轻型和老年型较之成年型社会，短期内表现为较低的劳动力自然供给状况。

此外，在一些多种族国家里，不同的人口种族结构也对劳动力供给总量有影响。其原因在于不同的种族有不同的劳动传统及工作、休息和家务劳动认识。

3）个体身体条件与劳动力供给

劳动者个体身体条件对劳动力供给质量和有效数量的影响，表现为直接对劳动年龄范围进行修正。在一些自然条件恶劣和贫穷的国家，其劳动力供给与身体条件的关系表现得相当突出。当然，随着人类生活水平的提高和健康状况的改善，潜在劳动力供给数量将提高。

2.4.2 社会劳动力供给的影响因素

一般来看，影响劳动力供给的因素主要有：

（1）宏观经济状况。宏观经济状况包括两个方面：第一，宏观经济形势。经济总体形势好，经济增长率越高，就业机会越多，也会有更多的人有更强的就业欲望和信心，进而劳动参与率提高，社会劳动力供给增加。工资水平（工资率）也是反映经济形势的指标之一，但如前所述，它会具有收入效应和替代效应两种影响。不过，一般情况下，工资率越高，劳动力供给也越多。

第二，宏观产业结构。产业结构的优化是一个历史趋势。产业结构变动对劳动力供给的影响是多方面的。一是产业结构优化将促使单位资金使用的劳动力下降，社会宏观就业量下降，从而可能减少社会劳动力供给。比如，现代化程度高的产业比传统产业使用的劳动力少；二是产业结构优化，又会派生出新的产业，创造新的就业机会，有利于刺激劳动力供给；三是产业结构优化，人们的工作场所和工作方式可能发生变化，也有利于刺激劳动力供给。因此，总体上说，产业结构变动有利于提高劳动力供给量。

（2）国家的社会经济政策。国家的政策特别是其中的生育政策，一方面，它不仅影响总人口规模，而且影响到人口的年龄、性别结构及其发展趋势，从而影响劳动适龄人口规模。另一方面，它会调节人口的年龄性别结构，从而导致劳动参与率不同。一般来说，男性人口比例越高，社会的劳动参与率也越高，社会劳动力越多。在年龄结构上，一个老龄化的社会与年轻型的社会相比，肯定前者的劳动参与率较低而后者较高。劳动参与率提高，意味着劳动力供给增加。

（3）劳动适龄人口规模。一般来说国家规定的就业年龄越小，退休年龄越大，劳动适龄人口比例越大。

（4）国家的教育事业发展和不同教育程度的工资率差距。一般规律是国家的教育事业越发达，对国民的受教育程度要求越高。不同教育程度的工资率差别越大，劳动参与率越高，一定量总人口中的劳动力供给越多。

（5）人们的商品意识程度和社会分工程度的深浅。总的趋势是人们的商品观念越浓，社会分工程度越高，从而家务劳动社会化程度越高，人们从事家务劳动的必要时间越少，处于就业年龄的女性的社会就业越多，劳动参与率越高。

（6）劳动、工资与社会保障制度。首先，国家劳动制度中的休假制度及退休年龄规定直接影响劳动参与率，进而影响劳动力供给。不同的国家由于社会传统和经济发展水平不同具有不同的节假日，节假日的时间数量及执行情况直接影响了社会的劳动力供给，增加节假日将导致劳动力供给的减少。如西方发达国家有关于"定期休假制度"的规定，推动了人们在可支配时间范围内增加闲暇、减少工作时间但不影响收入，从而减少了劳动力供给。

其次，工资是劳动力的市场价格，其水平的高低和波动将引导整个社会劳动力资源进行寻优配置。广义上，所有的劳动经济问题都与工资密切相关。国家通过工资制度特别是最低工资保障政策和个人所得税两种方式影响劳动力的市场价格。最低工资保障政策的出台在一定程度上维护了劳动者作为弱势群体在市场交换中的利益，从而刺激劳动力的供给。个人所得税通过税收杠杆的调节作用，直接影响劳动者工作时间的边际效应，其效应的降低将使劳动者自愿减少工作时间、增加闲暇从而减少劳动力供给。

最后，劳动保障制度对劳动力供给是一柄"双刃剑"。一方面，劳动保障制度有利于提高劳动参与率。例如，长期以来，我国企业实行的就业、工资、福利三位一体的社会保障政策。在这种政策下，意味着劳动者只有就业，才能享受到诸如保险等多种社会福利及保障制度，从而刺激了劳动力供给。另一方面，社会保障程度的提高反而会降低社会劳动力的供给，就像今天在欧洲一些发达国家看到的那样。

（7）其他因素，如社会文化、风俗习惯等。从中国来看，政府一直鼓励城镇人口，包括妇女人口积极就业，宣传只有就业才是充分实现了人身价值，妇女就业是妇女解放、男女平等的标志等就业观。此外，中国自古以来都有劳动是美德、每一个人都应该自食其力、老有所为的价值观，这些都导致了中国在人口众多的背景下劳动参与率也相当高，从而刺激了劳动力的供给。

总之，社会劳动参与率受多种因素影响。具体到某一国家或地区某一时间段的劳动参与率，及社会劳动力供给的数量，要通过对各影响因素的综合分析才能得到较为准确的估计。

2.4.3　社会劳动力供给的度量：劳动参与率

劳动参与率是指潜在劳动力资源中经济活动人口所占的比重，它是衡量和测度潜在劳动力资源参与社会劳动程度的指标。该指标越高就意味着在一定的人口规模下社会劳动力供给越多，即劳动参与率与劳动力供给量同方向变动。计算公式如下：

$$劳动参与率 = \frac{就业人口数 + 失业人口数}{潜在劳动力资源人口数} \times 100\% \qquad (2.8)$$

同时，一定范围的劳动力也可以分别以年龄和性别进行分类统计，从而又有了分别以年龄和性别划分的劳动参与率。

一个国家劳动参与率的高低取决于经济发展水平和传统文化如价值观的影响。一个家庭的劳动参与率则主要由家庭的人口构成和经济状况决定。值得注意的是，今天父母对其子女的教育越来越重视，因此人力资本投资决策成为影响家庭劳动参与率的重要因素。

2.5　我国社会劳动力供给现状

2.5.1　我国人口发展阶段

自中华人民共和国成立以来，我国人口发展经历了四个不同的阶段：[①]

（1）第一阶段：大约在1949—1964年，是出生率平均在30‰以上，死亡率平均在10‰以上的"双高"阶段。

（2）第二阶段：大约在1965—1972年，出生率仍然保持在30‰以上的较高水平，死亡率已经降低到10‰以下。

（3）第三阶段：1973—1990年的18年，属于调整阶段，出生率在20‰上下徘徊，死亡率降到7‰以下。

（4）第四阶段：1991年至今。这一阶段，既有严格坚持计划生育的较长时段，又有近年来适当放宽生育政策、鼓励生育二胎的时段，但总体上看，仍然处于出生率和死亡率的"双低"阶段，出生率从1991年的19.7‰稳步下降到2018年的10.94‰，死亡率仍然保持在7‰左右的水平[②]。

从表2-1可以看出，截至2018年，我国劳动适龄人口接近总人口的三分之二。

表2-1　　　　　　　　　我国劳动适龄人口占总人口比重

普查时间	1953年	1964年	1982年	1990年	2000年	2010年	2018年
15~64岁人口占总人口比重（%）	59.31	55.75	61.50	66.74	70.15	74.53	71.2

资料来源　国家统计局. 中国统计年鉴2019〔M〕. 北京：中国统计出版社，2019.

---

① 张彬斌. 新中国60年人口发展轨迹：兼谈中国未来劳动力供给〔J〕. 重庆理工大学学报：社会科学，2010，24（8）.
② 中华人民共和国国家统计局. 中国统计年鉴2017〔M〕. 北京：中国统计出版社，2017.

2.5.2 我国社会劳动力供给的特征

总体来说，中国社会劳动力供给存在着总量过剩与结构性不足的矛盾。这两个问题的叠加使得扩大就业和解决失业问题变得异常困难。研究表明，"十二五"期间，中国人口发展进程出现了一个重要转折——劳动年龄人口规模和比重开始降低。根据国家统计局数据，2011 年 15～64 岁人口比重为 74.4%，比 2010 年下降 0.1个百分点，之后逐年下降，到 2018 年已降至 71.2%，劳动年龄人口规模也开始下降，15～64 岁人口由 2013 年的 100 582 万人降至 2018 年的 99 357 万人，减少 1 225万人[1]。按照 1.6 左右的总和生育率水平对中国人口进行预测的结果显示，"十三五"期间劳动年龄人口总量和占总人口的比例将双双下降。15～59 岁劳动年龄人口将从"十三五"期初的 9.22 亿左右下降至 2020 年的 9.10 亿，占比从 2016 年的 66.78%下降至 2020 年的 65.11%。[2]

目前，我国社会劳动力供给现状主要呈现以下几个方面的特点：

1）劳动力供给总量将由缓慢增长逐步走向负增长

2018 年年末我国大陆共 139 538 万人，比 2000 年的 126 743 万人增加 10.1%。[3]据预测，我国人口将在 2030 年前后达到 14.7 亿左右的上限，之后人口总量便会开始下降。而从人口结构来看，根据联合国的预测，中国 0～14 岁、15～64 岁和 65岁及以上 3 个年龄组人口的变动趋势是，少儿人口比重逐步下降，老年人口逐步上升，而劳动年龄人口是先上升后下降。[4]具体来说，2010 年是一个拐点。之前，15～64 岁劳动年龄人口比重处在增长趋势，2010 年达到 74.5%；之后逐年降低，劳动年龄人口比重在 2013 年为 74.0%，2018 年为 71.2%。[5]

2000 年，我国的劳动参与率为 77.1%，比世界平均劳动参与率 65.3% 高出 12%左右。2015 年，我国劳动参与率下降到 70.9%，比世界平均水平高 8%。同期，其他金砖国家，巴西从 68.2% 下降到 67.1%，俄罗斯从 60.7% 上升到 63.5%，印度从59.1% 下降到 53.7%，南非从 56.8% 下降到 53.0%。[6]随着我国高等教育普及率的提高，更多适龄劳动力并不能在适龄阶段初期参与到社会劳动中，所以在未来，劳动参与率估计并没有这么高。[7]

2）劳动力供给质量不断提高

对受教育年限，国际上一般选用 15 岁和 15 岁以上人口平均受教育年限作为判断国民受教育水平的依据。总体上看，中国 15 岁及以上成人识字率 2015 年已经达到 96.4%，其中男性 98.2%，女性 94.5%，分别远高于印度的 72.2%、80.9% 和

① 国家统计局. 中国统计年鉴 2019 [M]. 北京：中国统计出版社，2019.
② 张车伟，蔡翼飞. 中国"十三五"时期劳动供给和需求预测及缺口分析 [J]. 人口研究，2016，40（1）：38-56.
③ 国家统计局. 中国统计年鉴 2019 [M]. 北京：中国统计出版社，2019.
④ 蔡昉，都阳."十一五"期间劳动力供求关系及相关政策 [J]. 宏观经济研究，2005（6）：21.
⑤ 中华人民共和国国家统计局. 中国统计年鉴 2017 [M]. 北京：中国统计出版社，2017.
⑥ 中华人民共和国国家统计局. 中国统计年鉴 2017 [M]. 北京：中国统计出版社，2017.
⑦ 蒋茜，孙兵. 我国劳动力市场的供求趋势预测 [J]. 经济纵横，2011（5）：43-44.

63.0%。[①]根据联合国《2010年人类发展报告》的资料，2010年，我国15岁以上人口平均受教育年限为7.5年，在世界人类发展指数中排名第89位。世界人类发展指数排名第一位的挪威，平均受教育年限为12.6年，排名第四位的美国为12.4年。[②]2017年，中国的人类发展指数排名上升到第86位，平均受教育年限增加0.3年为7.8年，与排名第一的德国14.1年、美国13.4年差距甚远。[③]根据《国家中长期教育改革和发展规划纲要（2010—2020年）》制定的战略目标，到2020年，基本实现教育现代化，基本形成学习型社会，进入人力资源强国行列。具体要求，新增劳动力平均受教育年限从12.4年提高到13.5年；主要劳动年龄人口平均受教育年限从9.5年提高到11.2年，其中受过高等教育的比例达到20%，具有高等教育文化程度的人数比2009年翻一番。在我国一般选用6岁和6岁以上人口平均受教育水平作为判断国民受教育水平的依据。根据人口普查资料，2000年，我国6岁以上人口平均受教育年限为7.62年，在全面建成小康社会的进程中，我国将全面实现9年义务教育，一些比较发达的地区可能实现更高水平的义务教育。同时，其他各种形式的教育也将得到较快发展，2020年，我国6岁以上人口平均受教育年限应达到10年。因此，在未来的十几年中，我国劳动力的素质将有大幅度的提高。[④]

3）劳动年龄人口内部呈现老龄化趋势

根据预测，我国15～24岁年轻劳动年龄人口总体呈现快速下降趋势。在2011年达到峰值的2.21亿人后，开始快速下降，到2023年将下降到1.45亿人，之后到2037年是平稳增长时期，2040年15～24岁年轻劳动年龄人口回落到1.45亿人，之后又开始了新一轮的快速下降，到2050年只有1.11亿人。25～44岁中青年劳动年龄人口数也呈现出明显的下降趋势，从2010年的4.05亿人缓慢持续下降到2030年的3.69亿人。2031年后的10年，25～44岁中青年劳动年龄人口数开始加速下降，到2040年下降到3.03亿人，之后下降速度趋缓，到2050年为2.94亿人。与总劳动年龄人口下降及中青年劳动年龄人口下降的趋势相反，45～64岁中老年劳动年龄人口迅速上升，2019年达到峰值4.16亿人，之后在高位有小的波动，到2027年达到4.11亿人，之后开始快速下降直到2031年降到3.73亿人，此后变化比较平稳，略有下降，到2050年达到3.53亿人。[⑤]

4）我国女性劳动参与率过高，大大超越经济发展阶段

女性劳动参与率是与各国经济发展水平相关联的，发达国家女性劳动参与率较高，而发展中国家女性劳动参与率较低。据国际劳工局《2000年世界劳动报告》显示，1980年我国女性劳动参与率为75.5%，比同年世界平均水平57.4%高出18.1%，比亚洲平均水平高17.6%。

是什么让中国女性像其他国家的男性一样努力工作呢？首先，历史的因素。在

① 国家统计局. 国际统计年鉴2018［M］. 北京：中国统计出版社，2019.
② 联合国发展计划署.2010年人类发展报告［EB/OL］.［2019-05-26］. https://wenku.baidu.com/view/70a4a72cb4daa58da0114a8e.html.
③ 国家统计局.国际统计年鉴2018［M］. 北京：中国统计出版社，2019.
④ 金玉秋. 2008—2020年我国劳动力供给与需求预测［J］. 统计与决策，2009（12）:77.
⑤ 齐明珠. 我国2010—2050年劳动力供给与需求预测［J］. 人口研究，2010（5）:78.

计划经济体制下，社会进行完全的按劳分配，包括女性在内的全民参与劳动。在社会保障落后的情况下，多数家庭的收入来源只有工资，每个家庭成员都必须努力工作赚钱分担经济压力。其次，女性社会地位提高。基础教育的普及让许多中国女性具备一定的知识水平和生产能力，为她们参与社会活动创造了空间。最后，家庭资源更加平衡和集中。相对之前优先培养男孩的一些家庭，独生子女家庭中的女孩能够享有与男孩一样的条件，家中长辈对带孩子和家务的协助，也有助于女性投入更多的时间在工作上。

近年来，中国女性劳动参与率出现了下滑的趋势，自1990年以来，中国女性劳动参与率已经由73.5%逐渐下降到2017年61.5%[①]的历史低位，并有在未来继续降低的趋势。一方面，因为新生儿出生率大幅降低，退休人数大量增加；另一方面，计划经济对当代中国经济的影响越来越小，无论男性女性都能够自主选择除劳动就业的其他道路来实现自我价值。此外，当微观经济活动主体（主要是指企业）根据竞争原则自主决策用人用工时，就会出现大量女性职工下岗，因而女性劳动参与水平呈下降趋势。

但是，2017年中国女性劳动参与率仍然超过世界平均水平48.7%，仅次于世界低收入国家的64.9%，高于美国（55.7%）、法国（50.6%）、日本（50.5%）、意大利（39.5%）、印度（27.2%）等国家，超越了我国经济发展阶段（见表2-2）。

表2-2　　　　　　　　**女性劳动参与率国际比较（%）**

	劳动力参与率		女性劳动力参与率	
	2000	2017	2000	2017
世界平均	64.8	61.9	51.2	48.7
高收入国家	60.5	60.3	50.6	52.3
中等收入国家	65.3	61.3	50.3	46.1
中低收入国家	65.9	62.3	51.4	47.8
低收入国家	72.9	72.4	64.5	64.9
中国	77.2	68.9	71.0	61.5
印度	59.0	53.8	34.0	27.2
日本	62.6	60.2	49.3	50.5
意大利	47.8	48.6	35.4	39.5
法国	55.5	55.2	48.6	50.6
美国	66.4	61.9	59.0	55.7

资料来源　国家统计局. 国际统计年鉴2018［M］. 北京：中国统计出版社，2019.

---

① 国家统计局. 国际统计年鉴2018［M］. 北京：中国统计出版社，2019.

5）中国劳动力供给侧的结构性问题与矛盾

在国际上，发达国家的就业问题更多的是一种结构性矛盾，其失业率的升高在很多情况下都是因经济结构调整引起的。我国具有典型"二元经济"特征并正处在经济转型过程中，随着中国经济增长方式的转变，产业结构的优化升级，经济增长对就业的拉动能力正在下降。在总量供给过大的同时，在结构上又存在着严重的地区间和行业间的不平衡。

这种结构性不平衡，在贸易保护主义抬头引起的世界贸易战——本质是核心技术战——的"激化"下，全球持续性经济低迷，世界各国的企业毫无例外地被牵连其中，或艰难撑持，或纷纷倒闭。

从劳动经济学角度观察，目前我国劳动力供给侧要从满足一般性物质需要的结构，转向追求更高生活质量的服务型结构，还有很长的一段路要走。

①现阶段，从总量上看，劳动力供给仍然大于需求，存在已久的、局部的供给侧结构性不足的矛盾，还要持续一段相当长的时期。

②从宏观上看，全社会劳动力供给大于需求，与微观上企业的"用人难、用工难"并存的矛盾，在可预见的将来还难以缓解。

③从微观上看，企业成本上升的客观规律，使大中小各类型企业包括劳动力在内的要素成本升高不可避免。我国过去的人口政策的后遗症——劳动力数量供给刹车似地缩水，实行新的鼓励二胎的政策的效果尚难以评估，即使能够推升劳动力供给也还须假以时日。几方面因素叠加，加剧了企业的成本攀升，压缩了企业的盈利空间，企业难以开展必要的人力资本投资，损伤企业长期核心竞争力。

④从劳动力就业结构反映的产业结构上看，产业结构变革和提升的速度仍然比较缓慢，从事服务业的比重特别是高端服务业的比重还不高，对经济增长的拉动效应还不显著。

⑤人工智能颠覆传统产业，引发的结构性失业，将持续较长时间。具备创新能力、能够应对核心技术挑战、助力实现"中国制造2025"战略的高端人才供给严重不足，这与低端劳动力严重过剩的矛盾前所未有地突出。

【推荐阅读材料】（一）

社会劳动力的测量与统计

很多家务劳动实际上创造并体现了价值，因而具有社会劳动的性质。社会上已出现了家务劳动社会化的趋势，所以应将大部分家务劳动纳入社会劳动的范畴。从测量的角度考虑，每天为本人以外的其他家庭成员从事家务劳动1小时以上应统计为社会劳动，夫妻双方共同抚养子女的劳动都应统计为社会劳动；在校学生从事有收入的劳动，也创造了价值和使用价值，他们的成果已被计入GDP中，这些人员也应计入就业人口中；在校学生找工作，必然会对当前的劳动力市场的供求产生影响，其所起的作用与一般失业人口是一样的，因此，从劳动力市场的角度来看，他们与一般失业人口并没有什么区别；军人应该是创造价值和使用价值的特殊群体，一国的自然资源之所以成为本国而不是别国的财富，正是本国军人（以及其他保卫者）保卫的结果。军人的价值体现在对一国领土资源的保护方面。我国职工的统计定义与国际上雇员的定义应当是基本相同的，但目前，我国职工统计的实际口径比定义大大缩小了。从现实情况出发，已不可能通过全面统计获得全部工资劳动者的数据，而应通过抽样调查推算取得。我国的职工统计也可适时改为雇员统计；我国的失业定义与国际劳工组织的失业定义基本一致，当前有争议的是失业调查是否应包括农村。

资料来源　曾湘泉，等. 中国就业战略报告 2005—2006 面向市场的中国就业与失业测量研究 [M]. 北京：中国人民大学出版社. 标题为笔者所加.

【推荐阅读材料】（二）

综合考察就业率、失业率和劳动参与率

在研究劳动供给问题时，只有同时观察就业率、失业率和劳动参与率的变化趋势，才能较为全面地把握劳动力市场中存在问题的关键。如果在失业率攀升的同时，劳动参与率上升，这也许并不表明失业问题有多么严重，因为失业率的上升在很大程度上可能是由于过去退出劳动力市场的人又重新回到劳动力市场上寻找工作。如果在失业率上升的同时，劳动参与率保持不变，这就意味着劳动力供给的总量并没有发生大的变化，只是在愿意供给劳动的总体中，失去工作的人增加了，失业率的增加很可能是暂时的经济波动或经济结构调整所引起的。劳动供给中最为严峻的问题莫过于失业率上升的同时伴随着劳动参与率的下降。这意味着失去工作的人在不断增加，而且在失去工作的人中，因长时间无法找到工作而沦为"遭受挫折的劳动者"的人数也可能在增加。"遭受挫折的劳动者"数量的增加也许比纯粹失业人数的增加更糟糕，因为失业者似乎并没有丧失工作的信心，而"遭受挫折的劳动者"可能连信心都丧失了。这是一种相当严峻的就业形势。

【推荐阅读材料】（三）

劳动参与率国际比较

一份美国劳工部发布的世界各国劳动参与率数据显示，中国有两项赫然位列世界第一：劳动力总量世界第一，劳动参与率世界第一。

据统计，中国的劳动参与率达到了惊人的 76%，只有 24% 的人没有工作。而这 24% 的人中，包括了老人、孩子和学生。而中国仅老年人口比例就已经达到了13.32%，也就是说，几乎所有处于合法工作年龄、有工作能力的人，全都在工作！

相比之下，美国的劳动参与率仅有 65%，日本只有 58%，唯独可以和中国平分秋色的是巴西的 70%，而看似劳动大国的印度劳动参与率只有 55%。

所以，诺贝尔经济学奖获得者科斯在《变革中国　市场经济的中国之路》中感叹道："中国人的勤奋，令世界惊叹和汗颜，甚至有一点恐惧。"

世界劳动力资源排行，中国稳稳居于首位。截至 2017 年，部分国家劳动力资

源的数据见表2-3。

表2-3　　　　　　　部分国家/地区劳动力资源比较（2017年估计数）

位次	国家/地区	劳动力资源（万人）
	世界	345 287.000
1	中国	78 674.000
2	印度	52 019.000
3	美国	16 346.000
4	印度尼西亚	12 711.000
5	巴西	10 428.000
6	孟加拉国	6 664.000
7	俄罗斯	7 564.000
8	日本	6 650.000
9	巴基斯坦	6 996.000
10	尼日利亚	5 896.000

资料来源　国家统计局. 国际统计年鉴2018［M］. 北京：中国统计出版社，2019.

同样作为人口大国的印度明显弱很多，在人口与中国相差不多的情况下，中国的劳动力是印度的1.6倍。同样用人口做参照，中国人口是美国的4.2倍，而劳动力却是美国的5倍。这就是印度经济常年被中国吊打的原因之一，在人口爆棚的情况下，人口优势无法转变成劳动力优势。

【本章小结】

劳动力资源是一个国家或地区中拥有劳动能力，可以从事社会劳动的那一部分人口的总和，它同时具有量和质的规定性。劳动力的供给考察的是在一定的市场工资率条件下，劳动力供给决策主体愿意并且能够提供的劳动时间，包括个别劳动力供给、家庭劳动力供给和社会劳动力供给。收入效益和替代效益、劳动参与率、一国劳动者关于就业的观念、社会人力资源状况及国家有关的劳动制度都将影响劳动力供给。

【关键概念】

劳动力　劳动力供给　劳动参与率　劳动参与率的生命周期　收入效益
替代效益

【课堂讨论题】

1.中国女性劳动参与率高是妇女解放的标志吗？

2.影响家庭劳动参与率的最低价格因素是否会影响市场劳动力价格？

【复习思考题】

1.大力发展高等教育会对劳动力供给产生什么影响?

2.请解释向后弯曲的劳动力供给曲线的形成。

3.影响劳动参与率的因素有哪些?

【课后练习题】

1.当工资为20元时,市场上有30位工作者;当工资下降到10元时,市场上仅有12位工作者,请问该市场的劳动力供给弹性是多少? 该供给弹性有什么特点?

2.某劳动者对消费和闲暇的偏好可以表达为: $U(C, L) = (C-200) \times (L-80)$,这一效用函数意味着他闲暇的效用函数为 $C-200$,而他消费的效用函数为 $L-80$。假设他在一周能获得被工作与闲暇分占的时间为168个小时,挣得的税后工资为每小时5元,同时还接受价值320元的福利补贴,无论他工作多少小时:

a.画出他的预算约束线。

b.当他的闲暇时间为每周100小时,且位于自己的预算线上时,计算此时的MRS值。

c.计算他的最低保留工资。

d.找出该劳动者在现有工资率下的最优消费与闲暇组合。

【自测题】

1.收入和闲暇之间是什么关系?

2.影响劳动力供给的因素包括哪些?

3.女性的劳动参与率生命周期曲线与男性有什么不同?

第3章 /劳动力需求

3.1　　　　　　劳动力需求的基本概念

3.1.1　劳动力需求的含义

　　简单地说，劳动力需求就是社会再生产吸收和容纳劳动力的能力和容量。再生产是人类社会存在和发展的基本活动，对劳动力的需求也是人类自身生存和发展的基本需求。一般说来，劳动力需求的主体有三个：企业、政府和从事自我雇佣工作的劳动者本身。在这三者中，最重要的劳动力需求主体是企业，企业的劳动力需求最直接地反映当前社会经济活动水平。政府的劳动力需求与政府在社会经济发展中的定位和政府的财政支出水平密切相关，是一个政策性极强的变量，难以估量。自我雇佣的劳动力需求就是自身的劳动，其变化往往表现为个人劳动时间的变动，随意性较强，其劳动供给的变化并不会直接在政府部门的就业人数统计中表现出来。因此，我们主要讨论企业的劳动力需求。

　　企业的劳动力需求是从事生产与服务活动的企业组织在自身利益最大化追求下对一定数量和质量劳动力的需要。要全面准确地理解劳动力需求的概念，我们必须注意以下几个方面：

　　1）劳动力需求是一种派生需求

　　社会对物质产品（或服务）的需求是一种直接需求。在市场经济中，企业是最基本的生产单位，它之所以要雇用劳动者，对劳动力提出需求，是因为只有劳动力与其他要素相结合，才会生产出物质产品或提供某种服务。由于劳动力需求直接来源于社会对企业提供的物质产品（或服务）的需求，因此，劳动力需求是由产品需求派生出来的，是一种派生需求，也称为引致需求。在其他条件下不变的情况下，劳动力需求水平随市场产品需求的变化而变动。

劳动力需求的派生性质，要求我们在进行劳动力需求分析的时候必须同时对劳动产品的需求进行分析，必须联系生产过程来进行。劳动力需求理论本身也就是一种生产理论。

2）劳动力需求与物质产品需求的本质区别

人们对物质产品的需求是出于满足生产和消费的目的。对劳动力需求虽然是为了提供产品和服务，但本质上是为了生产剩余。这是由劳动力的使用价值的特点决定的，它的使用不仅能为企业提供产品，而且能够提供比其自身价值更大的价值即利润，成为企业生存和发展的物质基础。

3）劳动力的市场需求量大小与价格水平密切相关

企业雇用劳动力，按一定的劳动力价格支付工人工资，这个价格同时也是企业使用或消费劳动力的成本。当劳动力消费的结果，即生产的产品价值小于成本时，劳动力消费则不能产生剩余。只有生产的产品价值大于或等于生产成本时，该需求量才能使生产剩余存在或增加。尽管劳动力需求是一种派生需求，但企业在雇用劳动力上也同样遵从市场经济的原则，即只有当劳动力的使用产生的总收入大于或等于因使用而产生的成本时，企业才能有扩大劳动力需求的意愿和行为。因此，在假定其他条件不变的情况下，劳动力需求与工资率的关系是：工资率提高，企业对劳动力需求减少；工资率降低，企业对劳动力需求增加。

4）劳动力需求是有支付能力的需求

需求的支付能力或购买能力是生产的结果，因此，供给决定需求。它主要有三层含义：供给决定需求的支付能力；供给决定需求的物质对象；供给决定需求的结构。只有投入了生产要素，才会有产出，才会有需求的支付能力。从根本上讲，社会再生产吸收和容纳劳动力的能力和容量，首先是由社会生产的总规模决定的。

从微观角度看，对劳动力的需求有两个层面：一是必须有相应的货币支付，即能够先期支付工资，而不能因为企业自身没有赚钱而拒绝支付劳动者工资。二是劳动力需求是企业在某一特定时期内，在某种工资率下愿意并能够雇用的劳动量。

5）劳动需求的直接基础源于就业岗位的形成和扩大

就业岗位是指能够保证劳动力充分发挥效益的社会必要水平和强度的生产资料的数量和构成。生产资料包括劳动手段和劳动对象，它的货币表现形式为生产资金。生产资金扩大，就业岗位增加，从而对劳动力的需求也随之增加。也就是说，提高劳动力需求量以提高社会的就业水平的本质方法是扩大生产以形成新的就业岗位。

3.1.2 劳动力需求的分析假设

理论分析一般是在某些基本假设的基础上展开。劳动力是一种具有较强能动性的资源要素，其作用发挥和资源配置与一般生产要素的配置存在较大的差异。一般情况下，劳动力需求分析将遵循下列三条基本原则：第一，技术条件假设；第二，企业以利润最大化为追求目标；第三，市场是竞争性的。

1）技术条件假设

我们知道，技术资本和劳动力资本在一定条件下可以实现替代。在分析劳动力基本需求模型时，应该假定技术条件不发生变化，否则二者的替代性将使研究的问题复杂化，无法进行分析研究。在基本模型研究基础之上，考察劳动力需求的动态性特征时，再假定技术条件可以发生变化，以使分析状况更多地与现实相吻合。

2）企业以利润最大化为追求目标

这是劳动力需求理论的基本假设。企业以盈利为目标，寻找各种途径实现盈利能力的提升和最终利润的最大化，这是企业经营决策每天都面临的问题。在这个过程中，我们必须注意一个基本的问题，即企业所能改变的仅仅是它自身能够控制的变量，如成本构成和产品售价。企业往往是通过增加产出和降低产出成本两者来提升利润水平。从一般意义上考察，我们假定企业是利用劳动力和资本两种基本生产要素来获得产出的，企业就会依据劳动力和资本使用量之间如下的必然因果联系进行决策：如果从增加一个单位的某种投入（劳动力或资本或劳动力和资本的组合）中所获得的收入超过了费用的增加，那么就增加一个单位的这种投入，反之就减少这种要素的投入；如果从增加一个单位的某种投入中所获得的收入恰好等于所增加的费用，不改变投入量就成为最好的选择。这个决策的过程实质上就是劳动力需求的决策过程。

3）市场是竞争性的

竞争性的市场使得企业可以按照市场均衡价格出售其想要出售的产品，并获得其想雇用的工人。如果产出的价格高于市场价格，则企业的产品将无法出售，企业用低于市场工资的价格也不能获得工人。当然，出于利润最大化追求，企业不会以高于竞争性市场均衡工资水平的待遇去招聘工人。

3.1.3 劳动力需求弹性

1）弹性

弹性是经济学中的一个基本概念。前已述及，当市场工资率发生变化时，劳动力的供给量和需求量都会发生一定的变化，这实际上就涉及了弹性的概念。

一般说来，只要两个变量之间存在着函数关系，我们就可以用弹性来表示因变量对自变量变动的敏感程度。弹性一般用自变量变动的百分比所引起的因变量变动百分比的比例来表示，其结果被称为弹性系数。用公式表述为：

$$弹性系数 = \frac{因变量的变动百分比}{自变量的变动百分比}$$

需要说明的是，弹性概念是一个比值，其具体的数值与变量的度量单位无关。

依据弹性的基本概念，从宏观上讲，社会劳动力需求弹性与国民经济增长率有密切关系。在微观上，所谓劳动力需求弹性是指劳动力需求数量的相对变动与工资相对变动之比。它显示劳动力需求数量对工资变动的灵敏程度。劳动需求弹性包括劳动力需求的自身工资弹性和劳动力需求的交叉工资弹性。

2）劳动力需求曲线

我们把企业在雇用劳动力时愿意支付的工资率定义为劳动力需求价格。将劳动力需求价格和相应的劳动力需求量用表格表示或描述出来就得到企业的劳动力需求表（见表3-1）。进一步假设工资率与劳动力需求量的变动可无限细分，则可根据需求表描述出企业的劳动力需求曲线（如图3-1所示）。

表3-1 劳动力需求表

工资率（元/小时）	3	4	5	6	7	8	9
劳动力需求量（人/小时）	500	450	400	350	300	250	200

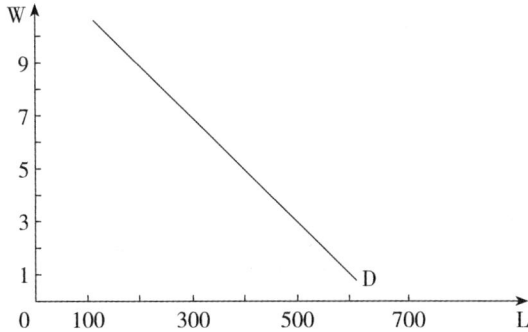

图3-1 劳动力需求曲线

在图3-1中，横轴为企业的劳动力需求量，纵轴为对应劳动力需求量的工资率，曲线D为企业的劳动力需求曲线。从图3-1中可观察到，工资率越高，企业劳动力需求量越小；相反，工资率越低，企业劳动力需求量越大。劳动力需求曲线由左上向右下倾斜。它充分说明了在其他条件不变的情况下，劳动力需求量与工资率之间是反向关系。

3）劳动力需求的自身工资弹性

（1）劳动力需求的自身工资弹性的计量

劳动力需求的自身工资弹性是劳动力需求量变动对工资率变动的敏感程度。其计算公式为劳动力需求变动百分比与工资率变动百分比的比值，即：

$$Ed = -\frac{\frac{\Delta D}{D}}{\frac{\Delta W}{W}} \tag{3.1}$$

式中，Ed为劳动力需求的自身工资弹性；△D/D为劳动力需求量变动的百分比；△W/W为工资率变动的百分比。

由于劳动力需求量与工资率成反向关系，因此，劳动力需求的自身工资弹性为负值。但在通常情况下，人们一般关注它的绝对值，即绝对值越大，表明工资增长一定百分比所引起的劳动力需求量下降的百分比越大，即弹性越大；其绝对值越小，弹性也越小。也就是说，我们习惯使用的弹性值是一个正值，一般在0和∞之间。

根据劳动力需求的工资弹性的大小，可将需求的工资弹性分为5类：

①需求无弹性，即 Ed=0。工资率无论怎样变化，劳动力需求量固定不变，如图 3-2 的 A。

②需求有无限弹性，即 Ed =∞。工资率变动的百分比为零，而劳动力需求量变动变动的百分比的绝对值大于零，如图 3-2 的 B。

③单位需求弹性，即 Ed=1。此时工资率变动的百分比等于劳动力需求量变动的百分比，如图 3-2 的 C。

④需求富有弹性，即∞ > Ed > 1。劳动力需求曲线是一条向右下方倾斜且较为平缓的曲线，如图 3-2 的 D。

⑤需求缺乏弹性，即 0 < Ed < 1。劳动力需求曲线是一条向右下方倾斜但较为陡峭的曲线，如图 3-2 的 E。

图 3-2 中的 W 表示工资率，L 表示劳动力需求量。

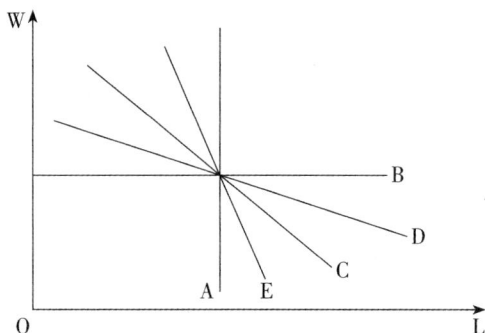

图 3-2　劳动力需求的工资弹性曲线

（2）影响劳动力需求自身工资弹性的因素

英国著名经济学家阿尔弗雷德·马歇尔和约翰·希克斯对影响劳动力需求工资弹性的因素作了深入研究，并被归纳为"希克斯-马歇尔派生需求定理"。[①]

他们认为，假定其他条件相同，则在下述条件下，某种劳动力需求会有很高的自身工资弹性：第一，产品需求具有价格弹性；第二，可以很容易地以其他生产要素替代该种劳动；第三，其他生产要素供给富有弹性，即无须大幅度地提高其他生产要素的价格，使用量便可增加；第四，该种劳动成本占总成本比例很高。

具体分析如下：

第一，最终产品的需求弹性可影响劳动力工资需求的自身弹性。当工资增加时，产品的生产成本上升，导致产品价格上升。如果产品的需求弹性大，一定幅度的价格上升，引起市场需求减少，从而企业产量减少，继而使企业减少对劳动力的需求。因此，产品需求弹性越大，劳动力需求的弹性也越大；相反，产品需求弹性越小，派生的劳动力需求弹性也越小。

第二，其他投入替代劳动的容易程度，即其他要素的替代性。在生产过程

---

① 　该定理由英国著名经济学家阿尔弗雷德·马歇尔提出，后由约翰·希克斯作出了重大的发展。

中，有的生产要素是可替代的，有的是不可替代的，有的较为容易找到替代品，有的较难找到替代品。可替代生产要素的存在为企业进行要素优化配置提供了空间。具体来说，在生产过程中，如果工资率上升，则企业肯定会以其他要素投入代替劳动力以实现生产成本的最小化。这一替代性的大小，在技术上的可行性程度，以及在经济方面的合理性，都将影响到企业的劳动力需求。如果工资率提高了，会造成越来越大的资本数量替代每个增加的劳动力，企业的反应程度将取决于用资本进一步替代劳动力的容易程度。在这里，"容易"意味着用相当小的资本数量就足以替代劳动力，进一步替代的容易程度越高，劳动力需求的工资弹性越高。因此，对那些在生产过程中很容易被替代的工人，其需求弹性常常极大。例如，搬运工等熟练工人。同时，在替代发生困难的情况下，除了停工之外很少有雇用工人的替代办法，这时工资的变化对雇佣量几乎没有什么影响。一般来说，工人的工作复杂程度越高，替代的难度越大，从而劳动力的工资需求弹性越小；相反，工作的复杂程度越低或机械化程度越高，越容易被替代，从而劳动力需求弹性越大。当然，也有极端的情况，工人与相应的生产资料是固定搭配，即能且只能用某一数量的工人，因此，劳动力需求没有弹性。

第三，其他要素的供给弹性。随着工资率上升，如果企业试图用其他生产要素替代劳动，这将促使替代劳动的生产要素价格上升。如果这些生产要素价格的较小上升将带来大量的市场供给或者说替代劳动的生产要素的供给弹性大，即企业可容易地获得替代劳动的生产要素，就会减少工资率上升对企业的压力，实现企业的最大效益。相反，如果替代劳动的生产要素的供给弹性小，甚至完全没有弹性，这样随着企业对替代劳动的要素的需求增加，导致生产要素价格大幅上涨，从而使企业用其他生产要素替代劳动成为不经济的选择，因此，劳动的可替代性减小，则劳动力需求的工资弹性也小。一般来说，短期中，由于企业的生产能力扩大的空间较小，因此，劳动力需求的工资弹性也小；长期中，由于企业的生产能力可以扩大，因此，替代劳动的生产要素的供给弹性也较大，从而劳动力的工资需求弹性也较大。

第四，总成本中劳动成本的比重。如果劳动成本占产品总成本的比重大，由于工资率上升，使产品成本也上升较大幅度，成本上升导致产品价格上升，从而使市场需求减少，继而使企业减少对派生劳动的需求。相反，如果产品中劳动成本占的比重较小，即使工资上升较多，产品价格上升也较小，从而需求减少较小，最后企业对派生的劳动力需求的减少也较小。因此，总成本中劳动成本的比重越大，需求的工资弹性也越高；相反，劳动力需求的工资弹性也越低。

另外，最低工资立法也影响劳动力需求的工资弹性。许多西方国家都建立了最低工资法，它保持工人的工资率，维持工人的基本生活需要，同时它还减少了就业数量。显然，最低工资法的确立会提高平均工资水平，至少对那些无技术或低技术的人来说是这样的。同时，也减少了这些人的就业，或者说，减少对无技术和低技术工人的需求。从图 3-3 可以得到说明。

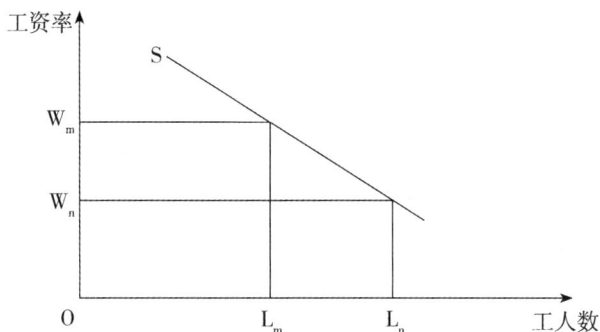

图 3-3　最低工资的就业效应

在图 3-3 中，横轴是工人数，纵轴是工资率。均衡工资是 W_n，即在 W_n 的工资水平下有 L_n 的工人可就业，法定工资最低额是 W_m，即政府规定工人工资率不能低于 W_m，从而使企业只能雇用 L_m 的工人，因此会比立法前减少 L_n-L_m 的劳动力需求，如果企业不能通过其他途径为这批人提供岗位，这批工人必然失业。总之，最低工资法导致了劳动力需求减少，失业率上升。与此同时，由于确立了一个最低工资（工资率上升了），受影响的企业将被迫提高效率，以补偿较高的劳动成本。

4）劳动力需求的交叉工资弹性

需求的交叉弹性是指特定商品需求量因其他商品价格变动而变动的程度。我们知道，在一般商品市场上，通常对某种商品的需求会随着其他商品价格的变动而变动。对劳动力的需求也同样如此。在劳动力市场上，一种劳动力与其他劳动力或与其他生产要素之间亦存在某种替代关系。由于劳动力具有质的差别特性，甚至具有较大差别，因此企业生产中同时使用多种类别的劳动力；其中任何一种劳动力的需求都会受其他类别劳动力的价格影响。

假设企业劳动力需求为 A 和 B 两类工人，那么，可以将 A 类劳动力需求对 B 类劳动力工资率变动的敏感程度定义为劳动力需求的交叉工资弹性。计算公式为 A 类劳动力需求变动的百分比与 B 类劳动力的工资率变动的百分比的比值，即：

$$E_{A,B} = -\frac{\frac{\Delta D_A}{D_A}}{\frac{\Delta W_B}{W_B}}$$

或者，

$$E_{B,A} = -\frac{\frac{\Delta D_B}{D_B}}{\frac{\Delta W_A}{W_A}} \qquad (3.2)$$

式中，$E_{A,B}$、$E_{B,A}$ 为劳动力需求的交叉工资弹性，$\Delta D_A/D_A$ 为 A 类劳动力需求变动率，$\Delta D_B/D_B$ 为 B 类劳动力需求变动率，$\Delta W_B/W_B$ 为 B 类劳动力工资变动率，$\Delta W_A/W_A$ 为 A 类劳动力工资变动率。

　　劳动力需求的交叉工资弹性值可以为正，也可以为负。正值表明一类劳动力的工资率上升，引起另一类劳动力需求增加，那么这两类劳动力为总替代或复合替代；劳动力需求交叉工资弹性为负值，表示一类劳动力的工资率上升引起另一类劳动力需求减少，那么这两类劳动力称为总互补或复合互补。

　　一种劳动力与另一种劳动力之间的弹性是总替代或总互补，取决于生产函数或产品需求条件。比如，假定男性劳动力和女性劳动力在生产过程中是可以相互替代的，男性工资率下降对女性就业就有负作用。一方面，存在替代效应，产出一定，企业希望用男性替代女性，减少女性劳动力的需求量；另一方面，存在规模效应，男性工资率降低，促使企业增加使用所有投入要素；其中在增加劳动力要素投入时，也必然会考虑男性对女性的替代利益。

　　规模效应取决于产品需求价格弹性，弹性越大，规模效应越大。如果替代效应大于规模效应，则男性劳动力与女性劳动力的工资走向相同，两个群体总替代；如果规模效应大于替代效应，则男性劳动力与女性劳动力工资走向相反，两个群体总互补。

3.1.4　影响劳动力需求的因素

　　劳动力需求分析，是通过对生产经营活动与劳动力运动关系的考察，揭示影响劳动力需求的因素以及各因素与劳动力需求之间的关系。本节重点讨论影响企业劳动力需求的因素，因为企业的劳动力需求是劳动力的最大需求方。

　　1）影响劳动力需求的微观因素

　　（1）企业生产规模

　　劳动力需求是企业生产经营活动的派生需求，因此，劳动力需求量在很大程度上依赖于企业的生产规模大小。一般情况下，企业的生产经营规模越大，具有的就业岗位相对就越多，劳动力需求量大；反之，劳动力需求量就越小。反过来，企业劳动力需求量增加应该导致生产经营规模也相应扩大，否则，就意味着企业的劳动力需求无效。

　　（2）企业的技术水平和管理水平

　　企业技术水平和管理水平是企业进行生产经营活动的两个重要因素，它们的高低反映了并决定着企业的市场竞争力和企业经营绩效。企业技术和管理水平提高，一方面有利于企业经济效益的提高和生产经营规模的扩大，不断增加对劳动力的需求；另一方面为适应企业的技术和管理水平提高，必然增加对有创造力和经营管理能力的高级人员的需求。

　　（3）企业利润量

　　企业的生产经营活动遵循利润最大化逻辑。而利润量又取决于边际劳动生产率。当边际劳动生产率为正时，企业增加对劳动力的需求；当边际劳动生产率为负时，企业减少对劳动力的需求；当边际劳动生产率为零时，企业对劳动力需求维持原状。企业利润量扩大或增加时，有利于企业扩大生产经营规模，从而增加对劳动力的需求；反之，会减少对劳动力的需求。

（4）时间长短对劳动力需求的影响

法定劳动时间的缩短将增加企业在一定时间内对劳动力的需求总量，反之将减少企业对劳动力的需求数量。

2）影响劳动力需求的宏观因素

（1）社会生产规模的大小

一般来说，社会生产对劳动力需求的影响是通过社会生产规模大小、生产单位或企业多少来影响劳动力需求的。即社会生产规模越大，企业的数量也越多，规模也越大，从而对劳动力需求也越多；反之越少。决定社会生产规模大小的重要因素是国民收入总体水平、积累比例的高低。当国民收入总体水平越高，而积累率适当，基本建设的投资结构合理时，固定投资规模也越大，吸收和容纳的劳动力越多，社会劳动力需求的数量也就越大，反之，社会劳动力需求量就越小。

（2）国家的经济体制

经济体制是生产关系的具体实现形式，它是国民经济管理制度和方法的总称，是政府发挥和实现国民经济管理职能的集中体现。合理、有效的经济体制有利于形成合理的区域、产业经济结构，有利于资源的高效配置，有利于生产力的发展，有利于社会经济较快增长和效益提高，有利于社会生产规模的扩大，从而吸收容纳更多的社会劳动力，有利于扩大社会的劳动力需求数量。

（3）经济结构状况

经济结构对劳动力需求的影响，主要是通过产业结构和技术结构表现出来。

产业结构一般分成第一产业、第二产业和第三产业。第一产业主要是农业，第二产业主要是加工业，第三产业主要是服务业。三个产业的资本有机构成明显不同，第一产业最低，第二产业特别是其中的重工业最高，其次是轻工业，第三产业有机构成有上升的趋势。一般来讲，对企业同样的投资，资本有机构成高的劳动力需求较少，而资本有机构成低的对劳动力需求较多。因此，合理的产业结构对劳动力需求具有十分重要的影响。

技术结构本质上是取决于生产的技术水平。一般来说，技术水平越高，吸收一个劳动力需要更大的投资；或者说同样的投资，投入高技术企业会对劳动力提出更少的要求；相反，技术水平越低，同样投入会吸收更多的劳动力就业。

（4）科学技术进步

科学技术进步对劳动力需求的影响体现在两个方面：一方面，科学技术进步引起劳动生产率提高和资本有机构成提高，它不仅使同样提供一个就业岗位所需资金增加，而且通过使原有固定资产的资本有机构成提高，绝对地减少劳动力需求量。当然，社会投资的绝对规模的扩大，也会增加对劳动力的需求，但是社会对劳动力需求的增长率会低于社会投资的增长率。另一方面，科学技术进步又会促进对劳动力需求的增加。表现在由于科技进步使劳动生产率提高，使企业利润增长率快于工资上涨率，从而有利于利润增加和生产规模扩大，扩大对劳动力的需求；科技进步导致更多的新兴工业部门和更为宽广的领域，从而扩大对劳动力的需求；科技进步大力促进生产力发展和人民生活水平提高，充分满足人民的各种需要，从而促成大量新职业出现和第三产业的发展，使劳动力需求扩大。

必须指出，科学技术进步不是对劳动者的替代而是对劳动的部分替代，它将使劳动者从劳动中解放出来获得更多的闲暇时间，从而提高工作生活质量，技术替代工人的说法是错误的。

3.2　　　　　　　　　　　企业劳动力需求

3.2.1　企业劳动力需求研究的初始条件

1）基本假设条件

（1）市场条件假设

本章第一节已经明确指出市场竞争性的假设条件。这里进一步具体分析企业劳动力需求的市场条件。企业劳动力需求分析的市场条件，是完全竞争的市场结构，这种不受任何阻碍和干扰的竞争市场结构具有如下特征：

①产品市场、劳动力市场有众多供给者和需求者。任何一个供给者和需求者由于其供给量和需求量只占总市场容量的一个微不足道的份额，从而根本不能影响市场价格，而只能是被动的价格接受者。比如在劳动力市场上，几个人进入或退出并不影响市场的工资率。

②劳动力是同质的，只有量的差别，而且在任何一个企业工作的劳动条件都是相同的。

③由于劳动者和企业可以自由进入或退出某个行业，因此，资源完全自由流动，不存在进入或退出壁垒。

④市场主体具有完全信息，即市场主体可以迅速地以零信息成本获得所需的全部的市场信息。

（2）生产假设条件

在市场经济中，在不同时期不同企业的具体生产经营目标也会各不相同。

①假定所有企业的生产经营目标都是收益减去成本后的利益最大化。

②企业的生产经营往往伴随着技术进步，意味着当其他条件不变时，随着时间推移，企业的生产可能性曲线会向右上方移动。原因就在于技术进步促使产量增加。这里我们同样假定技术进步对产出水平没有影响。

③生产时期分为三阶段。第一阶段——市场待入期：生产已经结束，产品随时能够出售。其特点是：企业供给市场的物品应有尽有，企业只交换，没有"生产"。第二阶段——短期：企业除了调整劳动力以外，其他生产要素都不可变动。第三阶段——长期：企业一切生产要素都可变动、调整，劳动投入可以调整，资本也可以

进行调整，新的企业亦可以建立。

2）边际生产力递减规律

在短期中，生产的其他要素，主要是厂房和机器设备不可变动，唯一可变的是劳动力投入。当企业需要扩大产量以满足市场时，企业能做的就是把更多的劳动力投到固定不可变的其他生产要素上。随着投入劳动量的增加，企业产量将经历如下的变化过程：产量迅速增加→增长速度减缓→产量稳定。这就是劳动的边际生产力递减规律。

边际生产力递减规律发生作用的前提条件是技术水平不变，而且包含设备在内的所有技术条件在此之前都未得到充分有效利用。离开这一前提，边际生产力递减规律就不能成立。这一规律反映的是把不断增加的可变生产要素，增加到其他的生产要素上时，就会对产量产生影响。需要特别注意的是，随着产量的变化，机器、厂房等可以是不变的，但是原料、材料等要发生相应变化。这里把原料、材料的变化也抽象掉了。这样抽象将使问题得到简化，但不会影响对问题的分析。

把可变的劳动投入量增加到其他要素上面，引起的产量变化过程可以分成三个阶段：

第一阶段：边际产量递增阶段。所谓边际产量是指由于增加一个单位的劳动要素投入而导致的产量增加量。之所以会产生这样的情况，是由于在开始阶段，劳动力配置不够，使生产要素没能得到充分有效的利用。劳动投入的不断增加，可以使固定不变的生产要素的作用和功能得到充分发挥，从而使边际产量增加。

第二阶段：边际产量递减阶段。之所以会出现边际产量递减，是因为不变的生产要素已经接近充分利用，可变的劳动要素对不变的生产要素的利用趋向于极限。

第三阶段：总产量绝对减少。此时，固定不变的生产要素已经得到充分利用，潜力用尽，如果再增加可变的劳动要素，则会由于设备的超负荷运转、管理滞后、内耗增加等导致生产效率降低，使总产量减少。

由总产量和劳动投入的关系中，还可以得到平均产量的概念。所谓平均产量是指每单位劳动投入所生产的产量。

设总产量为 Q，可变的劳动要素投入为 L，平均产量为 AP，边际产量为 MP，则有：

$$AP = \frac{Q}{L}$$
$$MP = \frac{\Delta Q}{\Delta L}$$
（3.3）

总产量、平均产量和边际产量之间的关系，在图 3-4 中可以更直观地反映出来。图 3-4 中横轴为劳动投入 L，纵轴为总产量、平均产量和边际产量；对应三种产量的曲线分别为 TP、AP 和 MP。图 3-4 为我们提供了如下信息：

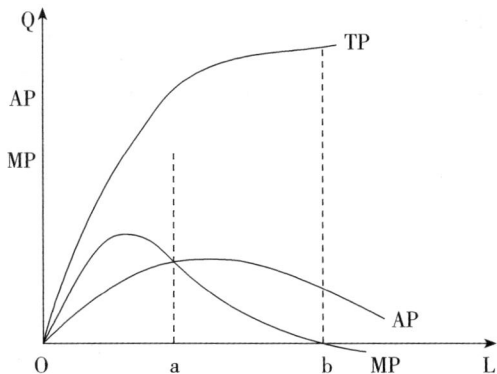

图3-4 总产量、平均产量、边际产量

①TP、AP、MP三条曲线都是先增后减，第一阶段AP递增；第二阶段MP递减；第三阶段MP为负值。

②AP与MP的交点为AP的最大值。两曲线相交之前，AP＜MP；相交后AP＞MP。

③当MP=0时，总产量TP达到最大值。

劳动的边际生产力递减规律以及由其所决定的总产量、平均产量和边际产量之间的关系，是研究企业短期劳动需求决定原理的重要工具和出发点。

3.2.2 企业短期劳动力需求

1）产品决策与雇佣决策的一致性

从短期来看，企业的资本是固定不变的，在市场竞争中追求利润最大化就只能通过变动劳动要素的投入来实现。这就是企业短期的劳动力需求。此时，企业的产出决策与其雇用多少劳动力的决策是一致的。因为在资本固定不变时，劳动作为唯一可变要素，决定着企业的平均可变成本，它的变化会导致企业的边际成本作相同的方向变化，从而使企业的产量也作相同方向变化。我们借助公式（3.4）和（3.5）来说明这一问题。当企业的劳动投入作为企业的唯一可变投入时，企业的平均可变成本可表示为：

$$AVC = W \cdot \frac{L}{Q} \tag{3.4}$$

式中，AVC为平均可变成本，W为工资率，Q为产量，L为劳动。

企业的边际成本为：

$$MC = W \cdot ML \tag{3.5}$$

式中，MC表示企业的边际成本，W为工资率，ML为劳动的边际投入，即企业多生产一单位产量所需要的劳动投入。

从公式（3.4）和（3.5）中，可以看出AVC的变化和MC的变化在方向上是相同的，而MC的变化又会导致产量的同方向变化。因此，AVC的变化会导致产量在相同方向上变化。

2）短期企业利润最大化的劳动力需求

企业作为一个独立的以利润最大化为目标的市场主体，它在雇用劳动力的时候也不例外，其首要目标是尽可能多赚钱。那么，在雇用劳动力时，这一原则就具体化为一条准则：增雇一个劳动力所能带来的收益大于由于增雇一个劳动力而增加的成本。确立这条准则，是因为企业增加一个工人，会产生两种结果：一是由于增加劳动力或工人需要支付工资，从而增加企业的成本；二是企业新增加的工人会在生产过程中创造新价值，从而使企业收入增加。企业看重的是后一个方面。在给定的工资率和产品价格下，若企业增雇一个工人所带来的收益大于所支付的成本，企业就会选择增雇工人；若企业增雇一个工人所增加的收益小于企业为之付出的代价，企业就会认为不划算，而放弃增雇工人。因此，企业在是否增雇工人的决策上是取决于增雇工人的边际收益是否大于边际成本。

为此，必须分析企业在增雇工人时的边际收益和边际成本。

（1）增雇工人的边际收益或边际生产率

工人的边际生产率，用公式表示为：

$$MP = \frac{\Delta Q}{\Delta L} \tag{3.6}$$

劳动力的边际生产率亦可用价值来表示。因为在完全竞争的市场结构中，产品的价格是稳定的，因此，价值形态的劳动力边际生产率就等于劳动力的边际产品乘以价格。用公式表述为：

$$VMP = MP \cdot P \tag{3.7}$$

式中，VMP是价值形态的劳动生产率，或劳动力的边际产品价值，P表示企业所生产的产品价格。

同样，劳动力的平均产品量的价值形态，也可用公式表示为：

$$VAP = AP \cdot P \tag{3.8}$$

式中，VAP是价值形态的劳动力平均产品量，或劳动力的平均产值，P表示企业所生产的产品价格。

（2）企业劳动力需求原则

经济学一般原理告诉我们，企业要达到利润最大化目标，在生产中要遵循的原则是使其边际收益等于边际成本。用公式表示为：

$$MR = MC \tag{3.9}$$

可以理解为若边际收益大于边际成本时，企业增雇工人还会增加其利润，因此，企业会扩大雇佣量；当边际收益小于边际成本时，企业由于多使用工人使其利润受到了损失，因此，企业会减少雇佣量。只有在边际收益等于边际成本（即MR =MC）时，企业的雇佣量才达到最佳，因为无论增加还是减少雇佣量都会减少企业利润。如前所述，由于企业的MR可用VMP替代，因此公式（3.9）的两边都可用VMP代替。现在如果我们找到MC的替代物，问题即可解决。

企业雇用劳动力的边际成本是指企业每增雇一个劳动力所必须增加的成本。

对企业而言，就是增雇一个工人所支付的工资。在完全竞争条件下，增雇工人的工资是由市场决定的必须支付给工人的工资，可以用W表示。于是公式（3.9）可写成：

$$P \cdot MP = VMP = W \qquad\qquad (3.10)$$

这个公式意味着，企业为使利润最大化，其雇佣决策必须满足工资率等于劳动力的边际生产率的原则。或者说，企业为了实现利润最大化目标，必须将劳动力雇佣数量保持在使边际生产率等于工资率的水平。劳动力边际生产率高于工资率时，说明企业设备还没有充分利用，还可以增雇工人；相反，说明企业因过多雇用工人而使利润受到损失，因此，需要减少雇佣量。总之，企业为了使利润最大化，必须遵循的原则是：VMP=W。

3）完全竞争企业和市场劳动力需求曲线

完全竞争企业的劳动力需求曲线是指，在其他条件不变时，完全竞争企业对劳动的需求量L与劳动价格W之间的关系。从公式（3.10）出发，我们可以看到随着劳动价格的上升，企业对劳动的最佳使用量即需求量将下降，也就是说，完全竞争企业的劳动力需求曲线是与其边际产品价值曲线一样向右下方倾斜的，如图3-5所示。在劳动力市场完全竞争的假设下，单个企业改变其劳动使用量不会引起劳动价格的变化，单个企业面临的是一条水平的劳动价格即工资曲线，只要给定一个工资率W，就有一条水平线W与之对应。由于VMP=W，于是产生一个交点A。A点表明，当价格为W_0时，劳动力需求量为L_0。如果给定另一个劳动价格，则有一条新的水平直线与VMP相交，交点也处在需求曲线上。可以认定，在短期内，完全竞争的企业不调整其他生产要素，只是通过劳动要素的调整追求利润最大化目标的实现，其对劳动力的需求曲线与劳动边际产品价值曲线恰好重合。应该注意的是，该结论的成立需要两个潜在的条件：第一，劳动边际产品价值曲线不受劳动价格变化的影响；第二，产品价格不受到劳动价格变化的影响。

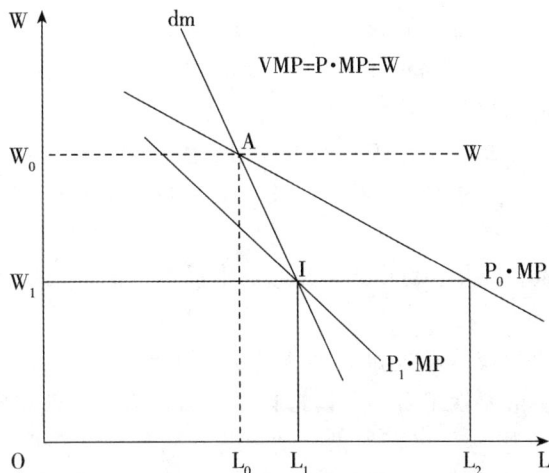

图3-5 劳动力需求曲线和劳动边际产品价值曲线

单个企业劳动力使用量的改变不会引起劳动价格的变化，如果我们将分析扩展到整个市场，则劳动价格将会发生变化。完全竞争市场的劳动力需求曲线就是描述在市场中同类产品生产企业在市场上同时调整时，以完全竞争为基本市场均衡态势分析相应的劳动力需求曲线变动。在此种情况下，企业的劳动力需求曲线和其边际产品价值曲线不再重合。因为劳动价格发生变动引起所有企业的劳动力使用量和需求量发生变化，全体企业的产量也将发生变化从而改变产品的供给曲线位置，并进而在产品市场需求总量不变时，改变产品的市场价格，产品价格的改变反过来又使得每个企业的边际产品价值发生改变，从而使企业的需求曲线和边际产品价值曲线不再重合。在图3-5中，我们看到，当市场工资率下降到W_1时，单个企业劳动力的需求量会增加到L_2，但是如果同类企业都发生调整，而劳动边际产品价值曲线向左下方移动，也就是说，在新的较低的工资率W_1水平下经过市场的作用，企业的劳动力需求量是L_1，得到一个新的与W_1的交点I，连接I和A的直线即为此时的劳动力需求曲线dm，该曲线不再与边际产品价值曲线重合，而是更为陡峭。

3.2.3 企业长期劳动力需求

从长期来看，企业的资本量和劳动生产要素都是可以变动的。企业将在生产方法和劳动力配置方面进行多方面决策。

1）生产方法的选择

在市场经济条件下，企业无论进行多大规模的生产经营活动，总是把经济效益放在首位。所谓企业生产方法的选择是指企业为达到一定的产出，使物化劳动和活化劳动耗费最小的方法。或者说，是在同样物化劳动和活化劳动的条件下，达到产量最大化的方法。由此可见，企业所选择的生产方法是针对投入产出而言的。

（1）等产量线

从长期看来，企业的生产要素，包括机器、厂房、设备和劳动投入都是可调整的，而且，在长期中企业也会有技术进步，并且技术进步还发挥重大的作用。这样企业就会根据劳动和资本要素的价格以及技术的可能性，进行生产要素的优化组合，谋求既定资源的产出最大化。

所谓等产量线，是指以图形表示的可以用于生产同一产出数量的劳动力和资本的所有组合。企业某一产量水平，在一定技术条件下，是资本和劳动力的函数，即：

$$Q = f(K,L) \tag{3.11}$$

式中，Q是产量，L为劳动投入，K为资本。产量的变动取决于劳动力和资本的变动。

但是，随着企业的技术进步和不同生产方法的选择，生产同一产量的产品，企业可以选择不同的生产要素组合。可以选择多用劳动力或多使用资本要素，一切以这两种要素的相对价格为转移。如果劳动力价格高，企业会选择用资本替代劳动力；反之，企业会选择用劳动力替代资本。其具体各种组合情况如图3-6所示。

在图3-6中，横轴为劳动力数量L，纵轴为资本K。在a点表示生产Q产量的产品，需用 K_a 的资本和 L_a 的劳动力；企业也可在同样产量的情况下，选择b点的生产组合，即选用较多的劳动力 L_b 和较少的资本要素 K_b。当然，还会选择更多的其他要素组合方式来生产 Q_1 产量。这里实际上隐含这样的前提，即各种要素的投入可以一点一点地替代。但在企业实际生产中，并不存在这种方法，它只能有几种标准的技术，而不会出现劳动投入连续地替代资本或相反的情况。

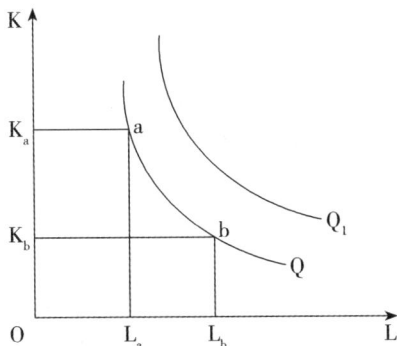

图3-6 等产量线

当产量不同时，劳动投入和资本组合也不同。但我们完全可以采用上面相同的方法画出产量水平为 Q_2、Q_3……的一系列等产量线。显然，在 KOL 的平面上，越是远离原点的等产量线产量越大；相反，越是靠近原点的等产量线的产量越小。

在同一条等产量线上，两个可变的投入，即劳动投入和资本投入可以相互替代而产量不变，劳动投入和资本投入相互替代的比率称为边际技术替代率，以 MRTS 表示。边际技术替代率是在保持相同产出水平时，减少一种生产要素投入的数量，与增加的另一种生产要素投入的数量比。所以有：

$$MRTS = \left| -\frac{dk}{dl} \right| \tag{3.12}$$

边际技术替代率就是等产量线的斜率，它是一个负值。但为了分析方便，一般取其绝对值。

边际技术替代与边际产品密切相关，所以，它可以由两个可变投入要素各自所引起的边际产品之间的比例来表示。设 MP_L 为劳动的边际产品，MP_k 为资本的边际产品，dl 和 dk 表示劳动投入和资本投入的微量变动，那么，在产出水平不变的情况下，由劳动投入增量与其引起的产出增量 MP_L 的乘积，必然与由资本投入减少量与其所引起的产量减少的乘积相等，即：

$$MP_L \times dl = |-MP_K \times dk| \tag{3.13}$$

整理得：

$$\left| -\frac{dk}{dl} \right| = \frac{MP_L}{MP_K}$$

即，

$$MRTS = \frac{MP_L}{MP_K} \tag{3.14}$$

因此，劳动和资本的边际技术替代率也等于两个投入要素的边际产品之比。

（2）等成本线

企业在一定时间内用于进行生产的资金是有限的，购买的生产资料和劳动组合受到它们的相对价格变化的影响。等成本线就是在总支出和投入既定的条件下，企业所能购买的各种生产要素的最大组合。设生产资料或资本K的价格为R，劳动投入L的价格为W，总成本为C，则有：

$$C = R \times K + W \times L \tag{3.15}$$

式中，R×K表示资本投入的成本；W×L表示劳动投入的成本。如果已知C、R和W，容易求出资本投入和劳动投入各自的数量：

$$K = \frac{C}{R} - \frac{W}{R} \times L$$
$$L = \frac{C}{W} - \frac{R}{W} \times K \tag{3.16}$$

根据上式，可以画出图3-7的等成本线。在图3-7中，横轴为劳动投入L，纵轴为资本投入K。在C、R和W给定时，可以求出两个可变投入的最大投入量，即横轴的b点和纵轴的a点，连接a和b两点的直线即为等成本线。当全部投入用于劳动时可得到b点；当全部投入用于资本时，可得a点，等成本线上任意一点所表示的劳动和资本投入组合的成本相同。等成本线内任意一点，所投入的劳动和资本组合成本都小于企业总成本，说明企业的资源没能得到充分利用；等成本线外任何一点的劳动和资本组合成本都大于企业总成本，说明企业无力进行相应的要素购买。等成本线用来表示企业在要素价格给定的条件下，用一定的货币金额可能购买到的两种投入的最大量，它实际上反映了企业实现一定产出水平的成本约束。

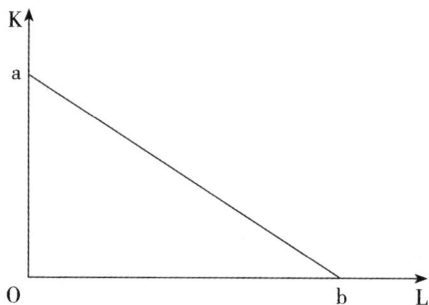

图3-7　等成本线

总成本和要素价格已定，增加劳动投入L就要减少资本投入K；反之，亦然。所以有下述等式成立：

$$R \times (-\Delta K) = W \times \Delta L \tag{3.17}$$

式中，ΔL为劳动投入增量；-ΔK为资本投入的减少量，整理可得：

$$\left| -\frac{\Delta K}{\Delta L} \right| = \frac{W}{R} \tag{3.18}$$

即等成本线的斜率等于劳动和资本的相对价格比。

正如同平面上有无数条等产量线一样，由于企业总成本不同，等成本线也有无数条。每一条等成本线对应的总成本不同。越是远离原点的等成本线，总成本越高；反之，越是靠近原点的等成本线，总成本越低。

（3）最佳生产方法的选择

最佳生产方法，就是定量产出成本最小的方法，或者说，定量成本产出最大的方法。因此，判断生产方法是否最优，其标准并不是技术是否先进，而是针对投入产出的关系而言的。企业长期劳动力需求的决定，受到企业追求利润最大化目标的制约，而最佳生产方法的选择则决定了企业劳动力需求水平的差异。

等产量线反映了各种产出水平劳动和资本投入的各种组合，等成本线规定了企业可能达到某一产出水平的成本约束，因此，确定劳动力需求要求将等产量线和等成本线结合起来分析。

①定量产出成本最低化

我们借助图3-8来分析。图3-8中等产量线 Q_1 给定；在已知 R 和 W 的条件下，C_1、C_2 和 C_3 对应三种总成本的等成本线，且 $C_1 < C_2 < C_3$。给定产出水平 Q_1，如何实现成本最小？显然，C_2 为成本最小，由于 C_2 与 Q_1 相切于 e 点，它既能满足 Q_1 的产出水平的需要，又可使成本最小。在要素价格给定的情况下，K_e、L_e 组合是最佳生产方法，它决定企业劳动力需求量为 L_e。

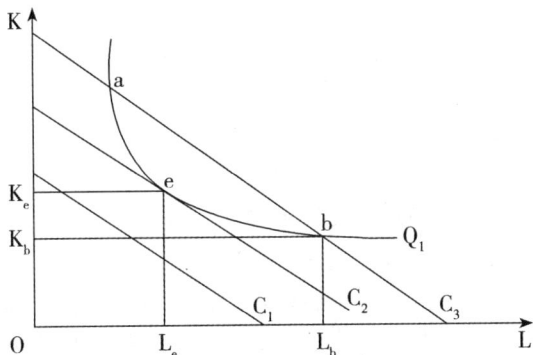

图3-8　最佳生产方法（一）

观察其他两条等成本线。C_1 不能与 Q_1 曲线相交，虽然其总成本比 C_2 的小，但使用 C_1 的成本无法满足产出水平 Q_1 所要求的劳动和资本的投入量。等成本线 C_3 与等产量线交于 a、b 两点，说明 a 与 b 的劳动和资本的投入组合可以实现 Q_1 的产出。但 a、b 都在等成本线 C_3 上，且 $C_3 > C_2$，也没有实现成本最小。由此可知，在产出水平给定的条件下，与给定等产量线相切的那条等成本线为最低成本，切点的要素组合为最佳生产方法。

e 点是等成本线 C_2 与等产量线 Q_1 的切点，同时也是直线 C_2 和曲线 Q_1 上的点，所以，等成本线 C_2 的斜率与等产量线过该点切线的斜率相等，即劳动和资本的相对价格比等于劳动和资本的边际技术替代率：

$$\frac{W}{R} = MRTS = \frac{MP_L}{MP_K}$$

即，$\dfrac{W}{R} = \dfrac{MP_L}{MP_K}$ （3.19）

上述等式意味着企业实现利润最大化必须满足的条件是：劳动和资本投入的边际产品之比等于劳动和资本的相对价格之比，这同时也是决定企业长期劳动力需求的原则。

②定量成本产出最大化

在图 3-9 中，R 和 W 已知，总成本线 C_1 给定，Q_1、Q_2、Q_3 对应三种产量水平，且 $Q_1 < Q_2 < Q_3$。Q_1 与 C_1 交于 a、b 两点，说明给定总成本能满足 Q_1 的产出水平所要求的投入。但由于产出水平比 Q_2 小，说明不是最佳的。Q_3 的产出水平最高，但它所需要的投入成本超出 C_1 所能提供的投入，因此，是 C_1 所不能达到的。由于 Q_2 与 C_1 相切于 e 点，说明 C_1 的投入能够满足 Q_2 产出水平对资本和劳动力的投入，而且 Q_2 比 Q_1 的产出水平高，比 Q_3 具有可行性，因此 Q_2 是总量成本 C_1 下的最大产出量。而且 e 点的资本与劳动力投入的组合为最佳生产方法。

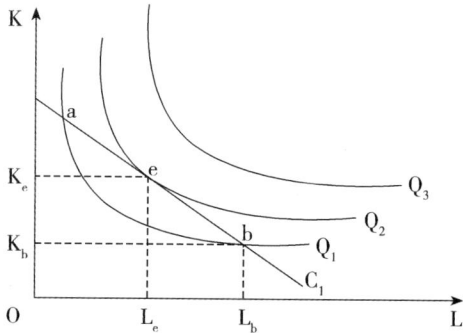

图 3-9 最佳生产方法（二）

2）固定技术系数条件下劳动需求的决定

企业生产一定量某种产品所需要的要素的投入组合比例被称为技术系数，可分为可变和固定两种类型。要素投入组合比例可以改变的被称为可变技术系数；要素投入组合比例不能改变的被称为固定技术系数。

生产方法属于技术可变型。生产等产量产出，劳动投入和资本投入可以相互替代，等产量线是凸向原点的曲线。而固定技术生产方法由于生产的技术条件给定，劳动和资本投入之间不能相互替代。例如，用某种机械装置进行生产，控制生产过程的人机比例预先已经由工程技术要求确定。人数少于技术要求，机械就不能运转；而人数超过技术要求又只能是浪费。因而，固定技术系数条件下的等产量曲线是凸向原点的折线。

分析固定技术系数条件下劳动需求的决定，我们结合图 3-10 来进行。图 3-10 中的等产量线呈直角形状。它表明在产出水平一定的情况下，资本投入增加而劳动投入不变，产出不变；反之，亦然。换言之，资本投入不变，劳动投入的边际产量为零。

如果企业进行产出水平为 Q_2 的生产，资本和劳动投入组合以 b 点为最佳，两种

投入量分别为 K_b 和 L_b，满足不了这一要求就达不到 Q_2 的产量。在此种投入组合水平上，只增加劳动或只增加资本投入，产出水平都保持不变，从而只能造成浪费，即要素投入的边际产量为零。由图 3-10 中可看出，产量由最小限度投入要素决定。例如，要达到 Q_3 的产量，只要达到 L_c 的劳动最低投入和 K_c 的资本最低投入即可，而且投入要素还要与固定技术系数一致。

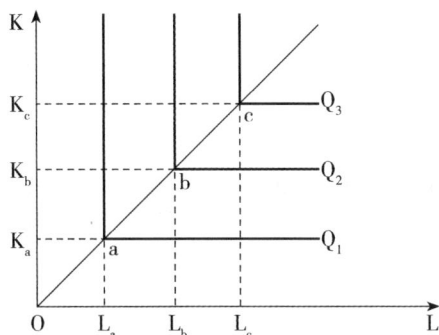

图 3-10 固定技术系数下的等产量线

3）要素价格可变情况下的劳动力需求

图 3-11 表示要素价格变化条件下的劳动力需求。在要素价格既定的情况下，企业在 D_1 点进行经营，等成本线与等产量线相切于 D_1 点，由此决定 D_1 点是企业的要素最佳组合点。但如果要素相对价格发生变动，比如工资提高了，情况又会如何呢？在工资提高的情况下，等产量线与等成本线 A_1B_1 相切于 D_2 点，最佳要素组合点由 D_1 移向 D_2。显然，由于生产要素价格发生相对变化，尽管总成本是相同的，但企业最佳要素组合发生相对的变化，即劳动价格相对升高，导致新要素组合中劳动要素的投入增加了，而资本要素投入减少了。因此，在其他条件不变的情况下，工资价格的高低成为决定劳动需求的极为重要的因素之一。

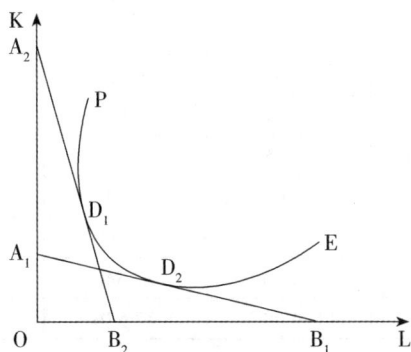

图 3-11 要素价格变化条件的劳动需求

3.3 我国劳动力需求现状

从我国的实际情况来看，影响劳动力需求的因素主要有两类：一类为经济增长

（即GDP）因素；另一类为经济结构变动因素。[①]

1）经济增长因素对劳动力需求的影响

经济增长并不意味着同等速度的就业增长，就业增长还取决于经济增长的就业弹性，或者说经济增长每变化一个百分点所对应的就业数量变化的百分比。就业弹性用就业弹性系数表示。

就业弹性系数=就业增长率÷GDP增长率。[②]

它的含义是，GDP每增长1个百分点所带动就业增长的百分点。系数越大，吸收劳动力的能力就越强，反之则越弱。

根据此公式，1999—2018年中国GDP、就业人数和就业弹性见表3-2。[③]

表3-2　　　　　　1999—2018年中国GDP、就业人数和就业弹性

年度	GDP		就业人数		就业弹性
	总量（亿元）	年均增速（%）	总量（万人）	年均增速（%）	
1999	90 564.4	—	70 586	—	—
2000	100 280.1	10.73	72 085	2.12	0.20
2001	110 863.1	10.55	73 025	1.30	0.12
2002	121 717.4	9.79	73 740	0.98	0.10
2003	137 422.0	17.77	74 432	0.94	0.05
2004	161 840.2	17.77	75 200	1.03	0.06
2005	187 318.9	15.74	75 825	0.83	0.05
2006	219 438.5	17.14	76 400	0.76	0.04
2007	270 092.3	23.08	76 990	0.77	0.03
2008	319 244.6	18.20	77 480	0.75	0.04
2009	348 527.7	9.17	77 995	0.66	0.07
2010	412 119.3	18.25	76 105	−0.02	—
2011	487 940.2	18.40	76 420	0.40	0.02
2012	538 580.0	10.38	76 704	0.37	0.04
2013	592 963.2	10.01	76 977	0.36	0.04
2014	641 280.6	8.15	77 253	0.36	0.04
2015	685 992.9	6.97	77 451	0.26	0.04
2016	740 060.8	7.88	77 603	0.20	0.03
2017	820 754.3	10.90	77 640	0.05	—
2018	900 309.5	9.68	77 586	—	—

注：GDP和就业增长率为小数点后两位四舍五入。"—"表示忽略不计。

资料来源　GDP数据来源于国家统计局发布的《中国统计年鉴2019》；就业人数根据历年《中国统计年鉴》整理得出。

[①] 齐明珠. 我国2010—2050年劳动力供给与需求预测 [J]. 人口研究，2010（5）：81.
[②] 蒋茜，孙兵. 我国劳动力市场的供求趋势预测 [J]. 经济纵横，2011（5）：44-45.
[③] 根据国家统计局发布的历年数据整理得出。

从表3-2中可以看出，就业总量较上年均增长缓慢，就业弹性持续下降，有时在小数点后四位，几乎可以忽略不计，个别年份甚至为负数。

当然，从另一角度说，在我国经济发展过程中，每创造一个增量的价值所需要的劳动增量变少了。经济增长中劳动含量逐渐下降，表明资本（包括物质资本和人力资本）和科学技术贡献[①]的相对比重不断加大，劳动生产率不断提高，我国经济的资本密集程度逐渐增加，就业结构也随之改变。

应当说，科技进步、人力资本投入增加，与经济增长之间是一种正相关的关系，因此，就业弹性下降总体上应该是一个不可逆的趋势。理论界逐渐形成了一个共识，为了既加快经济增长，又能较好地解决失业问题，应该从经济结构上进一步研究就业弹性。本书统称之为"经济结构就业弹性"。

2）经济结构变动对劳动力需求的影响

经济结构就业弹性包括几个层面：三大产业结构、地域（城乡）结构、所有制结构等分门别类的就业弹性。

（1）产业结构变动对劳动力需求的影响[②]

发达国家的历史经验表明，一个国家在由农业国向工业国转变的过程中，产业结构会按照一定的规律变动：第一产业比重逐渐下降，第二、三产业比重逐步上升。在这一过程中，第一产业的劳动力会逐步向第二、三产业转移；再进一步，第二产业的劳动力也会下降并向第三产业转移。从我国实际情况来看，根据《中国统计年鉴2019》，三次产业结构1978—2018年变动如下：第一产业由27.7%下降到7.2%，第二产业由47.7%下降到40.7%，第三产业由24.6%提高到52.2%。同期，三次产业就业结构的变动如下：第三产业从业人员所占比重稳步增长，由12.2%提高到46.3%，从业人员达到35 938万人；第二产业从业人员所占比重由17.3%提高到27.6%，从业人员达到21 390万人；第一产业从业人员大幅下降，从业人员所占比重由70.5%下降到26.1%，从业人员为20 258万人。按不变价格计算，2010—2018年，我国第三产业创造的国内生产总值年均增长19.74%，就业人数年平均增长4.6%。

所以，第三产业对我国GDP的贡献率大幅提升，从2010年的39%上升到2018年的59.7%。[③]

我国第三产业发展很快，"含金量"大幅上升。可以认为，第三产业这样的发展潜力和方向，为我国调整三大产业的发展战略，解决我国的就业难题，提供了思路。

产业结构变动对劳动力需求的影响也有另一方面的作用。那就是就业在三次产业间的重新配置可能抵消就业岗位的净增加。我国每年净增就业数量并不大，尤其

---

① 根据国家统计局的定义，科技进步贡献率是指广义技术进步对经济增长的贡献份额，它反映在经济增长中资本、劳动和科技三大要素作用的相对关系。其基本含义是扣除了资本和劳动后科技等因素对经济增长的贡献份额。根据百度文库收录杨曜源先生的文章中的相关数据，2016年，中国科学技术进步对经济增长的贡献率已达到56.2%，2017年为57.5%，预计2020年达到60%。但是，我们与发达国家的差距仍十分明显。

② 金玉秋. 2008—2020年我国劳动力供给与需求预测［J］. 统计与决策，2009（12）：77-78.

③ 国家统计局. 中国统计年鉴2019［M］. 北京：中国统计出版社，2019.

是"十二五"时期以来,这一数量每年平均不足 300 万。"十三五"规划已结束,就已经过去并有正式统计数据看,由于每年增增减减,共增加 135 万人,年平均 45 万人,增长率几乎可以忽略不计。①究其原因,主要在于市场对就业结构的重新配置和调整,使农业部门就业规模不断萎缩导致就业减少,超过了非农产业部门就业的增加。特别是在科技革命飞速发展的互联互通时代,这恐怕更是一个趋势。

目前,第三产业已经成为吸纳就业增长的主要部门,第三产业就业增长占非农就业增长比重超过 70%。分城乡来看,城镇年均新增就业数量基本稳定,每年大约 1 200 万。因此,我国目前就业岗位的增加,从产业看主要集中在第三产业,从区域看主要在城镇(见表 3-3)。②

表 3-3 分产业、分城乡就业年均增长规模变化 单位:万人

	总就业	第一产业就业	第二产业就业	第三产业就业	非农产业就业	城镇就业	农村非农就业
"十五"时期 2001—2005	512	-520	309	723	1 032	1 048	-15
"十一五"时期 2006—2010	292	-1 102	815	579	1 394	1 260	134
"十二五"时期 2011—2015	1 145.8	-1 202.4	170.2	1 301.4	1 471.6	1 145.8	642
"十三五"时期 2016—2018	45.0	-553.7	-434.3	1 033.0	1 804.0	1 003.0	1 308.0

资料来源 ①张车伟,蔡翼飞. 中国"十三五"时期劳动供给和需求预测及缺口分析 [J]. 人口研究,2016,40(1):38-56.

②根据《中国统计年鉴 2011》和《中国统计年鉴 2019》的有关表格计算。

(2)城乡结构变动对劳动力需求的影响

城乡结构即城镇化水平或城镇化率,是未来社会发展进程中的重要内容。它对就业具有两方面的影响:一是城镇化初期农村劳动力向城镇转移造成就业压力,这种压力的大小在很大程度上取决于城镇化道路的选择;二是随着城镇化的发展,城镇的聚集和扩散以及规模经济递增效应会创造更多的就业机会,从而吸纳更多的农村劳动力和城镇劳动力。这种积极的促进作用是终极的、本质的。

世界银行对 133 个国家的研究资料表明,当人均国内生产总值由 700 美元提高到 1 000 ~ 1 500 美元,经济步入中等发展中国家行列时,城镇化进程加快,城镇人口占总人口的比重将达到 40% ~ 60%。2003 年中国这一指标首次超过了 40%,2007 年中国这一指标进一步提高到了 45.89%。2018 年年底,中国城镇人口比例已经达

———————————

① 根据历年发布的中国统计年鉴资料整理得出。

② 张车伟,蔡翼飞. 中国"十三五"时期劳动供给和需求预测及缺口分析 [J]. 人口研究,2016,40(1):38-56.

到 59.58%①，接近目前中等收入国家的水平。因此，可以预见的是，未来十几年我国的城镇化进程存在较大的发展空间。与此相联系，我国城镇就业人口也会有较大幅度增加。

（3）所有制结构变动对劳动力需求的影响

从所有制结构角度看，国有经济吸引劳动力就业的能力越来越低。第一，在国有企业转制的过程中，原来的隐性失业公开化，冗员显性化，出现了许多下岗职工。第二，国有企业特别是大中型企业资本密集，随着高新技术的发展与运用，对劳动力需求的特征从数量型转向质量型，企业发展所需要的劳动力数量相对减少是大趋势。非公有制经济特别是一些中小企业却由于自身的优点，即层次多、规模小、易转行而且对劳动力的素质要求不高，从而能够吸引各个层次的劳动力。据估计，近年来我国 95% 以上新增就业机会主要靠非公有制经济的发展，由此可见，在未来十几年的社会建设进程中，非公有制经济的增长对就业的促进作用也会非常明显。

【推荐阅读材料】（一）

中国的结构性失业

我国正处在大规模产业结构调整阶段，表现为长期性的结构性失业。

第一，农业部门由新增就业机会主渠道之一变为排斥劳动就业的主要部门。从各国工业化进程看，都会或先或后地出现农业劳动力绝对数下降趋势，如日本于 19 世纪末期出现这一趋势，美国是在 20 世纪 20 年代出现下降趋势。中国农业部门在 20 世纪 80 年代平均每年吸收新增劳动力 405 万人，约占全国每年新增就业人数的 1/3；20 世纪 90 年代农业劳动力绝对数出现大幅度下降趋势，在"八五"期间，全国平均每年减少 567 万农业劳动力。同时每年又有大量农村剩余劳动力进入城镇劳动就业队伍。根据北京大学的研究，1994 年县城和县以上城市的进城务工人员约有 5 000 万人，平均每年约有 500 万农民进入城镇就业，从而加剧了农业部门与非农业部门、农村与城市之间的劳动就业竞争。

第二，就业结构变动呈加速趋势。伴随着经济迅速增长而来的是快速的结构调整。据世界银行研究，农业部门占总就业人口比重由 70% 下降为 50%，日本用了 60 年时间（1870—1930），美国用了 50 年时间（1820—1870），菲律宾用了 30 年时间（1950—1980），而中国仅用了 17 年时间（1978—1995）。农业占就业人口比重迅速下降，加速了工业化进程，但与此同时脱离农业部门的大量劳动力流动对非农业部门形成就业压力与竞争。

第三，第二产业特别是制造业吸纳新增劳动力的能力在下降。20 世纪 80 年代第二产业劳动力年平均增长率为 5.0%，到"八五"期间下降为 2.7%，而第三产业这一增长率一直保持在 7.0%，平均每年吸纳 1 012 万劳动力，成为吸纳新增劳动力

---

① 根据《中国统计年鉴 2012》和《中国统计年鉴 2019》的相关表格整理得出。

的主要渠道。

第四，我国制造业已由"短缺经济"向"供大于求"类型转变，正在经历极其深刻的结构性变革过程，传统工业部门企业关、停、并、转、破，促使下岗职工急剧增加。与1978年相比，1996年我国工业附加值增长了6.6倍，年平均增长率为11.9%，大大高于同期世界工业附加值平均增长率（1980—1990年和1990—1994年期间分别为3.4%和3.3%）。中国许多初级工业产品已居世界前列，大部分工业制造品已供过于求，或者供求基本平衡，相当多的生产部门能力过剩或者利用不充分。

资料来源　胡鞍钢. 为人民创造工作：中国的失业问题与就业战略［J］. 民主与科学，1998（3）.

【推荐阅读材料】（二）

我国劳动力需求变动的产业与行业特征

我国劳动力需求变动的特征，从产业角度分析，第三产业是劳动力市场中岗位需求最多的产业，其次是第二产业，但是这种格局尚在变化之中，第三产业劳动力需求所占比重有下降的趋势，而第二产业比重逐渐上升。从三次产业岗位需求变动贡献率的角度分析，在经济上行阶段，第三产业对劳动力需求增加的贡献率最大，在经济下行阶段，第三产业对劳动力需求减少的贡献率最大，也就是说第三产业劳动力需求是受经济波动影响最为明显的产业部门，而第二产业是劳动力需求变动较为稳定的部门。从行业角度分析，制造业、初等服务业仍然是劳动力需求的主要行业。细致地考察各行业劳动力需求所占比重在2005年第三季度到2010年第四季度期间的变化，可以发现五大行业中，制造业劳动力需求大体呈递增趋势，批发零售业和租赁商务服务业所占比重有递减趋势，住宿和餐饮业所占比重一直呈递增趋势。

资料来源　顾国爱，田大洲，张雄. 我国劳动力需求变动的产业与行业特征［J］. 中国人力资源开发，2012（9）.

【推荐阅读材料】（三）

"互联网＋"发展对劳动力需求带来的机遇和挑战

"互联网＋"是一种新的经济形态，即充分发挥互联网在生产要素配置中的优化作用，将互联网创新成果深度融合到经济社会各领域之中，提升实体经济的创新力和生产力，形成经济发展新业态。通俗地讲，就是推动移动互联网、云计算、大数据、物联网与行业发展相结合，开展诸如"互联网＋工业""互联网＋农业""互联网＋旅游""互联网＋医疗"等发展模式，这些"互联网＋"将催生巨大的市场，具备高科技、高附加值，将带来更多的创业和就业机会。

（1）"互联网＋"对传统经济模式的影响

互联网技术日益发达，特别是互联网打破信息的不对称性格局，对产生的大数据进行整合利用，使得资源利用最大化，对传统行业的影响日益加大。以电子商务为例，与传统的商业零售相比，其优势在于：一是将传统的商务流程电子化、数字化，突破了时间和空间的限制，可以大量减少人力、物力，降低了成本，提高了效率；二是为商家与消费者提供了丰富的信息资源，强化了商家与消费者的互动；三是具有开放性和全球性的特点，为产品创造更便捷的贸易机会，大大降低了创业成本，为"大众创业、万众创新"带来了良好机遇。

（2）"互联网+"对垄断行业的影响

以金融行业为例，如果说Uber、滴滴出行等撬动了传统出租车的利益，那么互联网金融将对传统金融行业带来巨大的冲击。随着技术的不断成熟，相关法规政策的完善，"互联网+"必将对垄断行业带来巨大的冲击。当前，互联网金融的表现形式主要为P2P模式的网络借贷平台、众筹模式的网络投资平台、挖财类的手机理财APP，以及第三方支付平台，如支付宝、余额宝、微信支付、京东白条等。比起传统的金融方式，一是支付方式方便快捷，操作流程完全标准化，不需排队等候，业务处理速度快；二是融资方式高效，比如阿里小贷公司依托电商积累的信用数据库，经过数据挖掘和分析，引入风险分析和资信调查模型，商户从申请贷款到发放仅需几秒钟；三是成本低，金融机构避免了开设营业网点的资金投入和运营成本，消费者也可以在开放透明的平台上快速找到适合自己的金融产品。

由此可见，"互联网+"发展在减少传统就业机会的同时，创造了新的就业、创业机会，在对企业经营者提出更高要求的同时，也对劳动者提出了更高要求。

由于科学技术的进步，业务外包将更为便捷，劳动力需求将迎来结构性调整。当然，"互联网+"时代的到来，创造了与互联网本身有关，诸如网络工程师、网络专家、计算机硬件工程师等就业岗位，以及与互联网行业密切相关的就业岗位。以武隆旅游发展为例，由于地图导航、网络销售等技术手段的成熟，门票销售、土特产品销售等相关岗位需求明显减少；与此同时，旅游行业将从单纯的游向"吃、住、行、游、购、娱"等深度开发转变，提供了更多的就业岗位。2014年，新增旅游从业人员3 500余人，带动8 000余人实现就业；全县农家乐、家庭公寓、土特产店达4 568家，涉旅农户3.1万余户；旅游产业为社会直接提供就业岗位5.5万个。同时，由于市场竞争日益激烈，以往那种过多依赖低端产业、低成本劳动力的劳动密集型企业必将向智能密集、技术密集型企业转变，这就对劳动者的素质提出了更高要求。以武隆工业园区企业为例，园区企业的从业人员90%学历在高中以下，从企业发展需求来看，经营管理人员、技术人员、技术创新和研发人员的总量明显不足，尤其是一些关键岗位的高技能人才非常短缺，以致存在"有活没人干""有活干不了"的现象。

资料来源　王永珍. 关于做好"互联网+"背景下就业创业工作的思考［EB/OL］.（2015-07-14）.http：//www.clssn.com/html/node/132308-1.htm.

【本章小结】

劳动力需求就是社会再生产吸收和容纳劳动力的能力和容量。劳动力需求是一种派生需求，其直接基础源自就业岗位的形成和扩大。劳动力需求弹性是衡量劳动力需求对工资率变动反应程度的重要指标，包括劳动力需求的交叉弹性和自身工资弹性两种。企业劳动力需求量是企业在总资本和劳动、资本要素的价格既定的情况下，追求利润最大化的均衡时对劳动力的需求。企业长期劳动力需求和短期劳动力需求考察的区别在于长期内生产技术水平是可以变动的。

【关键概念】

劳动力需求　劳动力需求的自身工资弹性　劳动力需求的交叉工资弹性

【课堂讨论题】

1.试讨论我国现阶段劳动力需求市场化的影响因素有哪些？怎样才能使中国劳动力需求市场化？

2.试分析我国当前劳动力需求与企业市场化改革之间的关系？

【复习思考题】

1.怎样全面理解劳动力需求概念？

2.试分析影响劳动力需求弹性的各个因素。

3.试解读产业结构、劳动力需求变动与城镇化率之间的关系。

【课后练习题】

1.当工资为20元时，企业会雇用30位工作者；当工资下降到10元时，企业会雇用56位工作者，请问该市场的劳动力需求弹性是多少？该需求弹性具有什么特点？

2.某企业生产车间的产量可以表达为：$Q=f(L, K)=L×K$，劳动力与产出的关系见表3-4。

表3-4　　　　　　　　　　劳动力与产出的关系

工作者数量	0	1	2	3	4	5	6	7	8	9
每小时产出	0	11	27	47	66	83	98	111	122	131

已知单位产品的价值为2元，企业使用机器的成本为560元/周，人力成本为280元/周，当车间工人的工资率为每小时32元的时候，确定企业短期劳动力需求人数。

3.某企业的产量可以表达为：$Q=f(L, K)=L×K$，企业使用机器的成本为

750元/周，人力成本为300元/周：

　　a.当企业产量为1 000单位时，确定企业最佳人力与资本组合。

　　b.当人力成本下降为225元/周时，确定企业最佳人力与资本组合，并计算劳动力需求弹性。

【自测题】

　　1.企业短期劳动力需求和长期劳动力需求有什么区别？

　　2.请用劳动力需求的有关理论对中国的失业率进行解释。

第4章 /劳动力市场

——— 学习目标 ———

　　掌握劳动力市场和劳动力市场歧视的概念，认识劳动力市场的特征和类型，了解完全竞争劳动力市场的有关理论和劳动力资源配置机制，以及政府行为与劳动力市场运行的关系，重点学习劳动力市场的静态均衡和动态均衡以及劳动力市场歧视的定量分析方法。

4.1　　　　　　　　　劳动力市场的一般理论

4.1.1　劳动力市场及其构成

1）劳动力市场

　　劳动力市场有广义和狭义之分。从广义上说，劳动力市场是指以市场机制为基础性方式对劳动力资源进行配置和调节的经济关系，其内容包括劳动契约、劳动就业、工资分配、社会保障、劳动立法、职业培训、职业咨询、职业安全卫生以及特殊群体劳动者的保护等。从狭义上说，劳动力市场是指劳动力供求双方双向选择、进行劳动力交换的场所，以及运用市场机制调节劳动力供求关系的组织形式。由此可见，劳动力市场可以是有形的，但主要是无形的。说它是有形的，是因为它为实现劳动力交换提供各种服务机构和交换场所。这是劳动力市场的外在表现形式。说它主要是无形的，是因为它是一种经济关系，其实质又是实现劳动力资源市场化配置的一种机制，即借助市场机制在经济利益上促使劳动力合理流动和优化组合。

　　在社会主义市场经济条件下，劳动力市场的主体由相互对立的两极构成：一极是社会主义劳动者个体，另一极是使用劳动力的劳动者集体或集团，主要是企业。劳动力市场的客体是劳动者的劳动力，即存在于劳动者身体内的体力和智力的总和。

　　理解劳动力市场，需要把握四个方面：

　　第一，它是劳动力要素的交换场所，既可以是有形的（职业介绍所、人才市场等），也可以是无形的（如法律服务中心、信息中心等）；

　　第二，劳动力市场的基本要素是价格，具体表现方式就是工资，工资水平的高低决定劳动力要素供求双方的市场行为；

　　第三，劳动力市场的运行会受到多种因素的影响，如政府、社会观念等；

第四，劳动力市场反映了一种机制，劳动力的供求双方通过价格机制、竞争机制和供求机制发生作用，实现劳动力资源配置。

参考西方市场经济发达国家的实践经验，劳动力市场是作为一种经济关系而存在的。国际劳工组织的有关研究报告把劳动力供求关系的所有问题都纳入劳动力市场这一范畴之中，西方经济学论著在界定劳动力市场时大多包罗了社会劳动问题的全部内容，这些研究成果值得借鉴。

2）劳动力市场的构成

从市场角度看，劳动力市场是由劳动力、用人单位、工资、劳动力市场组织者等主要因素构成的。

（1）劳动力

这是劳动力市场的供方。在劳动力市场充分发育并与其他生产要素市场互相配套、正常运行的情况下，是指全部的社会劳动力，即国家或地区范围内全部从事和要求从事社会劳动的人口。

（2）用人单位

这是劳动力市场的需方。改革开放以来，我国在劳动力需求方面出现了多元化趋势。用人单位包括企事业单位、党政机关、社会团体以及城乡居民个体等。

（3）工资

作为劳动力市场活动中劳动力交换的支付手段，工资在调节劳动力供求关系中起重要作用。在人事制度、工资分配、社会保障制度全面改革，劳动力供求关系由工资决定的情况下，它才具有真正的市场支付手段的意义。从劳动力市场的一般作用规律考察，工资是劳动力市场运行的重要指示信号。从更深层次意义上讲，整个劳动经济学理论都与工资相关，工资水平高低影响劳动力的供给与需求，影响社会物价水平。

（4）劳动力市场组织者

通常指劳动力市场机构。这是劳动力供需之间洽谈、互相选择的场所，也是最直接体现劳动力市场的组织形式。随着社会主义市场经济体制的建立，我国从上到下已建立了比较系统的劳动力市场机构，为供需双方双向选择提供了较好的服务场所。

4.1.2　劳动力市场的特征

劳动力市场作为生产要素市场之一，它与其他要素市场一样，在市场经济规律作用下，具有统一、开放、竞争有序的特征，并以此与其他要素市场衔接配套、协调运行。同时，劳动力市场作为唯一能动的生产要素市场，与其他要素市场相比，又呈现出自身的特点。

1）劳动者只能被雇用或租借，劳动者本身不能被买卖

在国际劳工组织《费城宣言》的4条原则中，"劳工不是商品"被列为第一条原则。劳动者本身的非商品化，保护了劳动者的人格和人权，也使得劳动力的流动

更加自由。

2）劳动者对劳动力拥有不可动摇的所有权

劳动者对自己的劳动力具有完全的所有权或产权，即使通过市场发生支配权的转移，劳动力也永远不能脱离劳动者而独立存在，其所有权永远属于劳动者。因此，在劳动力市场中，买方取得了劳动力的支配权，仍然要通过劳动者来使用劳动力。只有通过劳动者才能充分调动其积极性，才能发挥劳动力的使用效率。也就是说，其支配权的运用具有法律上的转移和生理上的滞留两重属性。由于劳动者对自身劳动力的所有权，决定了劳动者依据其所有权拥有取得合法的收益权并与资本共同分享利润的权利。

3）劳动力市场的交易活动受多种因素的影响

劳动力的价格（工资）不只是当时提供劳动的报酬，而且也包括劳动者人力投资（接受教育与培训）应获得的报酬。劳动者在交换中不但关注劳动力的价格，还关注劳动者的劳动条件等各种非经济因素。在发达国家的劳动力市场上，工资已不再是唯一决定性的因素或者首要的决定性因素。此外，劳动力市场的活动不仅由工人和用工单位双方决定，而且受到政府、工会、雇主和舆论等社会力量的影响。

4）劳动者在市场上往往处于不利地位

劳动力市场价格一般由买方决定而不是卖方决定。在市场交换中，劳动者具有在一定的货币工资水平下是否出卖劳动力的自主权，而厂商则具有是否雇用或雇用多少的决策权。在决策中，劳动者在确保自身再生产顺利进行的前提下争取更大的收益，而厂商则是为了获得更大的利润而雇用劳动者。在交换中，劳动者数量众多而厂商数量较少，再加上二者交换目标的差异，导致劳动者在市场上往往处于不利的地位。也就是说，尽管从社会经济发展的角度考察，劳动力要素或人力资本是第一资本，但那是有条件的，即发生在人力资本与生产要素结合之后。人要依靠物质或货币收入而活着，而物质资本则可以自行存在。因此，在劳动力市场上，货币资本在大多数时候处于相对有利地位。

除了上述的原因，买卖双方信息不对称也会在一定程度上造成劳动力市场价格由买方而不是由卖方决定。通常情况下，买方信息渠道广阔，可以"屏蔽"掉一些有利于劳动者的关键信息；更有甚者，买方在必要时可能与其他买主构成"利益共同体"，压低劳动力价格；而求职者个人除非具有特殊技能，否则往往只能是"单打独斗"，处于"被宰"的不利地位。

5）劳动力市场存在各种歧视

劳动力市场歧视是社会偏见在劳动力市场的反映，其基本含义是在劳动力市场上存在着对某人或某部分人与其生产率无关的个人特征评价，从而导致其在劳动力市场上处于相对弱势地位。种族和性别是最突出的两种因素，另外还包括学历、年龄、身体障碍、婚姻状况等。劳动力市场歧视主要分为工资歧视和职业歧视两类。收入的差别是工资歧视，限制一些人进入某一劳动力市场是职业歧视。

4.1.3　劳动力市场的类型

劳动力市场的类型是多种多样的，依据不同的标准，可作不同的划分。

1）按照劳动力市场范围划分

（1）区域劳动力市场

这是根据买卖双方彼此搜寻的地理范围划分的劳动力市场形式，如乡村劳动力市场、城市劳动力市场；国际劳动力市场、国内劳动力市场等。

（2）产业劳动力市场

这是根据交易的产业范围划分的劳动力市场形式，如建筑业劳动力市场、煤炭业劳动力市场等。这是同一产业的厂商共同面对的劳动力市场，在这种市场上发生的是同一产业内不同厂商之间的竞争。

（3）职业（工种）劳动力市场

这是根据交易的职业（工种）范围划分的劳动力市场形式，如职业经理市场、教师市场、保姆市场等。这是从事同种职业（工种）的劳动者共同面对的市场，这种市场上发生的是同种职业者之间的竞争。

（4）企业内部劳动力市场

这是买者和卖者在企业内的职位空缺中彼此搜寻的劳动力市场形式。企业内部劳动力市场上的交易形式，以晋升、换岗、短期解雇、加班、修改工作量或工作速度为主。

2）按照职业对劳动力的素质要求划分

（1）国家公务员市场

这是一种以政府为需求主体，按照较为严格的标准，包括学历、所学专业、年龄、社会责任感、敬业精神以及公众形象和工作能力等要求，依据政府公务员接替期限，定期从全社会公开招考、择优录用的劳动力市场形式。以市场方式来形成和补充国家公务员队伍，对从根本上革除历史遗留下来的顽症，破除关系网的怪圈，摒除权力对经济的侵蚀，确保公务员队伍的素质，加强廉政勤政建设以及政府机构的高效运转，实现由人治转向法治，都具有极其重要的意义。

（2）职业经理市场

这是指社会上具有较多经营和管理企业知识以及才能的经理人员市场。从宏观经济发展上看，支取薪金的经理市场的产生是劳动力市场成熟的标志之一；从微观企业制度来看，职业经理市场的出现是社会化大生产以及由此发展的现代企业制度中法人治理结构的必然产物。让企业管理人员进入市场，是建立现代企业制度的关键。国外具有比较发达的职业经理市场选拔机制。目前我国的职业经理市场极不完善，特别是国有大中型企业的高级经理人的选拔主要不是通过市场来进行的。

（3）专业技术人员市场

这是指在某些领域中具有外行人所不可代替的专门知识、技能和经验的劳动力所组成的市场，如工程师、会计师、律师、建筑师、医生以及教师等。这一群体对经济与社会的发展和科学技术的创新具有决定性的影响。通过市场机制来配置专业技术人员，一方面可以最大限度地促成这一群体的高效化配置，减少人才浪费和损失；另一方面通过竞争和双向选择，可以在市场上确认和实现专业技术人员的价值，充分调动专业人员的积极性和创造性。

（4）普通劳动力市场

这是由除上述几类人员的普通产业工人、管理人员、服务业从业人员等组成的劳动力市场。这类市场人数最多，规模较大，涉及面广，竞争激烈。

3）按照市场的竞争自由度划分

（1）完全竞争市场

这是一种理论性市场，要求具备完全的劳动力市场信息条件，劳动力供求双方信息环境基本相同，信息交流对称，具有充分的流动性，不存在其他非市场化的障碍；具备完全的决策条件，供求双方可以根据自己的意愿去选择劳动力交易的方式、数量和价格。满足这些条件是极为困难的。因此，只要是劳动力交易活动建立在市场信息和公平交易的基础上，由劳动者按自己的意愿进行决策，都可以认为属于完全竞争市场。

（2）垄断市场

这是一种极端的市场形式。它分为买方垄断和卖方垄断两种，信息极不对称是这种市场的基本特征。买方垄断市场是指由一家或几家劳动力需求方掌握就业机会，面对众多的求职者。供求双方的地位不平等，就业机会和价格水平控制在买方手里，求职者只能被动接受。如国家公务员市场就是典型的买方垄断市场。卖方垄断市场是指有极少数劳动力供给者，但面对巨大的劳动力需求，或者把劳动力组织起来形成极强的谈判力量，使市场交易较为明显地有利于卖方。作为极端形式，垄断市场很容易导致政府对市场的干预。

（3）不完全竞争市场

这是指介于完全竞争市场和垄断市场之间，市场力量和非市场力量同时起作用时所形成的市场竞争格局。供求双方既要受市场因素的引导，同时还要受到行政因素的约束，其竞争是有限度的。不完全竞争市场是一种常见的市场形式。

4）按市场的形态划分

（1）有形的市场

这是一种传统的劳动力市场。其特征是拥有固定的市场（交易地点），以及承担市场组织与管理责任的人员。

（2）无形的市场

这是一种新兴的劳动力市场。网络招聘是无形市场的典型表现。

4.1.4　劳动力市场的影响因素

劳动力市场的运行受到经济和非经济两种因素影响。经济因素主要是以供求为核心的市场要素，非经济因素包括以工会、政府为核心的组织性要素和以文化、习俗为中心的社会性要素。

1）经济因素

经济因素是影响劳动力市场最根本、最重要的因素，其中最重要的又是劳动力供求对比状态所决定的资源配置及其价格。企业以股东权益最大化为生产经营的目标，对劳动力的需求主要从两个方面进行考察：一是所雇用的劳动力具有较高的劳动生产率，即能够创造较多的财富；二是在劳动生产率既定的前提下，尽量雇用那些对劳动报酬即工资要价较低的劳动力供给者。也就是说，企业将从劳动力创造价值的能力和使用成本两个方面来确定对劳动力的需求。而劳动力的供给者在效用最大化的目标下，要积极寻求那些能够提供机会发挥其才能，并能够获得较高收入的雇主与企业。现代劳动经济学认为，在其他条件保持不变时，劳动力的需求和供给随着工资的变动而变动。工资下降，对劳动力的需求就会增加，劳动力供给会减少，而工资上升，对劳动力的需求就会下降，劳动力供给会增加。在劳动力价格杠杆的作用下，劳动力供求双方达到平衡。

需要指出的是，所谓"劳动力价格杠杆"决定劳动力供求，应当理解为劳动力供求不仅受"现实利润""现实工资"等杠杆的影响，而且还受到"劳动力价格杠杆"表面掩盖下的某种"预期"的影响。例如，用人方可能认为，工资下降是因为经济形势恶化所致，这时就不因为工资下降而增加对劳动力的需求，也许劳动力需求还会进一步下降，工资走向可能更低；同理，也不因为某类必需的劳动力市场价格上扬，就不用或少用那类劳动力，因为可能未来那类劳动力价格上涨还会更厉害。劳动力供给方可能因为"未来收入增加"的预期而暂时不会计较工资的高低。因此，准确地表达是，劳动力价格杠杆和对未来经济形势的预期，将在很大程度上影响劳动力市场的运行。

2）非经济因素

（1）组织性要素

组织性要素是指工会、政府及大型企业等各类组织。古典劳动力市场理论认为，工资随着劳动力供求的变化而自动地进行调整。现代劳动力市场理论则认为，组织性要素能够为劳动力市场提供一系列交易规则，确定最低工资水平，保护劳动力和雇主双方的利益，促进劳动力资源的合理配置。以工会为例，单个劳动者在工资谈判中地位很低，而当工会介入工资谈判之后，罢工威胁使工会对企业的整体工资水平具有较强的谈判能力。有资料表明，西方国家的工会可以将工资水平提高到现行工资水平的130%以上。当然，组织性要素的存在也会在一定程度上制约劳动力按照市场规则进行配置。比如说，当政府规定的最低工资水平超过劳动力市场均衡的价格水平时，企业就必须付出较高的代价来获得劳动力资源，这会对企业的经营产生负面的影响。

（2）社会性要素

社会性要素是指家庭背景、所属阶层、文化、歧视和习俗等，它将对劳动力市场的人员构成、供求状况和工资水平等产生影响。现代劳动经济学在研究人们对工作的选择时，除了重视工资水平、福利待遇等物质水平，还高度重视文化背景对工作偏好的影响。如美国人喜欢具有挑战性的工作，日本人喜欢在工作中创新，而我国劳动者在选择工作时重视亲情、友情等因素的影响。

歧视是影响劳动力市场配置的一个重要非经济因素。一般来说，一个人在劳动力市场上的价值应当取决于其创造价值的能力和其他劳动力的竞争情况，但是如果与劳动力创造价值的能力和与市场供给竞争无关的因素在劳动力市场价值决定中起正或负的作用，就可能导致歧视。各个国家都有不同的风俗习惯，这些都可能导致劳动力市场出现歧视。

4.1.5　劳动力市场的功能

1）实现劳动力资源的寻优配置

资源在市场机制的作用下寻优流动是市场经济规律作用的结果。劳动力作为一种重要的社会生产要素资源，在劳动力市场价值规律和竞争机制的引导下流动。劳动力的供求双方都按照寻找各自利益最大化的目标进入劳动力市场，而政府出于维护社会公平的考虑将确保劳动力市场的正常运行，当且仅当交换双方都觉得某项交换活动达到了其利益底线时，交换才有可能进行。尽管在交换过程中涉及交易费用，但是每一次交易都可以推动供求双方收益的增加，在弥补交易费用后，获得额外的效用。供求双方出于对自身利益最大化的追求而产生的相互作用，将推动劳动力资源通过劳动力市场实现寻优配置，从而进一步推动社会经济发展。

2）刺激人力资本投资

劳动力市场存在着求职者的竞争和用人单位之间的挑选，较高素质的劳动者将得到较高的交易价格，而低素质或大量的同质劳动者将难以获得较高的工资。劳动力市场交易价格将刺激劳动者为提高自身素质而积极进行人力资本投资，以改变自身的知识结构或进一步提升自身的素质，提升自己在劳动力市场交易中的主动权。而劳动力的需求方，在劳动力市场上寻求需要的劳动力资源比较困难的时候，会大力进行内部培训，通过提升现有人员的素质满足劳动力需求。劳动力市场中劳动力资源的配置状况，将直接影响教育结构调整，推动教育结构与社会经济结构的变动保持一致，促使教育结构根据社会需求不断调整课程和专业设置，积极为社会培养所需的人才，从而为整个社会的人力资本投资起到导向作用。

3）促进企业管理水平的提高

企业竞争归根到底都是人才的竞争。劳动力市场的存在为劳动者提供了选择用人单位的条件，企业发展前景、管理水平、工资水准、劳动条件、人际关系、企业文化及社会形象对吸引人才和凝聚现有的人才，减少企业员工流失率，促进企业人才队伍与企业发展的动态匹配具有积极的作用。这些都将推动企业积极提升管理水平。

4.1.6 内部劳动力市场

内部劳动力市场理论是近20年来劳动经济学理论所取得的最新进展之一。该理论认为，劳动力并不完全是在外部劳动力市场通过工资的竞争进行配置。事实上，很多劳动力长期服务于固定的企业，并在企业内部循着一定的工作阶梯或职业阶梯被晋升或淘汰。

1）内部劳动力市场的含义

内部劳动力市场也叫企业内劳动力市场，是指根据企业的规章制度、惯例或企业与企业组织内雇员所达成的协议运行的，企业组织内雇员由录用、提升、调动、暂时解雇、解除和终止劳动合同等构成的运动系统。

2）内部劳动力市场的成因

劳动力的重置成本是影响劳动力市场运作的一个重要原因。劳动力的重置成本包括两个方面：雇用劳动力和解雇劳动力的直接成本和间接成本（包括劳动力重置过程中劳动力生产效率变动造成的负面影响、企业新旧成员不协调引起的企业劳动效率下降、劳动力重置过程中岗位缺失成本等）。由于存在上述成本，企业在劳动力重置中总是相对谨慎，力图首先从企业现有的员工中挖掘潜力，寻找到适合的人员，降低外部招聘带来的一些不确定性风险。对劳动者而言，在同一个单位工作，将使其对工作环境更为熟悉，拥有一个和谐的人际关系群体，拥有相应的成就基础，到一个新单位工作将失掉这些在原单位的非经济收入，从而使劳动者在同一工资基准或新单位高于现有单位工资水准的背景下，更愿意留在原单位发展。劳动力在不同企业之间的流动性降低也促成了企业内部劳动力市场的形成。

3）内部劳动力市场特点

第一，内部劳动力市场只限定在企业内部。员工的雇用、职位调整、各种影响人力资本质量的投资活动等，都表现为企业内部劳动要素的再组织行为。这种行为以雇员与企业的从属关系，企业对雇员具有使用支配权为前提。与之对应，外部劳动力市场不存在从属关系，选择双方是完全平等的主体。

第二，内部劳动力市场形成的基础是企业和雇员持续的劳动关系。这种持续的劳动关系以制度安排、惯例为基础，内部劳动力市场重新配置并不改变劳动关系，只是劳动力在企业内部流动的表现。

第三，内部劳动力市场运动的结果将在使企业人力资本总量不发生变动的背景下，提升资源使用的效率，创造更高的绩效水平。

4.2 劳动力市场均衡

所谓均衡（equilibrium），是指两种相反力量的均势，即两种相反的力量势均力敌，从而能够维持一种相对稳定的或相对静止的状态。

古典经济学认为，在均衡状态下，相互对立的任何一种力量在各种条件制约下不再具有改变现状的动机或能力。在均衡状态下，对立的行为主体的利益共同达到了最大化。

劳动力市场均衡更多表现为在特定的某一时点上，按照一定的工资率，企业实际雇佣的劳动量（数量和质量）与社会劳动力的供给量相等。这具体包含了两个方面的条件：一方面，劳动力供给和劳动力需求在量上处于均等状态，即变量均等；另一方面，决定供求的任何一种力量不具有改变现状的动机或能力，即行为最优。

4.2.1 劳动力市场的静态均衡

劳动力市场静态均衡的形成是由均衡工资率和均衡就业量决定的。图4-1显示的是劳动力供给曲线（S）与劳动力需求曲线（D）相交的图形。劳动力供给曲线表示在任一给定的工资水平上，劳动者配置到市场中的劳动工作总时数；劳动力需求曲线表示在此工资水平上市场中的企业所需的雇员工作总时数。

当供给与需求相等时，该劳动力市场就处于均衡：L^* 位工作者在 w^* 工资水平上被雇用。

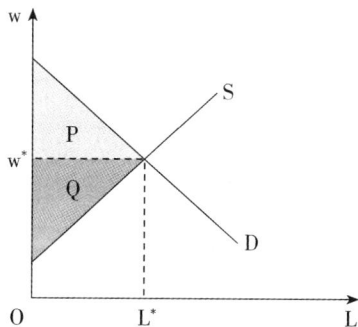

图4-1 竞争性劳动力市场中的均衡

从图4-1中可以看出，在均衡中，所有想找工作的人都能找到一份工作。三角形面积P为生产者剩余；三角形面积Q为工作者剩余。一个竞争性市场会使来自交易的收益，即P+Q的总和达到最大化。

图4-1中 w^* 即均衡工资率，在此工资率下劳动力的供给与需求处于量的相等状态，高于这一工资率，市场的劳动力供给将会大于需求；反之，低于这一工资率，市场的劳动力需求将会大于供给。在以上两种情况下，市场现有的均衡均将被打破，市场会向新的均衡点移动。均衡工资率条件下的就业水平就是 L^*，即均衡就业量。

在竞争性的劳动力市场中，不存在失业。在市场均衡工资率 w^* 上，想工作的人数等于企业想雇用的人数。没有工作的人也不会在现行工资水平上寻找工作，只有当工资率提高时，他们中的一部分人才会进入劳动力市场。

1）单一市场的静态均衡

劳动力不流动是相对的，而流动是绝对的，其流动加大了研究的难度。但为了研究，我们仍然首先假定劳动力市场是一个封闭的市场，即该市场与其他市场不存在信息、劳动力流动，是一个地区或某一特定职业的劳动力市场，即单一市场，其基本的市场形态就是由该市场工资率决定劳动力供给与需求均衡。

单一劳动力市场静态均衡的条件是：意愿劳动力供给等于意愿劳动力需求（包括时间、数量、质量和结构）。在封闭的劳动力市场上，企业从自身利润最大化目标出发，考虑产品成本的构成（资本和劳动要素的组合），并进而决定企业对劳动力的意愿性需求。劳动者作为劳动力的供给者，从自身效用最大化出发，考虑在一定的工资率水平下自身的意愿性劳动力供给。如果需求大于供给，将推动工资率上升，而需求小于供给，则促使工资率下降。当且仅当需求与供给相等的时候，各个企业以及各个劳动者的意愿都同时得到了满足，工资率才会处于相对稳定或静止的状态，此时的劳动力市场称为均衡市场。

实际上，任何均衡都是相对的，一些要素的变化将推动市场从一种均衡过渡到另一种均衡。我们必须对打破均衡并推动新均衡实现的要素进行考察，这些要素包括影响劳动力供给的要素和影响劳动力需求的要素。影响劳动力供给和需求的要素已分别在第2章和第3章中讨论。这里，我们来综合分析当劳动力供给和劳动力需求发生变化时，劳动力市场静态均衡的均衡工资率 w^* 和均衡就业量 L^* 会发生怎样的变化以达到新的均衡。

（1）劳动力供给的变化

当某些因素影响劳动力供给，导致劳动力供给曲线发生变化后，会出现劳动力短缺或劳动力剩余现象，最终，劳动力市场新的均衡工资率 w^* 和均衡就业量 L^* 也会相应发生变化，如图4-2所示。

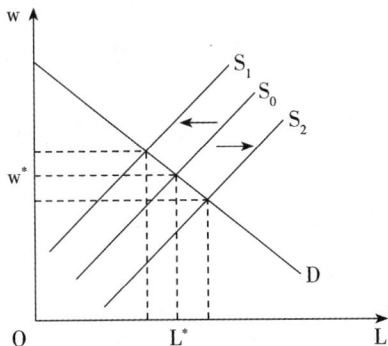

图4-2　劳动力供给的变动对劳动力市场静态均衡的影响

从图4-2中可以看出，在劳动力需求不变的情况下，当劳动力供给增加时，劳动力供给曲线右移，劳动力市场的均衡工资率 w^* 下降，均衡就业量 L^* 增加；反之，当劳动力供给减少时，劳动力供给曲线左移，劳动力市场的均衡工资率 w^* 上升，均衡就业量 L^* 减少。

（2）劳动力需求的变化

当某些因素影响劳动力需求，导致劳动力需求曲线发生变化后，出现劳动力市场上工作岗位短缺或过剩现象，即过多的工作岗位追逐较少可获得的劳动力，或过多的劳动力为极少的工作岗位而竞争。最终，劳动力市场新的均衡工资率w^*和均衡就业量L^*也会相应发生变化，如图4-3所示。

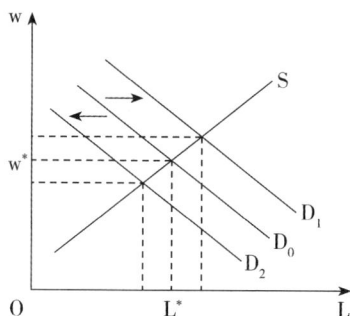

图4-3　劳动力需求的变动对劳动力市场静态均衡的影响

从图4-3可以看出，在劳动力供给不变的情况下，当劳动力需求增加时，劳动力需求曲线右移，劳动力市场的均衡工资率w^*上升，均衡就业量L^*增加；反之，当劳动力需求减少时，劳动力需求曲线左移，劳动力市场的均衡工资率w^*下降，均衡就业量L^*减少。

（3）劳动力供给和需求同时变化

除了以上两种情况之外，劳动力市场均衡的破坏也可能是由劳动力供给和需求同时变化造成的，而供求双方的变化可能是相同的，也可能是相反的，即双方同时增加或同时减少，双方一方增加而另一方减少，一共有四种变化组合。这里，我们选择其中一种情况（劳动力需求增加，劳动力供给减少）进行分析。

在图4-4（1）中，劳动力需求增加的幅度小于劳动力供给减少的幅度，即需求曲线向右移动形成提高工资率和增加就业量的推动力，而供给曲线向左移动形成提高工资率的推动力和减少就业量的压力，最终结果是由于供给的力量大于需求的力量，均衡就业量从L_1减少到L_2，均衡工资率从w_1增加到w_2。

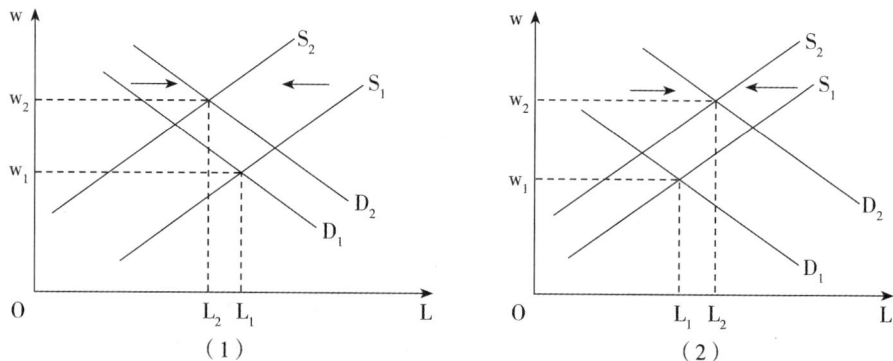

图4-4　劳动力供给和需求同时变动对劳动力市场静态均衡的影响

然而，在图4-4（2）中，劳动力需求增加的幅度大于劳动力供给减少的幅度，最终结果是由于需求的力量大于供给的力量，均衡就业量从L_1增加到L_2，均衡工资率从w_1增加到w_2。

因此，当劳动力供给和劳动力需求同时变化时，由于供需变化形成的力量不均等，导致劳动力市场新的静态均衡总是存在不确定因素。

从上面的分析中可知，在劳动力供给变化、劳动力需求变化或者劳动力供给和需求同时变化时，都会导致劳动力市场静态均衡的变化，这样的变化会导致8种可能的结果，见表4-1。

表4-1　　　　　　　　　　比较静态分析结果汇总表

劳动力供求变化	均衡就业量	均衡工资率
供给增加，需求不变	提高	降低
供给减少，需求不变	减少	上升
需求增加，供给不变	提高	上升
需求减少，供给不变	减少	降低
供给增加，需求增加	提高	不确定
需求减少，供给减少	减少	不确定
供给增加，需求减少	不确定	降低
需求增加，供给减少	不确定	上升

2）多维市场的均衡

单一市场是不存在的。现实中存在着各种各样的市场，各个市场之间并不是完全封闭的，它们之间存在信息的交流和劳动力的流动。因此，劳动力市场的均衡除了考虑单一市场要素的影响外，还需要进一步考察其他市场劳动力供需关系变化的影响。

在封闭的单一市场条件下，不同市场的工资率可能存在差异，原因在于信息不对称及劳动力流动有障碍。在市场相互开放的条件下，单个劳动力市场的均衡因为其他市场信息的导入而被打破，劳动力会转向有较高工资率的市场寻求雇主，而企业也会到有较低工资率的市场满足其劳动力需求。劳动力的流动将推动高工资率市场上劳动者供给增加从而使其工资率降低而形成新的均衡；企业劳动力需求的转移，将使原来较低工资率的市场上需求增加，从而提高该市场的工资率，直到与其他市场的工资率保持相对一致。只有在各个市场的工资率趋于一致的情况下，各个劳动力市场之间的劳动力流动才会停止，从而所有的劳动力市场达到均衡状态。

多维劳动力市场均衡的条件是：各个劳动力市场的工资率基本相等。其隐含的条件是劳动力具有"同质性"且不存在流动成本。现实劳动力市场是不同的劳动力是不同质的，且从一个劳动力市场转移到另一个劳动力市场是有成本的，从而多维市场的相对静止均衡并不是各个市场工资率相等，而是在附加上机会成本之后不存在流动收益的状况。

4.2.2　劳动力市场的动态均衡

劳动力市场动态均衡是从劳动力市场的运动过程中考察劳动力市场均衡实现的条件。

前面对劳动力市场均衡的分析假定市场对供给曲线与需求曲线的移动能够及时作出调整，因此，工资与就业会迅速地从旧的均衡变化到新的均衡，即静态均衡往往是点上的供给与需求均衡态势。而现实的状况是，在许多劳动力市场中，并不能如此迅速地对潜在的供给曲线与需求曲线的移动作出调整，根据现在的工资率作出的劳动力供给决策往往需要过一段时间才能变成实际上的劳动力供给。这也就意味着，供给与需求之间存在时滞现象，且需求产生是随机的，变化速度快，而现实的劳动力供给变化却需要一段时间。比如，新冠肺炎疫情的暴发就产生了对"呼吸道传染科"医生的庞大需求，众多医务工作者从现有的工作中转岗，从现有工作地到目标工作地，从现有的专业经过短期紧急培训转岗，这个过程就是一个明显的时滞过程。解决矛盾的方法是在一定时间内延长现有劳动者的劳动时间，或者采购机器以部分替代人的劳动从而减少对劳动力的需求。

此外，从一个工资率变化到另一个工资率，实现基于新工资率的劳动力供需平衡，实质上是在工资率、劳动力供给与需求三者的互动作用下实现的静态均衡，这个作用的过程就是劳动力的动态均衡作用过程。

在对动态均衡的一系列研究中，理查德·弗里曼（Richard Freeman）提出了蛛网模型，该模型论述了起点工资的周期性趋势是如何产生的。该模型基于两个关键性的假设：

①培训一位合格的劳动者需要耗费时日；

②个人会在他们学习前审视劳动力市场的工资水平从而决定是否从事某一职业。

我们以t表示本期形成劳动力供给决策的时间，以（t+1）表示下期执行或实现劳动力供给决策的时间。在两个时期之间，已形成的劳动力供给决策不变。

在考虑时间因素的前提下，下一个时期（t+1）的劳动力供给实际上是本期（t）工资率的函数，即：$S_{t+1}=f(w_t)$，而本期的工资率则由本期的劳动力需求量决定，即：$w_t=f(D_t)$。均衡也随之形成与时间序列相关的流动状态，即动态的均衡。

这里我们以计算机软件工程类专业的新毕业生市场为例来进行动态均衡的模型分析。人们很早就发现：计算机软件工程师市场会在对劳动力的过度需求时期与过度供给时期之间有规律地波动。其结果是，计算机软件工程类专业的新毕业生的起点工资，一段时期内存在着周期性趋势。

图4-5中S和D分别代表计算机软件工程师的供给与需求曲线。起初，劳动力市场处于供给曲线与需求曲线相交处的均衡点E，此时均衡工资率为w_E，均衡就业量为L_E。假设由于个人电脑的普及和自动化的快速发展导致对计算机软件工程师的

需求突然增加了，此时，需求曲线移动到D′，IT行业企业偏好在新的均衡工资w_E'水平上雇用L_E位新的计算机软件工程师。

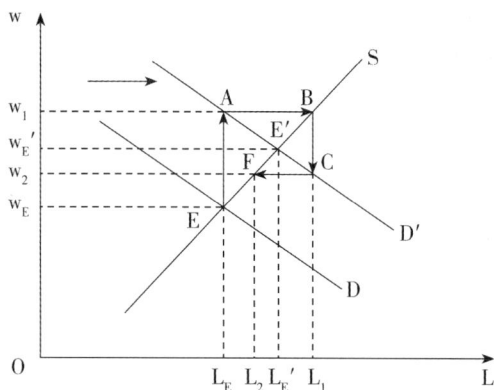

图4-5 劳动力市场动态均衡的蛛网模型

但企业会发现，雇用这一需求数量的新计算机软件工程师是极其困难的。新计算机软件工程师并不会因为企业需要雇用他们就能即刻培训出来。由于培训新的计算机软件工程师需要耗费时日，因此，短期内市场上仅能供给L_E位计算机软件工程师，即短期供给曲线在雇用L_E位工作者时完全无弹性。这一无弹性的供给曲线（通过E点的垂直线）与需求变动（D′）的组合，会把计算机软件工程师的起点工资提高到w_1，此时，计算机软件工程师劳动力市场处于第一轮短期的暂时性均衡，即图中的A点。

当这一切在计算机软件工程师劳动力市场中发生时，新一代高等院校的学生们正在决定是否进入计算机软件工程类职业中。这些学生发现，计算机软件工程类劳动力市场中的工资相对较高，因此就有了成为计算机软件工程师的愿望。于是，在当前工资w_1的水平上，总数为L_1的人愿意就读高校的计算机软件工程类专业，即图中的B点。几年后，L_1位计算机软件工程师进入该劳动力市场。当该批计算机软件工程师进入市场时，短期供给在有L_1位工作者时会再度无弹性。因此，当前的市场形势会被这一无弹性的供给曲线以及需求曲线D′共同反映在劳动力市场的第二轮短期的暂时性均衡中，即图中的C点。此时，均衡工资为w_2，该水平明显低于这些新计算机软件工程师在选择这一职业时以为他们能够获得的工资水平，劳动力市场出现了过度供给。

此时，仍然有新一代高等院校的学生试图决定是否成为计算机软件工程师。在当前w_2的低工资水平上，计算机软件工程类职业看起来并不具有吸引力，因此，相比之前的情况，仅有L_2位学生选择了这一专业，成为新一代的计算机软件工程师，即图中的F点。当这些学生毕业并进入劳动力市场时，起点工资又会上升，反映在劳动力市场的第三轮短期的暂时性均衡中，此时，劳动力市场出现供给不足。接下来，这一较高的工资又会诱使新一代学生对该市场进行过度供给，并依此类推。

在这样的循环变动中，围绕均衡点 E′的蛛网被创造了出来，工资率的波动与就业量的波动逐渐趋于均衡点 E′，最终趋向新的均衡工资率 $w_{E′}$ 和均衡就业量 $L_{E′}$，起点工资展现了系统的盛衰起伏的现象，如图4-6所示。

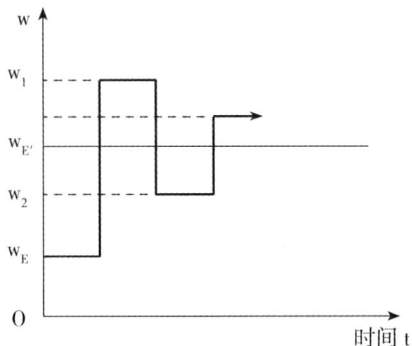

图4-6　劳动力市场动态均衡下工资率的波动

此外，当劳动力供给弹性大于劳动力需求弹性时，工资率和就业量的波动幅度将越来越大，离新的均衡点越来越远，形成"发散型蛛网"；而当劳动力供给弹性等于劳动力需求弹性时，工资率和就业量的波动幅度既不会扩大也不会缩小，而是在同一波动程度上变动，起点的工资率和终点的工资率在同一点上重叠，形成"封闭型蛛网"。这两种理论上存在的状况也分别被看作"蛛网不稳定条件"和"蛛网中立条件"。

推动劳动力市场动态均衡的作用过程是政策的着力点。一般来说，采取相应措施调节供给和需求是推进劳动力市场均衡快速实现的主要途径。从影响劳动力供给看，强化人口控制和推动劳动者的闲暇效用，将使工资率变化对劳动力供给发生较小的影响。从劳动力需求看，实现对劳动力的替代以使劳动力需求减少是有利于实现劳动力市场快速均衡的一般政策措施，包括不断增加资本数量、发展先进技术以替代人的劳动，以及延缓边际生产率等于零的速度等。

4.3　劳动力资源的市场配置

4.3.1　劳动职业

劳动力供求关系的基础，是劳动者与生产资料的关系，即劳动者能否与生产资料结合，以什么形式与生产资料结合。在现代社会中，这种结合一般通过一定的职业活动来实现。劳动供给的实际内容，是劳动者要求得到一定的职业工作岗位；劳动需求的实际内容，是社会为劳动者提供一定的职业工作机会。由于不同的职业具有不同的地位和待遇，要求不同的资格与条件，因此如何根据自身的志向与能力，选择既理想又合适的职业，是劳动者在社会经济活动中必须解决的一个基本问题，也是人力资源开发和管理首先要解决的问题。

1) 职业活动

职业是相对稳定的有报酬的工作岗位与活动，通常要求劳动者有相应的专业技能。从事职业工作，是劳动就业的具体形式。人们通过职业活动取得收入，履行社会义务，实现个体发展。不同的社会有不同的职业状况，体现社会分工的不同形态。社会分工越发展，职业结构越复杂。

（1）职业的含义

职业是社会分工的结果，是人们在社会分工体系中所占有的相对稳定的有报酬的工作位置。社会分工的内容包含两个方面：一是由于生产不同产品而形成的社会分工，即产品分工；二是由于不同工作方式而形成的社会分工，即劳动分工。职业主要是劳动分工的结果。劳动者的就业，总是要具体地通过占有一定工作位置来实现，总是要具体地体现为在劳动分工中取得一定的职位。因此，一个社会的就业状况，与其职业状况有直接联系。社会分工越发达，职业结构越复杂，所能提供的就业机会就越多。职业是相对稳定的，体现着社会分工的次序和劳动者发展的要求。在社会生活中，人们正是通过这种相对稳定的具体劳动形式，实现人力与物力的结合，获得自己的生活来源。不仅如此，职业劳动的稳定性，还为人们的社会活动提供实际的基础和范围，使劳动者的能力、个性打上职业的烙印。总之，职业是相对稳定的，有报酬的，要求一定专业技术的具体劳动位置与活动，职业工作是人们社会活动的最基本形式之一。

（2）职业与行业

职业与行业有密切联系，它们都是社会分工的表现形式，但划分的角度不同。职业是以劳动工作方式为依据所作的划分，产业和行业是以劳动产品种类为依据所作的划分。我国的分类标准，在把职业划分为8大类别的同时，把产业划分为3大领域，再在产业下面把行业划分为13个类别。职业与行业之间具有内在的联系；有的职业，比较集中地分布在某些行业之中，例如商业和服务业的职业类型与行业中的商业饮食业、城市公用事业就有比较大的重合性，而专业技术人员的职业类型与行业中的科学研究、文教艺术事业也有明显的联系。因此人们在考虑职业时，是不能撇开行业进行的。在确定从事什么职业时，往往也是在行业中进行比较。

（3）职业的分类

职业是社会发展的产物。职业分类是运用一定的科学方法和手段，通过对社会全体从业人员所从事的各类经济性活动进行分析和研究，按照其活动的不同性质、对象、内容、形式、功用和结果进行的类型划分和归总的工作。科学的职业分类可以让人们有效掌握和监控国家经济结构和就业结构的变动发展，而且将为国家职业教育培训事业确定目标与方向，是国家经济工作、劳动工作和职业教育培训工作的基础。

职业分类在中国有悠久的历史，甚至可以说中国是世界上第一个论述并进行职业分类的国家。这一点从2 500年前儒学经典记录中就可以看得很清楚。如《春秋·谷梁传》写道：古者立国家，百官具，农工皆有职以事上。古者有四民，有士民，有商民，有农民，有工民。《周礼》则可以被认为是一部详细的职业分类大辞典。《周礼·冬官考工记》开宗明义：国有六职，百工与居一焉。或坐而论道，或作而行之……通篇论述了王公、士大夫、百工、商旅和农夫等不同职业的分工和职责，分类之精细和描述之详尽令人叹为观止。那时，职业分工还有很强的世袭性，一代一代传下去，甚至以自己的职业作为自己的姓氏（如姓屠、师、桑、陶、卜、贾等），反映了人们有很强的职业归属感。

现代职业分类是工业革命的产物，也是现代人文精神的反映。职业分类的客观性和科学性逐步取代了传统社会职业分类中固有的封建性和等级性。职业分类不但是职业的外在特征（社会需求性的特征）的反映，而且是职业的内在特征（个人发展性的特征）的体现。

1986年，我国首次颁布了《职业分类与代码》（GB6565-86），并启动了编制国家统一职业分类标准的宏大工程。1992年，在中央各部委的大力支持和协助下，劳动部组织编制了《中华人民共和国工种分类目录》，这个目录将当时我国近万个工种归并为分属46个大类的4 700多个工种，初步建立起行业齐全、层次分明、内容比较完整、结构比较合理的工种分类体系，为进一步做好职业分类工作奠定了坚实基础。1995年2月，劳动部、国家统计局和国家技术监督局联合中央各部委共同成立了国家职业分类大典和职业资格工作委员会，组织社会各界上千名专家，经过4年的艰苦努力，于1998年12月编制完成了《中华人民共和国职业分类大典》，并于1999年5月正式颁布实施。该大典将中国的职业上至国家主席下至农民，划分为8个大类（国家机关、党群组织、企事业单位负责人；专业技术人员；办事人员和有关人员；商业、服务业人员；农、林、牧、渔、水利业生产人员；生产、运输设备操作人员及有关人员；军人；不便分类的其他从业人员）、66个中类、413个小类和1 838个细类即职业。职业分类会随着社会经济的发展而不断发展更新。

近年来，由于经济社会的不断发展，我国社会职业构成发生了很大变化。为适应发展需要，2010年年底，人力资源和社会保障部会同国家质检总局、国家统计局牵头成立了国家职业分类大典修订工作委员会及专家委员会，启动修订工作，历时5年，7易其稿，形成了会议审议通过的2015年版《中华人民共和国职业分类大典》。

2015年版《中华人民共和国职业分类大典》突出了时代特征。其职业分类结构为8个大类、75个中类、434个小类、1 481个职业。与1999年版相比，维持8个大类、增加9个中类和21个小类，减少547个职业。经过系统专家努力，质检行业共24个职业列入大典，质检工作重要性进一步凸现。①

从职业结构看，职业的分布有3个特点：第一，技术型和技能型职业占主导。占实际职业总量60.88%的职业分布在"生产制造及有关人员"这一大类，它们分

① 百度百科. 中华人民共和国职业分类大典 [EB/OL]. (2019-05-26). https://baike.baidu.com/item/中华人民共和国职业分类大典/9020254?fr=aladdi.

属我国工业生产的各个主要领域。从这类职业的工作内容看，其特点是以技术型和技能型操作为主。显示出现代技术工人特别需要有"工匠"精神，要大力培养工匠的导向。第二，第三产业职业比重较小，仅占实际职业总量的8%左右。三大产业中的职业分布，以第二产业的职业比重最大。第三，知识型与高新技术型职业较少。现有职业结构中，属于知识型与高新技术型的职业数量不超过总量的3%。

为保证劳动力市场使用的职业分类与代码的科学和规范，有利于劳动力市场信息联网，劳动和社会保障部在主持编纂《中华人民共和国职业分类大典》的同时，根据职业分类国家标准《职业分类与代码》（GB/T6565-1999）和《中华人民共和国职业分类大典》，制定了《劳动力市场职业分类与代码（LB501-1999）》，并于2002年进行了修改。新《劳动力市场职业分类与代码（LB501-2002）》分为6个大类，56个中类，236个小类，17个细类。

然而，信息化时代，"职业版图"正在不断被刷新。2019年4月1日，人力资源和社会保障部、国家市场监督管理总局、国家统计局公布了13项新职业信息，包括人工智能工程技术人员、物联网工程技术人员、大数据工程技术人员、云计算工程技术人员、数字化管理师、建筑信息模型技术员、电子竞技运营师、电子竞技员、无人机驾驶员、农业经理人、物联网安装调试员、工业机器人系统操作员、工业机器人系统运维员等一批新职业入选。这是自2015年版《中华人民共和国职业分类大典》颁布以来发布的首批新职业。新职业主要集中在高新技术领域。这批新职业主要呈现三方面特点：产业结构的升级催生高端专业技术类新职业、科技提升引发传统职业变迁、信息化的广泛应用衍生新职业。[①]

2）职业寻求

求职是劳动者寻求职业的活动，是就业的具体途径。求职活动受多方面因素影响，其中最重要的有职业能力、职业意向、职业岗位，它们通过劳动者与用人单位之间的双向选择发挥作用。对劳动者的求职活动进行指导，在劳动就业中具有重要意义。

（1）求职活动

求职活动是劳动者与用人单位之间的双向选择活动。一方面，劳动者的求职是有标准的，不是任何职业都一概接受，他要进行选择。而且广义的求职活动，包括职业能力的培养过程，更涉及人们选择什么样的职业能力来进行培养。因此，求职活动体现着劳动者的能动性。另一方面，用人单位对求职者也是有标准的，不是任何求职者都接受，它要进行选择，合格者录用，不合格者拒收。因此，求职活动受用人单位的要求制约，体现用人单位的自主权。正是这种选择的双向性，使求职活动能够较好地把人力与物力具体地结合起来。

（2）职业意向

职业意向是人们对社会职业的评价和选择偏好，它促进人们主动地适应某种职

① 邱玥. 透视新职业背后新活力［N］. 光明日报，2019-04-04.

业的要求，影响求职活动的方向。职业意向的形成，受到客观因素和主观因素两方面的制约。客观因素除了家庭决策，最重要的是职业本身的差异。不同的职业，在工作内容和形式上是不同的，它的工作报酬和社会地位也不同，从而对人们造成不同的吸引力。收入最高的职业与收入最低的职业，工作报酬差异有时在100倍以上。当工作收入还是人们从事劳动的基本动力时，这种差异不能不对人们的职业意向产生重大影响。在我国，职业意向常常与行业意向结合在一起，这是因为我国不同行业的收入差别还比较大。这种情况随着市场经济的发展会不断改变。影响职业意向的主观因素，是人们的兴趣和性格。不同的人对职业有不同的偏好，有的重视经济收入，有的重视工作形式，有的注重社会地位等，从而影响人们形成不同的职业意向。目前，我国的职业意向状况以及职业的声望排列，与行业有密切的联系。

（3）职业能力

职业能力是职业活动的个体条件，是人们求职的依托。仅有职业意向而没有响应的能力，只能是一厢情愿的空想，不会被用人单位接受。因此培养职业技能，是求职活动的基本条件。职业能力包括从事职业活动的体能、智能、技能。在求职活动中，有时人们特别强调技能。职业能力中，技能是中心，"术业有专攻"讲的就是技能。但也要看到，即使劳动者技能高也有长处和短处，长处是很快适应相应的工作岗位，短处是合适的工作岗位也较少，而有较高技能的劳动者如果从事与其技能性质不同的工作，适应性和效率性甚至不如没有专门技能的劳动者。因此，在求职活动中人们所重视的职业能力，主要是专业技能赖以形成的体能和智能，特别是智能的状况。这也是今天强调培养"综合素质型"人才，增强人才的适应性的原因。

（4）职业岗位

职业岗位是人们求职活动的对象。只有存在需要工作人员的职业岗位，人们进行求职活动才有意义。职业岗位是社会分工的具体体现，每一种职业岗位都有具体的工作内容和形式，并对人们提出相应的要求。人们求职时的职业能力条件，是相对职业岗位要求而言的条件。不同的职业能力对不同的职业岗位有不同的意义。用人单位所需要的，是与职业岗位要求相适应的职业能力，即具有这种职业能力的劳动者。因此，人们在求职时，必须分析岗位要求与自身能力的关系，选择合适的职业岗位作为对象。劳动者与用人单位在求职活动中双向选择，就体现在职业岗位对劳动者的要求和劳动者对职业岗位的选择之中。

3）职业决策

职业决策是在求职条件既定的情况下，对最佳就业方式的分析、判断和决定。职业决策具有多种方式，其中理性决策受到人们普遍的重视。职业决策的理性方式，以成本收益计算为主要内容，强调职业决策的经济效益。

（1）职业决策的含义

人们的求职活动是一个比较和选择的过程，这种比较和选择最终要落实到现有条件下，应该如何确定职业。就是说，在职业能力一定、职业岗位一定、职业意向一定的情况下，怎样确定合适自己的职业位置？这就是职业决策的含义。在求职活动中，由于职业岗位的可供状况、职业能力的发展状况、职业意向的偏好状况都不是求职者能够随意改变的，因此人们求职时的选择，主要表现为对已有条件的排列组合，从中找到合适的结合方式。例如，某一职业岗位的可供量、自身职业能力与岗位要求的吻合程度、与职业意向有关的职业岗位的范围等；通过这些因素的排列组合，确定自己满意的、成功系数比较大的职业岗位，作为求职活动的实际对象。

（2）职业决策的方法

职业决策可以采取不同的方法进行，感情和直觉也会对职业决策产生重要影响。但人们普遍重视而且操作性较强的职业决策方法，是理性决策方法。这种方法的特点是把职业选择看成一种经济行为，通过成本收益的计算，决定如何确定职业收益率、职业成功率以及职业投资等。当人们进行长期职业决策时，也包括为培养职业能力而进行决策时，往往需要将三个因素综合考虑。

4.3.2 劳动交易

劳动者的职业选择和求职活动，必须符合用人单位对劳动力的需求，并与用人单位所提供的职业岗位相吻合，才能得到实现。这里不仅存在着劳动者对工作职位的选择和要求，而且存在着用人单位对劳动者的选择和要求。劳动者只愿意接受符合自己要求的工作岗位，并且为自己的工作索取相应的劳动报酬。用人单位也只愿意接受符合自己要求的工作者，并且为自己支付的劳动报酬索取相应的劳动力使用权。于是，在劳动者个人与用人单位之间发生了交易关系，即有偿转让劳动力使用权的交易关系。这种关系是平等互利的，双方以平等的地位和互利的方式进行。

1）劳动权

劳动权是劳动者进行劳动从而取得劳动报酬或其他合法收入的权利。由于劳动只有与一定生产资料相结合才能进行，因此劳动权始终与生产资料所有制形式有密切关系。

（1）劳动权的内涵

劳动权包含两层内容：一是为劳动者提供劳动条件，使其能够进行劳动；二是为劳动者提供劳动报酬，使其能够生存与发展。两层内容密不可分，统一在劳动过程之中。没有劳动条件，劳动就无从进行，劳动者也不可能创造成果取得报酬；没有劳动报酬，劳动失去了经济效用，劳动者就无法生存，也就谈不上进行劳动。

（2）劳动权的实现

劳动权的实现与所有制有密切的关系。因为所有制的本质是生产资料的占有形式，这种形式决定着劳动者能否与生产资料相结合、以什么方式相结合。历史上，生产资料所有权和劳动能力所有权之间存在两种关系。一种是二者统一，生产资料所有权与劳动能力所有权同属于一个主体，所有者运用属于自己的劳动能力和生产资料进行劳动，从而占有劳动成果。一家一户的小生产就是这种关系。另一种是二者分离,生产资料所有权与劳动能力所有权属于不同主体。在这种情况下,为了把二者结合起来,就必须进行权利转让,使之过渡到同一主体身上。只有这样,劳动才能进行。相应地,劳动成果归两种权利的所有者共有。总之,要实现劳动权,就必须使劳动者以一定方式与生产资料相结合,所有制则是这种结合的社会形式。

(3)劳动权的维护

当劳动能力的所有者与生产资料的所有者分离时,劳动权就成为劳动者的基本生存权利,劳动者只有通过劳动才能取得生活资料,才能生存。但是,由于只有与生产资料相结合才能进行劳动,而生产资料归别人所有,因此劳动能否进行就受到了他人意志的干预。如果劳动对生产资料所有者无益,他就不会用自己的生产资料与劳动者的劳动能力相结合,劳动就无法进行。于是,维护劳动权的要求就产生了。这种要求的主要内容就是要有劳动机会,或者说就业机会。维护劳动权的任务,首先表现为劳动者提供就业机会,它通常在国家的干预下进行。

2)劳动力商品

劳动力商品是指作为交易内容的劳动力。当劳动者以出让自己的劳动力使用权为条件取得劳动报酬时,劳动力就成了商品。与其他商品一样,劳动力商品也具有价值和使用价值。它的价值取决于生产和再生产劳动力所需的生活资料的价值,它的使用价值在于能够通过劳动活动创造出比自身价值更大的价值。在劳动力买卖中,雇主以付出劳动力价值的方式取得了劳动力的使用价值,从而获得效益。

(1)劳动力商品的出现

劳动力只有具有两种条件才会成为商品。

①劳动者必须拥有对自身劳动力的所有权,否则他不能出卖劳动力。例如奴隶社会的奴隶和封建社会中没有人身自由的农奴,不可能出卖自己的劳动力。

②劳动者必须以劳动能力为唯一的生存条件,否则他不会出卖劳动力。例如有财产依托的人,不会当别人的雇工。

这两种条件的形成,是资本主义带来的结果。在资本主义经济制度下,劳动力所有者与生产资料所有者的分离以极端的方式体现出来,前者失去了生产资料,以出卖劳动力为唯一的生存方式;后者以资本拥有者的身份获得了购买劳动力的权利。二者的结合,使劳动力商品成为可能并得到了普遍的发展。

(2)劳动力商品的价值

劳动者出卖自己的劳动力时,要求一定的价格,雇主购买别人的劳动力时,也依据一定的价格。这种价格不是随意的,它在一定的基础上形成。这个基础就是劳动力再生产所需的生活资料的价值。就是说,社会生产作为一个持续进行的过程,在利用已有的劳动力进行生产时,必须使这种劳动力能够维持下去并得到发展,否则下一阶段的生产就不能进行。而维持劳动力存在与发展的基本方式,就是为劳动者提供相应的生活资料,使劳动者能够维持和发展自己的劳动力。相应地,这种生活资料的价值,也就是劳动力价值,即劳动力价格形成的基础。雇主和劳动者之间为买卖劳动力而进行的讨价还价,是围绕劳动力的价值上下波动的。

（3）劳动力商品的使用价值

雇主购买劳动力商品，是以支付劳动力价值的方式取得劳动力的使用权，并把它投入生产或服务过程。劳动力商品的使用价值，不仅在于能够为使用它的人提供产品或服务等直接供人享用的东西，而且更在于它的使用过程能够为它的"用户"创造出比它自身价值大得多的价值。后者正是劳动力使用价值甚至劳动力商品的根本特征。一个雇主愿意付出货币资本，正是看中这一点，他通过把劳动力与生产资料结合起来，可以创造出大于劳动力价值的财富，取得高于投入的产出。这高出的部分，就是剩余价值即雇主的经营收入。

（4）劳动力商品价值与使用价值的关系

劳动力价值与使用价值处于矛盾统一中：一方面，它们是统一的，都存在于劳动能力之中。前者是这种能力的形成基础，后者是这种能力的作用结果，二者不可分离。另一方面，它们又是矛盾的，相互之间存在着质与量的区别。就质来说，价值是劳动力的实体属性，是劳动力已有的规定性；使用价值是劳动力的作用属性，是劳动力将有的规定性，要使使用价值变成现实，需要一个过程。从量来说，劳动力的使用价值一旦实现，就要大于它的价值，二者是不等的。更重要的是，由于劳动力的买卖关系，它的价值与使用价值在所有权上分离了，前者属于拥有劳动力的劳动者，后者属于购买劳动力的雇主，二者之间的差距，就是雇主利润的来源。在社会主义条件下，用人单位也是雇主，也要求经营利润，体现的是劳动者自身长远的利益，不再与劳动者的利益对立。

3）劳动交易

劳动交易也就是劳动力商品的买卖。由于劳动力商品的买卖是雇主以支付劳动力价值的方式取得劳动力的使用权，而对劳动力的使用又以雇主与劳动者之间支配与被支配的形式体现出来。因此，在劳动交易中存在着两种交易内容，一是市场交易，二是管理交易。雇主只有通过与劳动者之间的管理交易，才能行使对劳动力的使用权。

（1）劳动交易的特点

劳动交易与其他市场交易一样，在买卖双方之间进行；其特点在于，交易内容不是外在于交易者的某种物品，而是内在于作为交易一方的劳动者身上的劳动能力，这种能力不仅不能离开劳动者单独存在和转让，而且时时受到劳动者主观意愿的影响。因此，雇主必须通过影响劳动者的意愿才能行使对劳动力的使用权，这就使劳动交易贯穿于劳动力购买和使用的全过程。这种购买过程和使用过程的统一，是劳动交易所特有的属性。

（2）劳动交易的内容

劳动交易的特点决定了劳动交易具有两层内容：一是市场交易，二是管理交易。所谓市场交易，是指在劳动力市场上进行的交易。市场是最基本的交易场所。市场交易的特征是平等互利，交易双方处于平等的地位，以互利的方式自愿交换各自的所有物。当劳动者以取得劳动报酬为条件交出自身劳动力的使用权、雇主以获得劳动力使用权为条件付给劳动者劳动报酬，并达成劳动契约时，劳动的市场交易就算完成。所谓管理交易，是指市场交易在企业内部的延伸，表现为双方分别处于主导与服从的不同地位，通过一方按另一方的要求行事来达到互利的目的。管理交易往往是从雇主的立场来说的，是市场交易的暗含条件。劳动力所有者必须服从他的意志和要求，服从他的管理规范，否则生产就难以进行，劳动的市场交易也难以完成。事实上，在劳动契约中，通常载有劳动者服从管理规范的条文，成为管理交易赖以进行的依据。所以，管理交易与市场交易，是劳动交易不可或缺的两个重要内容。

4.3.3　劳动力资源的市场配置

1）劳动力资源市场配置的机制

劳动力资源的市场配置机制由相互联系和相互制约的供求机制、竞争机制、价格机制所组成。

（1）供求机制

没有供给和需求，也就无所谓市场。劳动力市场的供求状况，主要指劳动力供给量与需求量的关系。影响劳动力供求的因素，本书第2、3章已经有过详细的讨论。需要强调的是，有"看不见的手"对劳动力市场供求关系的调节，劳动力市场将会不断地由供求不平衡到平衡，由平衡到新的不平衡，再到新的平衡。更值得关注的是，在依靠市场自身供求机制调节，保持劳动力供求的总量平衡的同时，如何加强对劳动力市场供求状况的预测和监控，通过经济目标、政策及其他手段的干预，促成劳动力市场供求关系的动态平衡。

（2）竞争机制

①择业竞争，是在劳动力市场上，劳动者之间为求得理想的工作岗位而展开的竞争。任何一个劳动者都有自己的追求，都渴望能进入理想的职业场所以实现自我，但职业场所的相对有限约束，使劳动者只能通过在竞争中取胜才能如愿以偿。

②在业竞争，是在岗劳动者与不在岗劳动者之间的竞争。如果在业劳动者不注意提高自身素质，以更好地适应工作要求，就很有可能失去现有的职业。一方面是由于企业生产经营条件的不断变化、技术装备水平的提高，不断对劳动者提出新的要求；另一方面，一个具有活力的竞争性经济，必须保持一定的自然失业率。他们作为"产业后备军"给在业者带来一定的压力，使之不断去学习和努力工作，以适应技术变化的要求，以不断提高的工作效率和个人素质去面对谋职人员的挑战。

③人才竞争，指企业为求得优秀人才而进行的竞争。人才是第一资源，人才难得。现代市场经济中竞争的焦点是科技，而科技竞争关键是人才的竞争。劳动者既是经济人，同时又是社会人，其对经济利益和社会地位的追求，形成劳动力市场的竞争动力。从获利最大化的原则出发，用人单位就必须针对人才的需求特征，不断

努力改善工作环境，重新设计工作，降低劳动强度，提高福利待遇，推行人性化管理，为吸引优秀人才创造条件。

（3）价格机制

劳动力市场价格是评价劳动者素质、劳动能力及劳动效果的测量指标，也是自发调节劳动力资源在不同地区、不同行业和岗位之间合理配置的经济杠杆。前已述及劳动力市场价格的决定机理。劳动力的供求关系是影响和造成劳动力市场价格上下波动的主要原因。劳动力市场价格的经济意义，表明它既是宏观经济中劳动力流动的导向指标，同时也是劳动者个人择业的指示器；既是用人单位吸引优秀人才的手段，同时也是激励劳动者努力提高自身素质，以适应社会经济发展要求的加速器。

劳动力市场正是在价格机制、供求机制和竞争机制的共同作用下，形成自己有序的运动。工资上升，劳动力流入，供给量增加，竞争加剧，出现供过于求；工资下跌，劳动力流出，供应量减少，出现供不应求，工资又开始上升。在市场机制的交互作用中，完成循环往复的市场运行。

2）劳动力资源市场配置的原则

在市场经济条件下，劳动力市场的运行也存在一定的缺陷，例如市场机制不能自动消除垄断，不能保证劳动力市场运行的总量平衡，不能实现特殊的社会发展目标等。因此，劳动力市场机制运行必须遵循一定的原则。在社会主义市场经济条件下，劳动力市场配置原则是：

（1）公平竞争原则

劳动力市场的主体享有平等就业和择优雇用的权利，任何个人和企业都不得破坏他人的就业活动。

（2）劳动者权益保护原则

劳动保护受经济和技术发展水平的制约。现阶段，中国应保障：①低于 8 小时的工作制。任何企业不得强行要求受雇者签订超过 8 小时工作制的合同，全额工资按 8 小时或以内计时。受雇者愿意在 8 小时以外加班加点，报酬另计。②起码的安全保障。如煤矿、建筑、化工等企业，要按一定标准规定安全保障条件，低于标准水平者不得开业，已开业者停产维修并予以违章罚款。凡低于标准水平而造成事故者，加大倍数偿付劳动者的损失。③病休制度。④社会保障制度。⑤休假制度。

（3）保护儿童原则

严格遵守国务院颁布的《禁止使用童工规定》和全国人民代表大会常务委员会通过的《中华人民共和国未成年人保护法》等法规，任何企业不得雇用不到就业年龄的儿童。

（4）残疾人就业原则

残疾人就业应力争多采取专门的残疾人经营企业形式。同时鼓励其他企业接受残疾人就业。日本规定某些企业的残疾人比例不低于 1.5%。我国已出台具体政策，规定行业或部门的残疾人就业比例，以保障残疾人就业。

（5）最低工资原则

规定一个保证基本生存的最低工资，保障劳动者的基本生存权利。1993年，劳动部出台了《企业最低工资规定》，保护劳动者个人及其家庭成员的基本生活和劳动者的合法权益，促进劳动者素质的提高和企业公平竞争。2003年，为进一步保障劳动者合法权益，劳动和社会保障部通过并发布《最低工资规定》，劳动部发布的《企业最低工资规定》同时废止。

（6）反垄断原则

垄断在多数情况下会破坏公平与效率，因此，对垄断行为应加以限制。反垄断的最终目的是保证劳动者个人对劳动力的支配权，使劳动者能够在全国统一市场中自由流动，使劳动者工资更少地含有垄断租金；使企业有充分的用人自主权。所以，要打破非中央政府意愿的垄断行为，包括地方政府的区域性垄断政策。

（7）非歧视原则

非歧视原则是为了保障社会公平，不把个人的某些特征作为对就业的限制，比如民族、性别等。只要这些个人特征与职业技能要求无关，就不能另行对待。如果某些特殊群体在就业中普遍受到歧视，政府就要进行强硬的干预，规定雇佣比例。当然，歧视问题是一个非常复杂而敏感的问题，政府应组织专门力量研究并制定相应的法规。

4.4　　　　　　　　　政府行为与劳动力市场

4.4.1　政府在劳动力市场中的作用

在市场经济条件下，市场对劳动力资源的配置起主导作用，但这并不意味着政府的退出。劳动力是一种特殊的要素资源，政府必须广泛而深入地介入劳动力市场。从历史上看，政府在劳动力市场中的作用有三种基本的类型：一是作为裁判的角色，这种角色被大多数经济学家所赞同。二是劳动力市场上的参与者，直接参与劳动力的购买，如在失业较为严重时，政府增加对公共部门的投资，以刺激就业增加。三是组织者、领导者，通过制度、经济手段来实现政府的目标，如政府为实现经济增长的目标，对劳动力的需求者和供给者同时实行给定的发展路径，按照政府指定目标来影响供给和需求。

原则上，政府对劳动力市场的作用，首先在于确保劳动力作为劳动要素配置主体的正常运行，然后才是政府积极主动地弥补"市场失灵"，以确保交易双方的利益。由于不同劳动者在劳动力市场的交换中所处的阶层、雇佣双方的稀缺度和交易的紧迫度等方面都存在较大差异，使劳动者常常处于弱势地位，因此，政府第一位的工作是对劳动者进行保护。据此原则，政府在劳动力市场建设中的具体作用有：

（1）硬环境的建设，包括交易场所、信息网络、技能培训基地等的投资和建设。

（2）软环境的建设，包括法律、法规等，如劳动法、工时法、劳动卫生法、劳动监察法、劳动合同法等的制定。

（3）直接需求者，政府在劳动力市场上直接雇用，或者增加公共投资，间接地扩大企业的规模。

4.4.2 最低工资保障

政府对劳动力市场的干预，体现较多的是对工资和社会保障以及双方"游戏"规则的制定和执行。其中，最低工资制度是最常用的基本武器。最低工资（minimum wages）是国家规定在法定工作时间内应得的最少工作报酬。国际劳工组织规定的最低工资包括几个方面：①维持工人及其家庭需要；②社会总工资水平；③生活费用及变动情况；④社会保障津贴；⑤其他社会阶层的相应生活标准；⑥经济方面的因素，包括经济发展需要、生产率水平等因素。

最低工资一般由一个国家或地区通过立法制定。在国外，除了政府可以制定最低工资之外，某些行业的组织也可以自行制定该行业的最低工资。最低工资可以用月薪规定，也可以用每小时的时薪规定。最低工资的制定反映了监管机构对劳动者权益的保护。在国外，最低工资是政府对劳动力市场的正当干预。

改革开放以后，首先是我国各省市根据自己的实际情况，制定了自己的最低工资制度和具体标准。深圳是我国第一个实行最低工资制度的地区。1992年7月，深圳市政府发布了《深圳经济特区企业工资管理暂行规定》，提出：市政府根据社会经济发展、工资水平、职工生活费用价格指数等情况，决定年度最低工资，由市劳动局于每年4月30日之前公布实施；企业违反此规定，劳动部门应责令该企业给职工补足不足部分，并视情节轻重，对企业主要负责人处以500至1000元的罚款，对直接责任人处以300至600元的罚款。

根据我国《最低工资规定》，最低工资分为两种：月最低工资标准适用于全日制劳动者，小时最低工资标准适用于非全日制劳动者。各地区的最低工资标准每两年至少要调整一次。

在我国，最低工资标准通常包含三个部分：一是维持劳动者本人最低生活的费用，即对劳动者从事一般劳动时消耗体力和脑力给予补偿的生活资料的费用。二是劳动者平均赡养人口的最低生活费。三是劳动者为满足一般社会劳动要求而不断提高劳动标准和专业知识水平所支出的必要费用。

最低工资标准不包括：加班加点的工资；中班、夜班、高温、低温、井下、有毒有害等特殊工作环境条件下的津贴；法律、法规和国家规定的劳动者福利待遇等。在剔除不包括内容和个人按下限缴存住房公积金后，用人单位支付劳动者的月工资不得低于最低工资标准。

最低工资制度作用的机理是企业通过执行国家规定的最低工资标准，影响供求关系（如图4-7所示），保护劳动者的基本利益。

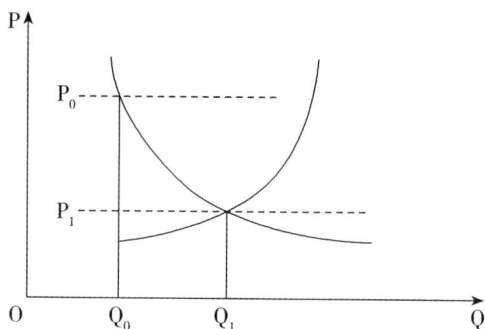

图4-7　最低工资制对劳动力市场的影响

如图4-7所示，P_0为最低工资，在此工资水平上，雇主所使用的劳动力为Q_0。如果劳动力市场上工资为P_1，就业规模为Q_1。表面上，市场工资下的就业量大于最低工资标准下的就业量（Q_1-Q_0），但那是靠牺牲工人的利益（即被压低部分=最低工资标准-市场工资）换来的。最低工资法维护了劳动者的利益。

但是，最低工资条件下的就业规模有可能低于市场工资水平下的就业规模（如图4-7所示），由此造成失业。如何解决它可能产生的失业影响呢？主要政策选择之一是将最低工资标准与市场工资水平结合起来，最低工资标准随着市场工资水平的波动而波动，以免造成最低工资标准的不合理或最低工资制度的失灵。

最低工资的本质是一个社会规定的工资底线的标准。实施最低工资制度的意义在于：一是有利于保护弱势劳动者的基本权益；二是有利于维护社会公平正义；三是有利于改善不合理的国民收入分配状况；四是有利于澄清人们对"比较优势"理论的误解；五是有利于推动经济发展方式转变。

作为一种政府保障弱势劳动者的政策，最低工资制度同样面临着一系列需要进一步研究和解决的问题。比如，最低工资标准对劳动力供给与需求的影响；最低工资标准与拉动消费的关系。

实施最低工资，要求国家一要有刚性的最低工资制度，二要有科学的确定最低工资的标准和方法，三要有完整、健全的调整机制。

许多国家由于最低工资标准偏低且增速严重滞后于经济社会发展速度，在一定程度上影响了最低工资制度的实施效果和社会认可度。

4.4.3　制度建设与劳动力市场发展

制定游戏规则是政策的重要功能。从市场的起源看，市场是由人参与的为交换而存在的自然产物，市场首先表现的是一种自然秩序，即交换和流动的自由；其次，才是人为秩序，即在进行交换过程中体现出的主观愿望。按照哈耶克的观点，自然秩序高于一切，人为秩序服从自然秩序。市场的自然秩序就是价格机制和要素流动机制。通过市场的竞争，优胜劣汰，实现资源的优化组合和合理配置。

制度既可体现出自然秩序的要求，也是人为秩序的反映。不过，今天人们更加看重后者。作为人为秩序的制度和政策，它对市场的发展既可以起到积极的作用，也可以起到消极的作用。这就难免出现市场发展与制度设计者的初衷不一致，人为地增加交易成本。为了节约市场交易费用，更真实地反映市场规律，提高市场的运行效率，一方面人们从观念上有必要把市场本身当作一种制度，因为人们赋予市场的"职责"就是对一系列交易进行制度化规范，在这些制度约束下，承担和完成各种资源的优化配置。另一方面，在市场发展过程中，制度的制定者对制度本身不断地进行规范、修正和完善。

劳动力市场运行的制度建设应考虑以下因素：首先，劳动力作为一种生产要素，要取得合理的报酬，或者说通过合理的报酬制度，刺激人们进行人力资本的投资。其次，作为一种资源，劳动力必须能够根据市场的需求来进行流动，即可以在产业间、不同所有制间、地区间自由流动。劳动力要素如果不能根据其偏好和报酬自由流动，也就不存在劳动力资源的优化配置，也就不存在劳动力市场。最后，劳动力作为人，必须要满足其基本的安全需要。这三个方面紧密相连，是劳动力市场实现有效运行的基本条件。它们构成了劳动力市场制度体系的基本框架，即劳动力流动制度、工资收入分配制度、社会保障制度，形成三位一体的制度体系。其中劳动力自由流动是保证劳动力价格完全由市场决定的前提条件，是实现劳动力资源配置效率的前提；合理的劳动力收入分配制度是实现劳动力配置效率的核心和关键；社会保障制度是劳动力作为人的要求，是保证劳动力能够进行再生产以维持整个社会再生产可持续进行的制度，也是提高劳动力效率的一个重要制度保证。市场理论认为，如果市场运行要达到理想状态，必须具备两个基本的条件：一是完整的信息；二是完全由市场决定的价格。

4.4.4　劳动力市场歧视管制

劳动力市场歧视，作为劳动力市场存在的一个普遍现象，即使在世界上号称最讲究人权的国家也不例外，19世纪中期以来，特别是20世纪90年代更成为社会和学界关注的焦点。据路透社2000年3月22日的报道，最早由5名妇女于1978年提出、最终有1 100名妇女加入的状告美国新闻署和美国之音两个政府机构的性别歧视案，先后共提出控告48项，涉及妇女在申请技术员、编辑、专家、播音员等工作时仅仅因为性别的原因而被拒聘。法庭审理发现，用人部门甚至采用修改考核成绩和预先内定等作弊手段以达到排挤女性的目的。此案涉及原告数以千计、诉讼历时达22年之久，律师为此工作了65 000个小时，直到2000年，在业已宣判的48项诉讼案中有46项败诉的情况下，美国政府才被迫提出庭外调解，达成赔偿5.08亿美元的解决方案，成为1964年通过《民权法案》以来赔偿金额最大的就业歧视案件。美国性别歧视积弊之深由此可见一斑。美国妇女政策研究所2000年11月发表的一份报告表明，美国妇女与男子同工不同酬，干同一份工作，妇女所挣的工资比男子平均少26%……黑人的失业率是白人的2倍。1996年的一项调查发现，美国大约90%的公司主管和经理从来没有聘用过一名地位和职责同等的黑人同事。微软公司1999年在美国共有20 000多名员工，其中只有557人是非洲裔美国人，约占员工总数的2.6%；中层以上的管理人员有5 155人，然而非洲裔美国人只有82人，仅占其中的1.6%。[1]

劳动力市场上的歧视现象，主要表现为招聘中的行业歧视、性别歧视（主要是针对女性）、年龄歧视、生理歧视、户籍歧视、工资待遇歧视、社会保障及福利歧视、经验与学历歧视、背景歧视等。例如，户籍歧视在我国较为普遍。大学生就业中有本地生源和外地生源区别，更为严重的则是长期存在的"城市人"对"乡下人"的歧视。城市人往往可以就业于一级劳动力市场，获得较稳定的工作、较高的工资收入，还有相对健全的社会保障，而"乡下人"则只能进入次级劳动力市场，工作不稳定，工资水平低且常被拖欠，劳动者的权益难以得到有效的保障。还有，一些单位选用人员不问能力，看重是否是著名高校毕业的等。

1）劳动力市场歧视的概念与特征

劳动力市场歧视是指那些具有相同能力、受教育水平、经历并最终表现出相同的劳动生产率的劳动者，由于一些非经济个人特征引起的在就业、职业选择、晋升、工资水平、接受培训等方面受到的不公正待遇。这里所指的非经济个人特征，主要是指性别、肤色、年龄、家庭背景、民族传统、身体素质等。[2]

劳动力市场歧视破坏了社会公正原则，造成被歧视者精神上和经济上遭受双重损失，同时也降低了整个社会经济效率，导致产品和服务的总产出减少。1980年美国政府白皮书披露，仅因种族歧视造成的GDP损失，每年大约为4%[3]；1996年因种族歧视和性别歧视造成的产品及服务总值损失超过5 000亿美元。[4]

2）劳动力市场歧视的特征

第一，排他性，主要表现在劳动力参与方面，用一些不合理、不公正的方式，或明或暗地设置某些条款，在市场准入、招聘、录用、报酬给付、社会保障等方面，达到有利于某些人群而不利于另一部分人群的目的。其本质是对部分人群应有的同等权益进行排斥、限制和剥夺。

第二，广泛性（社会性）。上述的排他性条款往往都是通过正式或非正式制度方式形成的，甚至有时还给人一种貌似"合理"的感觉，因而其社会影响广泛、深远，难以消除。

① 国务院新闻办公室. 2000年美国的人权纪录［EB/OL］.（2019-07-21）. http://www.scio.gov.cn/ztk/dtzt/21/3/Document/571489/571489.htm.
② 胡雪勤. 劳动经济学［M］. 2版. 北京：高等教育出版社，2007：143.
③ 刘易斯. 二元经济论［M］. 施炜，等译. 北京：北京经济学院出版社，1989.
④ 蔡昉. 中国人口与劳动力问题报告——城乡就业问题与对策［M］. 北京：社会科学文献出版社，2003.

3）劳动力市场歧视的测度

假设某个劳动力市场中存在两个工作者群体：男性和女性，其中男性的平均工资为$\bar{w}_M$，女性的平均工资为$\bar{w}_F$。一个可能的歧视由中位工资的差异定义，即：

$$\Delta\bar{w} = \bar{w}_M - \bar{w}_F$$

导致男性和女性之间工资差异的因素有很多，比如，与女性相比，男性拥有专业学位的概率更高，接受学校正规教育的时间更长。由于定义劳动力市场歧视的有效办法是比较相同技能工作者的工资，因此，必须调整由$\Delta\bar{w}$表示的"原始"工资差异，以说明男性和女性之间技能方面的差别。这种调整通常是通过将男性或女性的收入与一系列广泛的社会、经济和技能特征联系起来进行回归统计。为了简化以便分析，这里我们假设只有一个变量——接受学校正规教育的程度（用s表示）会影响收入水平。此时，每一群体的收入函数可用下面的式子来表示：

男性的收入函数为：$w_M = \alpha_M + \beta_M s_M$

女性的收入函数为：$w_F = \alpha_F + \beta_F s_F$

其中，α表示两个群体中各自收入状况的截距，β表示如果多接受一年学校正规教育，该群体的工资会增长多少。如果雇主对接受学校正规教育程度为0年的男性和女性的技能具有相同的估价，那么有$\alpha_M = \alpha_F$；若雇主以评估男性受教育程度的同样标准来评估某一女性所获得的教育程度，那么有$\beta_M = \beta_F$。

假设该劳动力市场中男性的平均受教育程度为$\bar{s}_M$，女性的平均受教育程度为$\bar{s}_F$，通过这个回归模型，可以将"原始"工资差异变为：

$$\Delta\bar{w} = \bar{w}_M - \bar{w}_F = \alpha_M + \beta_M \bar{s}_M - \alpha_F - \beta_F \bar{s}_F$$

针对这一工资差异，我们用瓦哈卡分解（由罗纳德·瓦哈卡首先将它引入经济学文献）在上面的式子右边加上并减去（$\beta_M \times \bar{s}_F$）将$\Delta\bar{w}$分解为两部分，一部分源自男性和女性平均技能的不同，一部分则归因于劳动力市场的歧视：

$$\Delta\bar{w} = (\alpha_M - \alpha_F) + (\beta_M - \beta_F)\bar{s}_F + \beta_M(\bar{s}_M - \bar{s}_F)$$

当男性和女性的平均受教育程度相同时（$\bar{s}_M = \bar{s}_F$），上式中最后一项为零，表示这部分的工资差异是由这两个群体在技能上的差别引发的；如果雇主评估一位男性接受的学校正规教育程度超过了一名女性接受的学校正规教育程度（$\beta_M > \beta_F$），且雇主付给任何受教育程度的男性的工资都多于情况类似的女性，以至于收入函数中男性的截距大于女性的截距（$\alpha_M > \alpha_F$），那么男性和女性的不同待遇所引发的工资差异就被定义为歧视。

因此，在原始工资差异中，$[(\alpha_M - \alpha_F) + (\beta_M - \beta_F)\bar{s}_F]$表示因歧视产生的差异，$[\beta_M(\bar{s}_M - \bar{s}_F)]$表示因技能不同产生的差异。

该劳动力市场中男女工资收入差异的歧视，由图4-8中的（$\bar{w}_F^* - \bar{w}_F$）测度。

瓦哈卡分解可以容易地推广到具有多个解释变量，如年龄、劳动力市场经验、婚姻状况以及工作者在该国居住的地区等模型中。而其中核心观点是一致的，即原始工资差异可以被分解为两个部分：一部分是由于男性和女性这两个群体技能上的差异引起的；另一部分则是因为歧视而产生的。

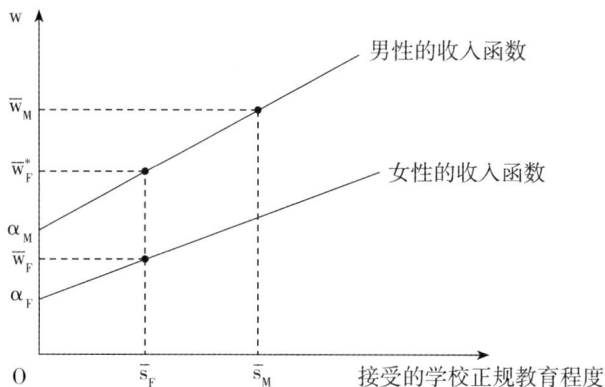

图4-8　劳动力市场歧视的测度对工资的影响

　　消除劳动力市场歧视是政府劳动力市场管理的一项重要内容，消除歧视的本质方法是强化立法和执法，在此基础上，应全面加强全社会的文化建设，推进公平就业机会的实现。法理学早就告诉我们，真正的社会变革必须在人们的心灵发生转变之后才能完成。消除劳动力市场歧视将是一个长期的过程。

4.5　我国劳动力市场现状

　　"十三五"时期是中国经济结构调整与发展方式转变的关键时期，劳动力市场也发生深刻变革，就业形势与矛盾变得更加复杂。研究表明，从劳动力供给来看，尽管劳动年龄人口呈现不断下降趋势，但每年需要就业的新增劳动力数量并不随劳动年龄人口下降而下降。由于教育的影响，"十三五"及今后较长的一段时间内，年新增劳动力数量基本上维持在1 500万~1 600万之间，就业压力仍然较大。同时，在新增劳动力中，拥有大学学历的劳动者所占比重会由"十二五"时期的38%提高到"十三五"时期的42%，而初中及以下教育学历的劳动者比重减少至不足20%。这一根本性变化预示着过去依靠"人口红利"即简单的劳动力数量的增加而驱动经济增长的模式难以为继，需要转变为寻求新的吸纳高素质劳动者就业促进增长的方式。从需求来看，受经济减速影响，新增非农就业岗位基本保持稳定，"十三五"时期保持在1 542万左右。综合来看，"十三五"时期，就业总量矛盾依然存在，但主要矛盾是劳动力市场供给侧的结构性问题。[①]

　　（1）劳动力市场上总量供过于求与局部供不应求的矛盾

　　现阶段，劳动力市场上供过于求的状况虽有所缓解，但总量过剩的态势没有改变。不过，21世纪初在沿海部分地区开始出现招工难的情况，这种情况逐渐向部分内陆地区蔓延，所涉及的对象也从技术工人逐渐转向普通工人。

　　① 张车伟，蔡翼飞. 中国"十三五"时期劳动供给和需求预测及缺口分析［J］. 人口研究，2016，40（1）：38-56.

由于过去人口政策对生育率下降和人口老化加快的影响，劳动力市场供不应求与经济发展的结构性矛盾，已经尖锐地摆在面前，并具有长期性。即使现在已开始的二胎生育政策取得预期效果，短期内也难以改变劳动力市场供求状态。

（2）劳动力供求的结构性矛盾将更加突出

当前，我国产业结构调整过程中，第一产业加快向第二、三产业转移，各产业内部也发生改造升级，这是在经济全球化时代竞争性增强、人工智能引领的科技革命加快产业运用的大背景下进行的。现阶段，就业压力表现非常明显，既有总供给过剩带来的失业，也有劳动力供给结构与需求结构失衡导致的劳动力供给不足。

【推荐阅读材料】（一）

最低工资规定

（2003年12月30日经劳动和社会保障部第7次部务会议通过，
自2004年3月1日起施行）

第一条　为了维护劳动者取得劳动报酬的合法权益，保障劳动者个人及其家庭成员的基本生活，根据《中华人民共和国劳动法》（以下简称《劳动法》）和国务院有关规定，制定本规定。

第二条　本规定适用于在中华人民共和国境内的企业、民办非企业单位、有雇工的个体工商户（以下统称用人单位）和与之形成劳动关系的劳动者。

国家机关、事业单位、社会团体和与之建立劳动合同关系的劳动者，依照本规定执行。

第三条　本规定所称最低工资标准，是指劳动者在法定工作时间或依法签订的劳动合同约定的工作时间内提供了正常劳动的前提下，用人单位依法应支付的最低劳动报酬。

本规定所称正常劳动，是指劳动者按依法签订的劳动合同约定，在法定工作时间或劳动合同约定的工作时间内从事的劳动。劳动者依法享受带薪年休假、探亲假、婚丧假、生育（产）假、节育手术假等国家规定的假期间，以及法定工作时间内依法参加社会活动期间，视为提供了正常劳动。

第四条　县级以上地方人民政府劳动保障行政部门负责对本行政区域内用人单位执行本规定情况进行监督检查。

各级工会组织依法对本规定执行情况进行监督，发现用人单位支付劳动者工资违反本规定的，有权要求当地劳动保障行政部门处理。

第五条　最低工资标准一般采取月最低工资标准和小时最低工资标准的形式。月最低工资标准适用于全日制就业劳动者，小时最低工资标准适用于非全日制就业劳动者。

第六条　确定和调整月最低工资标准，应参考当地就业者及其赡养人口的最低生活费用、城镇居民消费价格指数、职工个人缴纳的社会保险费和住房公积金、职工平均工资、经济发展水平、就业状况等因素。

确定和调整小时最低工资标准，应在颁布的月最低工资标准的基础上，考虑单位应缴纳的基本养老保险费和基本医疗保险费因素，同时还应适当考虑非全日制劳动者在工作稳定性、劳动条件和劳动强度、福利等方面与全日制就业人员之间的差异。

月最低工资标准和小时最低工资标准具体测算方法见附件。

第七条　省、自治区、直辖市范围内的不同行政区域可以有不同的最低工资标准。

第八条　最低工资标准的确定和调整方案，由省、自治区、直辖市人民政府劳动保障行政部门会同同级工会、企业联合会/企业家协会研究拟订，并将拟订的方案报送劳动保障部。方案内容包括最低工资确定和调整的依据、适用范围、拟订标准和说明。劳动保障部在收到拟订方案后，应征求全国总工会、中国企业联合会/企业家协会的意见。

劳动保障部对方案可以提出修订意见，若在方案收到后14日内未提出修订意见的，视为同意。

第九条　省、自治区、直辖市劳动保障行政部门应将本地区最低工资标准方案报省、自治区、直辖市人民政府批准，并在批准后7日内在当地政府公报上和至少一种全地区性报纸上发布。省、自治区、直辖市劳动保障行政部门应在发布后10日内将最低工资标准报劳动保障部。

第十条　最低工资标准发布实施后，如本规定第六条所规定的相关因素发生变化，应当适时调整。最低工资标准每两年至少调整一次。

第十一条　用人单位应在最低工资标准发布后10日内将该标准向本单位全体劳动者公示。

第十二条　在劳动者提供正常劳动的情况下，用人单位应支付给劳动者的工资在剔除下列各项以后，不得低于当地最低工资标准：

（一）延长工作时间工资；

（二）中班、夜班、高温、低温、井下、有毒有害等特殊工作环境、条件下的津贴；

（三）法律、法规和国家规定的劳动者福利待遇等。

实行计件工资或提成工资等工资形式的用人单位，在科学合理的劳动定额基础上，其支付劳动者的工资不得低于相应的最低工资标准。

劳动者由于本人原因造成在法定工作时间内或依法签订的劳动合同约定的工作时间内未提供正常劳动的，不适用于本条规定。

第十三条　用人单位违反本规定第十一条规定的，由劳动保障行政部门责令其限期改正；违反本规定第十二条规定的，由劳动保障行政部门责令其限期补发所欠劳动者工资，并可责令其按所欠工资的1至5倍支付劳动者赔偿金。

第十四条　劳动者与用人单位之间就执行最低工资标准发生争议，按劳动争议处理有关规定处理。

第十五条　本规定自2004年3月1日起实施。1993年11月24日原劳动部发布的《企业最低工资规定》同时废止。

附件：最低工资标准测算方法

最低工资标准测算方法

一、确定最低工资标准应考虑的因素

确定最低工资标准一般考虑城镇居民生活费用支出、职工个人缴纳社会保险费、住房公积金、职工平均工资、失业率、经济发展水平等因素。可用公式表示为：

$M = f（C、S、A、U、E、a）$

其中，M 为最低工资标准；

C 为城镇居民人均生活费用；

S 为职工个人缴纳社会保险费、住房公积金；

A 为职工平均工资；

U 为失业率；

E 为经济发展水平；

a 为调整因素。

二、确定最低工资标准的通用方法

（1）比重法。即根据城镇居民家计调查资料，确定一定比例的最低人均收入户为贫困户，统计出贫困户的人均生活费用支出水平，乘以每一就业者的赡养系数，再加上一个调整数。

（2）恩格尔系数法。即根据国家营养学会提供的年度标准食物谱及标准食物摄取量，结合标准食物的市场价格，计算出最低食物支出标准，除以恩格尔系数，得出最低生活费用标准，再乘以每一就业者的赡养系数，再加上一个调整数。

按照以上方法计算出月最低工资标准后，再考虑职工个人缴纳社会保险费、住房公积金、职工平均工资水平、社会救济金和失业保险金标准、就业状况、经济发展水平等进行必要的修正。

［举例］ 某地区最低收入组人均每月生活费支出为 210 元，每一就业者赡养系数为 1.87，最低食物费用为 127 元，恩格尔系数为 0.604，平均工资为 900 元。

1.按比重法计算得出该地区月最低工资标准为：

月最低工资标准＝210×1.87+a=393+a（元）　　　　　　　　　　　　　　（1）

2.按恩格尔系数法计算得出该地区月最低工资标准为：

月最低工资标准 = 127÷0.604×1.87 + a = 393 + a（元）　　　　　　　　　（2）

公式（1）与（2）中 a 的调整因素主要考虑当地个人缴纳养老、失业、医疗保险费和住房公积金等费用。

另，按照国际上一般月最低工资标准相当于月平均工资的 40%～60%，则该地区月最低工资标准范围应在 360～540 元之间。

$$\text{小时最低工资标准} = \left[\left(\text{月最低工资标准}÷20.92÷8\right)×\left(1+\frac{\text{单位应当缴纳的基本养老保险费基本医疗保险费比例之和}}{}\right)\right]×\left(1+浮动系数\right)$$

浮动系数的确定主要考虑非全日制就业劳动者工作稳定性、劳动条件和劳动强度、福利等方面与全日制就业人员之间的差异。

各地可参照以上测算办法，根据当地实际情况合理确定月、小时最低工资标准。

【本章小结】

劳动力市场是以市场机制为基础性方式对劳动力资源进行配置和调节的经济关系，由劳动力、用人单位、工资、劳动力市场组织者组成。各种经济因素和非经济因素对劳动力市场的运行有明显的影响。劳动力市场均衡，通常是指在一定限制性条件下，企业实际雇用的劳动力与社会劳动力的供给量相等的状态。劳动权的存在和独立是劳动力市场得以建立和运行的基础。劳动力市场具有区别于其他要素市场的特征。

【关键概念】

劳动力市场　劳动力市场均衡　职业　劳动权　劳动力配置机制　内部劳动力市场　劳动力市场歧视

【课题讨论题】

劳动力资源的市场配置应当注意什么问题？

【复习思考题】

1.劳动力市场具有什么特征？

2.影响劳动力市场的因素有哪些？

3.完全竞争的市场机制的基本条件是什么？

【课后练习题】

1.假设某地区人才市场上高级工程师的供给曲线是由 w=10+5L 给定的，而需求曲线是由 w=50－3L 给定的：

（1）计算该地区高级工程师均衡工资与均衡就业量；

（2）假设由于市场原因，对高级工程师的需求量增加了，新的需求曲线由 w=70－3L 给定，且该市场达到动态均衡，随着工资与就业水平的调整，计算前3轮的工资与就业量及新的均衡工资与均衡就业量。

2.假设接受学校正规教育的时间（s）是影响收入的唯一变量，男性与女性工作者每周的工资分别表示为：

$w_M = 560 + 60s_M$

$w_F = 220 + 40s_F$

平均而言，男性拥有18年的学校正规教育，女性拥有16年的学校正规教育：

（1）劳动力市场中男性和女性工资的差距是多少？

（2）使用瓦哈卡分解，画图并计算这一工资差距中有多少是因为歧视而产生的？

【自测题】

1.什么是劳动力市场？

2.劳动力市场的供求机制、竞争机制和价格机制各有什么含义？

3.简述劳动力市场配置的原则。

4.如何发挥政府在劳动力市场配置中的作用？

5.劳动力市场制度建设应考虑的因素有哪些？

第 5 章 /劳动力流动

———————————— 学习目标 ————————————

　　劳动力从农村向城市单向流动，到今天的各行业、各部门、各地区之间的多种
形式流动，反映了技术进步、经济的发展，对人们生活、工作带来的改变。通过本
章的学习，了解和掌握西方发展经济学家关于劳动力流动的理论，以及今天劳动力
流动所呈现出的趋势、特点，重点学习个人和家庭劳动力流动的合理决策方法。

5.1　　　　　　　　　　　劳动力流动理论

5.1.1　劳动力流动的概念

　　劳动力流动，是指具有一定劳动能力的劳动者为了与生产资料结合，在生产过
程之外，在不同的地理区域范围和不同的工作岗位之间的迁移和流动，它是劳动者
在寻找工作的过程中的基本现象。

　　在市场经济条件下，劳动力作为商品，同其他商品一样具有流动性。劳动力的
流动性从本质上讲是劳动者的自主寻优选择行为。劳动力流动会发生相应的直接或
间接流动成本，还要付出心理上的代价。但人们可以由此预期在长期内获得更高的
收益。从这个意义上说。劳动力流动是一种对人力资本的投资。

5.1.2　劳动力流动的条件

　　在市场经济条件下，劳动力的流动不是偶然和无条件发生的，它至少要依赖下
列条件：

　　1）劳动力个人所有权的实现

　　马克思认为，在资本主义的商品经济中，"货币所有者必须幸运地在流通领域
内即市场上发现这样一种商品，它的使用价值本身具有成为价值源泉的独特属性，
因此，它的实际消费本身就是劳动力的对象化，从而是价值的创造，这种特殊的商
品就是劳动力"。[①] "劳动力所有者和货币所有者在市场上相遇，彼此作为身份平等
的商品所有者发生关系。所不同的只是一个是买者，一个是卖者，因此双方是法律

---

　　① 马克思，恩格斯. 马克思恩格斯全集：第2卷［M］. 中共中央马克思恩格斯列宁斯大林著作编译
局，译. 北京：人民出版社，1976：172.

上平等的人。"卖者"必须始终让买者在一定期限内支配他的劳动力，使用他的劳动力，就是说，他在让渡自己的劳动力时不放弃自己对它的所有权"[1]。马克思关于劳动力所有权的思想，也就是劳动力的产权思想，因为马克思所解释的所有权等同于产权。只有实现劳动者个人所有权，才使劳动者能够自主决定或自由支配自己的劳动力，不受政策等非经济方面的限制。

2）不同地区和工作之间存在着经济福利方面的差别

导致劳动力流动的原因有很多，但其中最重要的是经济上的原因，不同的地区和工作之间存在着诸如就业机会、就业条件以及收入报酬、经济福利等方面的差异，这种差异成为吸引劳动力流动的主要原因。

3）社会对劳动者就业的保障制度

在市场经济条件下，政府和企业只是为劳动者提供就业机会，作为劳动者必须通过竞争才能获得工作职位，这就对劳动力形成一种压力，使其在某一特定劳动力市场求职时或是由于竞争失败，或是由于不满足现有的工作条件或劳动报酬，从而产生了一种强烈的流动愿望。

4）社会分工造成的劳动技巧和工作能力的专门化

市场经济条件下，劳动力和生产资料相分离，劳动分工使劳动力的需求变为按不同的生产过程划分的分门别类的需求，每一种特殊劳动都是不同的专业，劳动者不能独立自主地决定做些什么、如何去做和做到什么程度。这种劳动分工使劳动者失去对自身劳动的控制，从而成为迫使劳动者流动的社会强制性因素。

5.1.3 劳动力流动的形式

1）劳动力从农业部门向非农业部门流动

科学技术的发展带来了农业现代化的发展，农业劳动生产率得到了极大的提高。一方面为社会提供了日益丰富的农副产品，同时，也导致农村富余劳动力日益增加。因此，向非农业部门转移的农村富余劳动力，就成为社会经济发展的重要条件。这一现象在世界各国普遍存在。如美国1940年共有农业劳动力1 000多万人，占总劳动力的23.2%，而到1970年仅有260万人，占总劳动力的3.7%，2010年又下降为1.6%；1950—2018年，日本农业劳动力占总劳动力的比重由56.1%下降到3.4%。[2]

各国农业劳动力转移的实践表明，经济越发达，科技越进步，农业劳动力向非农业部门流动的速度就越快，而农业劳动力转移反过来又加速经济现代化发展和城市化进程。改革开放以来，我国劳动力的转移也非常显著。

2）一、二产业向第三产业流动

劳动力转移的总趋势是：随着科学技术的发展和劳动力生产率的提高，第一产

---

① 马克思, 恩格斯. 马克思恩格斯全集：第23卷［M］. 中共中央马克思恩格斯列宁斯大林著作编译局, 译. 北京：人民出版社, 1976：191.
② 中华人民共和国国家统计局. 国际统计年鉴2015［M］. 北京：中国统计出版社, 2015.

业和第二产业的劳动力逐渐减少，而从事商业、运输通信、金融保险、咨询服务业等第三产业的劳动力逐渐增加，即从事直接物质资料生产的劳动人口在总劳动人口中的比重下降，而从事非直接物质资料生产的劳动力占总劳动人口的比重上升。如1985年美国一、二产业劳动力占总劳动人口的比重为31.4%，到2018年下降为20.8%，而第三产业劳动力占总劳动人口的比重由68.6%上升到79.1%。据统计，2017年美国第三产业产值占国内生产总值的77.4%，其创造的就业岗位占当年创造的全部就业岗位的78.8%。1978—2018年，我国第一产业的劳动力占总劳动人口的比重从70.5%下降到26.8%，第二产业从17.3%上升到28.6%，第三产业从12.2%上升到44.6%。[①]

3）体力劳动向脑力劳动流动

由于科学技术的发展，在社会再生产的发展和社会产品中，脑力的凝结所占的比重越来越大，因此，在劳动者总数中，体力劳动者占的比重下降，脑力劳动者占的比重上升，脑力劳动者愈来愈成为财富的主要创造者。例如，美国1960年脑力劳动者人数为2 852万人，占全部就业人数的比重为43.3%，到1977年，脑力劳动者人数增加到4 479万人，占全部就业人数的比重提高到50.1%，到了80年代和90年代，脑力劳动者人数增长得更快。脑力劳动者人数的增长中，技术人员增长最快。

4）农村的劳动力向城市流动

第二次世界大战后，由于科学技术与工业生产的迅速发展，社会劳动分工不断完善，许多国家的农村劳动力迅速向城市流动，形成一种前所未有的人口城市化浪潮。而城市对产业、科学、技术、资金、劳动力的积聚效应，又促进农村劳动力向城市流动。人口城市化与社会经济发展相辅相成，其结果是农业劳动生产率不断提高，农村劳动者逐渐由农业人口转变为从事工业、商业等其他活动的非农业人口，并逐渐集聚在一起，小城镇变成大中城市，一批又一批特大城市变成国际大都会。农村劳动力向城市流动既是社会经济发展的必然结果，又是社会经济进一步发展的必然趋势。中国城市化水平从20世纪50年代初期的10%发展到1978年的17.9%，2002年上升到39%，[②]2010年第六次人口普查结果显示，城市化水平已经达到50.32%。[③]2019年年末城市人口占总人口比例达到60.6%，户籍城镇化率达到44.38%。

5.1.4　劳动力的合理流动

劳动力的合理流动有3层含义：一是流量合理，如流出的农村人口真正是农村的剩余劳动力。二是流速合理，主要体现为3个相适应：劳动力流动速度与城乡经济发展水平相适应、与城市的承受能力相适应、与三大产业的发展相适应。三是流

① 国家统计局. 中国统计年鉴2019［M］. 北京：中国统计出版社，2019.
② 中华人民共和国国家统计局. 中国统计年鉴2003［M］. 北京：中国统计出版社，2003.
③ 国家统计局. 2010年第六次全国人口普查主要数据公报（第1号）［EB/OL］. （2011-04-28）. http://www. stats. gov. cn/tjsj/tjgb/rkpcgb/qgrkpcgb/201104/t20110428_30327. html.

向合理，应减少和克服劳动力在流动时的盲目性和无序性，使劳动力资源得到最有效利用。

劳动力的合理流动有极为重要的意义。但是，在市场经济条件下，劳动者个人流动趋利避害、比较利益的天性选择，都成为一个国家和社会需要和认为的"劳动力合理流动"，往往又都成为一个无解的难题。

我国正处在急剧的社会转型期：一方面，典型的二元经济社会结构没有根本改变；另一方面，快速发展的工业化，经济体制改革及结构调整，为劳动力资源重新配置提供了机遇，加快了劳动力流动的速度。在这个过程中，始终存在着个体劳动力流动的无序性和社会发展客观要求劳动力流动的有序性的矛盾。当前，劳动力的合理流动尤为迫切和重要。

1）可以实现活劳动的按比例分配

劳动力流动使市场经济发展中所需要的活劳动得以实现在国民经济各部门的按比例分配。社会化大生产中，国民经济各部门所需要的活劳动的比例不是凝固不变的，而是不断变动的。劳动力流动了，就能使劳动力在国民经济各部门、各地区之间的分配比例关系的变动和失调得到不断调节，由不平衡逐步走向平衡协调，从而保证经济的发展。

2）能产生最佳的经济效益

社会和企业要获得最佳的经济效益，就要实现劳动力与生产资料的最佳组合。这就需要劳动力的流动。长期以来，我国实行的户口制度和劳动人事制度，限制了劳动力自由流动，其结果是劳动力和生产资料难以实现最佳组合，人浮于事。劳动者专业不对口，劳动积极性不高，劳动效率低，同时，劳动者的专长不能得到最有效的发挥，这些也是劳动力资源的一种严重浪费。随着市场经济体制的建立，劳动力流动的渠道逐渐畅通，使得没有得到充分发挥的劳动力，通过流动，找到合适的单位和岗位，做到人尽其才。

3）可避免劳动力的积压浪费

在传统的计划经济体制下，由于实行统包统分，"终身制"的劳动制度，劳动力进了单位，除了组织调动外，既不能辞退流出，也不能辞职流动，劳动力只能进不能出，企业缺乏活力。其结果是单位的劳动力作用得不到充分发挥，甚至闲置起来，而今天，劳动力的自由流动，使计划经济体制下积压的劳动力得以释放。

4）有利于提高劳动者的地位

劳动力可以流动，是劳动者作为劳动力的所有者的根本体现。劳动者是劳动力的所有者，最根本的是要承认和允许劳动者可以自由选择职业，可以自由流动。如果劳动者不能选择合适的职业，不能进行交流，那就剥夺了劳动者对自己的劳动力的所有权和支配权，劳动者就成为受人支配的、依附于他人、丧失了独立人格的人。劳动力可以流动，就意味着劳动者具备了劳动力所有者和人格主体的资格，劳动者的地位也就大大提高了。

5.1.5 劳动力流动模型

在19世纪末，E.G.雷文斯坦对人口的迁移、流动进行了具有开创意义的研究。英国经济学家希克斯在1932年指出：区域间的经济利益差异，其中主要是工资差异，是劳动力迁移的首要原因。1962年，芝加哥大学教授沙斯特德发表了题为"劳动力迁移的成本与收益"的经典论文，阐述了迁移的主要经济成本与收益。美国经济学家舒尔茨的迁移成本-效益理论，把迁移看作带来某种经济收益的投资行为。在本节，重点介绍三种主要的劳动力流动模型。

1）刘易斯的二元结构模型

美国经济学家、诺贝尔经济学奖获得者刘易斯是第一个提出劳动力流动的经济学家。他在研究经济发展问题中认为，广大的发展中国家是二元的经济结构。生产部门一个是以现代方法进行生产的、以城市为中心的工业部门；另一个是以传统方法进行生产的、以农村为中心的农业部门；传统农业部门劳动的边际生产率较低，劳动力存在着大量的剩余，并且工资率较低；现代工业部门劳动的边际生产率高，工资远远高于农业部门，这样，农业劳动力在不受干涉的情况下自然有向城市流动的倾向。也就是说，现代工业部门只要保持一种高于农村工资率的收入水平，就可以从传统农业部门获得源源不断的劳动力，现代工业部门的劳动力供给是"无限的"，具有完全弹性。剩余劳动力由传统农业部门向现代工业部门流动。

在图5-1中，横轴表示劳动力数量，纵轴表示实际工资或劳动边际产品，OA为农业部门的实际工资水平，OW′表示工业部门的实际工资水平，OW′下农村向城市的劳动力供给是无限的，具有完全的弹性。也就说，在刘易斯的二元结构模型中，劳动力从农村流向城市的决策被认为唯一取决于城乡实际收入差异。只要城市工业部门的一般工资水平高于传统农业部门且一般工资水平达到一定比例，农民就愿意离开土地迁移到城市中谋求新职业。这就隐含了一个假定：即城市部门不存在失业，任何一个愿意迁移的农民都可以在城市现代工业部门中找到工作。

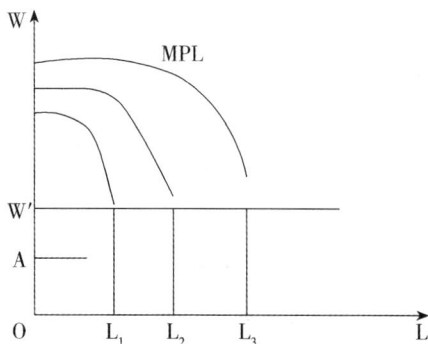

图5-1 刘易斯的二元结构模型

刘易斯的二元结构模型，充分说明工业部门是吸引劳动力的源泉，剩余劳动力的流动可以带来农业收入的提高和农业的进步。二元经济结构的分析符合发展中国家的特点。但刘易斯的二元结构模型存在明显的缺点，如他认为农村有剩余劳动力，城市不存在失业，认为城市工业部门在吸收完农村的剩余劳动力之前，工资率是不变的等分析，与现实在很大程度上是不吻合的。

后人在刘易斯研究的基础上提出了一系列的劳动力流动模型。其中比较突出的是拉尼斯-费景汉的劳动力流动模型和托达罗的劳动力流动模型。

2）拉尼斯-费景汉的劳动力流动模型

拉尼斯和费景汉两人在刘易斯的二元结构模型的基础上进行了探索。他们认为应该充分注意农业的进步问题，当农村的劳动边际生产率提高时，现代工业部门所需的农村劳动力的供给就不会具有完全的弹性，而是具有有限的弹性，因为随着农村劳动生产率的提高，农业部门的工资率也在上升，农业部门对劳动力的需求也在增加。

拉尼斯-费景汉提出的模型，如图5-2所示，最重要的是提出了农业剩余劳动力向外转移的先决条件，从而发展了刘易斯"劳动力的无限供给"理论。他们假设农业劳动力为OA。农业生产率曲线为ORCX，但图5-2表明，所有农产品都是由O—D（即D→P，加上P→O）的劳动力生产的。因此，他们认为，农业劳动力向外转移应该被分为三个阶段。第一阶段为A→D段劳动力，他们的生产率为零（如图5-2中X→C），即不生产任何农产品。他们纯粹是绝对剩余的劳动力，转移出农村不会对农业生产造成任何损失。刘易斯的模型研究的就是这部分劳动力向城市转移。只要城市现代工业提供高于农村的"不变制度工资"（图中W-W'）的报酬，这部分劳动力就会源源不断地"无限"向城市转移。待到他们转移完毕之后，进入第二阶段，即D→P段劳动力。这部分劳动力的特点是，他们生产一部分农产品，但是其所生产的农产品又不够他们自己消费（C→R低于不变制度工资W-W'）。他们是农村中相对剩余的劳动力。他们要向城市转移，就必须具备一个先决条件，即农业劳动生产率的提高。否则，他们转移出去之后，不仅不能为城市作任何贡献，甚至连自己的生存都成问题。只有当农业劳动生产率提高到留在农村的劳动力，足以保证农村和城市对农产品的需要之后，这部分相对剩余的劳动力才能向城市非农产业转移。第二阶段的劳动力完全转移出去后，进入了农村劳动力转移的第三阶段。第三阶段农村的劳动力（即P→O），实际上已经同城市现代工业劳动力一样，农业已经现代化，农业工人的工资已经完全同城市一样（图5-2中的Q-Q'）具有竞争性。这时城市现代工业究竟能不能吸引农村劳动力，完全依靠现代工业竞争力了。

3）托达罗的劳动力流动模型

托达罗在对刘易斯二元结构模型提出批评[①]的基础上，构建并阐述了自己更加接近发展中国家现实的思想与模型。他将两部门理论单独应用于分析城市，认为在城市中并存着传统部门和现代部门。一国经济由"农业部门""城市中的传统部

---

① 见本章推荐阅读材料。

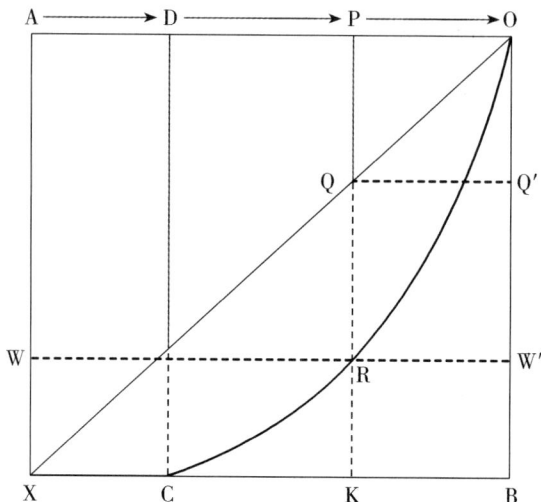

图 5-2　拉尼斯-费景汉的劳动力流动模型

门""工业部门"（城市中的现代部门）所构成。在现实中农村劳动力很少是直接进入现代工业部门的，他们大量进入的主要是城市传统部门。这些部门是使用劳动密集方式和简单技术的小规模生产和服务部门，它们具有以下特点：第一，小私有制；第二，资本有限；第三，就业者文化技术水平有限；第四，劳动生产率低；第五，福利极差。就此，托达罗提出的政策建议是：发展中国家应注重小规模劳动密集型产业的发展。

（1）托达罗的劳动力流动模型的口头描述

假定移民主要是一种经济现象，尽管城市存在失业率，但个人移民是一个相当理性的决定，托达罗的模型假定在期望收入（expected income）存在城乡差异的情况下，移民继续。基本假定是移民在不同的劳动力市场机会中进行选择，他们都可获得并选择最大化收入的机会。[①]

（2）托达罗劳动力流动模型的基本特征

第一，移民主要是由相对利益成本的合理经济考虑引起的，主要是财政和心理上的因素。

第二，移民决定取决于期望的而非真实的城乡差别，期望的城乡差别由两个变量的相关作用来决定，即实际的城乡差别和在城市部门成功受雇的可能性。

第三，获得城市工作的可能性和城市就业率直接相关。

第四，在城乡期望收入存在较大差异的前提下，移民率超过城市就业机会增加率不仅可能而且合理。城市的高失业率不可避免地造成大多数欠发达国家城市和农村地区间的经济机会严重失衡。[②]

———————

①　托达罗，史密斯. 发展经济学［M］. 余向华，陈雪娟，译. 9版. 北京：机械工业出版社，2009：217.

②　托达罗，史密斯. 发展经济学［M］. 余向华，陈雪娟，译. 9版. 北京：机械工业出版社，2009：219.

托达罗还特别研究了教育与移民之间的关系。他在《第三世界的经济发展》[①]一书中指出，教育与迁移的关系比教育与出生率之间的关系更加密切。一个人的受教育程度，与他（她）要从农村迁移到城市的动机或倾向之间，存在着明显的正相关关系，具有较高受教育程度的个人所预期的农村与城市之间实际收入的差额也较大，获得现代工业部门工作的机会也较多。由于教育具有促进迁移的作用，托达罗认为，在政府所能支配的资源极为有限的情况下，如果超过基础教育范围，过分扩张中、高级学校，便会加剧国内迁移活动，而过多、过快的人口迁移会促使城市失业率上升。

5.2　　　　　　　　　劳动力流动的类型及决定因素

5.2.1　劳动力流动的类型

劳动力的流动主要有以下几种类型：

1）企业内部的流动

企业内部的流动即工人在企业内部各工种、职位之间进行的流动。这种流动一般是通过提升实现的。这种内部劳动力市场，对专业人员特别重要。专业人员的流动，通常有1/3属于企业内部流动。集团公司内部的流动也属于这一类，不过这种流动，一般都是通过公司的直接调动进行的。

2）行业之间的流动

行业之间的流动即跨行业流动。例如，从煤矿到汽车制造厂。工人从一个行业转到另一个行业，职业可以不变，如都是机械工；也可以改变，如从煤矿工变为装配线工人。

3）地区之间的流动

地区之间的流动即劳动力从一个地方劳动力市场转到另一个地方劳动力市场，或从一个地区到另一个地区的流动，其中包括农村向城市的流动。对工资和就业条件的比较是地区流动的最主要因素，人们都是从工资低、就业机会少的地区流向工资高、就业机会多的地区。一般说来，流动的费用随流动距离的延长而增加，所以短距离的流动数量大于长距离的流动数量。

4）就业与失业之间的流动

就业与失业之间的流动即就业者转变为失业者，或者相反。这种流动一般是非自愿流动，它主要受经济周期变动的影响。经济衰退时，工作岗位缺乏，失业率高，非自愿流动增加，自愿流动减少；在经济高涨期，则相反。

5）劳动力队伍本身的流动

劳动力队伍本身的流动即进出劳动力队伍的流动。这种流动主要是学生或已婚

---

① TODARO P. Ecnomic development in the third world ［M］. 3 Edition. London：Longman Inc.，1985.

妇女。他们有时为了增加家庭收入而参加工作，有时为了学习或从事家务又退出劳动力市场。

6）国家之间的流动

国家之间的流动即一国劳动力向另一国流动。一般说来，劳动力的国际性流动存在着更大的决策障碍。因为信息不充分，语言与生活习俗乃至宗教、文化传统不同，流动成本更高，风险更大，多数流动到国外的劳动力对预期的收入乐观，而愿意冒此风险。

5.2.2　影响劳动力流动的因素

一般来说，影响劳动力流动的决定性因素是经济因素，然而，除了受经济动因的影响外，还不可避免地受到一些其他因素的影响，主要包括年龄因素、受教育程度、迁移距离、职业与技术等级等。

1）年龄因素

年龄是影响劳动力流动的一个重要因素，从表5-1中可以看到这样一种趋势：劳动力迁移率随年龄的增长而急剧下降。20岁年龄组中有1/3的人流动，而在40多岁年龄组只有1/8的人流动。流动的高峰年龄是22～24岁。

表5-1　　　　　　　　1975—1980年美国县级间的劳动力迁移率

年龄组	男性（%）	女性（%）
25～34	33.3	31.6
35～44	21.2	16.9
45～54	12.9	11.4

资料来源　张一德，等.美国劳动经济学［M］.北京：劳动人事出版社，1986：172-175.

根据美国人口普查局对1970—2010年的人口迁移做的调查，接近30岁的年轻人迁移率最高（约为65%）。[①]

为什么年轻劳动力具有较高的流动性呢？

首先，他们有较长的工作年限可以享受到新的地区、新的职业所带来的比原来地区更高的收入，更好的待遇。人力资本投资的收益期长，对未来预期乐观，使他们比年长的劳动者更愿冒暂时失业的风险。

其次，随着年龄的增加，迁移率的降低还由于年龄大的人离开家庭、朋友和已经建立起来的关系网，到一个陌生的地方重新寻找职业，心理成本大，也就使得他们从流动中获得的纯收益降低。当一个人刚刚步入工作岗位时，这种损失较小，但随着年龄的增长，个人与社区联系加强了，离开社区的损失也逐渐增加，因而妨碍了流动。在同一年龄群体内，未婚者比已婚者迁移概率大，没有孩子的已婚者比有孩子的已婚者迁移的概率大，也进一步论证了上述推理。

---

① JAFFE E. 美国人口迁移率下滑［EB/OL］.［2019-07-12］. https://www. jinfuzi. com/wz/id-1150447. html.

2）受教育程度

教育是同一群体内部影响流动性的重要因素。受教育程度越高，流动可能性越大。从表 5-2 中可以看到，随着受教育年限的增长，劳动力在县际间和州际间的迁移率逐渐上升。

表 5-2　　　　　　　1993—1994 年 30～34 岁美国公民的迁移率（%）

受教育水平（年）	县际间迁移	州际间迁移
9～11	3.9	2.7
12	4.4	2.6
13～15	4.8	3.3
16	4.9	4.4
17 年以上	6.7	5.0

资料来源　伊兰伯格，史密斯.现代劳动经济学——理论与公共政策［M］.潘功胜，刘昕，译.北京：中国人民大学出版社，1999：

由于科学技术对经济、生活的影响已越来越被人们认识和肯定，而各产业科学技术含量也越来越高，拥有一定技术和知识的劳动力自然也就为企业所重视，他们凭借自身的人力资本优势，在人才市场上选择自己所需的职位，若遇到更高待遇的职位和更好的发展机会，他们就有可能产生流动的倾向，因此文化程度越高，其迁移率也就越高。

3）迁移距离

距离也是影响迁移成本、从而影响劳动力流动的重要因素。迁移成本的高低随着迁移距离的长短而增加或减少，说明迁移成本与迁移距离是成正比的。人力资本理论也说明，随着迁移成本的上升，移民的数量就会随之下降。其原因是：第一，由于处于远距离的劳动力市场的人，获得其他地方的就业信息非常困难，而了解家乡附近的就业机会比距离远的地方要容易得多，如可以通过报纸、电话和亲戚朋友得到信息等。第二，远距离的迁移费用及迁移后探望亲友和家属的交通费、迁移的心理成本等都会随着距离的增加而上升。因此，在其他条件相同的情况下，人们愿意进行短距离的迁移而不是长距离的迁移。

4）职业与技术等级

职业也是影响劳动力流动的重要原因之一。职业流动是劳动力市场上劳动供给的调整和劳动者的职业选择过程。职业流动性的高低可以用职业流动率大小来表示。职业流动率，是指某两年中改变职业的就业人数与总的就业人数之比。一般说来，流动率与技术等级成反比。技术水平越高，流动率越低。管理人员和专业人员的流动性要比熟练工人的流动性小得多，然而，有些职业技术性很强，但也有相当大的流动性，如工匠，工作是季节性的和短期性的，他们为了保持这种技术和较高的薪金而不断变换雇主和地区。专业技术和管理人员的流动率低于体力劳动者流动率。

从劳动供给方面来看，专业技术特长的形成需要长期的教育和训练，劳动者投入了大量的"人力资本"，改变职业不仅使人力资本投资不能回收，而且也无法"获利"；从劳动需求方面来看，对专业技术人员的需求量很大，较高的报酬和较高的职业稳定性等职业优越性明显，使劳动力一般不放弃自己的专业，因而专业流动率低。但专业技术人员的地区流动率可能会高一些，这是因为专业技术人员的家乡观念一般来说比体力劳动者淡薄，他们更看重自身的职业发展。同时，由于专业技术人员越来越专门化，往往在地方劳动力市场找不到需要服务的雇主，在其他一些地区有需要，所以专业技术人员为寻找更好的工作岗位，而进行跨地区之间的流动就要比体力劳动者多一些。同时向远距离的地方迁移，需要一笔可观的费用，体力劳动者的工资收入低，一般也承担不起，只有高工资的专业技术人员有能力进行这种长距离的迁移。

5.3 劳动力的区域流动

5.3.1 国际劳动力流动

按照李嘉图的对外贸易比较利益学说，劳动力要素的输入和输出，是一种以寻求比较利益为目的的要素禀赋在国际的转移或让渡。只要两个国家或地区之间存在着劳动力成本与工资收益的可比性差异，并且两国或地区都存在开放的劳动力市场，政府不对劳动力流动或输入和输出作出特别的限制，这种劳动力要素的转移或让渡总是具有经济意义的。

如果劳动力是同质的，并且是可以相互比较的，那么劳动力要素的配置总是依据市场上的工资价格信号发生变动，如果劳动力市场不是由多个分割的市场所组成，那么劳动力要素根据收益比较而发生的正向流动（即从工资收入较低的岗位或地区向收入较高的岗位或地区流动）就是劳动力市场达到均衡状态之前劳动者个人的理性选择。

从一个国家的整体利益来看，劳动力输入和输出的比较利益是政府制定劳动力国际迁移和自由流动政策的前提条件。一个普遍性的政策导向是输入高级专业人才和紧缺行业的熟练劳动力，输出一般性劳动力和非紧缺行业的熟练劳动力和紧缺行业的非熟练劳动力。国与国之间政策选择的交错和相互作用形成了国际劳动力迁移的均衡流动（即劳动力要素在国际劳工和人才市场上配置的动态均衡）。劳动力国际流动的本质是人力资本的流动。

1）国际人力资本流动现状与趋势

国际人力资本流动广度如何？移居发达国家的发展中国家的人力资本存量占国内人力资本存量的多少？由于缺乏统一的国际移民统计数据，且人力资本的流出国大都没有对流出的人力资本进行跟踪统计，因此，很难对以上问题作出精确回答。但是，从一些国际组织的统计数据中，依然能够看出当今国际人力资本流动的现状：

（1）人力资本主要是从发展中国家流向发达或较发达国家

美国是人力资本流入的最大受益国，接收的人力资本占所有发达国家接收的人力资本的54.3%。早在20世纪80年代，美国每年接收的高学历人才就超过40 000万。其中，亚洲是美国最大的人力资本输出国，其次分别是北美其他国家、南美和欧洲。

（2）国际人力资本流动主体的素质较高

美国学者Carrington和Detragiache1998年对占全部发展中国家人口70%的61个国家的移民资料的分析表明，移民到美国的劳动力中，只受过初等教育（受教育年限为0～8年）的移民，无论从绝对数量还是从相对数量来说都是微乎其微的，700万当中只有50万（7%）；比例最大的是受过中等教育（9～12年）的移民；第二位是受过高等教育（超过12年）的移民。在受过高等教育的移民中，亚洲移民占很大比重，例如菲律宾73万移民中绝大部分受过高等教育，而我国40万移民中受过中等与高等教育的移民各占一半。

（3）国际人力资本流动中的不可持续性

美国学者Nadeem U.Haque构建了内生经济增长模型，指出单向的国际人力资本流动降低了流出国的经济、政治发展速度，降低程度与流出人力资本占该国总人力资本存量的比例成正比；而且指出最初阶段人力资本流动会给流入国带来持续的经济增长，但这种增长的程度是由流入国的人力资本素质决定的，因为如果流入的人力资本的素质不高于流入国的人力资本素质（虽然高于流出国的平均人力资本素质），那么，该人力资本就不会给流入国的经济增长带来额外的贡献。也就是说，如果流出国的人力资本素质持续下降，导致流出的人力资本的素质降低，那么，流入国因人力资本流入带来的经济增长速度也会降低。

2）国际劳动力流动的影响

（1）对劳动力输入国的影响

劳动力输入国一般是工作机会多、工资水平高的国家。若向输入国输入的移民受教育程度高，受过良好培训，这种移民不用输入国投资一分钱，便增加了输入国的人力资本储备，是输入国获得的外部经济，输入国的国民财富因此而得到增加。

但移民输入国不可能只输入受教育程度高的移民，它们不可避免地会同时输入受教育程度低的体力劳动者，这些人有的是通过合法途径来工作的，有的虽然是合法进入但非法长期留居，有的甚至是偷越国界的非法移民。

在输入国的体力劳动力市场上，外国移民的涌入破坏了原有的供需均衡，体力劳动者的劳动供给水平提高，供给曲线右移，此时，假设需求水平不变，需求曲线不动，新的供给曲线与需求曲线便相交在新的均衡点C处，于是，就业人数由N_1变为N_2。工资水平由W_1变为W_2，在新的工资水平下国内劳动力的劳动供给由N_1变为N_2（如图5-3所示）。

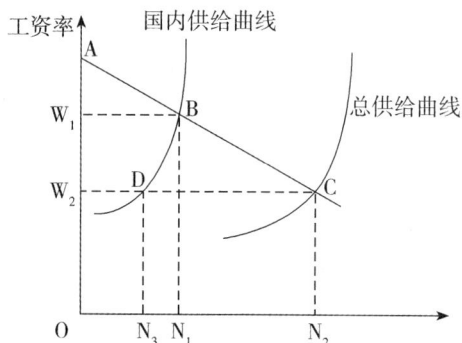

图5-3 国外劳动力对于输入国的影响

很显然，N_2比原来就业人数N_1要高，而W_2比原工资水平W_1要低，而N_3比N_1的人数少。这表明，国外体力劳动者移民的涌入对国内体力劳动者有不利影响，他们的工资水平从W_1下降到W_2，就业水平从N_1下降到N_3。

长远来说，体力劳动者移民对输入国的消费者是有益的。首先，直接消费他们产品的消费者受益，因为移民使体力劳动力市场的工资水平下降，这类商品价格会下降。其次，体力劳动商品价格下降，长远看会带动别的商品价格下降。

这种移民也使体力劳动的雇主受益。在短期期内，由于体力劳动投入的价格下降，雇主的盈利将增加。移民对其他劳动力市场的劳动供给方有益，因为这些移民自身的消费需求将使其他劳动力市场的劳动需求增加，就业水平提高，工资水平上升。

移民既给输入国的一些人带来收益，又给另一些人带来损失。如果移民带来的收益大于损失，这样移民对输入国整体而言是有利的；反之就有害。考虑到移民直接或间接地为输入国缴纳了税收，而由于身份限制，这些移民享受的国家福利和社会保障有限，一般而言，移民对输入国具有积极的影响。

（2）对劳动力输出国的影响

移民对输出国首先有不利影响。移民的迁出，会使国家的人力资本存量下降，因为实际上具有移民条件的人主要是受教育程度较高的人才。移民的迁出会使输出国人力资本投资无法回收，并陷入智力外流的怪圈：智力外流—人力资本储备减少—国家再投资教育培养人才——智力外流。

但劳务输出对输出国也有有利影响。首先，移民从国外流回的高收入外汇会增加输出国的国民收入和外汇储备；其次，移民回归时将带来他们在国外积累的财富、技术和经验，以抵消出国时带走的人力资本，甚至可为本国增值人力资本；第三，会传递消费示范，从其亲属开始改变本国居民的消费方式，使消费需求更有弹性。当然，外汇的流入和高档次消费方式的引进也会成为诱发国内通货膨胀的一个原因。

究竟是利大于弊还是弊大于利，要视条件而定。利大于弊的重要条件是劳动力输出国有劳动力剩余。不仅从总量上看劳动供给与劳动需求，而且从结构上看，外流的劳动力的专业也正好是国内过剩的。这是因为过剩的劳动力和人力资本不外流，在国内也是一种囤积，并不能创造财富，反而会使国内的劳动生产率和工资率长期处于偏低状态。过剩劳动力的输出一方面可以到国外赚取收入，另一方面也可使国内同种劳动力的生产率有所提高。

5.3.2 国内劳动力的地区流动

一个国家内部的劳动力地区流动是一个经常的现象，它可以促进资源要素的最佳配置，而且实现相对容易。大量的以农村青壮年为主体的剩余劳动力跨区域、向非农业部门的流动，已经成为中国社会转型期一个重要而显著的特征。

不过，根据对现阶段中国社会劳动力的流向与趋势的观察，可以得出结论：在不同的时期和阶段，伴随社会劳动力总量过剩和城市社会经济发展吸引力的变化，中国劳动力流动表现出不同的时代特征。

第一阶段，在20世纪50年代到70年代末期，国家经济发展全面纳入工业化轨道，在逐步建立起国家工业体系的同时，依靠政策性手段，在"农业是国民经济的基础"的口号下，一个刚性的城乡二元经济社会结构形成。在劳动力问题上表现为，构筑起了两个高位态势。一个高位态势是将农民"禁锢"在农村，完全不能自由流动，形成数量巨大的农业剩余劳动力，其总量达3亿人之多，而且每年以1 000万人的数量增长，牺牲了农民的利益；形成一个低生产率的农业部门，破坏了国民经济的基础；整个农村处于发展停滞的状态，客观效果就是损伤了"三农"的利益，拖了国家经济发展的后腿。另一个高位态势是，城市里由于国有部门在"低工资、高就业"指导思想下超额招收员工，形成了占员工总数20%～30%的"在职剩余劳动力"，这部分"隐性失业"人口的数量估计为3 000万人。

第二阶段，20世纪70年代末期开始的改革开放，打开了农村通向城市的大门，农村劳动力流向城市势不可当。这时，流向城市的已经不只是经营农业必需的劳动力之外的真正农村剩余劳动力，连农业必要的劳动力也"顺带"流走了。它与上述两个态势叠加，如两股洪峰，终于在经济体制加速转型的20世纪90年代交汇在城市的就业空间。

第三阶段，进入21世纪以后，在农村劳动力继续流向城市的同时，由于国家经济发展上升到一个新的阶段，产业结构调整提上日程，以及"一带一路"倡议的实施，劳动力流动出现分化与多元化的态势。其主要表现有：高技术劳动力短缺与低技能劳动力过剩并存及由此引起的流动；国内经济水平差异引起的劳动力地区间流动与国际流动加快；"大众创业万众创新"、"向贫困宣战"、农村发展推动的农民回乡以及部分城市人口到农村创业引起的流动等。

总之，虽然中国劳动力还处于总量过剩的状态，但由于劳动力供给的结构性原因，今天的劳动力流动进入一个新阶段。

1）地区间劳动力流动的表现形式

（1）城市商业服务业对农民开放

改革开放前，由于刚性的城乡二元结构，农民几乎没有任何机会进城务工或经商。20世纪80年代初期，一方面，农村联产承包责任制的改革成功，农村集贸市场空前活跃，农产品迅速进入商品化轨道，农村剩余劳动力有了流动的愿望和可能；另一方面，城市的商品业、服务业体制松动，农村剩余劳动力开始循着这两条通道突破城市的封闭，大量进入城市，以填补城市各种功能空缺的方式到城市寻求他们新的生存空间。

（2）劳动力流向呈现出多元化的走势

随着城乡经济改革的深化，产业结构调整过程中结构性冗员被释放出来。各种要素市场的建立和就业机制的转换，资本要素主体——企业与劳动要素主体——劳动者之间的矛盾有条件通过市场加以化解。重新配置劳动力的客观条件已经成熟，制度限制由松动到鼓励，城乡劳动力自由重新配置的时间和空间极大扩展。一部分有知识、有技术的劳动者，看到并及时抓住机会，或者选择省会城市、中心城市，或者到沿海地区，寻求自己发展的空间，完成实现自身价值的梦想。不仅有农村劳动力进城务工经商，也有城市下岗职工到农村去施展自己的一技之长。

2）投资对我国劳动力地区间流动的牵引

20世纪80年代以来，我国劳动力大规模向沿海地区迁移，原因是多方面的，其中投资倾斜是重要导向因素。深圳、珠海、汕头和厦门等经济特区，以及其后相继开放的沿海14个城市，它们享有各种优惠政策，既相对增加了这些地区地方财政的收入，也提高了企业的内部积累投资能力和居民的储蓄能力。这些地区得天独厚的地理条件和各种优惠政策，吸引了大量外资，创造了大量的就业机会。广大中西部地区的劳动力纷纷"孔雀东南飞"。

3）人力资本的地区转移

劳动力的流动，不仅是人力资源在区域间的转移，而且是人力资本在地区之间的转移。人力资本是体现在人身上的知识劳动技能和健康的存量。迄今为止，我国为了支援西部地区的经济发展和社会事业，不断抽调大批文教、科技和其他专业技术人员"支边""援藏"，每年都有高等院校毕业生到这些地区工作。此外，还通过多种形式为西部地区定向培养高级专业人员。这种"智力支边"对西部地区的社会和经济发展都产生了直接的、重要的促进作用。但是，与此同时，自20世纪80年代以来，又有相当数量的专业技术人员从西部地区流向沿海地区，流回大中城市，导致西部地区人力资本存量急剧下降。经济发展中的"马太效应"在西部地区越来越突出。

4）农村劳动力流动的影响

劳动经济学家非常关注农村劳动力向外转移的影响。当然，这种影响是多方面的，有正面的，也有负面的；有直接的，也有间接的。在我国，农村劳动力流动除了为城市经济提供大量廉价劳动力，加快城市化一体化进程，以及增加城市就业压力以外，还需要研究以下几个问题：

（1）影响城市经济的资本积累

我国是一个人口众多的国家，农村劳动力转移是一把"双刃剑"：一是由于单位劳动时间的生产率提高，导致农业劳动生产率提高；二是由于单位耕地上投入的劳动量减少而造成亩产下降。在单位耕地面积产出降低的情况下，如果农业耕地面积不能相应扩大，而农用机械和化肥又一时得不到足够的应用，那么按人口平均计算的粮食可消费量就会减少，粮食价格也会因此而上升。粮食价格的提高，会促使工资上涨，一部分工业发展基金就会假以农业的名义，从其他渠道流走。显然，这是与我国经济发展需要各行各业进行长期的资本积累努力相悖的。

（2）阻碍农村人口素质的提高

农村劳动力外流，部分农村尤其是欠发达地区的农村建设发展面临着新的难题。其中，最明显的就是农村建设主体和人才随着农民外流出现严重短缺。农村人口素质偏低，人力资本先天不足，而青壮年劳动力外出发展"打工"更使人力资本遭受后天摧残，农村人力资本更加空心化。

农村劳动者向工业部门和服务部门转移，在相当长的时间内，仍然是因为城乡经济社会发展和人民生活水平的实际差异。城市经济的特征，对农村中受过教育的劳动力具有较大的吸引力，他们也比较容易在城市就业竞争中谋求到一份工作。滞留在农村一般是受教育程度低的农民，从而拉大了城乡人口素质的差距，加上国家教育资源分布不均，这种差距将是长期的。

（3）阻碍消费品工业的发展

当前，我国农村劳动力面临双重压力：农村剩余劳动力大量存在，迫使他们向外转移；城市就业的不足，又迫使他们为在城市找到谋生手段而不得不接受偏低的工资。在城乡居民人均收入较低的情况下，消费品市场的需求不旺。有人曾经寄希望于农村，面向农村发展消费品工业，进而拉动经济增长。然而，即使外出打工者的购买力提高也非常有限，农民的购买力难以对当前"需求拉动发展"的战略产生很大影响。在这种情况下，资本品工业的发展一般不会引起消费品工业的劳动力向资本品工业转移，不会引起消费品工业发展资本密集型生产，消费品工业的技术构成一般也不会提高。所以，在可以预见的将来，与发达国家工业化道路不同，我国将会继续依靠生产资料生产部门的改造和发展来推进工业化，而消费品工业对工业化的贡献是次要的。

（4）影响农业本身的发展

在有农业剩余劳动力的国家里，农业往往处于相对落后状态，农业部门总是国民经济中增长速度最慢的部门。在工业化第一阶段，由于农业剩余劳动力转移只取决于工农业之间劳动收益的差异，所以在农业剩余劳动力的转移过程中，土地出现严重"抛荒"现象，停留于土地上的劳动力也大都是老弱妇幼。农业劳动力在部门间的转移会在某种程度上起阻碍农业发展的作用。

5.4 劳动力流动的合理决策

5.4.1 个人劳动力流动的合理决策

个人劳动力流动的合理决策取决于个人流动成本与收益的比较。当劳动者流动的收益大于成本，即净收益为正时，他才可能作出流动决策，劳动力流动才会发生。若净收益为负，流动会导致劳动者得不偿失，劳动力不会作出流动决策，劳动力的流动也就不会发生。因此，在考虑资金时间价值的基础上，个人劳动力流动的前提是劳动力流动净收益现值（NRP）为正。

劳动力流动净收益现值（NRP）=劳动力流动收益现值－当期发生的劳动力流动成本

$$= PV^A - PV^B - M$$

$$= \sum_{t=0}^{n} \frac{B_t^A}{(1+r)^t} - \sum_{t=0}^{n} \frac{B_t^B}{(1+r)^t} - (M_1 + M_2) \tag{5.1}$$

公式5.1中，PV^A为发生劳动力流动后，劳动者在新工作岗位上所获得的收入流现值；PV^B为劳动者继续留在现工作岗位所获得的收入流现值；M为劳动力流动的当期成本；B_t^A为劳动者在t年从流动后的新职业中获得的预期收益；B_t^B为劳动者在t年从现职业中获得的预期收益；M_1为实现劳动力流动的当期直接成本；M_2为实现劳动力流动的当期间接成本；n为该劳动者的预期工作年限；r为贴现率。

若NRP为负，则劳动力流动不会发生，因为此时劳动力流动在经济上得不偿失；若NRP为正，则劳动力流动是合理的，因为此时劳动力通过流动能够获得更多的经济利益。

5.4.2 家庭劳动力流动的合理决策

在现实生活中，大多数劳动力流动决策并不是由单个劳动者作出的，而是以家庭为单位进行决策。因此，流动决策并非仅基于某个家庭成员在流动后能否获得比原先更高的收入，而应该基于全体家庭成员的境况能否在总体上得到改善。

这里我们假设一个家庭由丈夫和妻子两个人组成，ΔPV_H表示劳动力流动带来的丈夫净收益现值的变化，ΔPV_W表示同样的劳动力流动带来的妻子净收益现值的变化。当丈夫和妻子都未婚时，他们可以完全独立地作出流动决策，ΔPV_H和ΔPV_W分别代表他们从劳动力流动中获得的"个人"收益。如果不受到家庭的牵制，当他们的个人收益为正时，他们就会选择劳动力流动。然而，当他们组成一个家庭共同决策后，只有在家庭从劳动力流动中获得的净收益现值为正时，这个家庭单位才会进行劳动力流动，即：

$$\Delta PV_H + \Delta PV_W > 0 \tag{5.2}$$

当丈夫和妻子的个人收益之和为正时，才会发生家庭劳动力流动，图5-4解释了这一现象。

丈夫的个人收益（ΔPV_H）

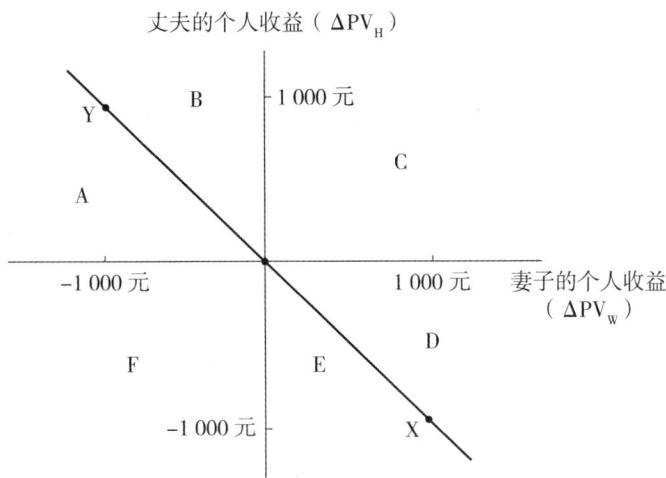

图 5-4　随同迁移者和随同定居者

在图 5-4 中，横轴表示劳动力流动给妻子带来的个人收益，纵轴表示劳动力流动给丈夫带来的个人收益。根据前面的分析，若丈夫是完全独立地作出劳动力流动决策，则当 ΔPV_H 为正，他就会进行流动，这种情况在图 5-4 中由横轴以上的面积，即 A、B、C 三个区域的总和来表示。同样，若妻子是完全独立地作出劳动力流动决策，则当 ΔPV_W 为正，她就会进行流动，这种情况在图 5-4 中由纵轴右边的面积，即 C、D、E 三个区域的总和来表示。

当他们组成一个家庭后，我们来分析这个家庭的劳动力流动决策。图 5-4 中经过原点向下倾斜 45°的直线连接了所有使得家庭劳动力流动净收益为零的点，即直线上所有的点满足 $\Delta PV_H + \Delta PV_W = 0$。比如在 X 点，劳动力流动为妻子带来的个人收益为 1 000 元，给丈夫带来的个人收益则为-1 000 元，家庭劳动力流动净收益为零；在 Y 点，劳动力流动为妻子带来的个人收益为-1 000 元，给丈夫带来的个人收益则为 1 000 元，家庭劳动力流动净收益也为零。作为一个家庭来讲，当家庭劳动力流动净收益 $\Delta PV_H + \Delta PV_W$ 为正，劳动力的流动就会发生。由于家庭的劳动力流动决策是为了使家庭成员的收入净现值最大化，因此，只要收益位于 45°线以上，即图 5-4 中的 B、C、D 区域，家庭就会进行劳动力流动。这样一来，使家庭愿意流动的面积就与使得每个家庭成员在未婚状态下愿意流动的面积不一致。由此可见，家庭的最优决定与单个人的最优决定不一定相同。

1）随同定居者

在图 5-4 中，区域 E 的任一点表示妻子在未婚状态下由于个人收益为正，因此，会独自进行劳动力流动，因为她能够从劳动力流动中获得收益，即 $\Delta PV_W > 0$。但此时丈夫流动后的损失会超过妻子的收益，即 $\Delta PV_H + \Delta PV_W < 0$，从整个家庭的决策来说，流动不是最优决策。此时，妻子就是一个随同定居者，因为她牺牲了在其他地方或岗位能够获得的更好工作机会，随丈夫在他目前收入较高的地区定居。

同样，区域A中的任一点表示丈夫在未婚状态下由于个人收益为正，因此，会独自进行劳动力流动，因为他能够从劳动力流动中获得收益，即 $\Delta PV_H > 0$。但此时妻子流动后的损失会超过丈夫的收益，即 $\Delta PV_H + \Delta PV_W < 0$，从整个家庭的决策来说，流动不是最优决策。此时，丈夫就是一个随同定居者。

2）随同迁移者

考虑图5-4中区域D内的任一点。在这一区域中，若丈夫独自进行劳动力流动，他将遭受收入上的损失，即 $\Delta PV_H < 0$。然而，当他作为家庭中的一员进行劳动力流动时，他妻子的收益高于他的损失，因此，$\Delta PV_H + \Delta PV_W > 0$，家庭会进行流动。此时，丈夫就是一个随同迁移者，即他随同妻子进行劳动力流动，尽管他的工作前景在目前居住的地方更好。

同样，区域B中的任一点表示，若妻子独自进行劳动力流动，她将遭受收入上的损失，即 $\Delta PV_W < 0$。然而，当她作为家庭中的一员进行劳动力流动时，她丈夫的收益高于她的损失，因此，$\Delta PV_H + \Delta PV_W > 0$，家庭会进行流动。此时，妻子就是一个随同迁移者。

通过以上分析可知，在家庭劳动力流动的合理决策中，并非所有的家庭成员都可以从劳动力流动中获得正的个人收益。在对随同迁移者前后的收入进行比较后发现，他们会因为劳动力流动而遭受损失，但这并不意味着家庭进行劳动力流动就是一项错误的决策，因为此时家庭作为一个整体获得了收益，因而家庭中双方的情况都会有所改善。

【推荐阅读材料】（一）

迈克尔·P.托达罗批评刘易斯模型

尽管刘易斯的模型既简单又能大致反映西方经济增长的历史，但是，它的4个关键性假设却不切合当代大多数发展中国家的制度和经济现实。

首先，模型隐含着一个假定，即现代工业部门的劳动转移率和创造就业率与现代工业部门的资本积累率成比例。资本积累率越高，则现代工业部门的增长率就越高，创造新工作的速度就越快。但是，如果资本家将所获得的利润再投资于劳动节约型的精密设备，而不是简单地扩张现有的生产条件，就像刘易斯模型所隐含的假设那样，那结果又会怎样呢？

其次，刘易斯模型第二个值得怀疑的假定是，他认为在农村存在劳动力剩余，而城市则已实现了充分就业。当代有大量研究报告都显示，农村中的绝对剩余劳动力并不多。确实，农村季节性和地区性的失业现象都与这一规律相悖，但总体而言，今天的发展经济学家都一致认为，刘易斯关于剩余劳动力的假设总的来看并不可行。

最后，第三个不真实的假定是，该模型认为现代工业部门存在着一个竞争性的劳动力市场，以保证城市真实工资维持不变，直到全部消化吸收农村剩余劳动力。

20世纪80年代以前，几乎所有发展中国家的城市劳动力市场和工资决定都存在一个显著的特征，即无论就绝对量来看，还是相对农村平均收入而言，甚至在城市开放部门失业现象加剧，农村劳动力的边际生产率很低甚至为零的时期，城市工资水平都随着时间有不断上涨的趋势。制度因素，如工会组织的讨价还价能力、文官工资级别制度、跨国公司雇用员工的办法等，都会抵消发展中国家现代工业部门的劳动力市场的竞争性。

　　刘易斯模型最后一个问题是对现代工业部门收益递减的假定。然而，在现代工业部门有大量事实证明，现代工业部门收益递增，会给发展中国家制定经济政策带来一些从未碰到的问题。

　　资料来源　托达罗，史密斯.发展经济学［M］.余向华，陈雪娟，译.9版.北京：机械工业出版社，2009：74-75.

【推荐阅读材料】（二）

劳动力流动的国际经验启示

　　世界上的发达国家和发展中国家劳动力转移的成功经验中，有以下几点是值得我们借鉴的：

　　（1）在经济起飞之前的资本积累阶段，资本主义国家通过暴力方式迫使农村剩余劳动力转移；在经济发展的起飞阶段，发达国家以及新兴工业化国家或地区主要靠工业的高速发展来解决农村剩余劳动力的转移；而在经济发展的后期阶段，主要靠第三产业吸纳农村剩余劳动力。主要发达国家用了40～100年的时间保持工业快速增长，使人均GDP由200～500美元增加到1 000～2 000美元，从而使农业劳动力占社会总劳动力的比重由50%～60%下降到15%～25%的水平。可以说，工业化的速度有多快，规模有多大，农业劳动力转移的速度就有多快，规模就有多大。而在工业化的中后期，第三产业必然加快发展，第三产业的发展必将吸收更多的劳动力就业。例如，英国建立农工综合体，就是在农村发展非农产业，例如食品加工工业等。这些工业使大量农业劳动力转变为非农业劳动力，使农村剩余劳动力进入农业的前导和后续部门，实际上促进了农业劳动力向第三产业流动。目前，发达国家第三产业增加值在国民生产总值中的比重和第三产业就业人数在总就业人数中的比重都在50%以上，有的高达70%，第三产业中有相当多的就业人口来自农村剩余劳动力。

　　（2）正确的经济发展战略是加速农村剩余劳动力转移的重要保证，是以发展劳动密集型产业为主，还是以发展资本密集型产业为主；是以发展内向型经济为主，还是以发展外向型经济为主，这些都对农村剩余劳动力转移速度有重要影响。日本在工业化早期重视节约资本的创新，英国在工业化后期发展农工综合体，都是在发展劳动密集型产业，以适应吸收更多农村剩余劳动力的需要。同样，韩国和中国台湾也在20世纪六七十年代大力发展出口导向型劳动密集型产业。而美国则针对本国劳动力短缺的特点，大力发展资本密集型产业。可见，要加速农村剩余劳动力的转移，必须有切合本国国情的经济发展战略。

（3）劳动力素质的优化是保证农村剩余劳动力顺利转移的一个重要条件。日本从明治时代开始，就非常重视教育事业的发展。日本的教育事业特别是初等教育和职业教育，由于获得了政府的大量拨款而得到了迅速发展。第二次世界大战后，日本政府对教育事业倾注了更大的精力。20世纪70年代中期，日本已基本普及了高中教育。教育事业的发展意味着人力资本投资的加大和劳动力素质的提高，使日本农村劳动力对非农就业机会具有良好的适应性，这也是日本战后农村剩余劳动力得以迅速转移的内在条件。同样，美、英等发达国家也非常重视劳动力素质在劳动力转移中的重要作用。

（4）农村剩余劳动力顺利转移需要与国情相适应的土地政策。农村劳动力和土地是农业生产的基本要素，农村剩余劳动力的转移意味着农业生产要素要重新组合，土地要素也要进行相应的调整。发达国家的实践表明，伴随农村剩余劳动力转移，土地主要经历以下两种类型的调整：其一，土地集中。例如在美国，不仅农户经营规模逐渐变大，还出现了大农场。其二，土地集中不明显。例如在日本，虽然第二次世界大战后农村剩余劳动力转移速度加快，但土地的集中程度却相对低于欧美国家，农业兼业化普遍，秉承着小农经营的传统。这说明，一国或地区在农村剩余劳动力转移过程中要遵循本国国情或地区区情；各国和地区政府要制定符合本地资源禀赋状况的政策。在全社会总劳动力中，如果从事农林牧渔业的劳动力的比重占10%左右，是一个国家基本上完成农村剩余劳动力转移的标志。完成这个过程，英国大致用了300年，法国用了120年，加拿大、美国、日本用了100年左右。综合我国目前农村剩余劳动力及其增长情况和经济发展对农村劳动力的吸收前景，我国的农村剩余劳动力转移将是一个长期、缓慢的过程。成功的国际经验，为我们进一步选择适合我国实际的城市化道路，提供了有利的借鉴。

【本章小结】

劳动力流动加快已经成为国际国内经济社会生活中的一道亮丽的风景线。总体说来，劳动力流动具有很大的经济效益和社会效益。发展经济学家经过大量调查研究，得出了劳动力流动的理论模型，其中最有名的是刘易斯的二元结构模型、拉尼斯-费景汉和托达罗的劳动力流动模型。这些模型对研究和处理发展中国家劳动力转移问题，具有一定的参考作用。劳动力区域流动有劳动力的国际流动与国内流动两大类，其中以国内流动为主。在我国，具有特殊意义的是农村剩余劳动力向城市的转移。要创造条件加快我国农村劳动力向外转移，同时，又要注意减少农村剩余劳动力转移造成的不利影响。

【关键概念】

劳动力流动　区域流动　刘易斯的二元结构模型　移民与迁移　随同迁移者随同定居者

【课堂讨论题】

结合我国农村劳动力转移的现状，谈谈怎样为农村剩余劳动力的有序转移创造条件。

【复习思考题】

1.试述劳动力流动的理论模型的类型及内容。

2.试述农村劳动力转移的利弊和影响。

3.怎样评价发展中国家的人力资本流失？

【课后练习题】

假设一位工作者现在居住在 C 市，其面临的贴现率为 5%。他正在考虑是否接受一个迁移到 G 市的工作机会。如果留在 C 市，他的年收入为 60 000 元，如果迁移到 G 市，他就能获得 80 000 元的年收入。假设他的决策周期为 3 年（工作周期为 3 年）：

（1）这位工作者愿意负担（仍然会进行迁移）的最高迁移成本是多少？

（2）假设在迁移前，他结婚了，妻子和他面临相同的贴现率和决策周期，夫妻二人迁移的成本为 50 000 元/人。妻子在 C 市的年收入为 48 000 元，迁移到 G 市后年收入增加为 64 000 元。若夫妻二人根据他们的共同福利水平来作决策，他们会迁移到 G 市吗？

（3）在以上决策中，丈夫是一位随同迁移者还是随同定居者，或者两者都不是？

（4）在以上决策中，妻子是一位随同迁移者还是随同定居者，或者两者都不是？

【自测题】

1.劳动力流动一般具有什么规律？

2.劳动力流动有何意义？

3.劳动力流动有哪些类型？

第6章 /人力资本投资

—— 学习目标 ——

　　前面各章的分析都是建立在一个假设的条件下，即劳动力是同质的。这个假设有利于分析劳动力供给和需求的基本原理，但是缺乏真实性。实际上劳动力是异质而非匀质的，劳动者在健康状况、知识背景、专业技能等方面都存在差异，这些差异来自人力资本投资差异。增加人力资本投资有助于提高社会和企业的劳动生产率。通过本章的学习，熟悉人力资本理论的发展沿革和基本概念，掌握人力资本投资的最优决策计算方法，以及教育投资和培训投资的成本与收益核算，了解中国人力资本投资现状。

6.1　　人力资本理论概述

　　人力资本理论是20世纪60年代以来西方经济学领域中重要的理论研究成果。第二次世界大战后世界经济发展的经验证明，人力资本理论对经济增长有十分重要的贡献。在知识经济时代，人力资本是现代企业生存和发展的核心资本，是提高劳动生产率的关键因素。发展教育和培训成为一个国家经济和企业发展战略的重要组成部分。

6.1.1　人力资本理论发展沿革

美国经济学家舒尔茨（T.W.Schultz）被公认为是人力资本理论的创立者。

　　舒尔茨曾经指出，在他之前，有"三个杰出人物"（亚当·斯密、H.冯·杜能和欧文·费雪）论证了人力资本的思想。[1]其实，世界上第一次触及"人力资本"思想的人是中国明代的丘濬（1420—1495）。他说："世间之物虽生于天地，然皆必资以人力，而后能成其用。其体有大小精粗，其功力有浅深，其价有多少。直而至于千钱，其体非大则精，必非一日之功所成也。"[2]其后差不多200年，古典经济学家威廉·配第（William Petty）才于1676年提出人力资本的思想。

　　马克思在他著名的资本理论中也论及了人力资本问题。对古典经济学家李嘉图从生产发展的观点，把劳动看作资本，马克思充分地肯定说："他把无产者看成机

---

　　① 舒尔茨. 人力资本投资——教育和研究的作用［M］. 蒋斌，张蘅，译. 北京：商务印书馆，1990：24.
　　② 中国大百科全书总编辑委员会《经济学》委员会，中国大百科全书出版社编辑部. 中国大百科全书·经济学：第二卷［M］. 北京：中国大百科全书出版社，1988：738.

器、驮畜或商品一样，却没有任何卑鄙之处，因为无产者只有当作机器或驮畜，才促进'生产'。"[1]马克思正是从劳动力成为商品开始，一步一步地揭示了资本的本质。马克思把劳动分为复杂劳动和简单劳动。复杂劳动是指经过专门培训和训练、具有一定技术专长的劳动；在同样的时间内，复杂劳动的贡献是简单劳动的"倍加"。因为，复杂劳动"比普通劳动力需要较高的教育费用，它的生产要花费较多的劳动时间，因此它也具有较高的价值。既然这种劳动力的价值较高，它也就表现为较高级的劳动，也就在同样长的时间内物化为较多的价值。"[2]此外，马克思还反复讲过教育、科研和职业培训对提高劳动者质量进而提高劳动生产率的作用。

虽然如此，现代意义上的人力资本理论的确是以舒尔茨为代表的经济学家（包括贝克尔和明塞尔等人）的贡献，主要代表作有：舒尔茨的《人力投资：一位经济学家的观点》和《人力资本投资——教育和研究的作用》，加里·贝克尔的《人力资本》，雅各布·明塞尔的《人力资本投资与个人收入分配》等。

1）西奥多·舒尔茨的人力资本理论

舒尔茨从长期的农业经济问题研究中发现，从20世纪初到50年代，促使美国农业生产的产量迅速增加和农业生产率提高的重要原因已不是土地、劳动力数量或资本存量的增加，而是人的知识、能力和技术水平的提高。1960年，舒尔茨指出，传统经济理论认为，经济增长必须依赖于物质资本和劳动力数量的增加，但是人的知识、能力、健康等人力资本的提高对经济增长的贡献远比物质资本、劳动力数量的增加重要得多。[3]舒尔茨开创了人力资本研究的新领域，并因此获得了1979年的诺贝尔经济学奖。

舒尔茨的人力资本理论有五个主要观点：

①人力资本存在于人的身上，表现为知识、技能、体力（健康状况）价值的总和。一个国家的人力资本可以通过劳动者的数量、质量以及劳动时间来度量。

②人力资本是投资形成的。投资渠道有五种，包括营养及医疗保健费用、学校教育费用、在职人员培训费用、择业过程中所发生的人事成本和迁徙费用。

③人力资本投资是经济增长的主要源泉。舒尔茨说，人力投资的增长无疑已经明显地提高了投入经济发展过程中的工作质量，这些质量上的改进也已成为经济增长的一个重要的源泉。有能力的人民是现代经济丰裕的关键。

④人力资本投资是效益最佳的投资。舒尔茨对1929—1957年美国教育投资与经济增长的关系进行定量研究，得出如下结论：各级教育投资的平均收益率为17%，教育投资增长的收益占劳动收入增长的比重为70%；教育投资增长的收益占国民收入增长的比重为33%。

⑤人力资本投资的消费部分的实质是耐用性的，甚至比物质的耐用性消费品更

---

① 马克思. 剩余价值理论：第二册 [M]. 中共中央马克思恩格斯列宁斯大林著作编译局，译. 北京：人民出版社，1976：126.
② 马克思. 资本论：第一卷 [M]. 中共中央马克思恩格斯列宁斯大林著作编译局，译. 北京：人民出版社，1976：223.
③ 舒尔茨. 人力资本投资——教育和研究的作用 [M]. 蒋斌，张蘅，译. 北京：商务印书馆，1990.

加经久耐用。

舒尔茨人力资本理论的精华在于传统的经济学普遍强调的是物力资本的作用，认为机器、设备、厂房、资金等物力资本的存量规模尤其是积累快慢，是促进或限制经济增长的主要因素，而舒尔茨把这种认识给颠倒过来了。

舒尔茨用大量的经验材料证明了这样一个命题：高收入和低收入各国经济现代化的一个组成部分是农田和其他资本的经济重要性在下降，技能和知识的重要性在上升。另一位诺贝尔奖得主库兹涅茨的研究也证明了舒尔茨的上述判断。对西方国家的发展过程，库兹涅茨作了相当长期的考察，发现国民收入中由资产所创造出的份额（贡献）从45%降至25%，而劳动的贡献份额则从55%提高至75%。

舒尔茨的人力资本理论认为：第一，一国人力资本存量越大，越可能导致人均产出或劳动率的提高。第二，人力资本本身具有收益递增的重要特征。第三，人力资本会导致其他物力资本生产效率的改善。

舒尔茨的人力资本理论也许有不够完善之处，但舒尔茨的研究为我们讨论社会经济增长提供了一个现实而具有战略意义的新视角。

2）贝克尔的人力资本理论

诺贝尔奖得主，美国芝加哥大学教授加里·贝克尔于1964年出版《人力资本》一书，在分析教育对人力资本形成作用的基础上，系统地论述了人力资本的相关理论，深化了他在1960年《高等教育的投资不足》的论文中对美国教育落后的原因不是院校的校舍场所短缺，而是教育投资不足的分析。在《人类行为的经济分析》中，贝克尔进一步从效用最大化原则出发，围绕人力资本问题对人类的经济行为进行广泛分析。贝克尔研究人力资本问题的特点是把人力资本观点发展为确定劳动收入的一般理论，确定了收入和人力资本之间的对应关系。用贝克尔自己的话讲，人力资本理论可以解释很多复杂的现象。这些现象是：

①随着年龄的增长，收入一般都是按递减的比率增长，增长率和减少率都与技术水平有同方向变动的关系。

②失业率一般与技术水平有反方向变动的关系（即技术水平越低，越容易失业）。

③不发达国家的企业比发达国家的企业对雇员表现出了更多的家长作风（发达国家企业雇员的人力资本含金量高，流动性大）。

④年轻人比老年人更频繁地更换工作，而且也比老年人得到更多的正规学校教育和在职培训。

⑤有能力的人比其他人受到更多的教育与其他各种培训。

⑥典型的人力资本投资者比典型的有形资本投资者更加冲动。人力资本的作用如此之大，当预测投资人力资本训练的收益大于对人力资本训练的投资及其机会成本时，人们将投资于人力资本训练。

3）明塞尔的人力资本思想

1957年，明塞尔在博士论文《人力资本投资与个人收入分配》中率先运用人力投资的方法研究收入分配，从此角度讲他比舒尔茨更早研究人力资本。明塞尔的研究围绕收入分配、劳动力市场与家庭决策等领域进行，其贡献主要在四个方面：

①借鉴斯密的"补偿原理"，首先建立了人力投资收益率模型。该模型用参加培训（或受教育）的年数表示人力资本量，因而进行人力投资便意味着获取收入的延迟。在均衡条件下，将要求具有不同人力投资量的个人的终身收入流的贴现值均相等。因此，人力投资量越大的人其年收入便越高，这种年收入的不均等显然是对人力资本投资的补偿。这一模型为将个人收入分配问题置入人力资本的理论框架奠定了基础。

②最先提出人力资本收入函数，明确地将人力投资区分为学校教育投资与学校教育后的投资（诸如在职培训）两个方面，并分别用教育年数与工作经验年限来表示这两种变量。

③在考察在职培训对终身收入模式的影响时，提出了"追赶"时期（overtaking）的概念。这一分析模型对具有同样学校受教育程度但是在职培训量不同的个人同期组群显示了良好的经验预测能力，表明个体之间的收入方差在达到"追赶点"以前将递减，随后将转而上升，从而扩展了收入函数的解释力。

④将人力资本理论与分析方法应用于劳动力市场行为与家庭决策，提出许多新的理论。

此外，明塞尔还对实施最低工资及其后果问题给予了新的经济学分析。[①]

随着知识经济时代的来临，经济学家、社会学家和管理学家都高度重视人力资本的作用，人力资本的研究进入了一个崭新的时期。

6.1.2　人力资本的含义

1）人力资本的定义

人力资本是与物质资本相对应的概念。按照现代经济学、管理学和社会学对资本的认识，资本从形态上可以划分为5种形式，即物质资本（physical capital）、人力资本（human capital）、金融资本（financial capital）、技术资本（technical capital）和社会资本（social capital）。人们通常所指的资本是物质资本（含金融资本，因为金融资本在一定条件下可以转化为物质资本）以及人力资本，或者说是人力资本和非人力资本。

物质资本是指在一定时期内积累起来，用于生产其他消费资料或生产资料的耐用品，体现为产品的物质形态，例如厂房、机器设备、各种基础设施、原材料、燃料、半成品等。物质资本既是某一生产过程的结果，又是新一轮生产过程的前提。所以，萨缪尔森说："资本一词通常被用来表示一般的资本品。资本是另一种生产要素。"作为生产要素，它既是一种"入量"，又是一种"经济社会的出量"。[②]一个社会各种生产资料之和，大体反映该社会物质资本的总量。

---

① 明塞尔. 人力资本研究［M］. 张凤林，译. 北京：中国经济出版社，2001：3-4.
② 萨缪尔森. 经济学：中册［M］. 高鸿业，译. 北京：商务印书馆，1981.

人力资本，在舒尔茨看来，是相对物质资本或非人力资本而言的，是指体现在人身上的，可以被用来提供未来收入的一种资本，是指人类自身在经济活动中获得的收益并不断增值的能力，包括个人所具备的才干、知识、技能和资力。加里·贝克尔进一步把人力资本与时间因素联系起来，认为人力资本不仅意味着才干、知识和技能，还意味着时间、健康和寿命。这样一来，人类所面临的稀缺，就不仅与人类的无限需求和物质资本的有限存在相关，而且与人的无限能力和人的有限存在相联系。

综合比较上述各种研究，本书认为，人力资本是指体现在劳动者身上的、以劳动者的数量和质量表示的非物质资本，表现为劳动者在一定时间内所具有的一定健康体魄、操作技能和劳动熟练程度。一般被理解为通过人力资本投资形成的、寓寄在劳动者身上并能够为其使用者带来持久性收入来源的劳动能力。劳动者技能和熟练程度的差别，就是人力资本质量的差别。从某种意义上说，一个社会人口和劳动力的多少，预示着人力资本存量的丰裕程度。

2）人力资本与物质资本的关系

（1）相似性

①二者都是国家和社会（含家庭和个人）为了某种目的，通过减少和延缓即期消费，对某一生产过程（包括物质资料再生产过程和人口再生产过程）进行生产性投资的结果；对人口生产进行投资形成人力资本，对物质产品生产进行投资形成物质资本。

②两种资本都具有数量和质量的规定性。

③两种资本从其形成起，不仅代表一定既有的生产能力，而且同其他生产要素结合，预示着未来的生产能力。

④对两种投资的结果，其投资者原则上都具有与其投入相适应的产权。

⑤两种资本都具有耐用性，即不论在使用过程中还是处于闲置状态，它们都会发生折旧。

⑥个人的人力资本和物质资本一样都是稀缺性资源，尽管它们多少有先天的部分，但根本的问题仍在于怎样生产和再生产这两种资本，并且把这两种资本的存量有效地分配到个人需求的各个方面以求得效用最大化。

（2）区别性

①在现代经济的许多场合，人力资本日益发挥着比物质资本更为重要的作用，即其生产率显著高于物质资本。

②物质资本再生产的结果，可以根据其投资来源作出明确划分，界定出每个所有者所占份额；而人力资本则很难根据其来源区分出每一个出资人究竟占有或者应该占多大的比例。

③两种资本的"产权"形式，都可进一步细分为所有权、使用权、处置权、收益权等。但是，两种产权又有很大的不同：从微观上看，物质资本的所有权可以被继承，即物质资本所有者可以将身后财产交由法定继承人或指定继承人继承；而人

力资本的拥有者一旦谢世，其后人不能也无法把他体内的人力资本继承下来；物质资本投资者对其拥有的物质资本具有完全的实际处置权，而人力资本与其载体——劳动者本身结合在一起，其所有权不能转让或转移，处置权不完整。人力资本的处置权是不完的，或者只是名义上的。换句话说，人力资本的所有权和使用权之间的分离度，远远小于物质资本。[①]

④两种资本的积累方式具有显著区别。一方面，两种资本的社会总量都会随着经济社会的发展而不断地增多，其累积效应十分显著，并因此而成为社会发展最根本的推动力量；另一方面，单个物质资本的累积效应又不是很显著，例如一台机器设备虽然可以通过技术改造增加存量资本，一幢大厦可以通过改造、装修而增大其价值存量，但是这台设备、这幢大厦的改造、装修毕竟是有限的，因此其增值对社会总资本的增值的贡献，也就相对较小。人力资本则不然，一个人可以通过正规教育，小学、中学、大学、硕士甚至到博士、博士后，一个一个阶梯地增加知识，也可以在走上工作岗位之后接受继续教育如在职培训、脱产学习等，提高岗位技能和业务水平；还可以在工作时间、业余时间通过耳濡目染，自觉不自觉地更新知识和技能。此外，人的实践经验也是一种人力资本。所有这些可以在一个人身上反复实现的人力资本存量增加，是物质资本存量增加所不可比拟的。

⑤两种资本的折旧也有所不同。一般来说，物质资本折旧是按一年一定比例缓慢发生的。人力资本的折旧却很不相同，既可能是缓慢进行的，也极有可能是转瞬即逝的，还有可能随时间的推移而增值。这一点对人力资本的开发利用，具有特殊意义。

⑥人力资本投资难以确定回收期。物质资本可以根据折旧率、利润率等方法计算出其投资在若干年之后可以收回，并从"投资回收期"的长短来考察投资的经济效益。人力资本投资转化为"健康资本存量""知识存量""就业资本存量"，从理论上和实践上说，这种投资的效益是明显的。但是，要具体确定回收期，无论从宏观经济还是微观经济来说，都是困难的。

（3）互补性

用一定量的物质资本和一定量的人力资本可以产生一定的收入。用较少的物质资本和较多的人力资本，或用较多的物质资本和较少的人力资本，往往可以产生等量的收入。这成了世界上几乎所有国家选择发展战略的重要依据。也正基于此原因，如何通过教育等方式来增加本国经济发展所需要的人力资本成为劳动经济学研究的一个重要内容。

（4）依附性

一定的人力资本需要且必须与一定的物质资本结合在一起才可以发挥作用，而物质资本也只有在与一定的人力资本结合之后，其作用才能得到发挥。因此，二者能够相互替代的基础是二者的相互依附性。需要指出的是，没有人力资本作用的发

---

① 关于人力资本产权研究见何承金. 人力资本管理［M］. 成都：四川大学出版社，2000：136-153.

挥，物质的存在性不受影响，而没有一定的物质资本，人力资本不能维持自身的资本存在形态（人力资本必须是一种活的资本，没有了物质资本，人力资本将不能呈现为活的状态），从而使得人力资本在与物质资本的对话中大多数情况下都处于弱势地位。

6.1.3　人力资本与经济发展

1）人口数量投资对经济增长的影响

（1）积极的影响

①假定劳动力质量不变（生产过程中劳动与资本生产要素配合的比例保持不变），两种要素同比增加，则能刺激经济发展，增加产量。如果劳动供给不足，则资本有剩余，表现为机器设备闲置，势必阻碍发展，限制总产量增加。可见，一定数量的劳动力为经济增长所必需。

②如果两种生产要素的比例是可变的，资本可以替代劳动，或者劳动可以替代资本，那么在劳动力不足时，则用资本替代。这时，替代部分的资本相当于对人力的投资，它所起的作用相当于不足部分劳动力对经济增长的贡献。

③众多的人口，为建立规模经济，降低运行成本，为经济发展供给足够而廉价的劳动力，以及为经济保持较高增长准备必需的消费需求等，都有积极作用。

（2）消极的影响

①人口过快增长会降低人均收入水平，即出现"马尔萨斯人口陷阱"（the theory of population trap）。根据马尔萨斯的人口理论，人们得出一个结论：当人均收入提高时，人口增长速度也必然随之提高，结果人均收入又会退回到原来的水平上，除非投资规模迅速提高到超过人口增长的水平。由于人口增长有自然的极限，人均收入才能超过人口增长率的上升，因此，在最低人均收入水平增长到与人口增长率相等的人均收入水平之间，有一个"人口陷阱"。换句话说，由于人口增长速度快于总产量或国民收入增长的速度，只能使人均收入勉强在较低水平上达到均衡。

②人口过快增长会影响到人类的健康和智力发展。从家庭规模与儿童健康和教育的关系看，用营养状况、发病率和死亡率来衡量，超过一定人口数的家庭规模，一般说来，子女越多，平均受教育水平越低、孩子健康水平越差，即在相对贫困的家庭中，家庭规模与儿童健康和受教育水平之间的负相关性会强些。从人口增长与公共教育经费看，它降低人均教育费用水平，导致教育质量降低。

③人口增长会加重环境污染。在其他因素不变的情况下，环境污染与人口密度成正比。

2）人口质量投资对经济增长的作用

（1）人力资本的累积效应和收益递增效应

舒尔茨发现，不同文化程度的人"智力劳动"能力之比为：大学∶中学∶小学=25∶7∶1。说明一个人的文化素质越高，生产劳动的能力越强，由此对经济增长的贡献也越大。为什么不同文化程度者对经济增长的贡献会有如此差别？因为人力资本具有累积效应和收益递增效应两个重要特点。

①累积效应。累积效应指人力资本的主要含量是知识和技能，包括科学技术知识和管理知识与技能等。一个人的知识与技能具有日积月累的效果，只要他善于学习和吸收新鲜事物，他所拥有的知识存量就会增长、能力就会提高，社会的人力资本存量也就会随着个体人力资本的积累而增多，其蕴含的能力即社会生产能力就会呈现出倍增的扩张之势。这种能力的运用——依据市场机制实现人力资本与物质资本的结合，就会推动经济增长。

②收益递增效应。收益递增效应是人力资本累积效应的直接结果。传统经济学理论认为，在技术不变的条件下，生产中某一要素投入超过一定限度后，会出现收入（报酬）递减的趋势。但是，人力资本不同。它是一种"活"的、能动的智力资源，由于知识的积累，其使用过程也就是知识增长、更新和人力资本开发、完善的过程。人力资本的增加会使生产过程之中的技术系数得到强化，因而不仅不会出现收益（报酬）弱化、递减的趋势，而且会带来更高的投资回报率，促使资本增值。

（2）人口质量投资对经济发展的作用

①人口质量投资能够增加社会资本存量，成为推动经济发展、社会财富增加的主要源泉。自从人力资本理论问世以来，资本的含义发生了重大变化。社会总资本从单一的物质资本，扩展到了物质资本与金融资本、人力资本、技术资本等之和。人力资本作为提高人口的质量、增强人的能力的资本，主要是教育投入在劳动者身上的凝聚。教育投资增加，国家人力资本存量也增加，从而社会总资本、国家财富也增加。根据舒尔茨等人的研究，第一，美国人力资本存量在1900—1957年增加了7.5倍，而同期非人力资本存量仅增加3.5倍；人力资本占非人力资本的份额从22.34%上升到42.17%。如果把人力资本存量与可再生的非人力资本存量看作国家的全部财富，人力资本财富的比重从18.3%上升到29.7%。第二，1930—1970年，美国工商企业资本存量增加了1.2倍，同期人力资本存量增加3.5倍，人力资本占工商资本存量的份额从36.9%上升到74.8%。如果把人力资本存量与工商企业资本存量看作国家全部财富，1930—1970年，人力资本在全部财富中的比重从26.8%增加到42.8%。[①]

②人力资本投资有利于增加工人的收入。工人受教育程度高，在同样时间内付出的劳动多、生产率高，其收入自然也高。在国民收入中，由劳动贡献决定的工资比重越来越大。西蒙·库兹涅茨通过相当长时期的考察和研究，发现国民收入中由传统的资产所创造出的国民收入份额，从45%下降到25%，而劳动（人力资本）贡献的份额从55%上升到75%。[②]美国官方认为，1970年国民收入中约有3/4是由雇员的报酬组成的，剩下的1/4可分为财产所有者的收入、租金、净利息和利润四

---

① 舒尔茨. 论人力资本投资 [M]. 吴珠华，等译. 北京：北京经济学院出版社，1990：182.
② 舒尔茨. 论人力资本投资 [M]. 吴珠华，等译. 北京：北京经济学院出版社，1990.

项。而这四项"财产"收入中，有相当一部分是为人们提供生产服务而得到的补偿性收入，实则相当于工资收入。据保守估计，1970年美国人力资本的贡献占国民收入的4/5。[①]当代生产力形成和发展呈现出"科学—技术—生产"的内在逻辑过程，科技进步成为推动经济增长的第一位要素。据统计，发达国家GNP的增长中，科技进步的贡献已经从20世纪初的5%～20%上升到五六十年代的50%左右、80年代的60%～80%。[②]

③人力资本投资有利于实现物质资本投资的吸收与消化。第二次世界大战后，日本和联邦德国战后经济迅速恢复，向人们展示了教育—科技—人才的巨大作用。舒尔茨据此特别分析了穷国的发展道路。传统理论认为，资本不足是发展中国家发展缓慢的根本原因。哈罗德–多马经济增长模型（其基本公式g=s/k，g表示经济增长率，s表示储蓄率，k表示资本产出率）则是这种"唯资本理论"的理论基础。罗斯托、钱纳里、纳克斯、刘易斯等人进一步依托哈罗德–多马模型，形成了他们的积累、工业化和计划化等学说。根据这些学说，发展中国家要发展，就必须实行赶超发达国家的战略，为此需要追加资本投资。然而，发展中国家的基本特征就是储蓄不足，投资遇到储蓄和外汇"两个缺口"。要追加投资，就必须引进外资。但是，这些外资在发展中国家运用的事实却是，新的投资变成了建筑物、机器设备，有的变成存货积压仓库，甚至成为一堆废铁，而没有投放在人身上。由于人力资本不能同物质资本齐头并进，结果，物质资本虽然增加了，但吸收率很低，增长与发展的速度照样缓慢。因此，发展中国家贫困的根本原因不在于物质资本落后，而在于人力资本匮乏。

西方人口经济学家用柯布–道格拉斯生产函数来说明人口质量投资的提高对经济增长的作用。

柯布–道格拉斯生产函数为：

$$Q = AL^{\alpha}C^{1-\alpha} \tag{6.1}$$

式中，Q表示产量；A为常数，意为平均技术水平；L表示劳动量；C表示物质资本量；α和（1-α）分别表示劳动和资本在产出量中所占的份额或对产出的相对贡献。由公式（6.1），可以推出经济增长率的公式（6.2）：

$$\frac{Q'}{Q} = \frac{A'}{A} + \alpha\frac{L'}{L} + (1-\alpha)\frac{C'}{C} \tag{6.2}$$

（6.2）式中的"′"表示该项在一定时期内的增量。

为了说明劳动力质量对经济增长的作用，主要对L′/L项进行分析。根据人力资本的定义，人口质量高的人比人口质量低的人在相同时间内有更高的生产率。由于劳动力是一种集数量和质量于一体的生产要素，设劳动力数量为N，劳动力质量为E，t为计算质量的年份。因此，L′/L不仅与N′/N增长率有关，而且与E_t有关。

假设在劳动力市场上，劳动生产率决定劳动者的报酬，而劳动生产率的高低直

① 舒尔茨. 论人力资本投资［M］. 吴珠华，等译. 北京：北京经济学院出版社，1990.
② 易培强. 知识经济初论［J］. 湖南师范大学学报，1998（2）.

接同劳动者受教育的水平相关。劳动者质量的提高可以表示为公式（6.3）：

$$E_t = \sum \frac{Y_t}{Y_0} \cdot \frac{N_t}{N}$$ (6.3)

由于劳动者的收入与劳动生产率和受教育程度相关联，设劳动者基期年平均收入为Y_0，报告年（设为t）受某种教育程度劳动者的收入为Y_t，N 和 N′分别表示基期年和报告年的劳动者人数，N_t为受某种教育程度劳动者在t年内的人数。Y_t/Y_0是同基期年份比较，第t年受教育水平的相对收入，则：

$$\frac{L'}{L} = \frac{N'}{N} + \sum \frac{Y_t}{Y_0}\left(\frac{N'_t}{N}\right)$$ (6.4)

把式（6.4）代入式（6.2），得到式（6.5）：

$$\frac{Q'}{Q} = \frac{A'}{A} + \alpha\left[\frac{N'}{N} + \sum \frac{N'_t}{N}\right] + (1-\alpha)\frac{C'}{C}$$ (6.5)

该式说明，在劳动力人口总数不变的条件下，E_t增加一倍表示劳动量（L）增加，等于在劳动力人口质量E_t不变条件下，劳动力人口总数N增加一倍所表示的劳动投入量（L）的增加。随着劳动力人口受教育程度的提高，劳动力人口的平均量也会相应提高。

这个公式在理论上的另外一层含义是，它反映了劳动者与资本及不同质量的劳动者之间可以有相互替代的可能。但是，随着现代科学技术的迅速发展、全球竞争的加剧、各种管制活动的放松，正在引发一场天翻地覆的重大变革，在实践中要让低素质的劳动力去替代高素质的科技专家，事实上已经不可能。再考虑到1942年首届诺贝尔经济学奖得主丁伯根（J.Tingbergen）已经修改了柯布–道格拉斯生产函数中"因技术水平恒定，定义A为'常数'"（即资本占1/4，劳动占3/4）的假设，A被换成一个随时间而变化的变量。科学技术纷纷"物化"在物质资本特别是人力资本之中。因此，为了简便起见，我们把技术的变化这个因子反映在价值构成和劳动者的质量中。

设Q′/Q=G，因此，公式（6.5）简化为：

$$G = \frac{E'_t}{E} \cdot \frac{C'_t}{C_0}$$ (6.6)

（6.6）式说明，经济增长率是人力资本与物质资本增长率的乘积。

6.2　　　　　　　　　人力资本投资

6.2.1　人力资本投资的渠道

人力资本是通过对人力进行投资形成的资本。人力资本投资就是指为提高人力资源的生产率而对其进行的投资。对人力的投资是多方面的，根据人力资本理论家的研究，人力投资有4种形式，即在职培训、各级正规教育、健康保健、劳动力流动。他们特别强调正规教育和在职培训的支出在人力资本投资中的作用。

1）各级正规教育

正规教育是人力资本投资的重要方式，主要是用来提高人口的智力、知识、能力和技术等水平的投资，在人力资本投资中居于十分重要的地位。

正规教育可以分为初等、中等和高等三个层次。世所公认，一个人的能力不都是与生俱来的。用于各级正规教育的费用，不论其投资主体是政府还是社会团体、劳动者个人或其家庭，均属于人力资本投资。

一般说来，正规教育可分为两种形式：一种是传统的学校教育，即小学、初中、高中、大学所构成的教育体系；另一种是由初级、中级和高级职业教育学校所构成的职业技术教育体系。

传统的学校教育体系，构成了在教学内容、教育层次上互相沟通、相互衔接的教育体系。初等和中等普通教育的目标在于人的一般认识功能的发展方面，是后面其他教育的自然基础。高等教育具有鲜明的专业性，其基本任务与主要作用是探索、鉴别、传授和发展一个民族或一个社会已有的最高文化科学成就与精神财富，解决对自然界、社会生产和社会发展规律的认识。

在职业技术教育体系中，初等、中等职业技术培训是以直接地培养和训练人的职业能力为主要目的，使受教育者获得与发展从事某种职业所需要的知识、技能与技巧。高等职业技术培训则是培养劳动者的高级职业技术和相应的管理能力。职业技术教育这种人力资本投资方式，特别地侧重于人力资本构成中的"专业技术等级"。

通过各种形式的正规教育投资，形成并增加人力资本的知识存量，表现为人力资本构成中的"正规教育程度"，即用正规学历反映人力资本存量。人力资本存量一般通过劳动者接受学校教育的年限和劳动者学历构成来反映。在世界银行的年度世界发展报告中，有专门的"世界发展指标"，其中关于"教育"的一栏就是通过对一国人口中小学、中学和受高等教育者在总人口中所占的比例来进行说明。

2）在职培训

在职培训是指劳动者在就业的同时接受的各种与就业相关的培训。培训投资是人们在接受正规教育进入工作岗位后，为提高工作或适应能力所发生的投资支出。在职培训属于继续教育范畴。

在职培训有两种类型：一般培训与特殊培训。所谓一般培训，是指企业提供的职工培训，其结果是接受培训的职工获得的知识、技能，不但对本企业有用，而且对其他企业也是有用的。特殊培训，又称为专门培训，是指能更大地提高提供培训企业本身的生产率的培训，接受培训者的知识、技能增加以后，对提供培训的企业之外的其他企业的生产率没有多大影响。这种培训为提供培训企业所专设又为该企业所专用。不同的培训目的将影响培训费用的支出结构。

与正规教育相比，在职培训的投资成本既可以由被培训者即劳动者承担，又可以由厂商承担。通常情况下，接受一般培训的雇员是由自己支付培训费用，特殊培训的费用除由接受特殊培训的雇员自己支付外，企业还要承担相当大的部分。企业向受过一般培训的雇员支付和其他企业雇员同样的工资，而对那些受过特殊培训的雇员则支付高于其他企业的工资。

在职培训是一种"多赢"的活动。国家提倡和鼓励在职教育和培训，在职教育和培训能够节约社会资源，达到提高劳动者整体素质和劳动生产率水平，用等量的投入获得更大的经济效益和社会效益的目的。企业对员工进行在职培训，能够较快地增加人力资本存量，从而提高劳动生产率，提高企业的市场竞争能力。贝克尔指出，"培训会降低现期收益，并提高现期支出，但是，如果它可以大幅度提高未来的收益，或者大幅度降低未来的支出，企业就将乐于提供这种培训。"[①]工人通过在职培训学习新技术，能够增加自身的人力资本存量，有利于增强职业竞争力，获得更高的劳动报酬。

现代企业都高度重视在职培训对提升本企业员工的能力并进一步提高企业市场竞争能力的作用，而且良好的在职培训制度在一定程度上成为企业吸引和留住员工的重要措施。

3）健康保健

人力资本的载体只能是人，因而人的心理、生理素质状况，如肌肉力量、五官感觉、灵敏程度等，是人力资本发挥作用的自然基础，健康状况对决定各种方式的人力资本投资及其价值起着极其重要的作用。健康保健投资包括营养、衣服、住房、医疗保健和自我照管、锻炼、娱乐等所需的费用。

健康保健的功能：一是保持人们的卫生与健康；二是恢复人力资源的劳动能力。因此，其可以说是一种为满足社会对劳动力的持续供给需要而支出的保健费用和"修理"费用。具体说，健康保健投资具有三个作用：

①可以降低人口死亡率特别是婴儿死亡率，直接增加未来劳动力的数量，从而在一定条件下推动经济发展。

②可以减少生病时间和减少死亡人数，增强劳动者体力，提高劳动者身体素质，从而使劳动者有更宝贵的精力和更强的工作活力投入生产劳动，提高劳动生产率。

③可以延长劳动人口的工作寿命，从而增加社会投入的总劳动量。总之，医疗保健是提高国民身体素质的物质基础。

医疗保健支出是形成人力资本的重要途径之一，也是一国经济发展与增长有无后劲的关键因素之一。

4）劳动力流动

（1）劳动力国内流动支出

所谓劳动力的国内流动支出是指为达到将来某种目的，由家庭和个人投入的用

---

①　贝克尔. 人力资本［M］. 梁小民，译. 北京：北京大学出版社，1987：8.

于改善工作、生活和居住环境的劳动力国内流动迁移费用。随着社会开放程度的扩大和文明程度的提高，人们流动迁移的范围也更广泛，因而用于流动迁移的费用也越多。劳动力国内流动与迁移的根本作用：一是有利于调剂不同地区间劳动力资源的余缺，从而尽可能充分利用社会劳动力资源；二是尽可能优化配置劳动力资源，从而充分发挥人力资本的潜能，用最少的人力资本的社会投入，最大限度地获得全社会劳动力资源利用的经济效益和社会效益。无论哪一个国家，人口和劳动力都不会是均衡分布的，在劳动力供大于求的地方，人力资本的作用得不到充分发挥，这是人力资本的浪费。同样，一个国家的人力资源配置也不可能是尽善尽美的，对学非所用、用非所长的人来说，人力资本的作用得不到充分发挥，这也是人力资本的损失和浪费。因此，调剂劳动力的余缺、改变劳动力配置、发挥人才专长的人口流动迁移的费用，也是一种人力资本投资。

（2）劳动力国际流动支出

劳动力的国际流动即移民是国际人力的流动。对移入国来说，它用移民开支换取了一批人力，即相当于从外部增加了一笔人力资本。从人力投资角度看，这笔移民开支是合算的。如果入境的是经过专业训练的人才，那就省去了培养这些人力的投资，即节省了一笔教育费用；即使入境的是普通劳动者或者是儿童、未成年者，那也省去了这些人的生育、抚养和从出生后到入境前的那一段时间内的保健费用。因为这些教育、抚养和保健费用，是人力资本的又一重要来源。但是，对移出国来说，它则失去了一笔人力资本。而且，有时这种失去是得不到任何报偿的，因而是绝对的。人才奇缺是发展中国家和不发达地区的企业的根本特征。它们花费巨资兴办高等教育，或者对员工进行在职培训，但往往是培训出来的人才一夜之间流失殆尽，造成人力资本的巨大损失。当然，这里也应考虑另外两个问题：第一，如果入境的是已经丧失劳动能力的人，那么移民入境的支出不仅不能被视为对人力的投资，在一定程度上还减少了国内可用于人力资本的投资；第二，如果入境的劳动者代替了国内劳动者，使后者失去工作，但经济效率并没有增加（假定二者的工作能力、技术水平、熟练程度一样，从而增加的国民收入一样多），那么用于移民入境的支出也不能被视为人力资本投资。

上述是人力资本投资的主渠道。此外，关于获取劳动力市场的工资和职业信息、企业雇用员工考核评价费用等，都可以视为人力资本投资。实际上，人力资本投资的方式很多，如果从广义上来说，为了形成和增强劳动力的生产性，增加未来的效用，任何直接针对改善或提高劳动者的职业技术能力结构、知识结构、分布结构、利用水平的费用支出，都可以视为人力资本投资。

6.2.2 人力资本投资的核算

1）核算的主要指标——现值

与其他资本投资决策一样，人们在对人力资本进行投资前，也要对人力投资的预期收益和成本进行比较。但投资收益的取得和成本的付出在不同的时点，不同时点的同一货币量其实质价值是不同的，不能直接进行比较，比较的基础就是正确理解和利用现值。

所谓的现值是指未来收入和支出的现在价值。其计算公式如下：

$$PV_0(Y_t) = Y_t \Big/ (1+r)^t \tag{6.7}$$

式中，PV_0是现值符号；Y_t是t年的收入值；r是年利息率；t表示时间；$PV_0(Y_t)$表示t年收入Y_t的现在价值。

考核人力资本投资项目的效益，重要的就是看其投资收益的现值是否大于投资支出的现值，而不是看总收入是否大于总支出。在现值的计算中，利息率r的大小对现值大小的影响很大，二者成反比。

2）现值的计算方法

（1）净现值法

净现值法使用净现值作为评价方案优劣的指标。所谓净现值，是指某一特定的投资方案中未来现金流入的现值和未来现金流出的现值之间的差额。按照这种方法，所有未来现金流入和流出都按预定贴现率折算为它们的现值，然后再计算其差额。如果净现值为正数，表明偿还投资本息后该项目仍有盈余；若净现值为零，即偿还本息后一无所获；若净现值为负数，则项目收益不足以偿还本息。净现值计算公式如下：

$$Q = \sum_{k=1}^{n} \frac{I_k}{(1+i)^k} - \sum_{k=1}^{n} \frac{O_k}{(1+i)^k} \tag{6.8}$$

式中，Q为净现值；n为投资涉及的年限；I_k为第K年的现金流入量；O_k为第K年的现金流出量；i为预定的贴现率。

公式（6.8）揭示了人力资本投资的净现值应大于或等于零的基本原则。

净现值法的适用性很广。净现值法使用绝对数，主要适用于单个投资方案的评估。其应用的主要限制条件是贴现率的确定：一种办法是根据资金成本来确定，主要以银行同期存款或贷款利率为依据；另一种办法是根据企业要求的最低投资报酬率来确定，即根据资金的机会成本来确定。相对而言，第二种方法更为合理。

（2）现值指数法

对若干个投资年限、投资金额不同的方案，需要引入现值指数法。该方法是净现值法的演变。现值指数法是通过现值指数（未来现金流入现值与现金流出现值的比率）的计算来评价方案的指标。即：

$$Q = \frac{\sum_{k=1}^{n} \dfrac{I_k}{(1+i)^k}}{\sum_{k=1}^{n} \dfrac{O_k}{(1+i)^k}} \tag{6.9}$$

式中，Q代表现值指数。

利用现值指数法可以进行独立投资机会获利能力的比较。

（3）内含报酬率法

内含报酬率法也是一种可以用来进行多个投资年限和金额不同的方案评估测算比较的方法。内含报酬率r也是指使投资方案净现值为零的贴现率，即：

$$\sum_{k=1}^{n}\frac{I_k}{(1+i)^k}=\sum_{k=1}^{n}\frac{O_k}{(1+i)^k}\qquad(6.10)$$

利用内含报酬率可以排定独立投资的优先次序。在图6-1（1）中，假定追加一个单位的人力资本投资的边际成本不变（MC），而边际收益（MR）的现值是下降的，这是因为多追加的人力资本投资就意味着少得一年的收益。对任何人来说，能够达到效用最大化的人力资本投资数量（HC*）都是在MC=MB的点上取得的。因此，当其要对不同个人的人力资本投资进行决策的时候，就要考虑各人的边际成本与边际收益。直线MC'所代表的是具有较高边际成本的人，他们所要求的显然要少一些（从图6-1（1）中的HC*变成MC'）。类似地，那些预计自己从追加的人力资本投资中获得未来收益较少的人，也需要较少的人力资本（如图6-1（2）中的MB″所示，其人力资本投资数量从HC*减少到HC″）。

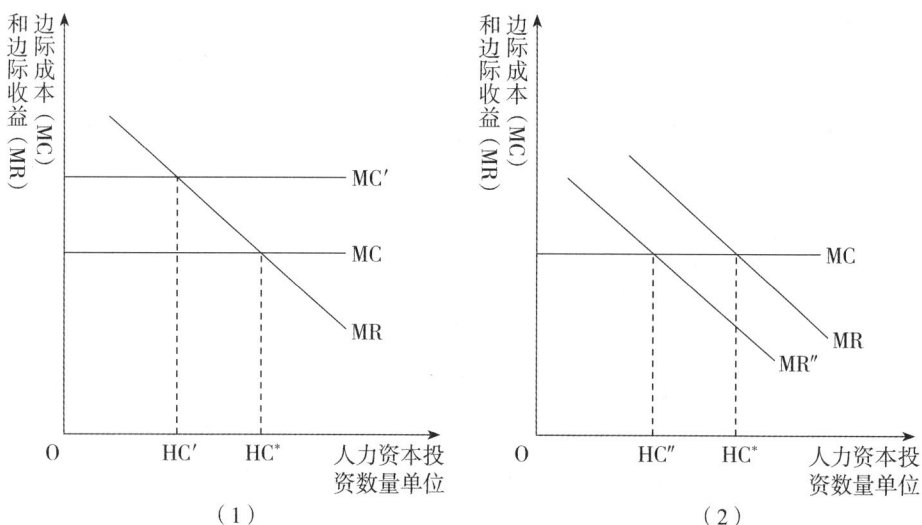

图6-1　人力资本投资最佳需求

6.3　人力资本投资的成本与收益核算

6.3.1　教育投资的成本与收益

教育在人力资本形成中占据重要的位置，许多的人力资本研究学者都对教育投资的成本与收益进行过分析。

1）教育的成本

教育成本的界定有两种方式：一种是按费用的发生形式可以分解为直接成本和

间接成本；另一种则是以费用的支出方划分为私人成本和社会成本。

（1）直接成本和间接成本

直接成本指国家和社会的教育设施建设与购置费用、教师的工资、图书资料等费用和个人为接受教育而直接支付的各种费用。其来源包括两个部分：一是政府直接拨出的教育经费；二是受教育者个人负担的学习费用。在这两种费用中，政府是教育投资的主体。不过在现代社会，个人支付的直接学习费用占越来越大的比例。此外，随着"科学技术是第一生产力""知识经济"等理论日渐深入人心，人力资本的作用逐渐被人们所认识，社会各界办教育的热情高涨，因此，以企事业单位、组织、团体等为代表的社会力量用于员工的在职和岗前的教育培训费用，日益成为直接教育投资的重要组成部分。

间接成本指学生因受教育而可能放弃的收入，又称机会成本（opportunity costs），即人们放弃一种机会而由此可能遇到的损失。例如，一个中学毕业生面临两种选择：一是继续上学；二是就业。如果选择上学，那么他就会由此放弃选择就业所得到的收入；如果选择就业并且如愿以偿，就会得到一笔收入；即使没有那么多岗位可以吸收他从事正式的工作，也可以帮助家庭劳动，从而增加家庭收入或减少家庭雇用别人的支出。总之，学生只要继续上学，就要承受由于放弃就业所带来的经济损失。

（2）私人成本和社会成本

私人成本是指个人为自身接受教育所付出的成本。私人成本主要由两部分组成：其一，个人支付的直接的教育成本，包括学费、书籍以及超出不上学时的那部分生活费用；其二，包括个人接受教育时的机会成本，即由于上学而放弃的收入。在经济发展水平不同的国家，教育的机会成本是不同的。一般说来，发达国家劳动力的文化素质普遍较高，初等、中等学历的劳动力就业机会少、工资低，相应的教育机会成本低。发展中国家的整体生产力水平不高，脑力劳动者与体力劳动者的收入差别大，受教育的机会成本较高，从而导致发展中国家的入学率较低。

社会成本是指一国免费的公共教育投资、费用和各种有关的教育补贴。社会成本也存在一定的机会成本，主要是指政府在提高公共教育投资之后，势必减少对基础设施或其他物质产品生产的投资。

2）教育的收益

（1）个人收益

个人收益主要考虑在经济方面的正收益，而不考虑精神方面的收益与付出。

①个人未来较高的收入。一般而言，个人的收入水平与他所受教育的年限正相关。[①]受教育的年限越长，其知识面越宽广，研究与开发的能力也越强，因而预期

---

① 各个国家受教育多的劳动者都比受教育少的劳动者收入多。只是与教育相关的工资收入，在不同国家差距不同。在对受过教育的劳动者需求旺盛的国家（如泰国）或供不应求的国家（如科特迪瓦），工资就高；在受过教育的劳动者较多的国家（如美国和斯洛文尼亚），情况就相反。与男人相比，妇女受教育的经济收益更高些。世界银行《1995年世界发展报告》编写组. 1995年世界发展报告：一体化世界中的劳动者[M]. 北京：中国财政经济出版社，1995：39.

的收入也越高。例如，受过 10 年教育的人的平均收入与受过 9 年教育的人的平均收入的差额，就是第十年的收益。

②个人未来较合理的支出。这是指假定受过教育的人与未受过教育的人相比，能够较为合理地安排个人的支出，较为理性地处理每一项消费，从而使每一元支出更为有效，这也等于增加了收入。

③个人未来健康的身体。受过教育的人，通常会更加珍惜和懂得如何保持自己的身体健康，从而提高身体素质，增加未来的收入。

④个人未来的职业机动性。受过教育的人与未受过教育的人相比，由于知识面比较广，技能相对全面，因而适应能力较强，从而有较多的机会变换职业，以获得更高的收入，即使工艺过程和产业结构发生较大变化，也不致失去就业机会。

（2）企业的收益

企业人力资本投资的收益表现为经济和精神两个方面。人力资本投资有助于提高企业员工整体素质，进而提高劳动生产率，这是企业经济效益持续上升的根本源泉。员工素质提高，企业整体文明程度和公信度提高，企业收获良好的社会赞誉。社会效益的提升又推动经济效益的进一步大幅度增加。

（3）社会收益

人力资本投资的社会收益也是巨大的。社会收益分为经济收益和非经济收益。社会的非经济收益，在政治上表现为国民受教育水平提高后可增加国民的社会责任感和政治参与能力，运用社会赋予的民主权利；社会道德风范会更加美好等。人力资本投资的经济收益，表现为提高劳动生产率，推动经济增长，改善生活、劳动条件，扩大就业，增加人均收入等。

从现代经济发展的实践看，人力资本对许多国家经济的贡献都比物质资本大得多。根据柯布-道格拉斯生产函数理论，资本与劳动是影响经济增长的两个变量，经过验证，二者的数量关系为，劳动在经济增长中起 3/4 的作用，而资本起 1/4 的作用。但是，实际的经济增长率比劳动和资本二要素总投入增长率快得多，例如，在 1955—1975 年，日本国民生产总值提高了 5 倍，而劳动力仅增加 27%，技术对经济增长的贡献为 55% ~ 63%。在 1948—1984 年，美国原来应占增长 100% 的两个要素，实际只占 34%。这就是说，无论是日本还是美国，大约 66% 的经济增长应归结为一个新的要素——科技与教育所形成的人力资本。从美国 1948—1996 年的更长时期看，国民收入年平均增长率达到 5.3%，而要素投入年增长率仅 2.31%，科技与教育所起的作用也达到 56%。1996 年 7 月，美国国家科技委员会提出《为了国家的利益发展科技》的报告，总结了过去几十年经济发展的经验后指出，"技术进步是决定经济能否持续增长的一个最重要的因素""技术和知识的增加占生产率增长总要素的 80% 左右"[①]。日本前文部大臣荒木万寿夫说："造成这种状况的重要原

---

① 卢嘉瑞. 知识经济：当代经济的主流［J］. 经济研究参考，1998（3）.

因，可归结为教育的普及和发展。"①

3）教育成本与收益的计算

（1）教育成本的计算

如前所述，教育的成本由教育的直接费用和间接费用及机会成本组成。教育直接费用的界面是比较清楚的，学生因上学而放弃的收入（即机会成本）比较难以把握。在计算机会成本时，舒尔茨和阿尔伯特·费希洛（Albert Fishlow）分别提出了两种不同的方法。

①舒尔茨的计算方法②

舒尔茨假定14岁以下的学生不存在因为上学而放弃收入的问题，因而他把14岁以上的学生计算在内。假定这些学生全部进入劳动力市场，并全都进入工业部门，而且亦不存在因劳动力过多而引起工资率下降的问题。计算分为三步进行：

第一步：以某一年（如1949年）为基期。他把学生（不论男女）分为中学生和大学生两组，将就业时可能得到的收入与工业普通职工的收入进行比较。据计算，一个中学生如果就业，一年的平均收入相当于工业工人11周的平均收入；一个大学生如果就业，一年的平均收入相当于一个工人25周的平均收入。利用这个比例，在调整失业率之后，推算其他年份的数字。

第二步：职工平均周工资乘以11，等于该年中学生平均每人放弃的收入；职工工资乘以25，等于该年大学生平均每人放弃的收入。

第三步：把上述计算结果分别乘以该年中学生和大学生人数，得出该年学生放弃的收入总额。

②费希洛的计算方法③

费希洛认为，舒尔茨的假定是不充分的，即不能假定全部中学生都到工业中去就业，还必须假定其中一部分人可能到农村就业，特别是农村来的学生。同时，考虑到学生在农村就业的可能性，以及农业劳动的特点，因此学生就业的年龄可能更低，比如在10岁时就参加劳动，亦即从这时起就因上学而放弃收入。计算分四步进行。

第一步：从学生总人数中分离出10岁及10岁以上的学生人数，并确定其中可能在非农业部门就业和在农业部门就业的人数。

第二步：计算学生可能在非农业部门就业的收入（学生可能在非农业部门就业的收入=可能在非农业部门就业的学生人数×一年内放弃收入的时间所占的比例×非农业部门就业者的平均收入）。

第三步：计算学生可能在农业部门就业的收入（学生可能在农业部门就业的收入=可能在农业部门就业的学生人数×放弃收入的月数×农业就业者的平均月收入）。

①　荒木万寿夫. 日本的成长与教育——教育的进步和经济发展［R］. 北京：北京师范大学教育系〈教育经济学讲座〉.
②　舒尔茨. 人力资本投资——教育和研究的作用［M］. 蒋斌，张蘅，译. 北京：商务印书馆，1990：65-67.
③　舒尔茨. 人力资本投资——教育和研究的作用［M］. 蒋斌，张蘅，译. 北京：商务印书馆，1990.

第四步：将第二步和第三步计算的结果相加，即得出学生一年放弃的总收入。

从上可以看出，舒尔茨和费希洛两人关于教育成本等于教育费用加上学生放弃收入的概念是一致的。

（2）教育的成本——收益率

理论和大量事实已经说明人力资本对经济发展的重要意义。人力资本存量增加需要发展教育。教育发展是国家和个人的意识与行为的共同结果。作为一笔资本投资，总应是有所回报的。尽管说国家（特别是发展中国家）在教育问题上也有许多关于"机会成本"的考虑，并时常影响国家对教育的决策和实际投入，但是这里我们仍然假定国家是"理性人"，只有个人才考虑教育投入的机会成本即教育投入划不划算的问题。实践上一笔人力资本投资究竟划算不划算，该怎样预测和判定？教育的成本-收益率提供了一个判断人力投资是否有利的标准。

很长一段时间，人们认为对个人而言，教育的收益率是递减的，或者说教育的成本-收益率是递增的：一是因为随着学校教育层次升高，个人用于教育的投资逐年增多；二是随着年龄增大，因为学习而放弃的收入也越来越多。此外，随着年龄增大，面临升学与就业的抉择问题也更尖锐，其精神损失也越大。这是教育的成本-收益率变动的一般规律。我们知道，现代是一个知识经济的时代，具有较高学历的人得到企业的追捧，将可能获得较高的收入。因此，个人的收益率将决定于受教育程度与工资水平。如果工资差异不足以弥补受教育的付出，则收益率下降，反之上升。

西方经济学家认为，人们受教育年数的差别，反映了教育投资的差别。一般说来，受教育年限越长，教育投资越多，人们的收入可能越高。美国人口经济学家恩格尔曼认为，人口投资时间比较长，难以根据已知的"投资期限"来计算投入量与收入量。为此，他把投资期限限定在一个时期（例如13年），而把收益扩展到其他时期带来的收入，用来分析教育（正规教育）投资的收益率。公式为：

$$C + X_0 = \sum_{i=1}^{n} \frac{Y_i - X_i}{(1+r)^i} \tag{6.11}$$

式中，C表示接受第13年教育的直接费用；X_0表示接受第13年教育而放弃的收入；X_i表示受过12年教育的人的收入；Y_i表示受过13年教育的人的收入；n表示受了13年教育之后可以赚取收入的总年数；r表示第13年教育的收益率；i表示观察的年份。

根据这个公式所要求的资料可计算出教育投资的收益率，然后家庭或个人可根据对投资与收益的分析，作出是否要继续在教育方面投资的决定。

恩格尔曼还指出，根据公式（6.11）计算出的教育收益率是一种"事前收益率"（ex-ante rates of return），即预期的收益率，而不是"事后收益率"（ex-post rates of return），即实际收益率。两种收益率不一致是绝对的。认识到这一点很重要，因为未来市场对某一专业技术人员需求会发生变化，受教育者可能得到意想不到的好处，也可能因为专业技术过时或其他意外事件而遭淘汰，表明教育投资有风险。

在经济发达程度不同的国家，教育收益率存在差异。在不发达国家，由于总体劳动力素质低，初等和中等教育收益率一直很高。在对30个低收入国家的研究中，初等教育的平均社会收益率高于24%，中等教育则超过15%。在发达国家，初等教育和中等教育的教育收益率就不如发展中国家高，但高等教育的私人内部收益率一直很可观。

4）文凭的价值

理论认为，教育有两种功能：一是接受高等教育能提高人们的生产效率，因此高学历的人能够获得高报酬；二是通过接受教育的文凭，可以发现哪些员工具有更高的生产效率。文凭就是接受正规教育并经考试合格后取得的凭证。

人力资本是附属在劳动者身上的一种非物质资本。考察一个人的能力往往必须与特定的事件、工具和环境结合起来，但这都必须在劳动者与物质资本结合之后，甚至是相当长的一段时间之后才可以表现出来。劳动力的需求方会在成本约束理念下，将劳动者所拥有的文凭作为其能力的标志之一，从而减少考察的成本，文凭也就成为劳动力市场上劳动力甄别的有效标志之一。

当然，这种办法存在明显的缺陷。因为有学历只是代表该人通过了某一级正规教育，并不直接意味着该人实际工作能力也有相应的水准，且具有实际工作能力的人也并不一定拥有文凭。仅以文凭作为劳动力水平的标志将使劳动力市场上供求双方都遭受一定的损失。

6.3.2　在职培训的成本与收益分析

在职培训是人力资本投资的另一个重要途径，它指的是劳动者在工作过程中的学习和技能的发展，标志是企业雇员的熟练程度、技术等级等人力资本的技能存量及对企业劳动生产率提高的正向作用。人在一生的工作中都要不断地适应市场，一般劳动力在就业之前所接受的知识和技能仅占一生所需要知识的1/10，在职培训成为企业和劳动者个人不断地适应市场，实现市场竞争、企业发展和员工就业三者之间动态匹配的重要途径。贝克尔认为，在职培训——无论是有组织的还是个人自发的，始终是大多数职业的有机组成部分，它能增加人力资本的存量，提高社会劳动生产率，为企业创造更多的利润。同时，受训者也会因生产技能和知识水平提高而增加收入。企业和劳动者都会从在职培训中受益。在实际生活中，一个人的收入随着年龄的增长而不断增长，就体现了人们不断接受在职培训的工资效应。因此，在现实生活中，很少有人在完成了正规教育后学习就结束了，必须根据所从事的工作的具体要求，以及发展的需要，学习相关的职业知识。

1）在职培训成本的计算

这里仅考虑企业培训的成本。培训成本分为直接成本与机会成本。具体说来，有培训教师费用、交通费用、培训项目管理费用、培训对象受训期间工资福利以及培训中的各项花费等。培训成本可采用两种预算方法：

（1）资源需求模型法

这是根据培训的不同阶段（培训项目设计、实施、需求评估、开发和评估）所需的设备、设施、人员和材料的成本的总和预计的成本。这种方法作出的成本预算有助于对企业培训的成本消耗进行事前管理。

（2）会计成本法

在培训实施过程中实际发生的培训支出，包括：①项目开发或购买成本；②向培训教师和学员提供的材料成本；③设备和硬件成本；④设施成本；⑤交通及住宿成本；⑥培训者及辅助人员工资；⑦学员受训损失的生产率（相当于受训期间接替他们工作的临时工工资）。

2）在职培训投资成本与收益的分析方法

（1）直接计算方法

直接计算方法是一种对员工接受培训后的效果直接观察并加以评价的方法。有两种操作方法：一是把相同岗位上的员工分为培训组和对照组，将接受培训员工的生产效率与没有接受培训的对照组进行比较；二是将员工接受培训前后的生产效率进行比较。通过简单对比，直接估算出培训的经济效果。这种计算方法不考虑货币的时间价值，也不考虑投资的回收期。

（2）间接计算方法

①一般模型

在职培训的理论分析框架与教育投资的理论框架在本质上是相同的，但也存在一定的区别，因为在职培训的成本既可以由厂商也可以由劳动力自己支付，使得在职培训的成本与收益分析显得较为复杂。

如果学校教育是人力资本投资的唯一形式，则劳动力对企业的价值取决于学校教育，而我们如果不考虑人口老化、知识老化等情况所带来的人力资本贬值，劳动力的边际产值在其就业生涯中将是一个常量，这仅是一个抽象的状态。在现实的企业中，劳动者的边际产值随着从事同一劳动时间的增加和经验的丰富而增加，随着年龄的老化而减少，因此，即使没有在职培训，劳动力的边际产值也不是常量。此外，企业在发展的过程中，对劳动力质的要求的增加使得培训成为必然。劳动力的在职培训将使人力资本价值得到提升，表现为企业劳动生产率得到提高和劳动力收益的增加，企业和劳动力的培训投资意愿也就取决于投资的成本与收益之比。

设劳动力在培训前的边际产品价值为 VMP_A，培训后的边际产品价值为 VMP_B，那么 $VMP_B - VMP_A$ 的差额部分就是培训投资的收益。需要注意的是，培训的收益不是一次性的。对企业而言，培训的收益是该劳动力自培训结束后留在企业工作的时间内企业劳动生产率的提高。对劳动者而言，培训的收益是其自培训后直至退休，随年龄增长而增加的技能和经验所带来的收益。培训投资收益是结束后才产生的，我们这里的分析是将企业的收益期与劳动力的收益期等同起来进行的。进行成本与收益分析就需要对培训收益与成本折现，在现值的基础上比较和选择各种培训方案。

假设企业用一年的时间完成培训，总培训成本为 C，企业期望劳动力留在企内服务的年限为 n，r 为企业期望的最低投资收益率，则如下公式成立：

$$\sum_{i=1}^{n}\left[\frac{VMP_{Bi} - VMP_{Ai}}{(1+r)^i}\right] > C \quad (i=1, 2, \cdots, n) \tag{6.12}$$

当培训投资收益的现值大于培训成本，企业将会选择对劳动力进行培训投资。需要指出的是，在研究总培训成本 C 时，没有分析其成本的支出者。一次培训的总成本是由企业的支出和劳动力自己的开支所共同构成的。我们在利用上述公式分析企业的培训投资行为时，主要考虑企业的培训支出，包括直接成本和间接成本。

②净现值法

净现值法计算公式同（6.8）。不过，这里 I_k 是指经过培训后的工作效率量，即培训者在培训后和培训前工作成果（现金流入量）的差值。计算方法是：

$$I_k = (I_e - I_c) \times N \tag{6.13}$$

式中，I_e 为已培训者或培训后的平均工作效率（现金流入量）；I_c 为未接受培训者或培训前的平均工作效率（现金流入量）；N 为接受培训人数。

I_k 是正确计量培训投资的关键。若职工的在职培训是短期培训，职工经过培训后不会影响工资变动。在这种情况下，现金流出量就是职工的培训费用，包括受训人员的工资、教师的工资、占用设备费用、教室的租金、对生产的影响损失和投资的机会成本等。如果培训将导致职工工资增加，则此时的现金流出量还应该加上工资的增加部分。

③经验公式法

经验公式法在国外很流行，其思路是：首先找出影响在职培训收益的因素，然后根据这些因素的相互关系计算投资收益。

$$\Delta U = T \times N \times d_t SD_y - N_e \tag{6.14}$$

式中，ΔU 为培训的净收益；T 为接受培训者将受益的时间（年）；N 为受训者数量；d_t 为效用尺度，即接受培训与未接受培训者工作成果的平均差值；SD_y 为接受培训者与未接受培训者工作成绩的差别（据国外学者研究，约为年工资的40%）；N_e 为人均培训成本（包括直接成本和误工造成的间接成本）。

而：

$$d_t = \frac{\overline{X_e} - \overline{X_c}}{SD \times \sqrt{R_{yy}}} \tag{6.15}$$

式中，$\overline{X_e}$ 为接受培训者的平均工作效率；$\overline{X_c}$ 为未受培训者的平均工作效率；SD 为未受培训者平均工作效率标准差；$\sqrt{R_{yy}}$ 为工作效率评价过程的可行性（如不同评价者评定结果的相关程度）。

6.3.3 人员内部流动投资分析

人力资本再配置（即人员内部岗位流动）是企业人力资本管理的一个重要内容，是人力资本发展权的实现，符合人力资本价值可变的基本假设。人员流动必然要求获得收益，只有当人员流动收益大于流动成本时，企业才会作出人员内部流动的投资决策，否则人员流动就会失去意义。通常使用净现值法和投资回报率分析人员流动的投资收益。由于净现值法在前面已有介绍，这里仅介绍投资回报率的计算。其公式如下：

$$B = \frac{B_i - B_e}{C} \tag{6.16}$$

式中，B 为人员内部流动投资回报率；B_i 为人员流入企业 i 部门的新增收益；B_e 为人员流出企业 e 部门的损失；C 为人员在企业内部流动的费用（包括工资增加部分）。

6.4　人力资本理论的政策意义及中国人力资本投资评价

中国经济发展中最丰裕的资源是我们的劳动力资源，而劳动力的使用恰恰是中国经济发展战略中的症结性问题。我们的劳动力资源优势未能在经济发展中转换为人力资本的优势，就在于我们的人力资本投资政策存在一定的问题。可以说，高度重视人力资本理论及人力资本投资政策，推动中国劳动力资源向人力资本的转化，逐步推动中国高效率就业战略的实现，是中国经济可持续发展的重要举措。

6.4.1　人力资本理论的政策意义

1）人力资本的投资是一种生产性投资

资本积累的重点应从物质资本投资转移到人力资本投资上来。教育本身就是一种生产性经济活动。教育投资的收益越来越大于物质投资的收益，是现代社会发展的趋势。从教育投资的社会收益（含社会经济收益）看，政府的教育支出不应被认为是福利性或非生产性支出。发展中国家人力资本投资量不足，远远低于实物投资，在宏观上严重影响物质投资的吸收和经济增长；在微观上是低收入阶层收入难以增长的一个原因。从生产性投资的角度研究人力资本投资，将使得人们提高对人力资本投资重要性的认识。

2）教育投资应该实行国家、社会和个人三结合模式

教育是人力资本投资的主要形式，不同类型的教育所形成的人力资本收益也是有差异的。要鼓励人力资本投资的受益者都来参与人力资本投资，并分享其相应的收益。作为人力资本这种特殊的资本，各种形式的投资在最终都要体现在人力价值的提高上，即人力资本载体是最直接的受益者。国家的职能主要是针对基础教育进行投资，并应逐步过渡到对以教育发展的宏观调控为主。企业主要是承担对企业生产力提高有直接作用的在职教育。个人主要投资应用性技能教育，随着社会的进步，个人承担的部分还应当有所增大。

3）教育投资应以市场供求关系为依据，以人力价格的浮动为衡量信号

我们正处于一个多变的世界，一个国家企图对所需的各种人才作出长远的规划，然后按计划执行，实际上是办不到的。对高等学校各阶段、各专业的投资，只能遵循"有需求，就供应"的原则，根据市场需求进行调整安排。但是，又必须明

确，教育制度是由一连串的联立方程式组成的，改变一个变量，其余的变量也会随之改变。因此，把教育与经济之间的关系过分狭隘地固定化是危险的，整个经济始终是在平衡与不平衡的矛盾中发展，教育投资就应当适应这一动态特征，作出灵活的安排。

4）改善人力资本投资结构

发展中国家人力资本投资结构不合理，稀少的资金投向了高层次的教育，致使发展中国家人才结构严重失调：人才不足与人员过剩的状况并存，某些专业人才奇缺与另一些专业人才过剩并存。因此，应改进人力资本投资结构，用投资结构引导教育结构的改变。同时，政府要调整分配政策、税收政策，优待人力资本投资。

5）及时、充分发挥人力资本的潜能

人力资本同物质资本一样，闲置不用会贬值与失效，例如人口老化造成技术过时，失业会使工人已经掌握的技术变得生疏，意外事故可能造成具有高技能人力资本的人突然死亡等。因此，社会管理当局应当尽可能做到人尽其用，充分发挥每一个劳动者的最大潜能。

6）建立统一的劳动力市场，优化配置人力资本，提高人力资本投资收益水平

劳动力作为一种重要的资本要素，应通过市场配置，使得人力资本与其他资本寻优配置。这就需要建立一个统一的劳动力市场，消除人力资本同其他资本优化组合的人为障碍。

6.4.2 中国人力资本投资评价

1）中国人力资本总体现状

（1）总量巨大

中国是一个人口大国，不管是高素质的专业技术人员，还是普通的一般劳动力，总量都是巨大的。有人计算过，中国总人力资本占世界总量的比重由1980年的17.6%提高到1999年的24.0%，相当于印度的2倍，美国的2.8倍。[①]巨大的人力资本总量成为中国经济快速发展的重要力量。

中央财经大学中国人力资本与劳动经济研究中心发布的《中国人力资本报告2019》指出，2017年，中国人力资本总量按当年价值计算为1 934万亿元，中国人均人力资本按当年价值计算为172万元。1985—2017年，中国人力资本总量增长10.37倍，年均增长率是7.58%。[②]1995年之前中国实际人力资本总量的增加快于实际人均人力资本的增加（分别为1.15%和0.04%）；1995年后两者几乎以相同的年均增长率增长（分别为10.84%和10.54%）。而这两个时期人口年均增长率分别为1.38%和0.68%，这表明近年来中国的人力资本增长并非由相应的人口增长导致，而是由教育及其他因素所推动。统计数据表明，中国劳动力人口的平均受教育年限

① 胡鞍钢，门洪华. 中美日俄印有形战略资源比较——兼论旨在"富民强国"的中国大战略 [J]. 战略与管理，2002（2）.
② 中国人力资本与劳动经济研究中心. 中国人力资本报告 2019 [EB/OL]. [2020-12-20]. https：//www. chinairn. com/news/20191216/170638892. shtml.

从1985年的6.38年上升到2014年的10.05年，其中农村人口从5.67年上升到8.16年，城市人口从8.53年上升到11.17年。GDP与人力资本总量的比率基本呈上升趋势，表明人力资本的平均生产效率在逐渐提高。[①]

《2016全球人力资本报告》对全球130个国家的"人力资本指数"[②]进行了评估，重点聚焦人口的教育、技能和就业状况，以评估各国在人力资本方面的积累和释放潜力。其中，芬兰在年度"人力资本指数"排名中位列第一，挪威、瑞士、日本依次排在第2至第4位。作为新兴经济体，中国以全球第71位，处于东亚的平均水平，在金砖五国中，排名仅次于俄罗斯。

世界银行2020年人力资本指数报告显示，全球人力资本排名前20位的国家/地区包括：新加坡（0.88）、中国香港（0.81）、日本（0.8）、韩国（0.8）、加拿大（0.8）、芬兰（0.8）、中国澳门（0.8）、瑞典（0.8）、爱尔兰（0.79）、荷兰（0.79）、英国（0.78）、爱沙尼亚（0.78）、新西兰（0.78）、斯洛文尼亚（0.77）、挪威（0.77）、澳大利亚（0.77）、葡萄牙（0.77）、法国（0.76）、比利时（0.76）和瑞士（0.76）。其余主要国家/地区得分为：丹麦（0.76）、德国（0.75）、拉脱维亚（0.71）、立陶宛（0.71）、美国（0.7）、俄罗斯（0.68）、中国（0.65）等。人力资本排名后十位的国家/地区分别为：中非（0.29）、乍得（0.30）、南苏丹（0.31）、尼日尔（0.32）、马里（0.32）、利比亚（0.32）、尼日利亚（0.36）、莫桑比克（0.36）、安哥拉（0.36）、塞拉利昂（0.36）。[③]

（2）人口老龄化对人力资本增长阻碍明显

中央财经大学中国人力资本与劳动经济研究中心发布的《中国人力资本报告2019》显示，1985—2017年，中国劳动力人口（包括学生）的平均年龄从32.2岁上升到了37.8岁。造成这种情况的主要原因是人口老龄化。

人口老龄化对人力资本增长的阻碍日益明显，尤其在东北地区。目前退休政策下的劳动年龄人口在2017年开始减少。报告预测，未来10年中国的人力资本增速将放缓，到2038年后开始下降。[④]

（3）人才结构性短缺严重

人才特别是高素质人才在劳动力资源总量中所占的比重仍然偏低，结构性短缺严重，如农村的专业技术人员、具有现代产业技术的专业人才以及高级管理人才。这种状况无论从宏观还是微观上都制约着经济社会发展。

（4）人力资源难以向人力资本转变

由于劳动力在某种程度上的无限供给状态，导致人力资源使用效率低，且阻碍

① 中国人力资本与劳动经济研究中心. 中国人力资本报告2016 [EB/OL]. [2019-04-21]. http: //humancapital. cufe. edu. cn/rlzbzbzsxm/zgrlzbzsxm2016/zgrlzbzsbgqw_zw_. htm.
② 人力资本指数（Human Capital Index, HCI）是全球知名人力资源公司华信惠悦（WatsonWyatt Wordwide）发明的用来计算人力资本和股东价值相关性的方法。人力资本指数的意义是：如果公司的人力资本管理得好，股东回报也会相应较高。
③ 佚名. 世界银行：2020年人力资本指数排名 [EB/OL]. [2020-12-20]. https: //zhuanlan. zhihu. com/p/262015827.
④ 中国人力资本与劳动经济研究中心. 中国人力资本报告2016 [EB/OL]. [2019-04-21]. http: //humancapital. cufe. edu. cn/rlzbzbzsxm/zgrlzbzsxm2016/zgrlzbzsbgqw_zw_. htm.

了人力资源向人力资本的转变。

（5）人力资本配置与社会经济发展存在一定的脱节

长期以来，人力资本的计划配置，使大量的高素质人力资本聚集在科研院校以及政府机关，没有与实际产业经济更多地结合，导致人力资本收益扭曲，从而降低了人力资本投资的积极性。

2）中国人力资本投资存在的问题

（1）国家人力资本投入总量不够且投资效率不高

2000年诺贝尔经济学奖主詹姆斯·海克曼研究发现，中国教育投资约占GDP的2.5%，而物质投资大约占GDP的30%。美国的这两项指标分别是5.4%和17%，韩国分别是3.7%和30%。中国对人进行投资的支出远远低于各国平均数，而每年物质资本投资比例大大高于世界上大多数国家，他由此得出结论说："目前中国应该重视对人力资本的投资，否则，将会为以后中国的发展埋下犯错误的导火索。"①

教育部公布，国家教育投入占GDP比重在1999年只有1.9%，远不及世界平均水平。2019年，政府对教育投入占GDP比重达4.04%，继2014年首度突破4%之后，连续6年保持在4%以上。世界银行最新数据显示，全球教育开支占GDP比重均值为4.487%。中国4.04%这个数字，在世界有可比数据的190个国家和地区中，居第110位。《中国教育报》报道，在主要发达国家与金砖国家的教育比较中，中国的教育投入明显增加，排位也有所提升，但是教育投入在金砖国家中仅居中位（见表6-1）。②

表6-1 　　　　　　　　　　　**G7国家与金砖国家教育投入比较**

国家	世界排名	公共教育支出占GDP比重（%）	年份
加拿大	42	5.3	2016
英国	43	5.5	2016
法国	46	5.4	2016
美国	65	5.0	2014
德国	74	4.8	2016
意大利	120	3.8	2016
日本	128	3.6	2014
巴西	30	6.2	2015
南非	31	6.2	2018
中国	110	4.04	2019
俄罗斯	124	3.7	2016
印度	149	3.0	2019

① 海克曼. 中国应重视人力资本投资［N］. 21世纪人才报，2003-07-01.
② 佚名. 中国的教育竞争力提升速度最快 教育投入居末位［N］. 中国教育报，2009-11-30.

我国政府虽然在逐步提高教育经费占 GDP 的比重，但教育经费的投入方式和重点存在问题，导致投入的低效率。经验表明，对发展中国家而言，公共初等教育投入的社会收益率高于其他类型教育。中国把有限的教育资金投向高等教育，我国高等院校，特别是少数几所重点大学培养的人才，许多人在本科或研究生毕业之后选择了出国留学、定居，造成人才严重流失。而农村特别是边远地区和贫穷地区，教育非常落后。

（2）人力资本投资的结构性短缺

在我国现有人力资本投资方式中，过分依赖教育特别是公办教育，而培训所占的比重偏低。在教育投资中，一般学历教育占绝对主导地位，而职业技术教育所占的比重偏低。这种投资模式导致投资主体相对单一，劳动者技能不能及时更新，从而在新技术迅速发展的背景下产生结构性和技能性失业。单一重视学历教育使得社会、家庭和个人对大学寄予太多的希望，而在今天大学已经具有一定的普及教育趋势之下，以培养学习能力和一般知识能力为目的的大学教育其学生毕业之后的就业面临相当大的困难，而社会经济发展所急需的技术人才、技工等却相对稀缺。

（3）人力资本投资不平衡与不平等

人力资本投资在地区之间、城乡之间不平衡、不平等，东部地区高，中西部地区低，我国长期形成的城乡二元结构使农村居民在人力投资强度上远远小于城镇居民。此外，还有男女之间人力资本投资不平衡、不平等。

中央财经大学中国人力资本与劳动经济研究中心发布的《中国人力资本报告2019》透露了几个信息：

第一，关于人力资本的城乡差距。首先，2017 年，中国人力资本总量按当年价值计算为 1 934 万亿元，其中，城镇为 1 587 万亿元，农村为 347 万亿元，分别占人力资本总值的 82% 和 18%。其次，1985—2017 年，中国人力资本总量增长 10.37 倍，年均增长率为 7.58%。2007—2017 年的年均增长率为 7.34%，其中城镇人力资本总量的年均增长率为 8.48%，而农村为 3.66%。最后，2017 年，中国人均人力资本按当年价值计算为 172 万元，其中城镇为 235 万元，农村为 77 万元。

第二，关于人力资本的东西部差距。根据 2014 年相关数据，中国人力资本总量按当年价值计算为 1 503.600 万亿元，其中，城镇为 1 223 万亿元，占全国的81.3%，农村为 280.6 万亿元，占全国的 18.7%。报告认为，我国人力资本的区域差别大。2014 年西部地区人均人力资本为 19.45 万元，人均劳动力人力资本为 11.03万元，仅占东部地区的 50.38% 和 53.21%。在 31 个省、自治区、直辖市中，实际人力资本总量前 3 位的为广东、山东及江苏。[①]2017 年，人力资本总量占前 5 位的为山东、江苏、河南、广东和浙江，后 5 位的是甘肃、海南、宁夏、青海和西藏。2017 年，人均劳动力人力资本排名前 5 位为北京、天津、上海、浙江和江苏，排名

---

① 中国人力资本与劳动经济研究中心. 中国人力资本报告 2016 ［EB/OL］.［2019-07-12］. http://humancapital. cufe. edu. cn/rlzbzsxm/zgrlzbzsxm2016/zgrlzbzsbgqw_zw_. htm.

后5位的是贵州、云南、甘肃、青海和西藏。①

第三，男女之间人力资本投资差距也比较大。②

人力资本投资与实物投资之间的不平衡缩减了实物投资的回报水平，削弱了其对经济社会发展作出的实际贡献。③

当然，也有积极的一面。1985—2017年，我国的人均人力资本的年均增长率为6.99%。2007—2017年，人均人力资本的年均增长率为7.05%，其中农村年均增长率为6.17%，而城镇为5.71%。④根据世界银行发布的2020年人力资本指数⑤，中国得分为0.65分⑥。2018年，中国该指数在世界排名第44位，较1990年上升25位；而美国则下降20位，滑至第26位。⑦2019年国家发改委发布了《产业结构调整指导目录（2019年本）》，首次将人力资本服务业列为新增的鼓励类行业。个体人力资本度量将为人力资本服务产业提供定量基础，为人才定价、人才金融服务、人才保险及人才政策等相关产业发展提供技术支撑并创造必要条件。可以预料，中国人力资本制约国家经济发展的状况将逐步得到改善。

（4）企业的人力资本投资不足

企业的人力资本投资将在提升企业内部凝聚力的同时提升企业的竞争力和对新环境的适应力。但是，由于中国庞大的劳动力总量导致了"两条腿的人有的是"的观念盛行，人力资本是现代企业生存发展的第一要素资本的观念也仅仅停留在口头上，大量的企业并不愿意对员工的教育进行投资，从而降低了企业人力资源向人力资本转换的效率。

3）中国人力资本的动态趋势

创新技术助推产业变革的新时期，中国的人力资本积累和成长，还有很长的路要走。同时，也要看到，中国在创新驱动和培育新动能方面仍处在上升期，对人力资本的积累和提升有着极为广阔的需求空间。

（1）"两化融合"为人力资本快速发展搭建平台

目前，制造业已成为最受瞩目的传统行业，以我国等国家为代表的制造业大国，已经成为全球主要新兴市场中最具竞争力的经济体。信息化和工业化的高层次深度融合，在信息化支撑下追求可持续发展的"两化融合"，将重新构筑包括智能制造、云服务、移动互联技术、新能源等元素在内的生态体系，推动传统制造企业的转型。

① 中国人力资本与劳动经济研究中心. 中国人力资本报告2019 [EB/OL]. [2020-12-20]. https://www.chinairn.com/news/20191216/170638892.shtml.
② 中国人力资本与劳动经济研究中心. 中国人力资本报告2019 [EB/OL]. [2020-12-20]. https://www.chinairn.com/news/20191216/170638892.shtml.
③ 海克曼. 提升人力资本投资的政策 [M]. 曾湘泉，译. 上海：复旦大学出版社，2003.
④ 中国人力资本与劳动经济研究中心. 中国人力资本报告2019 [EB/OL]. [2020-12-20]. https://www.chinairn.com/news/20191216/170638892.shtml.
⑤ 世界银行"人力资本指数"是对各成员新生儿未来的生产潜力所进行的评估，该指数计算需参考3个重要指标，分别为新生儿存活率、健康程度、预期的受教育程度，计算后的分值介于0和1之间。如一个国家得分为0.5，则意味着个人乃至国家在未来将可能损失一半的经济潜力，对GDP构成直接影响。
⑥ 佚名. 世界银行：2020年人力资本指数排名 [EB/OL]. [2020-12-20]. https://zhuanlan.zhihu.com/p/262015827.
⑦ 佚名. 中国对人力资本投资大幅提升，而美国却落在后面 [N]. 南华早报，2018-09-26.

新的业态为人力资本最大化释放吹响了号角，并提供了新的平台。近年来，互联网行业始终是创新的先锋。我国本土的互联网行业发展速度快、思路活，无论是从创新动能，还是驱动速度上看，都已经走在了全球互联网产业的前面。

（2）新兴产业彻底改变全球产业和劳动力市场

新兴产业变革催生人力资本新需求。第四次工业革命正在推动着新一轮的技术创新，从而彻底改变全球产业和劳动力市场。

在这一背景下，"精英流动"即知识的跨界、跨区域流动，成为当前劳动力流动的新景象。它为人力资本释放创造了新机遇。

数据显示，高达95%的中国职场人士会对新的工作机会感兴趣，这一比例明显高于90%的世界平均水平。这一结果也反映了"互联网+"在驱动新业态生长和传统产业转型的同时，极大地促进了人才和知识的跨界、跨区域流动。此外，在中国只有13%的职场人士从事本行业超过20年，而全球平均水平是17%，北美地区则高达28%。这一方面是由于经济环境的发展多变，我国人才在单一领域的稳定性远低于发达国家；但另一方面也说明我国激活人力资本的基本政策促使人才流动速度更快，更渴求新的工作机会。

（3）"职场新生代"成为创新主力军

在"大众创业万众创新"的热潮下，一些80后和90后的"职场新生代"开始将兴趣与职业发展融入创业中。与传统行业相比，金融、互联网、IT等新兴行业获得了更多的青睐；同时，餐饮、互联网电商及服装等门槛相对低的行业，也凭借着与"互联网+"密不可分的关系，成为年轻职场人创新创业的沃土。

当前人才的加速流动已为供给侧人力资本的进一步释放创造了新的机遇，但能否把"人才动能"转化为"创新势能"，是政府与企业面临的重要挑战。

【推荐阅读材料】（一）

人力资本对经济增长与社会发展的重要作用

人力资本的积累和增加对经济增长与社会发展的贡献远比物质资本、劳动力数量增加重要得多，发达国家是最明显的例子。美国在1990年人均社会总财富大约为42.1万美元，其中24.8万美元是人力资本的形式，占人均社会总财富的59%。其他几个发达国家，如加拿大、德国、日本的人均人力资本分别为15.5万美元、31.5万美元、45.8万美元。1978—1995年，劳动力数量增长对中国经济增长的贡献略低于劳动力质量提高的贡献。但是到20世纪末，这种情况发生重大转变，人力资本继续保持较高增长率，而劳动力数量增长率显著下降，由1978—1995年的2.4%急剧下降到1.0%。预计未来20年劳动力增长率还将继续下降。相比之下，人力资本增长率虽有所下降，但是依旧保持较高的增长率，并且成为劳动力对经济增长贡献的主要方式。经济增长的这种模式转变，对人力资本积累提出了巨大需求。而中国庞大的人力资源要转化为人力资本，关键在于提高人力素质，其重要途径在于形成全民学习、终身学习的学习型社会，把中国建成世界最大的学习型国家。我国如果能够在全面建设小康社会的历史机遇期中全面强化人力资本投资，全面建设学习型社会，全面提高人民的素质和能力，就有可能使中国从人口大国迈向人力资源强国，使得中国教育与人力资源总量更加充足、结构更加合理、质量更加高、体系更加完善，人民学习能力和就业能力更强。

【推荐阅读材料】（二）

人力资本投资的回报

学生上大学时，他或她每年要交 10 000 美元学费，所放弃的收入称为机会成本，每年为 15 000 美元。

上大学真的划算吗？作为这笔很大的投资的回报，一个大学毕业生每年的收入要比一个高中毕业生多 10 000 美元或更多，而且在过去 15 年中，大学教育的回报上升的幅度很大。在 20 世纪 70 年代末，一个大学毕业生比一个有相同背景的高中毕业生工资要高 45%，10 年之后，工资差异扩大为 85%。在现今的服务经济中，各公司处理的越来越多的是信息而不是原材料。在信息经济中，大学学到的技能是得到一份高薪工作的先决条件，而一个高中没毕业的学生在职场中一般说来处于非常严峻的不利地位。

即使一个人不得不借钱受教育，推迟挣钱时间，离家外住，自己购买食品和书等，他在一生中也仍然能够从那些只对大学生开放的工作机会中取得高收入，很可能不仅仅是补偿他为教育所付出的成本。近期数据表明，一个大学毕业的男子，从其毕业到 65 岁，大约能挣 450 万美元（按 1996 年价格和收入水平计算），而他的一个仅高中毕业的同龄人大约只能挣 270 万美元，没能读完高中的人一生平均只能挣 180 万美元。

人们经常提到运气在决定经济环境中的作用。但正如路易斯·帕斯特所指出的，"机会只偏爱有准备的头脑"。在一个技术日新月异的世界中，教育能教人理解新的环境并从中获利。

资料来源 萨缪尔森，诺德豪斯.经济学［M］.萧琛，等译.16 版.北京：华夏出版社，1999：191.

【本章小结】

人力资本是指体现在劳动者身上的、以劳动者的数量和质量表示的非物质资本，表现为劳动者在一定时间内所具有的一定的健康体魄、操作技能和劳动熟练程度，一般被理解为通过人力资本投资形成的、寓寄在劳动者身上并能够为其使用者带来持久性收入来源的劳动能力。人力资本与其他资本一样都是一种稀缺性资源，但人力资本在产权构成方式、积累方式等方面体现出明显的特殊性。各级正规教育、在职培训、健康保健和劳动力流动是人力资本投资的主要方式。利用现值法对人力资本投资进行成本效益核算可以为我们制定人力资本投资政策提供依据。

【关键概念】

人力资本　劳动力资本　物质资本　人力资本投资　现值

【课堂讨论题】

你觉得中国具有庞大的人力资源优势而缺乏人力资本优势的观点对吗?

【复习思考题】

1.人力资本与物质资本的异同点是什么?

2.人力资本投资的基本内容有哪些?

3.教育投资的成本与收益如何计算?

【课后练习题】

高中生小A正在考虑接受何种类型的教育。她已经把选择范围缩小到了3种备选方案:会计师、工程师和钢琴师。假设她能存活3个时期,如果要成为一名会计师,她必须在时期1花费800 000元学杂费与生活费,时期2的收益为700 000元,时期3的收益为750 000元(工作经验导致了更高的劳动生产率);如果要成为一名工程师,她必须在时期1花费950 000元学杂费与生活费,时期2的收益为900 000元,时期3的收益为850 000元(技能过时了,身体状况也在恶化);如果成为一名钢琴师,时期1花费1 500 000元学杂费与生活费,时期2的收益为1 100 000元,时期3的收益为1 300 000元(名声越来越大,出场费越来越高)。

(1)假设小A可以以5%的年利率借钱,她会选择哪个职业?

(2)假设音乐学院提高了学费,现在小A必须花费1 600 000元才能成为一名钢琴师,在10%的贴现率下,她应选择什么职业?

【自测题】

1.什么是人力资本?

2.为什么劳动力流动属于人力资本投资的内容?

3.在人力资本投资中,国家应该重点投入哪些项目?

第7章 / 劳动工资与福利

── 学习目标 ──

　　工资是企业的一项成本或费用，也是劳动者的劳动报酬和维持其生活的基本来源。理论界和实际工作部门都非常关注以科学理论学说为指导建立合理的工作制度。福利是间接的薪酬。本章评价主要工资理论，着重分析工资形式、工资水平、工资差别和职业福利。

7.1　　工资理论

　　工资理论是指工资如何决定的理论，即是对一定时期内劳动者的工资水平及其变动以及不同劳动者群体工资差别的一般规律的理论解释。各个时期的经济学家们都试图以合理的理论来解释工资现象。早期工资理论的代表有威廉·配第、杜尔阁、亚当·斯密、大卫·李嘉图以及约翰·穆勒，近现代最有影响的工资理论则是克拉克的边际生产力理论、均衡工资理论以及劳资谈判理论。

7.1.1　　早期的工资理论

1）配第的工资理论

　　威廉·配第是英国古典政治经济学的创始人。在配第时代的英国，工资由国家法律规定。国家规定了工资的最高限额，超过规定的限额，支付者和领受者都要受到政府的处罚，尤其对领受者的处罚更重。配第的工资理论试图证明这一法定工资的自然基础。

　　配第认为工资是维持工人生活所必需的生活资料的价值，包括为劳动者的生存和进行劳动以及生育后代所需的生活资料的价值。他在《爱尔兰的政治解剖》中指出：每天平均工资的价值是由工人"为了生存、劳动和传宗接代"所必需的东西决定的。[①]配第还认为，工资不能过高也不能过低，过高或过低都会对社会造成不利影响。他在《赋税论献给英明人士货币略论》中写道："法律应该使劳动者只能得到适当的生活资料。因为如果你使劳动者有双倍的工资，那么劳动者实际所做的工作，就等于他实际所能做的是在工资不加倍时所做的一半。这对社会说来，就损失

---

① 配第. 爱尔兰的政治解剖［M］. 周锦如，译. 北京：商务印书馆，1964：57.

了同等数量的劳动所创造的产品。"①同时，配第认为法律也不应该把工资规定得低于工人必需的最低限度的生活资料之下。他说："如果政府……强使劳动者损失一半工资。这种措施不单是不公平的，而且也是行不通的，除非劳动者能够依靠这一半工资而生活（这是不可想象的）。在这种情况之下，规定这种工资的法律，就是很坏的法律。"②

配第还认为，作为工资自然基础的工人最低限度的生活资料是由"自然的肥力和因气候影响而造成的费用（需要）大小"决定的。③显然，配第只是从劳动者的生理需要出发，提出了决定工资水平的自然因素，而没有考虑影响工资的社会因素。

配第提出了工资是由维持工人生活所必需的生活资料的价值决定的思想，这是一个很有价值的见解，并成为英国古典政治经济学工资理论的基本观点。从这一思想出发，配第实际上已经将工人的劳动时间分为必要劳动时间和剩余劳动时间，尽管他自己并没有意识到这一点。

2）杜尔阁的工资理论

安·罗伯特·雅克·杜尔阁是18世纪法国重农学派的重要代表人物之一。杜尔阁在承认工资只限于维持工人生活必需的生活资料水平的基础上，提出竞争是决定工资高低的重要因素。他认为，由于有大量可供挑选的工人，雇主可以优先选用那些要价最低的工人。"因此，在彼此竞争的局面下，工人们就不得不降低这一价格。"④也就是说，由于工人数量过多，工人与工人之间的相互竞争使雇主与工人在工资水平的讨价还价中处于有利地位，从而使工人的工资必然只限于维持他的生活所必需的生活资料的水平。在这里，杜尔阁实际上已经开始注意到了劳资协议对工资水平的影响。

3）斯密的工资理论

亚当·斯密是英国古典政治经济学理论体系的建立者。斯密的工资理论涉及了工资水平的决定、工资的变动趋势以及工资差别的原因等方面。尽管斯密的工资理论中掺杂了一些庸俗的成分，但也提出了不少科学的见解。

斯密认为，在资本积累和土地私有发生以后，也即在生产资料的所有者与劳动者分离的条件下，工资只是劳动产品的一部分，是劳动者的劳动报酬。劳动产品的另一部分以利润或地租的形式被生产资料的所有者占有。工资在劳动产品中所占份额的大小是由劳动的自然价格决定的。劳动的自然价格就是解决维持劳动者的生活以及赡养家庭、延续后代所必需的生活资料的需要。他说："一个人总要靠自己的劳动来生活，他的工资至少要够维持他的生存。在大多数情况下，他的工资甚至应该略高于这个水平，否则工人就不可能养活一家人，这些工人就不能传宗接代。"⑤

————————————————

① 配第. 赋税论献给英明人士货币略论 [M]. 陈冬野，等译. 北京，商务印书馆，1978：85.
② 配第. 赋税论献给英明人士货币略论 [M]. 陈冬野，等译. 北京，商务印书馆，1978：85.
③ 马克思，恩格斯. 马克思恩格斯全集：第26卷 [M]. 中共中央马克思恩格斯列宁斯大林著作编译局，译. 北京：人民出版社，1976：380.
④ 王亚南. 资产阶级古典政治经济学选辑 [M]. 北京：商务印书馆，1979：244.
⑤ 王亚南. 资产阶级古典政治经济学选辑 [M]. 北京：商务印书馆，1979：335.

与此同时，斯密认为劳动不仅有自然价格，还有市场价格。劳动的市场价格是以其自然价格为基础，由劳动的供求竞争关系决定的，也就是劳动者实际得到的工资。

关于工资差别及其原因，斯密认为，工资水平在同一地区内应该是完全或趋于相等的。因为，在一个个人能够自由选择职业、并且可以非常容易地改变职业的社会中，一旦不同职业之间的工资水平出现较大差异，工资水平较低的从业者就会放弃自己从事的职业，转入工资水平较高的职业。正是从业者在不同职业之间的流动，使各种职业的工资水平趋于相等。同时，斯密也注意到货币工资在不同地区之间或同一地区内事实上存在着较大的差异，他认为这种工资差别是由两个原因引起的：一是职业本身的性质不同，包括职业学习的难易程度、职业需承担的责任大小、职业的安全性和舒适性等；二是政策对从业者转换职业的限制。如政策限制或增加某些职业中的竞争人数，使从业者低于或超过这些职业实际需要的人数；政策限制资本和劳动跨职业、跨地域的自由流动，使从业者不能由一种职业转入另一种职业，从一个地方转移到其他地方。

4）李嘉图的工资理论

大卫·李嘉图是英国工业革命时期的资产阶级经济学家，古典政治经济学的集大成者。分配理论是李嘉图经济理论的中心内容，其中又以工资理论为主。李嘉图工资理论有三个要点：

第一，劳动也是一种商品，因而它与其他商品一样，具有自然价格和市场价格。"劳动的自然价格是使工人大体上能够生存下去并且能够在人数上不增不减地延续其后代所必需的价格。"[1]"劳动的市场价格是根据供求比例的自然作用实际支付的价格。"[2]劳动的自然价格可能与其市场价格相背离，但"劳动的市场价格不论能和其自然价格有多大的背离，它也还是和其他商品一样，具有符合自然价格的倾向。"[3]在这里，李嘉图所说的劳动的自然价格实际是指劳动力的价值。他所说的劳动的市场价格实际是指劳动力价值的货币表现，也就是支付给工人的工资。因此，尽管李嘉图未能科学地区分劳动与劳动力、劳动价值与劳动力价值，但实际上他已经正确地阐明了工资的本质以及劳动力价值与其货币表现之间的关系。

第二，劳动力供求与工资水平变动之间存在某种关系。李嘉图认为，工资以劳动的自然价格即工人最低限度生活资料的价值为基础，超过劳动的自然价格的高工资会刺激人口的自然增长。当人口的增长使劳动的供给超过对劳动的需求时，劳动的市场价格就会降低到其自然价格之下。一旦工资低于劳动的自然价格，劳动者的生活状况就会恶化，贫穷将使劳动人口减少。当人口减少使劳动供给不能满足劳动需求时，工资就会上升。李嘉图用人口的自然增长来解释工资水平的变动显然是不正确的。事实上，劳动力的供求关系变化和工资水平的变动取决于社会生产的发展和一定的社会分配方式。但是，他以劳动的自然价格即工人最低限度生活资料价值

---

① 王亚南. 资产阶级古典政治经济学选辑［M］. 北京：商务印书馆，1979：501.
② 王亚南. 资产阶级古典政治经济学选辑［M］. 北京：商务印书馆，1979：502.
③ 王亚南. 资产阶级古典政治经济学选辑［M］. 北京：商务印书馆，1979：502.

为基础来确定工资这一观点，已经触及工资变动的规律。

第三，初步具有工资或收入水平取决于劳动生产率的思想。李嘉图最重要的理论贡献是比较优势或比较利益原理。他用不同国家或地区的劳动生产率差异，解释了国际贸易的必要性和可能性。[①]保罗·萨缪尔森非常重视这一点。他认为，"在给定的时间和给定的技术条件下，在劳动的投入和产出之间有一种联系"[②]，如总产出除以劳动投入即劳动生产率。一般工资水平取决于劳动的边际生产率。这一分析框架说明了发达国家的工资水平之所以高于发展中国家，是因为决定劳动生产率高低的资本品投入和具有"人力资本"的员工投入均比后者高。

5）穆勒的工资理论

约翰·斯图亚特·穆勒是19世纪中叶对资产阶级政治经济学有很大影响的经济学家。穆勒认为，工资是由竞争从而也就由劳动的供求关系决定。劳动的供给取决于人口数量或者说工人的数量，而劳动的需求取决于直接用于购买劳动的那部分资本的量的大小。在穆勒看来，工资实际上是由劳动的人口数与资本量两个因素决定的。因此，工资水平就是由用于购买劳动的资本量与劳动的人口数之间的比例决定的。工资水平与用于购买劳动的资本量成正比，与劳动人口的数量成反比。工资的地区差异实际是不同地区资本与人口比例的差异。

7.1.2 近现代工资理论

1）克拉克的边际生产力工资理论

约翰·贝茨·克拉克是19世纪末20世纪初美国的理论经济学家，他提出了边际生产力工资理论，即劳动和资本（包括土地）各自的边际生产力决定它们各自的产品价值，同时也就决定了它们各自所取得的收入。这一理论是现代工资理论之先驱，既可以解释工资的长期水平，也适用于短期工资水平的确定。

克拉克的工资理论是以静态经济和动态经济的划分为方法论基础的。所谓静态经济是对现实经济状态的一种抽象，即假定人口、资本、技术、组织、消费倾向等经济因素处于静止不变条件下的经济状态。所谓动态经济则是上述经济因素处于变动条件下的经济状态。他认为，只有在静态经济中才能揭示"自然"的经济规律。克拉克设想的静态经济是社会处于完全自由竞争状态，劳动和资本在不同职业之间具有完全流动性和适应性。

克拉克将"资本生产力论"与"边际效用论"相结合提出了"边际生产力论"，并以此作为分析工资的理论基础。克拉克认为，劳动和资本都有生产力。劳动的生产力遵循"生产递减规律"，即在资本量不变的条件下，劳动的生产力随劳动者的增加而递减。因为，在资本不变的条件下，投入的劳动者多了，则每一劳动者平均分摊到的工具、设备量减少，技术供应状况恶化，每一单位劳动生产出来的产品必然少于此前每一单位劳动生产的产品，这就是劳动生产力递减规律。最后

---

① 萨缪尔森，诺德豪斯. 经济学 [M]. 萧琛，等译. 16版. 北京：华夏出版社，1999：312.
② 萨缪尔森，诺德豪斯. 经济学 [M]. 萧琛，等译. 16版. 北京：华夏出版社，1999：185.

增加的单位劳动者是边际劳动者，他们所生产的产品就是劳动的边际生产力，因此，劳动的边际生产力即是边际劳动者生产的产品。

克拉克认为，工资是由劳动的边际生产力决定的。因为边际劳动者处于资本集约利用的边际上，若在此基础上再增加劳动者，则雇主支付的工资将不能从劳动者提供的产品中得到补偿，所以边际劳动者生产的产品产量是决定劳动者工资的自然基础。克拉克还认为，劳动的边际生产力不仅是决定边际劳动者的标准，同时也是决定全部劳动者工资水平的自然标准。因为在克拉克设想的静态经济中，劳动者的素质（包括技术水平、劳动熟练程度、劳动的强度等）是同质的，因而他们是可以相互替代的。如果有的劳动者要求得到更高的工资，雇主会将其解雇而用边际劳动者加以替代。所以，边际劳动者生产的产量也决定了全部劳动者的工资水平。克拉克工资理论如图7-1所示。

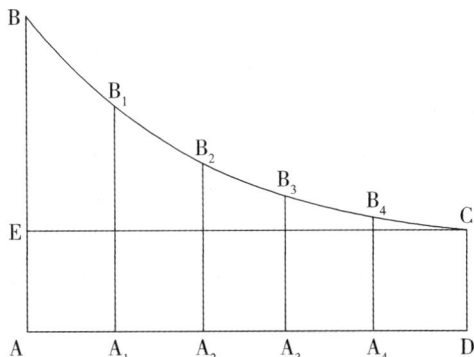

图7-1　克拉克的工资理论图

在图7-1中，AD线代表劳动的单位数。AB线代表第一个劳动单位的生产量，A_1B_1代表第二个劳动单位的生产量，依此类推，A_4B_4代表第五个劳动单位的生产量。DC线代表最后一个劳动单位的生产量，即边际劳动者生产的产量。BC线是劳动生产力递减曲线。按照克拉克的说法，DC就是这一系列劳动单位最有效的尺度，它决定了全部劳动单位的工资水平。因此，在代表总产量的图ABCD中，工资总额等于长方形的AECD，利息总额等于BEC。他说："不论我们是把一个人或一群人当作一个单位的劳动，如果工人是像上面所说的那样一单位一单位地进行工作，任何一个单位所得的工资，便是等于最后一个单位所能创造的产量。"[①]

2）马歇尔的均衡工资理论

阿弗里德·马歇尔是19世纪末20世纪初最著名的经济学家，剑桥学派创始人和主要代表人物。他以均衡分析为方法论基础，提出了均衡工资理论。

马歇尔认为，工资是劳动的需求价格和供给价格均衡时决定的。劳动的需求价格取决于劳动的边际生产力，也即取决于边际劳动者生产的产品或劳动的边际收益产量；劳动的供给价格取决于劳动者的生活费用，即劳动者维持自身及其家庭生活

---

① 克拉克. 财富的分配［M］. 陈福生，等译. 北京：商务印书馆，1959：136.

所需的最低生活费用，包括劳动者所需的教育、训练费用，以及劳动的负效用——因劳动者必要的休息或闲暇造成的收入损失。

马歇尔对劳动供给价格的影响因素及其变化进行了分析。他认为，在现代复杂的技术条件下，各种劳动客观上存在着较大的差异。劳动依不同生产技术的要求分为若干种类，每一种劳动的供给价格决定于"培养、训练和保持有效率的劳动的精力所用的成本"[①]。因此，每一种劳动都有其不同的价格均衡点。同时，劳动者的生活费用中既包括生活必需品，也包括一些习惯必需品，而这些习惯必需品可能受非经济因素的影响而变动。因此，劳动的供给价格是变动的，由劳动的供给价格和劳动的需求价格共同决定的工资均衡点也就处于动态变化过程中。

但是，事实上，马歇尔的边际生产力工资理论只是从劳动力的需求角度解释了工资水平的确定，而没有从劳动力的供给方面反映对工资水平决定的影响。

3）劳资谈判工资理论

劳资谈判理论也称集体交涉理论。在斯密的工资理论中，就已经注意到劳动力市场上的集体交涉及其对工资水平的影响，但因那时候劳资谈判对工资水平的实际影响不大而未引起重视。直到1890年以后，英国的韦伯和美国的克拉克才将劳资谈判与工资水平的决定相联系。对该理论研究有较大贡献的还有英国的阿瑟·赛斯尔·庇古、希克斯和莫里斯·多布等人。事实上，随着工会组织的日益强大，西方国家相当一部分雇员的工资水平是通过劳资谈判确定的，从而推动了劳资谈判理论的研究。

劳资谈判理论的核心是短期工资水平在一定程度上取决于劳动力市场上劳资双方力量的对比，资方与劳动者之间通过集体交涉所达成的条件。工资的变动中存在一种"强制性比较"的效应，即某一行业或企业的工人总是以其他可比较工人的工资作为参照物来判断自己的工资是否公平合理。当一类工人的工资增长了，与之相近的另一类工人确信自己的工资也应获得同样的提高，而不管其经济后果如何。代表工人利益的工会组织也将以此为由与资方进行集体交涉。交涉的结果取决于国家当时的经济状况以及双方力量的对比。经济繁荣时期，消费需求增长，劳动力市场供不应求，谈判的天平向工会组织倾斜，资方一般会答应工会提高工人工资的要求，并使工资的增长超过劳动力边际生产力的增长。资方之所以能够接受工会组织提高工资的要求，一方面是因为此时自身谈判的筹码轻，另一方面则是资方往往可以通过产品涨价将工人增加的工资成本转移到消费者身上。

当经济处于萧条时期，消费需求下降，市场疲软，对劳动力的需求减少。一方面，资方担心工资成本的增加会削弱公司的市场竞争力，也不宜通过产品涨价将增加的工资费用转移到消费者头上，从而会在劳资谈判中持不妥协的态度。另一方面，工会组织也担心资方因市场疲软而裁员，不得不放弃提高工资的要求。

以劳资谈判工资理论为基础的工资制度，如今在市场经济国家得到广泛的

---

① 马歇尔. 经济学原理：下卷 [M]. 陈良壁，译. 北京：商务印书馆，1965：204-205.

实行。

4）分享工资理论

分享工资理论由麻省理工学院的马丁·魏茨曼在20世纪70年代提出。分享工资是指生产单位拿出一部分企业的利润，与员工共同分享，因此也被看作分红工资。它的核心是工人的工资与企业经济效益指标挂钩、随经济效益变化而同比例增减的劳动报酬制度。在西方经济学里，"分享工资理论"已经超越历史上著名的工资理论，包括19世纪末20世纪初的"边际生产力工资理论"和20世纪中期的"劳资谈判工资理论"，成为主流的工资理论。分享经济增长的红利、分享企业发展的好处，已经成为民众的基本共识。

魏茨曼认为，传统工资制度的弊端在于工人的工资收入与企业经济活动无关，造成企业利润最大化与工人报酬脱节，工人没有积极性。企业改进的方向是，将雇员的报酬制度划分为"工资"部分和"分享"部分。前者保障员工的基本生活需求，主要与社会平均生活费用指数挂钩；后者则是员工的工资与某种能够恰当反映厂商经营的指数（例如厂商收入或利润）相联系。这样，工人和雇主在劳动力市场上达成的不再是规定每小时多少工资的合同，而是工人与雇主在企业收入中各占多少分享比例的协议。具体执行中，分享制度可能是"单纯"的，即雇员的工资完全取决于企业的业绩；也可能是"混合"的，即雇员的工资由有保障的工资和利润（或收入）分享基金两部分构成。

今天，分享工资制度常常与劳资谈判工资制度结合运用，谈判的结果往往是劳资双方的共同"分享"。

7.2 工资与工资形式

7.2.1 工资及其本质

工资是以货币形式按期付给劳动者的劳动报酬。国际劳工组织《1949年保护工资条约》对工资的定义是："'工资'一词指不论名称或计算方式如何，由一位雇主对一位受雇者，为其已完成和将要完成的工作或已提供或将要提供的服务，可以货币结算并由共同协议或国家法律或条例予以确定而凭书面或口头雇用合同支付的报酬或收入。"[①]这个定义表明，工资的支付者是雇主，领受者是雇员（劳动者）；工资支付的依据是劳动者"已完成和将要完成的工作或已提供或将要提供的服务"；工资支付的形式是货币，而不论其名称或计算方式；工资支付标准是依据"共同协议或国家法律或条例予以确定而凭书面或口头雇用合同"形成的合约。按照《中华人民共和国劳动法》的规定，工资应当以货币形式按月支付给劳动者本人。

---

① 国际劳工组织. 国际劳工公约和建议书 1919—1993：第一卷 1919—1969［M］. 国际劳工组织北京局，1994.

需要指出，这是从狭义（经济学）上讲的工资。作为员工为企业提供劳动而得到的各种货币（含实物）报酬的总和，包括直接经济报酬，如工资、奖金、奖品、津贴、利润分成等；间接经济报酬，如公共福利、保险计划、退休保障、住房、培训、餐饮、带薪休假、病事假、休息日等。进一步从广义（管理学）上讲，工资除了经济学上的含义外，还包括非经济报酬的内容，如工作挑战性、趣味性、责任感和成就感等，良好的软硬环境，合理的政策与机制，高素质的人力资源结构，弹性工作时间，一定的社会地位、个人成长、个人价值实现等。在实际生活中，虽然人们大都只讲经济报酬，但从职业生涯发展的角度，员工越来越看重非经济报酬，而企业也更加注重利用非经济报酬保持员工的工作积极性，实现高增长和高效率。

狭义的工资表明，企业单位根据劳动合同的规定，对员工为企业单位作出的贡献，以及工龄、学历、技能、岗位和工作表现等支付给员工相应的报酬。这揭示出工资在本质上是一种公平的交易或交换，因此必须服从市场交易或交换的规律。显然，自营性劳动者获取的收入不属于工资范畴。

狭义的工资按其表现形式分为名义工资与实际工资。名义工资即货币工资，是以货币数量表示的工资。实际工资是劳动者得到的货币工资实际能够购买到的生活资料和服务（包括房租、水电、交通、教育等各项支出）的数量。货币工资的购买能力受劳动者必需的生活资料和服务的价格制约。在通货膨胀、货币贬值的条件下，即使货币工资提高，生活资料和服务价格的上涨仍然可能使货币工资的增加水平赶不上物价的上涨水平，实际工资有可能反而下降；在货币工资不变的条件下，物价上升、房租提高、赋税增加、赡养的失业人口增加等原因也可能使货币工资的购买能力下降，实际工资更低。因此，货币工资实际上是一种名义工资。

7.2.2　工资形式

工资形式是指劳动计量与工资支付的方式。其核心是劳动计量的方式，即以何种方式准确地反映和计量劳动者实际提供的劳动数量。

1）基本工资

基本工资是工资的主要构成部分。基本工资最普遍的两种形式是计时工资和计件工资。

（1）计时工资

①计时工资的计量。计时工资是依据劳动者的工资标准和工作时间的长度来支付工资报酬的形式。其计算公式为：

计时工资＝工资标准×实际工作时间

工资标准也称工资率，是指单位时间的劳动价格。根据单位时间标准的不同，可分为小时工资率、日工资率等。按照计算所采用的时间单位不同，计时工资又可分为小时工资制、日工资制、周工资制、月工资制以及年工资制。在国外，也有将按小时、日领取的劳动报酬称为工资，而将按周或更长时间领取的劳动报酬称为薪金。目前，我国的计时工资一般采用月工资制。西方发达国家的计时工资一般采用小时工资制，对高级管理人员则实行年薪制。近年来，我国的部分企业也开始对高级管理人员实行年薪制。

②计时工资的特点。计时工资的特点在于按照一定质量的劳动持续的时间长度支付工资。由于时间是劳动的自然尺度，因而在劳动质量得以保证的前提下，计时工资制能够较为准确地反映劳动者所提供的劳动数量。因此，计时工资制简便易行、适用范围广，几乎所有的劳动均可采用此种工资支付形式。在劳动成果难以准确计量或劳动成果数量不由劳动者个人决定，以及劳动的质量比劳动成果的数量更为重要的情形下，更适合采用计时工资制。在美国，建筑业、服务业、公用事业、交通运输业以及大部分制造业都实行计时工资制。

在实行计时工资的条件下，劳动者更加关注产品的质量，劳动者出勤率提高，基本工资收入较为稳定。但计时工资难以准确反映劳动者实际提供的劳动数量与质量，劳动者低生产率的风险主要由企业来承担，因而计时工资与劳动量之间往往并不相称。

③实行计时工资制的关键。一是科学合理地制定由劳动等级决定的工资标准，使工资标准能够更加准确地反映劳动质量的差别。二是对同一工资等级劳动者劳动质量的控制与管理。如果劳动质量不能得到有效的保证，则计时工资制将不能真正体现按劳分配原则，容易造成出工不出力的现象，难以激励劳动者的劳动积极性。因此，在实行计时工资制的条件下，对劳动过程的控制与管理显得更加重要。

（2）计件工资

①计件工资的计量。计件工资是依据劳动者创造的劳动成果数量（产品数量、作业量等）以及计件单价来支付工资报酬的形式。其计算公式为：

计件工资=计件单价×合格产品数量（或作业量）

计件单价是生产某种产品或完成某种作业量的工资支付标准，它是根据工作等级和劳动定额加以确定的。计件工资的具体形式包括直接无限计件、直接有限计件、累进计件、超额计件、包工、提成、间接计件等。

②计件工资的特点。计件工资的特点是直接以劳动成果来计量劳动者的劳动量。由于劳动成果是衡量劳动的最终尺度，因而与计时工资相比，计件工资更能准确地反映出劳动者实际付出的劳动量。但与此同时，劳动成果是否能够直接计量也就成为实施计件工资的条件。

③实行计件工资的条件。一般来说，实行计件工资的条件是：产品或作业的数量能够单独准确地计量，且能够反映劳动者实际付出的劳动量；合格的产品数量或作业量容易验收或检测；工作任务饱满，且具备提高产量或作业量的物质技术条件。在美国的制造业中，特别是在服装、纺织、制鞋和一些金属制造业中采用计件工资制非常普遍。在发达国家，随着科学技术的发展，生产过程上的自动化、联动化程度提高，个人的劳动成果越来越难以单独计量，计件工资的推行受到限制因而

有下降的趋势，个人计件的比重缩小，集体计件的比重上升。

在实行计件工资的情况下，劳动者的基本工资取决于所生产的合格产品数量或完成的作业量，低劳动生产率的风险主要由劳动者自己承担。因此，计件工资能够有效地刺激劳动者的劳动积极性，促进劳动者改进生产作业方式，提高劳动技能，充分利用工时，提高劳动生产率。但计件工资也容易诱使劳动者片面追求产量或作业量，忽视产品质量、生产安全、原材料的节约以及设备的正常使用和维护，工作过度紧张。实行计件工资也要求企业完善相应的生产组织和劳动组织，包括产量或作业量的计量和质量检测、工作等级和劳动定额的科学制定，因而管理成本相对较高。

2）奖金

奖金是对劳动者超额劳动的报酬。超额劳动是指劳动者付出的超过额定劳动以外的劳动，同时也包括劳动者为节约物料、提高产品质量、保证安全生产等而多付出的劳动。按我国的现行统计口径，奖金包括支付给劳动者的超额劳动报酬和增收节支的劳动报酬。由此劳动报酬可以分为定额内的劳动报酬和超定额劳动报酬。定额内的劳动报酬体现为基本工资，超出定额的劳动报酬体现为奖金。

奖金是工资的一种辅助形式，以补充基本工资的不足。基本工资往往不能反映出劳动质量的差异，或者难以体现劳动者为节约物料、保证安全生产而额外付出的劳动，这就需要以必要的奖金制度作为补充。

奖金具有单一性和灵活性的特点。奖金的单一性是指奖金的发放仅针对由于某一因素引起的劳动者所付出的超额劳动。相对而言，基本工资所反映出的劳动者定额以内的劳动更具综合性。奖金的单一性决定了奖金的灵活性。它可以根据超额劳动形成的原因，对奖金发放的对象、范围、条件、时间进行灵活的设置与调整，以弥补基本工资在反映劳动者劳动的数量与质量差异方面的不足。

奖金的形式多种多样。按发放的周期长短，可分为月奖、季奖、半年奖和年奖；按奖励的考核项目数量，可分为单项奖与综合奖；按一定时间内发放的次数，可分为一次性奖金和经常性奖金；按发放的对象可分为个人奖与集体奖。

奖金既然是支付给劳动者超额劳动的报酬，那么奖金制度科学与否取决于两个基本因素：一是定额以内的劳动规定得是否先进合理。定额内劳动规定得过高或过低都会影响奖金发放的实际效果。二是奖励条件及奖金标准的合理性。

3）津贴与补贴

除了基本工资和奖金外，用人单位往往对员工在特殊劳动条件或工作环境下所从事的特殊劳动，以及在特定条件下额外生活费用的支出给予合理补偿。它是标准工资以外的一种劳动报酬。习惯上一般把属于生产性质的补偿报酬称作津贴，把属于生活性质的补偿称作补贴。

由于劳动条件或工作环境不同，劳动者在劳动消耗和生活支出上存在一定的差别。这种额外劳动消耗或生活支出是难以在标准工资中加以反映的。通过津贴与补贴这种形式可以体现在上述劳动条件或工作环境下的劳动者在劳动报酬上的差别，补偿其额外或特殊的劳动消耗，调节在工资标准上不能反映的地区之间、行业之间以及单位内部不同工种和岗位之间的工资关系。

津贴与补贴项目是根据某一特定条件而设置的，其种类大致分为四种：

（1）为补偿劳动者特殊或额外劳动消耗而设立的津贴，如井下作业津贴、夜班津贴、野外工作津贴、保密津贴等。

（2）为保障劳动者身体健康，为从事有毒、有害作业的劳动者设立的津贴，如保健津贴、卫生防疫津贴等。

（3）为补偿劳动者生活费用的额外支出而设立的津贴，如交通补贴、物价补贴等。

（4）为鼓励劳动者对本职工作作出特殊贡献而设立的津贴，如技术津贴等。

7.3　　　　　　　　　　　　工资水平

7.3.1　工资水平

工资水平是在一定时期和一定范围内劳动者工资的高低程度。工资水平这一概念适用于一切以工资形式获取劳动报酬的人口，即工资劳动者或雇员，而不包括自营性的非工资劳动者。在实际中，劳动者的工资水平往往随生产经营状况的变化而处于变动过程中，如计件工资随劳动者生产的产品数量或完成的作业量而变化，奖金的发放数额每月、每季也可能不同。为便于计算和比较，工资水平一般用一定时期内劳动者的平均工资水平衡量。正因为如此，有学者认为工资水平应定义为："根据需要，用某种时间状态，从某个角度所考察的，某一领域内雇员工资的高低程度。"[1]

工资水平的衡量标准是一定时期内（通常为一年）每个劳动者的平均工资额。其计算方式为：

$$工资水平 = \frac{工资总额}{平均人数} \tag{7.1}$$

公式（7.1）表明，工资总额和劳动者人数是直接影响工资水平的两大因素。工资水平与工资总额成正比，与劳动者人数成反比。

工资水平是指一定时期和一定范围内的劳动者的工资水平。按时期不同，工资水平有月工资水平和年工资水平；按范围不同，工资水平有单位工资水平、部门或行业工资水平、地区工资水平和全国工资水平。考察工资水平可以进行横向和纵向的比较。前者将同一时期不同的范围内劳动者的工资水平相比较，反映不同范围内劳动者工资水平的差别；后者是将同一范围内不同时期劳动者的工资水平相比较，反映不同时期劳动者工资水平的动态变化。

① 温海池. 劳动经济学 [M]. 天津：南开大学出版社，2000：179.

7.3.2　影响工资水平的因素

不同国家、同一国家的不同地区以及不同的行业之间，工资水平有很大的差异。影响和制约工资水平的因素既有宏观方面的因素也有微观方面的因素。宏观因素主要有国民收入及其分配状况、劳动生产率、人口与劳动力数量等。微观因素主要有劳动力市场上劳动力的供求状况、劳动者的特殊生产技能、市场的竞争程度、劳动者的个人能力等。下面就影响工资水平的宏观因素进行分析。

1）国民收入及其分配状况

工资水平受一国国民收入的总体水平以及积累与消费比例、社会消费与个人消费比例的制约。国民收入经过初次分配和再分配形成积累基金和消费基金，分别用于积累和消费。消费基金又分为社会消费基金和个人消费基金。工资基金是个人消费基金的一部分，因此在国民收入一定的条件下，若积累率过高、社会消费基金过多，则工资基金的总额减小，从而工资水平就要下降。另一方面，若积累率过低，社会消费基金过少，则会影响社会生产、科学文化事业的发展和国民收入的增长，虽然当年工资水平可能有所提高，但却难以保证工资水平的持续上升，甚至还有可能下降。

2）劳动生产率

工资水平是每个劳动者平均从社会获得的收入，劳动生产率是每个劳动者平均给社会作出的贡献。因此，工资水平取决于劳动生产率的水平。从动态或一个较长的时期来看，工资水平增长的快慢首先取决于劳动生产率增长的快慢。1965—1977年，美国每人小时报酬提高了140%，扣除物价上涨的因素后每人小时的实际报酬提高了25%。与此同时，美国每人小时的产量增加了25%，工资率与小时劳动产量增长速度一致。[①]可见，在美国劳动生产率的提高是工资水平上升的重要因素。

3）人口与劳动力数量

人口规模及其增长与社会生产及其增长之间存在一种适度比例关系。人口规模超过一定点，受收益递减规律的作用，劳动生产率及人均收入将下降；人口规模过小，收益递增规律的作用得不到有效的发挥，社会难以获得最高劳动生产率和人均收入的最大化。只有当人口规模达到一个适当的点，"在这一点上，收益递减作用刚刚开始大于收益递增的作用"，"这一点会使实际工资或实际收入保持最高水平"[②]，如图7-2所示，美国经济学家萨缪尔森将这一理论称之为"最优人口理论"。人口数量之所以会影响工资水平的变化，是因为人口规模会直接导致人均占有资源、人均占有资本量以及人均人力资本量的变化，从而对劳动生产率的变化产生重要的影响。萨缪尔森在解释美国工资水平高于欧洲的原因时认为，"相对于我们的有劳动能力的人口而言，我们拥有丰富土地、煤、铁、石油以及水力等自然资

①　张一德，等. 美国劳动经济学［M］. 北京：劳动人事出版社，1986：172-175.
②　萨缪尔森. 经济学：中册［M］. 高鸿业，译. 北京：商务印书馆，1981：275.

源"①。在萨缪尔森看来，人均占有资源量大，是美国保持高工资水平的重要原因。

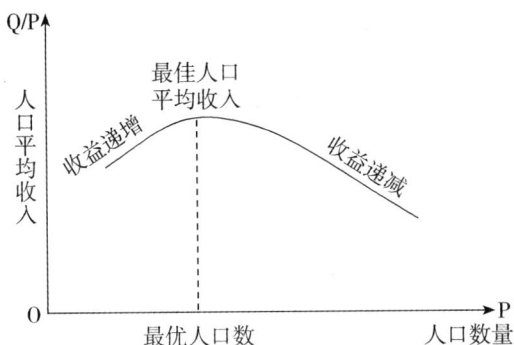

图 7-2　理论上的人口最优点

人力资本存量是影响工资水平的一个重要因素。虽然物质资本是从事社会生产的重要条件，人均物质资本的占有水平在很大程度上决定着劳动生产率水平，这一点在知识经济飞速发展的今天仍然非常突出。但是，劳动力的教育水平越来越成为促进劳动生产率提高的积极因素。发达国家的研究表明：工时与资本的增加，对国民平均生产量增加的直接贡献率实际不到10%，其余80%~90%都有赖于人力资本发挥的"效率"。一般而言，劳动者受教育的水平愈高，人均人力资本存量愈大，则工资水平愈高。美国经济学家弗雷雪尔和克尼斯勒提供的资料清楚地显示了收入水平与受教育年限之间的关系，见表7-1。

表 7-1 　　　　　　　　　　教育年限与收入水平　　　　　　　　　　单位：美元

年　龄	受教育年限		收入差（3）＝（1）－（2）
	16 年（1）	12 年（2）	
18～21	−682	2 800	−3 482
22～24	3 663	3 537	126
25～29	5 723	4 381	1 342
30～34	7 889	5 182	2 707
35～44	10 106	6 007	4 099
45～54	11 214	6 295	4 919
55～64	10 966	6 110	4 856

7.3.3　物价对实际工资水平的影响

劳动者是以货币形式获得其劳动报酬。劳动者的实际工资水平受到物价水平和税负水平的影响。其中，物价是影响实际工资的主要因素。

如前所述，实际工资是劳动者得到的货币工资实际能够购买到的生活资料和服务（包括房租、水电、交通、教育等各项支出）的数量。因此，物价的变化必然会影响货币工资的实际购买力，也即必然会影响实际工资水平。物价对实际工资的影

---

① 萨缪尔森. 经济学：中册［M］. 高鸿业，译. 北京：商务印书馆，1981：272.

响表现为直接影响和间接影响两个方面。

物价对实际工资的直接影响表现为：在货币工资不变的情况下，物价水平与实际工资呈反方向变化，即物价上升，实际工资下降；物价下降，实际工资上升。在货币工资与物价都上升的情形下，若工资的增长幅度高于物价的上涨幅度，则实际工资提高；反之，则下降。

物价对实际工资的间接影响表现为：物价的变动引起企业收益水平的变化，从而也影响劳动者货币工资与实际工资的变化。一方面，物价水平影响工资。例如，当生产资料价格上涨从而引起产品成本增加时，若最终产品的销售价格不能同步提高（事实上消费品价格的提高受诸多因素的影响而难以与生产资料价格同步变化），则将导致企业盈利水平的下降，从而影响劳动者的货币工资和实际工资水平。另一方面，工资对物价水平也有一定的影响。当工资上升而劳动生产率没有提高，或工资上升的幅度超过了劳动生产率提高的幅度时，则将加大单位产品的人工成本，形成工资推动型的物价上涨。由于社会的实际供给并没有增加，增加的货币工资将使社会有支付能力的需求超过实际的供给水平，从而引发需求拉动型的物价上涨。物价上升反过来又迫使劳动者要求增加工资，由此引发新一轮的物价上涨，最终形成工资、物价的互推上涨。

7.4   工资差别

工资差别是不同劳动者之间工资水平的差异。劳动者之间存在着年龄、性别、文化程度、职业以及所在地域等方面的差异，这些差异在一定程度上导致了不同劳动者之间工资水平的差异。出于不同的研究目的，我们可以从劳动者的年龄、性别、种族、文化程度、职业、所处的群体、所在的地域或国别等角度研究劳动者之间的工资差别。一般来说，对工资差别的考察和研究主要有三种类型：

（1）以个人特征为分类标准，考察不同劳动者之间的工资差别。如劳动者在年龄、性别、种族、文化程度等方面的工资差别。

（2）以劳动性质或工作性质为分类标准，考察不同劳动者之间的工资差别。如脑力劳动与体力劳动之间的工资差别、政府公务员与企业职工之间的工资差别等。

（3）以劳动者所处的群体为分类标准，考察不同劳动者之间的工资差别。如不同企业类型、不同部门和行业、不同地区之间的工资差别。

7.4.1   产业间工资差别

1）产业间工资差别的表现形式

产业间工资差别的主要表现形式之一是产业部门间的差别、制造业内部行业间的差别。

世界各国都普遍存在产业之间的工资差别。1977年在美国的主要产业部门中，工资水平最低的批发、零售业其年平均小时工资为4.28美元，工资水平最高的建筑业其年平均小时工资达到8.10美元，前者仅为后者的52.84%。批发、零售业工资水平仅为产业平均工资的82%，而建筑业工资水平为产业平均工资的154%（见表7-2）。

表7-2 1977年美国主要产业部门生产工人年平均小时工资

产业部门	年平均小时工资（美元）	指 数（%）
私人经济	5.25	100
矿业	6.94	132
建筑业	8.10	154
制造业	5.68	108
运输和公用事业	6.99	133
批发、零售业	4.28	82
金融保险和不动产	4.54	86
劳务	4.65	89

资源来源 张一德，等.美国劳动经济学［M］.北京：劳动人事出版社，1986：172-175.

产业之间的工资差别在我国也表现得较为突出。国家统计局的资料显示，2019年，信息传输、软件和信息技术服务业首次超过金融（含保险）业，成为全国城镇单位年平均工资最高的行业。2019年，该行业年平均工资达到161 352元。农、林、牧、渔业从业者的平均工资最低，仅39 340元。最高与最低工资之比接近4.1：1（见表7-3）。

表7-3 2019年按登记注册类型和行业分城镇单位就业人员年平均工资　　　　单位：元

行业	金额	行业	金额
农、林、牧、渔业	39 340	房地产业	80 157
采矿业	91 068	租赁和商务服务业	88 190
制造业	78 147	科学研究和技术服务业	133 459
电力、热力、燃气及水生产和供应业	107 733	水利、环境和公共设施管理业	61 158
建筑业	65 580	居民服务、修理和其他服务业	60 232
批发和零售业	89 047	教育	97 681
交通运输、仓储和邮政业	97 050	卫生和社会工作	108 903
住宿和餐饮业	50 346	文化、体育和娱乐业	107 708
信息传输、软件和信息技术服务业	161 352	公共管理、社会保障和社会组织	94 369
金融业	131 405		

资料来源 国家统计局.中国统计年鉴2020［M］.北京：中国统计出版社，2020.

2）造成产业间工资差别的原因

造成产业间工资差别的原因较为复杂。一般说来，大致有以下原因：

（1）产业部门内熟练劳动力所占的比重

各个产业的劳动力构成中，熟练劳动者与非熟练劳动者的比例是不相同的。由于熟练劳动者需要经过一定时间的培养和训练，其工资水平自然高于非熟练劳动者。因此，熟练劳动者比例高的产业，其行业的平均工资水平也高；而非熟练劳动者比例高的产业，其行业的平均工资水平偏低。

（2）产业的技术经济特征

工资水平高的产业多为资本密集型或技术密集型的产业。这些产业规模大、资本有机构成高、采用大量先进生产技术和装备，因而往往能保持较高的生产率。同时，资本或技术的因素使这些行业的进入壁垒高，限制了更多新企业的进入，容易形成一定程度的垄断。因此，这些产业资本的利润较高，从而有能力支付较高的工资。

与此相反，工资水平低的产业多为劳动密集型产业。这些产业资本有机构成低，人工成本占总费用的比例高。由于行业进入壁垒低，大量新企业的进入加剧了市场竞争程度，因而只能保持较低的工资水平。

（3）产业的垄断性

在我国，产业的垄断性是造成产业之间工资差别的重要原因。各种社会和经济的原因致使一些产业具有一定程度的自然垄断或行政垄断，并借助这种垄断获得较高的行业利润，从而形成较高的工资水平。

7.4.2 职业间工资差别

1）职业间工资差别的状况

职业之间的工资差别也是工资差别的重要表现形式。

第一，世界各国的一个共同点是，全社会在业人员的平均工资水平从高到低的排位是：企业管理人员、机关事业单位人员、专业技术人员、服务人员和普通工人。

第二，具有现代教育基础和工作经历的人酬金不断增长；其中高等教育与技术差异在任何一个国家又是造成工资差异的第一个原因。①这一现象与人力资本投资、教育的收益率不断增高的理论最为吻合。技术的变化将会提高技术工人相对非技术工人的生产率，也会增加对技术工人的需求。因此，假若技术工人和非技术工人的供应量保持不变，那么技术工人的相对工资就会上升。近年来，由于技术人才紧缺，技术等级越高，待遇越高。

2）职业间工资差别的原因

亚当·斯密在其工资理论中将引起职业间工资差别的原因归结为各种职业本身的性质不同，包括职业学习的难易程度、职业需承担的责任大小、职业的安全性和舒适性等。按现代经济学的解释，形成工资差别的主要原因是：

---

① BUCKBERG E,THOMAS A. 美国的工资差异与就业增长［J］. 国际货币基金组织和世界银行季刊，1995（6）.

（1）职业补偿

萨缪尔森认为，在所有劳动者都具有相同质量的情形下，产生工资差别的原因在于：对某些职业必须支付较高的工资，以补偿其在危险程度、工作环境、社会地位和教育费用等方面的差异。萨缪尔森说："牵涉到肮脏、神经紧张、讨厌的职责、乏味、社会等级低微、就业不稳定、季节性的解雇、工龄时间短暂以及单调的训练等方面的职业都是使人不喜爱的。为了招募这些职业的人员，你必须提高报酬。"①这种单纯用来补偿不同职业之间的非金钱差异的工资差别，被称为补偿性的工资差别。

（2）劳动的质的差异

在现实经济生活中，劳动者并非同质的，而且有许多报酬丰厚的职业同时也是为众人所喜好的职业。在这种情况下，工资差别是难以用职业补偿来加以解释的。

劳动者质的不同，表现为劳动者之间在技术水平、劳动熟练程度、受教育程度等方面的差异，这些差异决定其所提供的劳动的质与量的差异。这种工资差别称作非补偿性差别，是工资差别的质的来源。

此外，某些具有特殊技艺的人也可能得到高额的工资，这是因为他们的劳动供给曲线是不变的，由此产生一种非竞争的工资差别。这些人所获得的工资中超过一般工资水平的部分，可以看作"纯粹的租金"。

（3）劳动力流动不充分

工资差别还可能由劳动力流动不充分所形成的特殊供求关系导致。从理论上说，工资差别会因为劳动力的自由流动而消失，但事实上存在着许多制约劳动力完全自由流动的因素，因而不同类别的劳动力供求结构存在差异，正是这种供求结构的差异导致了工资水平的差别。

7.4.3　地区间工资差别

1）地区间工资差别的表现

地区之间的工资差别是客观存在的。美国联邦劳工统计局的一项调查发现，硅谷和旧金山所在的美国北加州海湾地区工资明显高于南加州洛杉矶都市地区，成为全美国工资最高的地区。而且不光是高科技行业的员工享有高收入，就连原本应属较低报酬的行业，其工资也比美国其他地区高，其他许多行业的工资也居全美之首。

我国地区之间的工资差别也是十分明显的。如果把全国划分为东、中、西、东北部四大块②，城镇单位就业人员年平均工资的走向由高到低依次是：东部、西部、中部和东北部（如图7-3所示）。2019年31个省、市、自治区中，有23个省、市、自治区城镇单位就业人员的年平均工资低于全国90 501元的水平。北京职工的工资水平最高，年平均工资达到166 803元；河南省的工资水平最低，年平均工资仅为

---

① 萨缪尔森. 经济学：中册 [M]. 高鸿业，译. 北京：商务印书馆，1981：283.
② 东部包括北京、天津、河北、上海、江苏、浙江、福建、山东、广东、海南；中部包括山西、安徽、江西、河南、湖北、湖南；西部包括内蒙古、广西、重庆、四川、贵州、云南、西藏、陕西、甘肃、青海、宁夏、新疆；东北部包括辽宁、吉林、黑龙江。

67 286元（见表7-4），前者为后者的2.48倍。

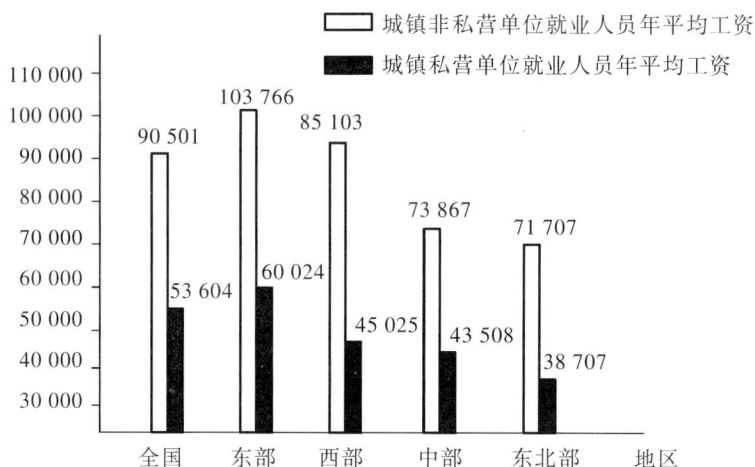

图7-3　2019年不同区域城镇非私营和私营单位收入比较（单位：元）

注：西部城镇私营单位就业人员不包含西藏。

资料来源　国家统计局.中国统计年鉴2020［M］.北京：中国统计出版社，2020.

表7-4　　　　　　2019年31个省、市、自治区城镇单位就业人员年平均工资

地　区	年平均工资（元）	地　区	年平均工资（元）
北　京	166 803	湖　北	79 303
天　津	108 002	湖　南	74 316
河　北	72 956	广　东	98 889
山　西	69 551	广　西	76 479
内蒙古	80 563	海　南	82 227
辽　宁	72 891	重　庆	86 559
吉　林	73 813	四　川	83 367
黑龙江	68 416	贵　州	83 298
上　海	149 337	云　南	86 585
江　苏	96 527	西　藏	118 118
浙　江	99 654	陕　西	78 361
安　徽	79 037	甘　肃	73 607
福　建	81 814	青　海	90 929
江　西	73 725	宁　夏	83 947
山　东	81 446	新　疆	79 421
河　南	67 268	全　国	90 501

资料来源　国家统计局.中国统计年鉴2020［M］.北京：中国统计出版社，2020.

所有制形式（私营和非私营）也是造成工资收入差异的原因之一。图7-3反映了2019年不同区域城镇非私营和私营单位的就业人员的工资差别。可以看出，无论全国还是地区，城镇非私营单位就业人员的工资都是私营单位的1.7～1.9倍。

2）地区间工资差别的原因

（1）产业结构的差别

美国的北加州海湾地区是硅谷的所在地，高科技公司云集，被认为是美国新经济的发源地。这里的高科技企业技术装备水平高，工资在总成本中所占的比例较小，工资水平自然也高。与此相反，北卡罗来纳州主要产业为纺织业，工资在总成本中所占比例很大，很容易把工资压到最低点，因而工资处于全美国最低水平。因此，这种地区工资差别实际上是由不同地区主要产业资本有机构成的差别引起的。

（2）劳动力结构的差别

这是美国学者对美国南方地区的工资水平低于美国其他地区的现象所作出的一种理论解释。在他们看来，劳动者中半熟练劳动者和不熟练劳动者的人数过多是造成美国南方地区工资水平低于其他地区的重要原因。由于熟练劳动者不足，因而南方地区熟练劳动者的工资与其他地区并无太大的差别。与此相反，半熟练劳动者和不熟练劳动者的工资则比其他地区低得多。

7.4.4　年龄间工资差别

年龄也会导致劳动者之间的工资差别。一般说来，劳动者的工资水平随年龄增长而递增。造成这种差异的原因是：

1）早期人力资本投资

有人认为，随着年龄的增长，与年轻人相比，劳动效率会降低，劳动年龄（工龄）决定工资水平，是否会有违"多劳多得"的"贡献"原则？不会的。因为高年龄组的大多数人在其职业生涯的早期，在专业知识和工作技能方面进行了投资，并在后期获得相应的投资回报。在职业生涯的早期，人们为了学习和积累更多工作技能而放弃单纯对高工资的追求，并且承担了投资的成本，因而收入较低。以后随年龄的增长，他们的工作技能不断提高，工资水平也相应提高。

2）资历

资历往往是许多企业支付劳动者报酬的重要依据之一。资历即经验，或者人力资本的积累，本身就是财富。这在实行年功序列工资制的日本企业中表现得尤为突出。因为劳动者的资历与其技术熟练程度和经验有着密切的关系。

此外，还有从工作的改换率、年龄与教育的关系等方面来解释年龄之间的工资差别。总之，与年龄相关的工作技能与经验是产生年龄之间工资差别的重要原因，但要充分说明年龄与工资之间的关系无疑是一项比较复杂的工作。

7.5 最低工资法

7.5.1 最低工资制度

最低工资是国家为了调节劳动关系、保障劳动者及其家庭成员的基本生活需要，通过一定立法程序规定的凡工薪劳动者在法定工作时间内履行了劳动义务后，用人单位必须支付的最低劳动报酬。一般地，劳动者收入的高低是市场决定的，而劳动者在市场交易中普遍处于弱势地位，国家为有效维护劳动者权益而制定社会的最低工资标准。

最低工资制度最早产生于19世纪末的新西兰、澳大利亚，其后，英国、法国、美国等资本主义国家也结合本国实际，建立了各自的最低工资制度。在工人的斗争下，政府不得不采用法律性措施，规定工人的工资不得低于某一限度，以改变工人工资水平和实际工资不断降低的局面。随着20世纪工人运动的高涨和社会经济的发展，最低工资制度在众多资本主义国家都得到了普遍实行。第二次世界大战后，一些发展中国家也开始了最低工资保障的实践。各国普遍认为，低工资不可能产生高效率工人，实际收入低导致的低购买力对扩大内需、推动经济发展来说也形成了壁垒，较低的收入是社会稳定的一个巨大的隐患。到目前为止，世界所有发达国家，绝大部分发展中国家都实行了最低工资制度或类似规定。

最低工资制度的作用：①对收入低或收入不稳定的工人起到一定的保护作用，即对那些非熟练工人及未组织起来和未参加工会的人提供必要的生活保障。②通过对每位劳动者提供一份有保障的收入来体现社会公平，维护社会稳定。③减少贫困，维护社会购买力相对稳定。④制约平均工资的发展。总之，最低工资制度不仅维护工人的利益，对调整劳资关系，乃至国家干预经济生活都有重要意义。

7.5.2 我国最低工资制度

民主革命时期，中国共产党在1922年8月拟定的《劳动法案大纲》中，提出应制定保障劳动者最低工资的保障法；第二次国内革命战争和抗日战争时期，中华苏维埃共和国临时中央政府制定的《中华苏维埃共和国劳动法》明确规定要保证劳动者最低限度的工资；1949年9月，中国人民政治协商会议第一届全体会议通过的《中国人民政治协商会议共同纲领》也明确规定人民政府应按照各地企业情况规定最低工资；1984年5月30日，国务院宣布承认1930年批准加入的国际劳工组织26号公约。但由于种种原因，以上各次规定一直未能以法律形式贯彻落实。1993年11月24日劳动部发布《企业最低工资规定》（劳部发〔1993〕333号），还制定了《劳动部关于实施最低工资保障制度的通知》《工资支付暂行规定》等配套法规。1994年7月5日第八届全国人民代表大会常务委员会第八次会议通过的《中华人民共和国劳动法》第四十八条明确规定：国家实行最低工资保障制度。最低工资的具体标准由省、自治区、直辖市人民政府规定，报国务院备案。用人单位支付劳动者的工资不得低于当地最低工资标准。2003年12月30日，劳动和社会保障部第七次部务会议通过《最低工资规定》（劳动和社会保障部令第21号），自2004年3月1日起施行，对劳动部发布的《企业最低工资规定》作了修正和补充。

针对一些地区最低工资标准执行期限过长、水平偏低的状况，新规定明确，最低工资标准要求每两年至少调整一次。确定工资标准应参考当地就业者及其赡养人口的最低生活费用、城镇居民消费价格指数、职工个人缴纳的社会保险费和住房公积金、职工平均工资、经济发展水平和就业状况等因素。

近几年，以小时工为主要形式的非全日制用工发展迅速，过去月最低工资标准已不能适应。为此，新规定提出增加小时最低工资标准，适用于非全日制就业劳动者。新规定还将民办非企业单位纳入最低工资的适用范围，明确在中华人民共和国境内的企业、民办非企业单位、有雇工的个体工商户和与之形成劳动关系的劳动者均适用这一规定。国家机关、事业单位、社会团体也依照执行。关于最低工资新的规定，将更有效地保障劳动者的合法权益，是中国劳动管理的巨大进步。

实施最低工资政策有助于推动中国经济增长方式的转变。我国人口众多，一直存在着"人口红利"之说，大量廉价的优质劳动力不断为中国经济增长提供劳动力资本，最低工资政策的实施在一定程度上维护了劳动者的权益，使劳动者能获得更理想的回报，也促使企业采取各种措施提升管理效率，从而实现企业的集约式发展。

7.5.3 最低工资标准测算方法

1）确定最低工资标准应考虑的因素

（1）最低工资标准

最低工资标准，亦称最低工资率，是指单位时间的最低工资数额。一般按月确定，也可按周、日或小时确定。确定最低工资标准是最低工资制度的核心。

（2）确定和调整最低工资标准应考虑的因素

确定和调整最低工资标准应考虑的因素一般包括：城镇居民生活费用支出、职工个人缴纳的社会保险费和住房公积金、职工平均工资、失业率、经济发展水平等。用公式表示为：

$$M = f(C、S、A、U、E、a)$$

式中，M为最低工资标准；C为城镇居民人均生活费用；S为职工个人缴纳的社会保险费和住房公积金；A为职工平均工资；U为失业率；E为经济发展水平；a为调整因素。

2）确定最低工资标准的通用方法

（1）比重法

比重法是根据城镇居民家计调查资料，确定一定比例的最低人均收入户为贫困户，统计出贫困户的人均生活费用支出水平，乘以每一就业者的赡养系数，再加上一个调整数。计算公式为：

M=P×S+a

式中，M为最低工资率；P为贫困户家庭人均生活费支出额；S为人均赡养系数；a为调整数。

（2）恩格尔系数法

根据国家营养学会提供的年度标准食物谱及标准食物摄取量，结合标准食物的市场价格，计算出最低食物支出标准，除以恩格尔系数，得出最低生活费用标准，再乘以每一就业者的赡养系数，再加上一个调整数。

以上方法计算出月最低工资标准后，再考虑职工个人缴纳的社会保险费和住房公积金、职工平均工资水平、社会救济金和失业保险金标准、就业状况、经济发展水平等进行必要的修正。

[举例]

某地区最低收入组人均每月生活费支出为210元，每一就业者赡养系数为1.87，最低食物费用为127元，恩格尔系数为0.604，平均工资为900元。

①按比重法计算得出该地区月最低工资标准为：

月最低工资标准=210×1.87+a=393+a（元）　　　　　　　　　　　　　　（1）

②按恩格尔系数法计算得出该地区月最低工资标准为：

月最低工资标准=127÷0.604×1.87 + a = 393 + a（元）　　　　　　　　　（2）

公式（1）与公式（2）中a的调整因素主要考虑当地个人缴纳养老、失业、医疗保险费和住房公积金等费用。

另外，国际上一般月最低工资标准相当于月平均工资的40%～60%，则该地区月最低工资标准范围应在360～540元之间。

$$小时最低工资标准 = \left[\left(月最低工资标准 ÷20.92÷8\right) × \left(1+单位应当缴纳的基本养老保险费、基本医疗保险费比例之和\right) \right] × \left(1+浮动系数\right)$$

浮动系数的确定主要考虑非全日制就业劳动者工作稳定性、劳动条件和劳动强度、福利等方面与全日制就业人员之间的差异。

1970年，第54届国际劳工大会通过了第131号条约和第135号建议书，推荐发展中国家建立最低工资制度并明确其确定办法。第131号条约列举了在决定最低工资水平时需要考虑的因素。这些因素包括：①根据国家的一般工资水平、生活费用、社会保障福利和其他阶层人员的相对生活标准，最低工资要能满足职工和其家庭成员的生活需要。②要考虑与之相关的经济因素，包括经济发展水平、劳动生产率水平以及实现和保持高的就业水平。不难看出，国际上确定最低工资的标准一般考虑城市居民生活费用支出、平均工资、劳动生产率、失业率、经济发展水平等因素。最低工资是为了维持工人身体健康以取得劳动效能所需要的最低生活水平，确定最低工资值得注意的要点是："最低生活标准"的含义。一些国家的法律对最低工资作了这样的规定：它要能满足职工本人对物质产品和精神文化生活的正常需要，同时要能够维持其家庭成员的生存。

7.6 职业福利

7.6.1 职业福利概述

1）福利

（1）福利的含义

福利是一个被广泛使用的概念，包括了理念、道德责任和制度实体等不同层次的含义。在历史上，福利作为一种价值判断，曾包含平等分享及公正社会的理念、履行社会责任并创造大众福祉的伦理目标和道德诉求等，并等同于慈善、救济、施舍等概念；在现代，福利被理解为具体的公共援助或者社会补贴项目。

（2）福利项目与目的

提供福利的主体主要包括政府和企业单位。按福利提供的主体不同，可把福利划分为社会福利或公共福利、职业福利或企业福利。社会福利以社会稳定、社会公平和社会再生产为基本目的，其基本准则是保护与生产力发展水平相适应的最低限度的社会公平。它适用于宏观社会管理，对经济社会的正常运行和发展起着非常重要的作用。职业福利或企业福利以经济效率为目标，旨在鼓励和刺激职工生产、工作的积极性，属于微观领域的企事业单位的人力资源管理范畴。本书重点讨论事关企业效率高低的职业福利。

2）职业福利

（1）职业福利的定义

所谓职业福利，又称企业福利，包括职工福利或集体福利、职工生活福利、生活服务等，是指基于业缘关系，行业和企业单位在工资和社会保险之外，为满足职工物质文化生活需要，保证本系统、本行业、本单位职工及其亲属的一定生活质量，以职工为对象提供的各种津贴、设施、服务和福利项目的总称。

享有职业福利的权利主体是本行业或本单位职工及其供养的亲属。提供职业福利的义务主体是用人单位。提高职业福利的目的在于改善职工生活状况或生活质量（包括物质生活和精神生活），增强企业的凝聚力，提高企业运行效率。

职业福利是造成行业间职工收入差距的重要原因之一。

（2）职业福利的特征

①职业福利以就业为前提，有工作就有福利，无工作就无福利。福利成为维持职工与企业之间联系的一种经济纽带，它更多地体现单位的局部利益。

②职业福利应满足职工在参加生产劳动或工作过程中产生的某些共同需要和特殊需要。

③以保证职工一定的生活水平和尽可能提高职工生活质量为目的，一般由企业向职工提供免费或收取少量费用的设施和服务，有时还扩大到职工家属。

④各个企业单位的福利项目、水平和享受范围等存在很大的差别，即使同一企

业，在不同的时期，也是不一样的，它们是根据需要和可能两个方面来决定的。

（3）职业福利的作用

福利已由最初企业主的"慈善"演变为一种义务，由个别企业的行为演变为企业的普遍行为，由随意性的管理行为演变为受到一定法律约束的制度安排。对享受福利的职工来说，家庭生活质量和工作生活质量可以在不增加个人代价的前提下得到提高，它已成为劳动者的一种权利。与货币化的工资相比，职业福利在提高企业声望、培养团队精神、增强企业凝聚力、稳定职工队伍等方面，有比工资更为明显的作用。

①有利于提高劳动生产率。为职工提供了生活方便，减轻了职工的生活负担，帮助职工解决自己难以解决的困难，能使职工更好地投入生产和工作，有利于提高劳动生产率。

②有利于吸引人才。企业要在激烈的竞争中立于不败之地，必须拥有高素质的人才。现在，吸引人才光凭高工资已经不够了，必须有充分的福利待遇才行。随着社会的发展，人们在择业时已把福利待遇作为一个重要的考虑因素。

③有利于建立良好的人际关系。企业的人际关系包括领导与下属、工人与管理人员、各层级之间的关系。人际关系的价值取决于相互间的实际经济利益。职业福利服务于全体员工，每个人享受利益的机会均等，减少了因利益分配不公而引起的矛盾，有利于形成人与人之间和谐的关系，增强企业的凝聚力。

④有利于提高企业的社会声望，增强员工的归属感。企业通过各项福利的实施，可获得诸如社会责任感强、关心员工、具有发展潜力等社会声望，良好的社会声望增强了企业的竞争力；可以活跃职工的文化娱乐活动，提高劳动者的素质，而企业员工稳定性和归属感的增强，也是促进企业发展的重要条件。

7.6.2　职业福利的类型

依据不同的标准或需要，可对职业福利进行不同的划分。通常可根据福利的表现形式，把职业福利划分为实物福利、货币福利、服务福利、集体文化娱乐活动、股权福利等。

1）实物福利

实物福利是多数企业最重要的一种福利形式。实物福利主要包括福利住房、职工食堂、职工浴室、职工娱乐室、托儿所、公务车辆、节假日或职工生日为职工赠送的礼物等。这些项目有些可直接提供给个别职工享受，如福利住房；有的可供很多职工享受，如职工食堂。

2）货币福利

货币福利以货币的形式向职工支付，如带薪节日、带薪假期、各种补贴或津贴等。货币福利项目繁多，尤其是补贴的种类繁多。

（1）带薪节日

在各种节日中，法定休息日是带薪节日。如我国政府规定的法定休息节日包括元旦、春节、清明节、劳动节、端午节、国庆节、中秋节。在这些节日中，劳动者不仅得到休息，而且是带薪休息。

（2）带薪假期

带薪假期包括带薪年休假、带薪事假、带薪病假、带薪产假。带薪年休假是指在法定节日之外由企业规定的带薪休假制度。不同企业具体规定可能存在较大的差别。一般来说，企业根据职工所在的工作单位、组织层次和工龄确定休假的时间和待遇。带薪事假发生在职工因某些特定事由而请假又不超过一定的期限时。在此期间，企业仍支付薪金，并为其保留工作岗位。带薪病假发生在职工生病需要休息时，在治疗及休息期间，职工除可从社会保障机构得到医疗费用的一定补贴外，还可从企业领取一定的福利工资。产假的情形与带薪病假类似。这些补偿虽以"工资"名义出现，但已不是直接的劳动回报，而是属于福利分配的内容。

（3）补贴

这是货币福利中最庞大的一类，概括起来可分为三大类，即工作补贴、住房补贴和家庭补贴。

①工作补贴的所有项目都与职工从事的工作有关，如工作餐补贴、交通补贴、技术培训补贴等。

②住房补贴是企业向职工无偿提供住房或为职工支付部分购房款或租金。在住房商品化之后，这三种形式仍然同时存在。

③家庭补贴针对个别职工的家庭的特殊需要。此类补贴项目繁多，不同的企业之间差异极大。除对低收入职工给予生活困难补贴之外，还有结婚补贴、安家补贴、育儿补贴、书报补贴、子女教育补贴等。

3）服务福利

服务福利是指各种面向职工的免费或部分免费的服务项目。如为即将退休职工提供的医疗咨询、为年轻职工提供的职业生涯咨询、为下岗职工提供的就业培训、为高级管理人员和高级技术人员提供的家政服务等。以上服务概括起来包括个人服务和集体服务两大类，个人服务包括咨询服务、援助服务；集体服务包括资助职工共济会、图书借阅等。

咨询服务面向全体职工，项目主要包括职业生涯咨询、家庭问题咨询、个人理财咨询、健康咨询、心理咨询等。援助服务主要包括帮助解决职工酗酒、赌博、心理不健康、家庭纠纷等属于个别职工的问题。在一些企业，职工为在经济上互相帮助、渡过难关，自发成立互济会，互济基金主要由参会职工个人缴纳，但企业也可能向互济会提供一定的经费支持。

4）集体文化娱乐活动

集体文化娱乐活动是一种特殊的福利项目，通常是一些职工喜闻乐见的集体文化娱乐活动，如联谊会、游园会、康乐活动、体育比赛、旅游等。这些活动可以经常变换花样，以提高职工的参与率，加强职工之间的沟通，增强企业的凝聚力。从性质上来说，集体文化娱乐活动在一定程度上又属于人力资本投资，因为在这些活动中，可以陶冶情操，保持和提高人的生理和心理素质，从而保持和提高人的劳动能力。

5）股权福利

股权福利是一种新的福利形式，它把本企业的股权奖给职工，或在职工购买本企业股权时由企业给予优惠。如美国的微软公司和中国的华为公司都采取了股权福利的形式。华为公司通过对职工的贡献、工作能力、职位价值、劳动态度和发展潜力的综合评价，确定职工享有股权的额度，从而利用股权安排形成公司的核心力量和中坚力量。目前，华为公司80%的职工持有公司股权，同时，股权80%集中在公司核心层和中坚层的手里。

7.6.3　职业福利实施原则

为了使职业福利能充分发挥它的积极作用，企业在建立和实施福利项目时必须遵循一系列基本原则。

1）有用性原则

有用性是职业福利的首要原则。因为企业向职工提供的各种福利措施，都要付出一定的代价，并希望通过福利措施的实施产生未来的经济效益，而福利的未来产出来自职工。因此，只有具有有用性的福利项目给职工带来可感受到的消费时，企业的目的才能实现。

2）量力而行原则

与工资、保险等补偿项目不同，国家硬性规定的福利条款较少，在福利项目的实施上，企业有较大的弹性。企业必须考虑自身的实力，并要在增加福利支出以增加长期产出同降低福利支出以增加短期利润之间作出选择。要正确处理福利与生产发展、短期利益与长期利益之间的关系。此外，福利项目与工资一样，也存在相当程度的"刚性"，如果不顾企业的实际情况，不断增加福利支出，终将使企业不堪重负，阻碍企业的长远发展。

3）辅助原则

在补偿项目中，与工资相比，福利处于次要位置，福利所固有的"锦上添花"的功能、平均主义倾向和难以准确量化的特点，注定了福利只能是工资分配的一种弥补手段。一般说来，福利占补偿总额的10%左右，日本企业这一比重较高，美国企业这一比重较低，我国国有企业在改革开放以前，福利所占比重较高。

4）适当差别原则

福利除了具有平均主义倾向以外，还具有差别化要求的特性。福利的平均主义要求来自其"锦上添花"的功能，而差别化要求则来自福利的效益导向。福利作为一种激励手段，纯粹平均主义所产生的激励作用比差别化享受福利产生的激励作用要小得多，这是因为当人们认识到，享受更多更好的福利待遇需要与对企业的贡献相联系时，人们愿意为企业作出更多的贡献。

5）举办集体福利为主，发放个人补贴为辅原则

福利应主要针对职工的共同需要而建立，从而提高福利的受益面和福利的效

益，尽量解决全体职工在日常生活中自己不能解决或个人解决成本太高的难题，为职工安心工作创造条件。但是，由于职工个人条件及家庭负担存在一定差别，所以在举办集体福利的同时，也需要对有特殊需要和困难，以及有特别贡献的职工给予个别性的补贴，即对个别职工进行特别的补偿和帮助。

　　6）与企业效益挂钩原则

　　根据这一原则，福利的支付应与企业的经济效益挂钩。具体挂钩办法不同，有的规定福利作为利润留成的一部分，占利润的一定比例，也有与工资总额挂钩的办法。在实行利润留成制度的企业中，职工福利基金从利润中提取，在实行基金管理制度的企业中，福利基金按照职工工资总额的一定比例提取。这样就使福利基金数量与企业效益直接或间接地挂钩，不会增长过快，增加企业负担，削弱企业再生产和市场竞争力。

【推荐阅读材料】（一）

"平均"无法反映社会真实情况

　　"平均工资"这个数据，可谓既敏感又不讨好，年年发布，年年遭到民众"质疑"。有媒体评论指出，民众感受与官方数据的错位，隐含着社会焦虑。这种焦虑一方面来自对没有共享发展成果的失落感，一方面也包含了一种深刻的危机意识：人家都涨工资了，我怎么还这么困窘逼仄？最后结果就是深深的被抛弃感。

　　中国劳动关系学院劳动关系系主任乔健说，原来社会平均工资主要是以城镇职工作为对象来统计，但是现在的职工主体包括农民工。"这样就造成很多人达不到社会平均工资，感觉自己被平均了。社会平均工资本身就是虚高，因为它跟很多东西挂钩。"

　　从纯理论的角度考虑，用"平均数"来表达居民财富水平的变化是必要的，也是可取的。但是，如果与现实生活相联系，"平均数"很有可能难以客观反映群众的真实生活水平。在一个社会贫富差距较大的国度里，衡量这个国家老百姓生活水平高低、财富增长快慢的立足点，应放在社会的"工资短板"方面，即社会平均收入水平以下及社会贫困线以下两个层面。

　　如果在社会财富严重缺乏、老百姓普遍贫穷的情况下，用"平均数"来反映社会财富的增加、收入水平的提高，都有较强的合理性和科学性。但是，在社会财富积累到一定程度，社会贫富差距不断拉大的情况下，如果再用"平均数"这个概念，就很难反映社会的真实情况了。这里的"平均"，更多的可能是社会贫富差距拉大的标志，而非社会收入水平提高的表现。"在收入差距较大的情况下，平均工资并不能反映差距的问题，中位数可能比平均工资更能反映实际情况。"北京师范大学收入分配改革研究院执行院长李实说。

　　资料来源　张钦.统计局：去年全国就业人员平均工资 49 969 元［EB/OL］.（2015-05-28）. http://news.qq.com/a/20150528/004595.htm.

【本章小结】

工资是企业的一项成本或费用，也是劳动者的劳动报酬和维持其生活的基本来源。从古典经济学的创始人到现代经济学的大师，西方的经济学家们都试图以合理的理论来解释工资现象，从而形成了各具特色的工资理论。不管这些理论有什么不同，其共同点都是对一定时期内劳动者的工资水平及其变动以及不同劳动者群体工资差别的一般规律的理论解释。这些解释，对我们今天的社会生活仍然具有普遍意义。我国在建立和完善社会主义市场经济体制过程中，制度建设成为一个亟待解决的重大课题，其中，以工资制度为核心的分配制度建设，是人们最为关注的问题之一。采用什么样的工资制度，包括制定工资分配的原则、工资形式、工资水平、工资差别、最低工资等，从宏观上讲，它关系到国家的政治安定；从微观上讲，它涉及一个企业组织的效率。因此，需要在借鉴西方发达国家历史经验的基础上，探索出符合中国国情的、既保证效率又兼顾公平的工资制度，建立起具有中国特色的工资理论体系。

【关键概念】

工资　工资水平　集体谈判

【课堂讨论题】

在我国现实生活中，怎样贯彻"效率优先，兼顾公平"的分配原则，既充分调动企业员工的积极性，又能够有利于国家和社会的稳定，推动改革开放不断深入发展呢？

【复习思考题】

1.什么是工资理论？

2.古典学派的工资理论的主要观点有哪些？

3.简述克拉克的工资理论的基本内容。

4.集体谈判制度有什么积极意义？

5.最低工资标准如何确定？

【自测题】

1.工资有哪些基本形式？

2.工资与奖金、福利、津贴、补贴有什么不同？

3.影响工资水平的因素有哪些？

4.怎样以适度的工资差别，确保社会经济的效率？

第8章 / 工会

—————————— 学习目标 ——————————

　　认识工会的性质和含义，了解工会产生的背景和发展趋势，明确工会的结构和
职能，学习工会组织管理知识，掌握工会运作的流程并充分发挥工会的积极作用。

8.1　　工会概述

8.1.1　工会的含义

　　对工会的定义及其基本职能，不仅学术界没有普遍认可的说法，而且各国在法律上的定义也不完全相同。但无可争议的是，狭义的工会，即企业工会是一个劳动者（工人、雇员）自己的团体，即维护劳动者权益、由受雇者组成的群众性组织。根据工会在社会结构中的位置及其组织宗旨，工会扮演的是在社会体系中代表劳动者利益的角色。

　　1）工会的产生和发展

　　按照社会学的观点，工会是与劳动关系息息相关的一种组织形式。劳动关系（又称产业关系 industrial relation 或劳资关系 labor management relation），在宏观上是指工业社会中一个最基本的社会关系——雇主与雇员之间的关系，其中二者的利益冲突——最基本的社会冲突，则是其最重要的内容。在微观上，它是企业组织（俗称用人单位）最基础的组织关系，是资方和管理方与劳方（员工个人）及劳动团体之间的权利与义务安排，以及由利益引起的合作与冲突关系及其解决方式。工会（trade union）的形成是工业化和工业社会结构形成的一种社会反应，它反映劳动者对自由、平等、安全等的需求。

　　从经济学的角度看，工会是劳动关系（劳动要素的供给与需求关系）的产物，是站在工人一方，通过对劳动要素的议价来调节供给与需求关系的。任何市场都可以分为完全竞争和不完全竞争两类市场。在一个需求、供给平衡的完全竞争市场，劳动力价格是供需双方都不能对它施加影响的均衡价格。在一个现实市场上，需要劳动要素的资本所有者一方，总是希望把一个完全竞争的市场变成一个不完全竞争的垄断市场，这样就可能打破要素市场的均衡价格。为了打破需求方的价格垄断，

工人们认识到团结起来的重要性，工会便是工人们组织起来打破资产所有者垄断劳动要素价格的最好形式。

在封建和半封建的农业社会中，对农民和手工业工人的有限"保护"来自雇主的"仁慈"和行会；工业化之后，雇主与雇员之间的关系是契约关系，一个更为庞大的工业"工薪"阶层出现了。在这种新的劳动关系中，雇员如何保护自己的利益呢？只有组织起来，建立一个新的机构来维护集体中处境相同的每个成员的基本利益。因此，工业社会特别是资本主义社会的社会经济矛盾是工会产生和发展的客观基础，劳动与资本的根本对立，工资和利润的直接对抗，决定了工人阶级必然要开展经济利益斗争，即劳动者为了维护工资、缩短工时和改善劳动条件等，而同资方或其代理人（管理方）进行斗争。采取集体谈判、罢工、游行示威乃至革命的手段，由经济斗争转化为政治斗争（由工人阶级的政党领导的），工会运动史也表明工人运动经历了从自发阶段（"饭碗问题的运动"）到自觉阶段（同资本家集团和保护这个集团利益的政府的斗争）的过程。

英国、美国等国家工会组织的发展及有关法律说明工会组织经历了一个从经济组织逐步发展为政治组织的过程，即从工会萌芽（带有浓厚行会色彩）—企业工会—职业工会—产业工会—全国工会—国际性工会—劳联与产联（劳动联合会与产业组织联合会）的过程，其标志是1913年英国工会法确认了工会参与政治活动，支持、捐助政党行为的合法化地位。社会主义国家的社会经济矛盾的存在（其实质和表现相比资本主义社会来说有不同的特点），是社会主义国家工会继续存在的客观基础。

2）工会的定义

（1）工会是一个劳动者自愿参加的、有组织的功能性（主要是获取并维护劳动者劳动权益）群体（group）或团体

群体是与组织不同的概念。根据社会学的定义、分类，群体是人们之间发生相互作用且关系比较紧密而稳定的集合体，其本身又是发挥一定功能的局部社会。其特点为：有共同的目标和关心事项且追求达成目标；有基于一定职能分工的组织结构及成员的集中统一；存在着约束成员行为和相互作用的规范；成员之间存在着共同的"我们意识"及成员对欲望的追求和满足；有社会关系的持续性和对环境的适应。组织则是以其成员对问题的共同关注为基础的，因此结合性表现得更强烈，地位与作用的分工和体系化更为完备，对成员具有更强的规范性，成员的团队意识更为明确等。所谓组织，就是人们之间具有共同的利害关系并为实现共同目标而产生并系统化的群体。工会便可理解为广大雇员明确共同目标、自觉认识到自己的地位和作用、唤起团结心并为实现目标而谋求强有力约束的经济性、政治性组织化过程。工会代表并维护劳动者大众的根本利益（主要是劳动权益）是工会性质最本质的规定。有人据此认为工会是一个劳动力市场组织，是"劳动市场中雇佣劳动的卖

方组织……以保证和改善雇佣条件为目的的工人的经常性团体"①;还有人认为工会是改善其会员的货币和非货币性就业条件的重要力量。

工会是劳动大众自愿结合(参加)的广泛的群体性组织,不同于阶级政党和国家政权机关以及共青团、妇联等其他群体组织,其会员主要包括物质生产领域一切以工资收入为主要生活来源的体力和脑力劳动者;工会是工人自己的团体,因此它既不能是一个御用组织,也不能是某个政党的附属物;工会存在的意义就在于要完成一定的目标并发挥一定的作用,工会从它诞生的第一天起,就为维护劳动者大众的合法权益和其他需求而奋斗,这是工会产生、存在和发展的客观要求,也是工会全部实践活动的基本动因和最终目的;工会具有一定的组织结构和管理运作方式。

(2)工会是代表劳动者其他经济权益、政治权益的重要的社会政治团体

工会是目标的鲜明性和参与的广泛性的统一。在社会经济关系中,工会代表劳动者大众的经济利益,如保障工人工资和基本生活、改善劳动条件和集体福利、协调劳资关系及维护自身合法经济权益等。但这不是说工会仅仅代表劳动者大众的经济利益,甚至仅局限于企业内部的经济利益。应当说,工会代表劳动者大众的利益最有效的途径和手段,就是以社会政治团体的身份进行政治活动。工会的作用是广泛地保护劳动者,特别是维护和保障劳动者的政治权益和社会权益、参与国家和社会事务的管理等。事实上,介入政治生活行使民主权利等,早已成为各国工会关注的对象。

社会主义政治制度的根本原则就是人民群众当家作主,享有真正广泛而充分的民主权利。作为几乎包括执政的工人阶级全体成员的社会政治组织,工会成为社会主义政治体制不可缺少的重要组成部分,成为代表职工利益的重要政治团体。2009年8月27日第十一届全国人民代表大会常务委员会第十次会议修订的《中华人民共和国工会法》(以下简称《工会法》)第五条规定:"工会组织和教育职工依照宪法和法律的规定行使民主权利,发挥国家主人翁的作用,通过各种途径和形式,参与管理国家事务,管理经济和文化事业,管理社会事务;协助人民政府开展工作,维护工人阶级领导的、以工农联盟为基础的人民民主专政的社会主义国家政权"。第六条进一步阐明:"维护职工合法权益是工会的基本职责。工会在维护全国人民总体利益的同时,代表和维护职工的合法利益。工会通过平等协商和集体合同制度,协调劳动关系,维护企业职工劳动权益。工会依照法律规定通过职工代表大会或者其他形式,组织职工参与本单位的民主决策、民主管理和民主监督。"工会已成为我国民主社会结构中不可缺少的政治主体。

综上所述,我们可以把工会理解为:工会是劳动者大众为了获得并维护自身的经济与政治利益(包括劳动权益、经济权益、政治权益等)而自愿结合的有组织的群体或团体。

---

① 万成博,杉政孝. 产业社会学 [M]. 杨杜,包政,译. 杭州:浙江人民出版社,1986.

8.1.2　工会的功能

功能与目标有着内在的联系。一个群体组织的功能可以从它所扮演的角色和所执行的任务以及完成这种角色、任务所采用的方式等方面去概括（不考虑个人对组织的影响）。组织目标是一面旗帜，为组织成员指明前进方向，是维系组织本身有效运转的根本动力。因此，工会目标是工会功能的集中体现。凡称作工会的组织，其目标具有同一性，但在不同社会政治经济背景下，不同国家、不同产业、不同职业的不同工会在目标上还存在差异性。

对工会的基本功能（职能），产生了诸如社会革命理论、经济福利理论、社会制度理论、伦理调节理论、心理环境理论等派别的观点，但理论家们对工会目标的概括主要有三类：第一类是从阶级斗争观点出发，认为工会的原本目标是要在工人阶级政党的领导下，与政党协同一致完成工人阶级的历史使命——实现社会主义社会、共产主义社会，强调工会是阶级意识觉醒的工人阶级的代言人，在工人阶级政党的领导下，工会担当激发工人阶级实现社会革命目标的角色；第二类观点则关心工会行为对现存市场经济体制的政治、经济制度的影响作用，认为工会的主要任务是以负责的态度开展活动，不要一味地要求高工资增长率，一味地与资方进行对抗，而是要限制产业行动，鼓励雇员与雇主合作；第三类观点注意到工会在集体谈判中的作用，强调工会的目标是代表雇员与雇主谈判以改善工作条件和待遇，保持工人在（劳动力商品）交换中的有利地位，同时制定工作纪律和规范。

工会的功能是由工会的性质所决定的工会实践活动的基本方向和工会实践活动的总概括，是工会组织存在的社会价值的外在表现。工会的功能，总体来看是代表和维护广大会员——劳动者大众的合法权益，具体表现为以下几个方面：

1）代表功能

代表功能是指工会充当雇员的代表，以一种集体的力量为雇员说话，在工作场所形成一股与雇主及其代理方相抗衡的力量，在社会政治活动中充当一个压力团体。代表权的最终落脚点是在维护面上，即工会的基本职能在于维护劳动者的合法权益。各国劳动法律、工会法律及其相关法规都强调这一点。工会的作用重点体现在以下两个代表上。

（1）经济利益的代表

在西方国家，工会通过集体谈判等手段，为雇员争取最大的经济利益。有人把工会进行有关工资及雇佣量（就业保障）的谈判看成是工会最主要的功能，也有人认为维护劳动者劳动权益是工会代表功能的基础或核心内容，具体包括对劳动就业权、劳动报酬权、休假休息权、劳动保护权、职业培训权、社会保障权、请求劳动争议或冲突处理权以及其他与劳动相关的权益等进行保护与维持。我国工会在维护职工的合法权益方面，力求做到密切联系职工，听取和反映职工的意见和要求，关心职工的生活，帮助职工解决困难，全心全意为职工服务。比如，深圳市1994年开始实行国有企业员工持股计划，委托工会作为社团法人托管、运作内部员工所认购的企业股份，工会下设员工持股会具体负责员工所持股份的日常管理，包括代表员工股东依法进入公司董事会、监事会，参与企业经营决策、民主化管理和按股分红。

（2）政治利益的代表

工会表达工会会员的政治理想和政治诉求，通过各种参政议政途径去间接影响政府的经济与社会政策，力图推动社会向工会会员希望的方向发展。西方工会大多试图建立一种"平等"社会，通过阶级合作而不是阶级斗争来实现。有人认为，通过集体谈判，工会可以动员其会员联合起来，帮助其会员实现作为雇员的角色；通过政治行动，工会可以帮助其会员实现作为公民和选民的角色。事实上，资本主义社会的发展使阶级冲突变成了一种微观社会冲突——组织内的劳资冲突，劳资冲突日渐与阶级冲突相分离。早期某些工会试图通过采取政治革命手段来改变社会性质的做法，已让位于在现存产业和政治制度的框架内，采用更为现实、保守的手段，争取合法权益，从而使产业内的劳资冲突逐步变为二者的相互协调。在我国，企业、事业单位若有违反职工代表大会制度和其他民主管理制度的行为，工会有权提出意见，保障职工依法行使民主管理的权利。工会应是植根于工人阶级利益需求的组织，但是，今天的工会，尤其是规模巨大的工会未必具有这种阶级同质性特征，出现了工会领导机构与企业领导机构相互勾结的情况，即使在工会内部，统治味道也要比代表（维护）味道表现得更为强烈。

2）参与制定工作规范功能

在劳动关系中，资方希望拥有经营管理企业的最大程度的权力和决策自由，雇员则希望得到管理方的认同和尊重，而且更希望工会能保护他们免受资方过分专断的影响，这始终是一对矛盾。西方国家化解和处理这个矛盾的方法之一是通过工会与资方联合制定规章制度，使组织内过去完全建立在资方特权基础上的权力和力量结构，逐步被工会与资方相互制约的权力和力量结构所替代，既维护了资方的决策和经营自主权，又保护了工会会员在劳动关系中的合法权益。这种劳资共同决策的新型结构，不仅改善了雇主与雇员之间的关系，而且规范了就业组织与工会组织之间的联系。目前，工会制定工作规范的内容，涉及工会承认工厂为工会代表提供的便利、协商和谈判的范围，以及对不满、纪律、裁员的处理，新技术带来的工作适应，工作变换与职业保障，妇女雇员的就业机会和其他福利，孕期职业中断，子女抚养，职位分享计划，非全日制雇员的平等权利，性骚扰等问题。

3）综合服务功能

在工会运动初期，在欧洲"福利国家"政策出台之前，工会经常给会员提供"互助保险"。20世纪80年代，工会又开始向会员提供越来越多的现代服务，这种做法在专业技术工会、管理人员工会（白领工会）中特别盛行，比如提供信用卡等金融服务、法律咨询服务、设立养老保险和其他保险等，以此来吸收更多的潜在会员入会。

我国工会在为会员提供各种服务方面更是无微不至，比如办好职工集体福利事业，做好工资、劳动保护和劳动保险工作，组织职工开展业余文化技术学习等教育培训活动，组织职工开展文艺体育活动等。

4）沟通协调功能

在劳动关系中，人们用"不满"和"劳资纠纷"两个概念来表示雇员对就业待遇和就业条件的不满及其外在的冲突表现，包括两类：一是雇员对现有规章制度的解释和适应范围存在不同意见（权力事宜）；二是雇员对新决定的就业待遇和就业条件存在不同意见（利益事宜）。在劳资谈判过程中，由工会出面向管理方反映雇员的不满意，并寻求解决劳资纠纷的合作方式。这是一种较为正式的方式，工会发挥了沟通协调作用，并且也能满足其会员向社会发泄的需要。在我国，工会参加企业的劳动争议调解工作，可看作"共同协商"行为。工会的沟通协调功能也是工会公共关系的一项重要内容。

5）增强参与功能

从会员自我实现的角度看，工会的该项功能还有助于会员在日常工作之外把自己的才能发挥出来。工会增强"参与"的方式包括：一是代表会员参与对国家、社会和企业的管理；二是组织会员参与管理，保障会员民主权利的行使。

工会可以鼓励会员加入工会的支部或分部，参加各种管理事务，帮助他们成为管理者甚至领导者；参与设计一系列社会争端的解决方案及经济、劳资事务上有关工会立场的政策决策。通过集体谈判，让雇员参与有关雇佣待遇和工作条件的制定；通过政治代表系统，参与或影响政府政策和公共行政决策。

会员既可以积极参与上述活动，或被选举、任命为工会官员，如工厂车间的工会代表、工会基层组织负责人、地方或全国委员会的官员。通过这些机会，工会会员便可以发挥其生产技能以外的才能。

上述工会功能有着紧密的内在联系，是一个有机的整体。各项功能互相联系、互相促进，贯穿于整个工会活动之中，代表并维护劳动者大众的合法权益，是工会实践活动中最普遍的内容。参与制定工作规范、沟通协调、增强参与等功能，本身就是对劳动者根本利益的代表与维护；服务功能则是代表与维护达到既定目标的前提，是提高劳动者大众自我维护能力的条件。不同历史时期的工会、不同层次的工会其社会功能的具体内容和形式呈现出不同的特点。

8.1.3 工会化与工会效应

1）工会化

工会化与工会组织形成与发展密切相关。工会化亦即工会化程度（水平），指的是工会发展中工会会员数量增减及成分变化的绝对量，以及工会会员占劳动力人口总量的比例。工会化水平的波动反映劳动力人口（和非农业就业人口）加入工会的兴趣的变化及波动的原因和规律。影响工会化程度的因素是多方面的，包括社会变量、经济变量、组织变量，比如产业部门结构、劳动力结构的变动，由政府政策、资方态度和行为体现出来的社会价值观的变化，一系列与价格、工资、失业率等与会员变化率有关的因素，雇员群体的大小，工会及其领导人的特征，公众对工会的支持，集体谈判制度的扩展，妇女劳动力人数增加等。

有学者认为，制约工会化水平波动的因素主要是工会会员的价格和工会服务的价格。前者指个人预期花费在工会活动上的时间的价格，会员价格越高，参加工会的雇员就越少，参加工会的需要与工人所能得到的净利益的预期成正相关关系；后者指代表工会参加集体谈判和监督谈判合同的执行所需费用，或工会在工人群体选举工会代表时所花费的组织活动费用等，工会服务价格越高，参加工会的人数就越少。此外，社会对工会的态度、制度保护或限制工人参加工会的立法，以及个人对工会是否有兴趣等，也是决定工会化水平的重要因素。总体来看，资本主义国家工会化水平是逐渐降低的，特别是 20 世纪 70 年代以后。有关统计数据表明，美国工会会员占非农业雇员的比例从 20 世纪 50 年代的近三分之一下降到了 1994 年的 15.8%，1994 年个人劳动者工会会员比例仅为 11%，工会被选为劳资谈判代表的次数愈来愈少。与西方国家相比，我国建立工会企业的职工入会率高达 90%，远远高于西方国家的 20%~30%。这说明我国工会目前的问题不在于扩大职工入会的数量，而在于如何正确审视和定位工会的功能。

值得注意的是，白领工人工会化已经成为世界各国劳动关系中的一个很重要方面。随着各国产业结构的调整，第三产业发展迅速，就业结构发生了转变。在生产性产业内部，由于组织的深化和技术的提高，对白领的需求也逐渐增加，因此，随着白领工人数量和比重的增加，白领工会会员人数也在增加，如英国白领工会会员人数，1948—1964 年增加了 2 倍，而 1964—1970 年，则以年均 5.8% 的速度增长。白领工会化对资方与工会运动影响深远。当然，某些独立自主性比较高的知识工作者，往往认为不需要透过工会争取权益，因此排斥加入工会。

2）工会效应

工会效应是工会在其活动中产生的影响，既包括工会通过集体谈判来提高会员工资、缩短工时、改善工作条件，通过改变工人所获得的额外福利的数量和组合来影响企业的额外福利，通过形成一种集体呼吁机制为工人争取劳动条件改善从而提高生产率等，产生正效应；又包括工会通过集体谈判造成超员雇佣（既要提高工资，又不减少就业），在短期内加大劳动成本、降低生产率等，产生负效应。工会基本功能的发挥，必然对劳动力市场（包括劳动力需求、劳动力供给和工资）和劳动条件改善产生直接和间接的影响。

8.1.4　全球化背景下工会运动的发展趋势

第二次世界大战后，西方国家经历了一个近 30 年的劳资和谐共存、共享经济发展成果的黄金时代。但是，经济全球化使资本成为"无冕之王"，资本强大到可以摆脱民族国家的经济管控，在世界任意游走。资本管控能力的提高，使它在谈判中具有更强的讨价还价能力。法国著名社会学家皮埃尔·布迪厄指出，新自由主义以极端的形式为资本逐利开道，主张摧毁一切阻碍资本流动的障碍。民族国家、工会，甚至家庭都是它要攻克的堡垒。而大多数国家特别是发展中国家为了本国经济增长，增加就业机会，都不得不屈从于资本的压力。人们普遍感受到了收入从劳动向资本的倾斜和转移。与此同时，企业享受着创纪录的利润。

全球化背景下，劳工对资本的制衡力有弱化的趋势，"强资本，弱劳工"的格局日益明显。国际工会运动由多国工会组织分头行动转向统一行动，其标志是2006年10月31日，国际工会联盟宣告成立。从此，国际工会代表和维护对象从一部分工人走向工人阶级全体。国际工会工作的基本理念也发生了变化，从一般工联主义走向战略工联主义[①]；国际工会维护工人权益的格局，从一国范围走向更为广泛的工会联合，以及同其他社会组织的合作；国际工会当前的斗争目标从履行基本职能转向体面劳动。

人工智能的兴起及其在企业的推广与应用，是一个大趋势。越来越多的岗位将被机器人替代，可能不再需要工会组织代表员工"维权"。届时，如果还有工会存在的必要，其作用必将弱化。

8.2 工会结构与类型

8.2.1 工会制度的多样性

工会的合法存在是一个普遍现象，但工会制度在不同国家有很大差别。

工会化程度是用来衡量一个国家或地区劳动者参加工会的状况或程度的术语。而衡量工会化程度的指标，国际上通用的是工会密度，即实际工会会员在潜在会员中占的比例。计算公式是：

工会密度＝工会会员人数÷（劳动人口－雇主－自主就业人口－军人）×100%

据统计，1980—2010年，在主要工业国家中，工会密度有3种类型：第一类是趋高型，如丹麦、芬兰、瑞典等，工会密度超过70%；第二类是中等型，如德国、比利时、荷兰、瑞士等，工会密度在20%～56%；第三类是工会密度较低的国家，如美国、法国等。造成这种差异的原因是工会法律规定，管理人员只能参加管理人员的单独工会还是可以参加普通工的工会。

《工会法》规定，会员"以工资收入为主要生活来源"，所有管理人员都能加入工会。因此，我国工会化程度偏高。

8.2.2 工会结构

工会结构是工会制度多样化的反映。

工会结构亦即工会的组织结构或类型。一般而言，所谓工会的组织结构，是指

[①] 一般工联主义单纯关注工人的眼前的和暂时的利益。战略工联主义则主张，不应当把自己的活动仅局限于工人的切身利益上，也要考虑到自己对国家社会经济的总体责任及各项政策的相关性。工会的作用要超越劳资关系的领域，以一种宏观的、战略性的、全方位的态势，积极干预社会生活，成为稳定社会的重要力量。

各种层次、各种类型的工会所组成的相互依存、各有隶属、互有责任、互有义务的工会有机统一体。根据工会募集会员的方式，或者根据工会会员所处的工作领域，对工会本身进行类别划分，形成工会结构。特定的工会结构类型，对工会的内部行政管理及控制产生影响。工业化国家的工会发展最终会形成一个金字塔，塔尖是工会的全国性组织联盟（如劳联-产联），塔身和塔底是各种工会的全国性组织（如全国工会与国际工会）、各行业性工会组织、各地方性工会组织以及各企业工会组织等。通过工会结构可以了解在一个工业化的社会中，为了达到募集、组织各类行业及职业中的雇佣劳动者并代表他们的利益的目的，工会这种独立的、自治性的机构是如何被设计和组建成工会组织体系的。

在工会运动的发展过程中，其结构受到过多种因素的影响，使得工会分类问题较为复杂。

8.2.3 工会的分类

1）传统分类

传统的工会结构分类方法是根据工会募集会员的模式而进行分类。该方法起源于工会运动发展期——19世纪至20世纪初，在关于同业工会主义、产业工会主义和一般工会主义的争论中，这种分类方法尤其普遍。运用该方法有助于理解工会的起源和发展，其分类如图8-1所示。

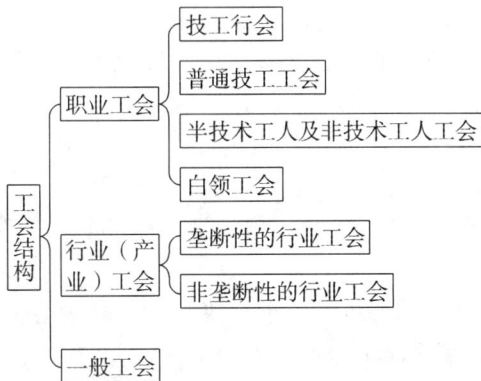

图8-1 工会结构的传统分类

（1）职业工会

将具有某种特殊技艺、达到某种技术等级或者从事某种特殊职业或工作的所有工人组织起来的工会，而不考虑这些工人具体处于哪些行业，美国、英国有按职业成立的工会。

（2）行业（产业）工会

把某一特定行业中从事工作的所有工人都组织起来，而不考虑每个人的技艺、技能等级以及具体所从事的职业或工作的工会。现在，德国、法国的工会基本是按产业成立的，美国、英国也有按产业成立的工会。

（3）一般工会

在募集会员时没有任何限制，既不考虑行业因素，也不考虑职业因素。今天可以划归为一般工会的工会并非刚开始建立时就是一般工会，而是在过去按照职业和行业原则建立起来的工会的基础上经过合并形成的。

2）动态分类

工会会员的募集模式随着工业化与技术环境的变化及与之相联系的工作、技能及职业的变化，不断进行修正。同19世纪时那种简单的职业或行业概念相比，今天的工会已经发生了很大的改变。工会结构不是一种混合的现象，而是一个动态的过程。

（1）开放式工会、封闭式工会与混合式工会

人们用开放和封闭两个概念来反映工会与职业或行业进入控制之间的关系，以及工会会员募集模式的变化。封闭式工会具有限制他人进入本职业和本行业的能力，是一种排他性的，向狭窄主义、部门主义方向发展的会员募集方式，并且对吸收其控制领域之外的其他人的兴趣很低；开放式工会正相反，不仅不对他人进入本职业和本行业进行控制，而且有一种向扩展化、统一化方向发展的力量，依靠会员数量方面的优势来获得谈判的优势。在现实生活中，绝大多数工会是混合式工会，在某些方面是开放的，在某些方面则是封闭的。

英国绝大多数工会同时依据职业和行业的标准来吸收会员。在其他国家，还用其他一些标准来取舍成员。比如，在意大利、法国、比利时和荷兰，政治与宗教信仰是吸收会员非常重要的标准。这就不难理解为什么这些国家中分别存在着共产党、社会党、基督教、民主党和天主教的工会组织。

①会员市场。简言之，这是一个决定工会会员人数和争取会员的地方。它涉及工会生存的环境。目前，从各国工会发展来看，有两种环境：一种是保护性环境，工会在这种环境中处于唯一被承认的地位；另一种是竞争性环境，工会需要同其他也被承认的工会争夺会员。

②工会对待募集会员的态度。目前，工会对待募集会员持两种态度：一种是消极的态度，即不把扩展会员人数作为工会工作的重点；另一种是积极的态度，工会有意识地在其现有的会员市场上扩张，并且向新的会员市场扩展。

（2）部门工会、行业工会与企业工会

部门工会指那些试图或至少是部分地准备从一系列相关行业的多种职业范围中募集会员的工会，与过去比较狭窄的"行业工会"相比，有宽泛化并取而代之的趋势。当然，这并不意味着概念更为狭窄的企业工会就此失去作用而消失。实际上，企业工会募集会员的原则是封闭的，只能限制在一个行业之中，其会员市场处于保护性环境。中国工会就属于此类。企业工会在日本很盛行，其组织形式是，首先由企业下一级的事业所的全体职工（临时工、社外工除外）组成基层工会，再由同一企业的全体事业所的基层工会组成企业"连和"，进而作为同一产业的单位工会合成单产（各行业工会），单产去加入总评（日本工会总评议会）、同盟。其中企业

"连和"起着与资方谈判的核心作用。

3）多重工会主义

多重工会主义指在集体谈判的结构中有一个以上的工会存在，有两种类型：一种为在一个组织或行业中，每一类雇员都成立自己的唯一的一个工会，各类工会都独自成为一个谈判单位；另一种是在一个组织或行业中，对每一类雇员来说，都有一个以上的工会为争取他们而展开竞争，不过所有的各类工会只构成一个谈判单位。

多重工会主义的存在，造成工作的区分更加困难，由此引发工会之间的冲突，结果使集体谈判趋于复杂化。同时，在这个过程中，工会工作重复，影响下降。当然，多重工会主义也非一无是处，它唯一的优点是使工会的眼界更加开阔，用一种更加开阔的眼光来看待他们在一个更大的工会运动中所处的地位以及他们的成员的利益。多重工会主义现象的出现在一个承认工人有权自由组织工会的资本主义社会里是难以避免的，在英国此现象较为突出。

在工会结构的动态演变中，有人认为工会结构合理化取向是提倡行业（产业）工会和企业工会之间的合并（联合式合并与吸收式合并）。

8.2.4　股民工会——中国工会的创新

如前所述，工会募集会员模式要随着工业化与技术环境的变化以及与之相联系的工作、技能及职业的变化而变化。进入21世纪，中国工会类型得到了创新——股民工会产生了。这是中国证券市场上为了融洽券商与投资者关系，构造以维权为主旨的一种全新"客户"关系，由渤海证券公司上海昆明路营业部创建。股民工会由渤海证券股民自愿参加，工会委员由股民选举产生，实行任期制，由大户股民代表、散户股民代表、券商三方面构成。股民工会的成立，改变了券商与投资者之间原有的一些关系，明确了投资者在营业部中的地位，股民和营业部之间有了一个通畅的交流渠道，双方在日常交流中的责任得到明晰。

8.3　集体谈判

在19世纪末德国社会学家乔治·齐美尔（George Simmel）的研究基础上，人们已经区分并总结出了人类社会生活中最为突出的互动形式，即交换、合作、冲突、竞争和强制。现代意义上的集体谈判活动已不再仅是劳动者用来同雇主或管理者开展斗争的有力武器，而是成为调整和缓和企业劳动关系以及实现劳动合作的一种重要手段。

世界各国尤其是西方国家已普遍建立了现代集体谈判制度。它是与工人参与管理、劳资双方协议制度等在职能和性质上类似的一种企业劳动合作形式，一般是在劳资双方协议不能有效发挥作用时，使用集体谈判这种方式。集体谈判制度必须在工会组织下进行，唯有工会组织的团结与壮大，发挥集体的力量，才有实力影响政府制定完善的劳工政策与劳工法规，进而保护弱势劳工的权益，这实际上属于指导合作或契约合作的社会互动形式。

8.3.1 集体谈判的定义、特点和功能

1）集体谈判的定义

集体谈判（Collective Bargaining）又称"共同经营"或"共同规范"，有人把它描述成使劳资冲突双方规范化的一项伟大的"社会发明"，是现代民主社会中每一位劳动者都拥有或应当拥有的特定权利。国际劳工组织对企业集体谈判有明确的界定，指"一名雇主、一个雇佣群体或一个以上的雇主组织同一个或多个工人组织之间进行的谈判"。换句话说，集体谈判就是借助谈判，让资方代表与雇员代表缔结双方可以接受的录用条件及明确彼此之间的权利、义务关系的协议，以维持和改善就业待遇及就业条件的一种方法。一般情况下，集体谈判主体资格主要涉及两方：一方是工会（劳动者的代表），另一方是雇主或企业管理者（或其团体及代表）。

一位劳动者要加入工会，通常会认为工会能提供给他的好处要远大于他所要付出的时间和金钱，也就是"获得的利益"要大于"付出的代价"。这种好处主要来自集体谈判，如果集体谈判的结果不是工会会员享有利益和福利，将导致劳动者不加入工会。

2）集体谈判的特点

集体谈判是工会组织与雇主博弈的过程。集体谈判是对个人谈判的替代，在集体谈判过程中，雇员不是以其个人身份、代表个人的利益单独同雇主进行谈判，而是通过雇员代表以集体协商的方式来进行谈判，简言之，是工会代表工人进行谈判。与工人个体参与管理或双方协议（协商）制度这两种企业劳动合作形式相比，集体谈判具有明显的优点：

①集体谈判不是通过对抗甚至冲突方式而是通过双方对话并在取得一致意见的基础上来解决问题。

②集体谈判一般具有三个特点：一是主体的双边性，即由劳动者组成以工会为代表的一方，与以管理者或雇主为另一方进行的谈判；二是内容的限定性，即双方就集体参与企业利益分配和有关规则进行商讨，主要是围绕劳动条件的改善和劳动关系的处理原则等展开；三是结果的约束性，集体谈判的结果一般写在要签定的企业集体合同中，用以约束主体双方的行为，缓和并稳定企业的劳动关系。

③集体谈判的最重要成果是劳资双方和谐（积极合作）关系的取得，即企业劳动合作的实现，建立一种信任感和理解关系。

当然，集体谈判也有不足之处：资方及其代表在谈判中有时态度不够积极，不愿意与工会展开平等的对话与交涉；工会在谈判中提出过高的条件，对资方或管理者进行要挟和对抗，因此，劳资双方有时难以达成协议，企业集体合同难以签订，更有甚者，还会引发企业劳动争议甚至劳动冲突。

3）集体谈判的功能

传统的观点认为，工会是修正劳动力市场上力量不均衡的一种劳动力垄断组织，集体谈判是工会借以维护和改善其成员的就业待遇及工作条件的一种方法（另外还有提供互助保险、致力于法律制定的工会活动类型）。现在，人们更倾向认为，集体谈判是资方和工会之间相互作用的一种过程、一种工作规范方法。通过集体谈判所产生的规则，劳资双方共同拥有管理权。集体谈判过程不仅仅是一种以经济事务为中心的谈判过程，它更是一种政治过程。具体地说，集体谈判在不同阶段执行不同的功能：市场功能、经济功能、管理功能和决策功能。从广义上讲，集体谈判的功能在于，在谈判双方同意的基础上，就实质性及程序性问题为某一雇员群体建立起一套共同的规则。

一个成功的集体谈判，应该达到"三赢"的结果：在劳动者方面，争取到与企业管理者地位上的平等，改善了劳动条件和生活条件，获得必要的待遇和合法权益；在管理者方面，缓和或解决了与劳动者之间在劳动待遇等方面存在的分歧，保证企业生产经营活动的正常有效进行；在企业方面，实现了企业劳动合作，最终在协商和交涉的基础上达成了一个双方都能接受的协议或合同（集体合同），稳定了企业劳动关系。

集体合同与劳动合同的最大区别在于：集体合同界定职工群体与雇主间的损益边界，而劳动合同界定的是职工个体与雇主间的损益边界。集体合同的合法性使得雇主只能在职工群体的损益边界内对职工的劳动力进行临界开发和使用，从而不得不把职工的权益纳入企业的生产函数。因此，对工会组织内的职工来说，集体合同是"俱乐部产品"，它在一定程度上保护着每个职工的合法权益，某一个工会会员在享受集体合同的好处时，并不能排斥工会组织内其他会员也享受同样的好处。而且，一旦签订了集体合同，向一个新工会成员提供保护的边际成本几乎为零。这就是说，集体合同对工会组织内的职工具有正外部性、非竞争性和非排他性。

8.3.2　集体谈判的结构、程序和种类

1）集体谈判的结构

所谓集体谈判的结构，是指集体谈判的集中和分散程度，即集体谈判在哪些级别上进行。集体谈判可以在劳动关系体系中的不同层次展开，如在全国或行业层次上、在地区或行政区层次上或在企业组织层次上。集体谈判单位的覆盖面（某个特定的集体谈判所包含的雇员群体）是经常变化的；集体谈判的形式可以是多种多样的（正式的或非正式的、法定的或自愿性的、一次性的或多次性的）；集体谈判的内容（范围）也是多种多样的。

从西方市场经济国家集体谈判的实践来看，集体谈判的结构是由历史因素、社会经济发展背景、市场状况、主体情况、谈判内容以及国家法律与政策等多种因素综合作用决定的。比如，西欧国家的集体谈判的结构比较集中，北美国家的结构则倾向分散；工会方面主张集中，雇主或管理者方面主张分散。集体谈判分散化表现

为：一是从雇主谈判向单一雇主结构的转化；二是在单一雇主结构之下，决定是在公司层级谈判还是在分厂层级谈判。

从20世纪80年代开始，集体谈判的层级出现了下降的趋势，学术界称之为"集体谈判分散化"。经济全球化及技术飞速发展加剧了市场竞争，企业需要在用人方面有更大的灵活性。同时，经济全球化下资本流动性增强，劳动力流动受到国界的限制，劳资力量对比不利于劳方。

2）集体谈判程序

所谓集体谈判的程序，是指集体谈判所要经过的步骤和所要处理的问题。一般来讲，从谈判准备阶段直至集体合同签订或没有达成协议阶段为止，谈判双方当事人所要处理的问题包括谈判对手的承认、谈判义务、谈判的常设机构、谈判准备、谈判进程、谈判代表权利、谈判内容等问题。

（1）准备阶段

集体谈判的准备阶段，主要包括谈判目标与策略、组织机构和人员分工、谈判内容的准备。

①清楚了解谈判双方的立场和意图。这包括己方的立场和谈判对手的目的、愿望、策略、意图和影响力等，在此基础上制定切实可行的谈判目标、策略及应对措施。

②谈判人员的心理准备。学习谈判心理学，提高社会交际技能、信息处理技巧和自行判断技巧。

③构建谈判小组。它是整个谈判活动的控制机构，谈判是群体活动，关键在于构建谈判小组并界定其成员的角色、地位和权利，并协调组内每个成员的行动。

④拟订谈判方案。谈判内容包括对新提出协议或重新讨论条款的交涉、对现行协议的执行情况的讨论和对双方共同关心的事务进行协商。

（2）正式谈判阶段

在这个阶段，谈判双方才真正开始谈判交锋，也要经历准备、开谈、谈判对话、交涉、争议、仲裁、结束几个阶段。这期间劳资双方的谈判代表充分施展其谈判技巧和艺术，如处理僵局、破裂的技巧，妥协、让步、调解的艺术等；直到所有的问题都得到满意解决，双方谈判人员都认为没有需要进一步考虑的问题时，或者双方谈判人员达成正式书面协议并签字后，正式的谈判交锋阶段才真正结束。

3）集体谈判的种类

集体谈判的种类实际上反映了集体谈判的内容。有的学者按谈判的内容将集体谈判分为实质性规则和程序性规则。

（1）实质性规则

实质性规则是指就业待遇，如工资、工时、假日等可以转化为货币的待遇，对这些就业待遇的谈判，常常被看成是集体谈判的主要目的。例如：

①包括加班工资在内的工资以及这些工资的适用条件的规定。

②对按成果付酬计划下最低收入水平的规定。

③对不能为雇员提供工作时的保障收入水平的规定。

④对在特殊工作条件下（如轮班）工作时的津贴的规定，对提供员工福利的规定等。

（2）程序性规则

程序性规则通过界定各类事项应如何处理以及资方、雇员和工会各自的预期角色，为组织中劳资双方之间的关系提供了一种规范化的框架。例如，对不满（或劳资纠纷）、处分、裁员、工作评价、工作研究等有关的共同决定程序（组织决策职能的分享）。程序性规则所关注的是决策、雇员参与以及雇员代表参加组织事务的规范问题。有人据此认为，工会所要分享的是权利而不是金钱，因为只要通过集体谈判在达成的集体协议中对工作作出了新的界定，工资就会发生相应的变化。所以，关键不在于直接谈判工资本身，而是通过谈判活动获得某种权利。例如，在生产率协议中规定定员水平、工作之间的弹性（新的生产操作方法、新技术使用增加了工作弹性）、时间弹性以及承包等条款。集体协议中的工作安排规范了哪些是雇员分内的工作，哪些不是雇员分内的工作，从而对雇员有正当的理由拒不执行的工作作出认可性的规定。

总之，集体谈判类型也可划分为工资集体谈判、工时集体谈判、休息休假集体谈判、劳动安全卫生集体谈判、保险福利集体谈判、工作生活质量集体谈判等。当然，各种谈判并不是截然分开、相互独立的，通常情况下各种类型、不同内容的集体谈判是相互包含、相互依存的，同一集体谈判往往以一种谈判内容为主，兼顾其他内容。

8.4　中国工会

1840年鸦片战争之后，帝国主义列强入侵中国，开商埠、办工厂，大批破产农民进入外国资本主义开办的企业当工人，形成了我国最早的产业工人。这些工厂的劳动强度之大、工作时间之长、劳动条件之差、工资收入之低，在世界各国都是罕见的。中国工人阶级从它产生的那天起，就开始了反抗斗争。在斗争中出现了工人组织，开始多是一些带有封建性质的民间秘密结社、帮会以及行会。后来出现了如1912年1月上海江南制造局的"制造工人同盟会"等工会组织。在十月革命的影响下，我国各地纷纷成立共产主义小组，组织和领导工人运动，成立了第一批现代工会，如1920年10月成立的"上海机器工会"。1921年8月，中国共产党建立了中国劳动组合书记部，集中力量开展工人运动，建立工会组织。1925年5月在第二次全国劳动大会上正式成立了中华全国总工会。

8.4.1　中国工会性质和主要职能

1）中国工会的性质

中国工会同世界各国工会一样，都是工人阶级的群众组织，具有阶级性和群众性的本质属性。《工会法》第二条对中国工会的性质进行了明确规定，即工会是职工自愿结合的工人阶级的群众组织。

我国工会具有鲜明的阶级性，它只是工人阶级的组织，以工人阶级作为自己的阶级基础，代表并维护工人阶级的利益。它不同于共青团、妇联等其他群众组织，其会员只能是工人阶级的成员。但工会会员的构成并非仅限于从事工业生产的工人，还包括在中国境内的企事业单位和政府机构中以工资收入为主要生活来源的体力劳动者和脑力劳动者，不分民族、种族、性别、职业、宗教信仰、教育程度，都有依法参加和组织工会的权利。

在社会主义条件下，随着作为工人阶级的对立面的资产阶级的灭亡，工会的阶级性或群众性都呈现出新的特征：第一，工会成为国家领导阶级的工会，它在国家政治生活中的地位发生了根本的变化，成为国家政治体制中的一个重要组成部分，成为社会和谐发展的重要因素。国家为工会活动提供了各种方便，工会能够更好地代表和维护工人阶级的利益。第二，就其群众性而言，从根本上结束了工会四分五裂的状态，实现了全国空前的统一和工人阶级的广泛联合。

2）中国工会的职能

在社会主义条件下，其基本职能可概括为以下四个方面。

（1）维护职能

《工会法》第六条规定："维护职工合法权益是工会的基本职责。工会在维护全国人民总体利益的同时，代表和维护职工合法权益。"维护职工的合法权益是工会产生和发展的基本动因，也是社会主义条件下工会存在的重要原因。

在社会主义条件下，阶级压迫和阶级剥削已经不存在，但由于不同经济形式与劳动分工的存在，多种经济成分并存，社会成员的利益不同。这些利益通过国家的政策、法律进行调节。职工与政府个别部门、企事业单位出现摩擦不可避免；在政治、经济改革过程中，对劳动者工资、物价、住房及社会保险制度方面的改革，直接涉及并影响到职工的利益；在企事业单位内部，职工作为生产者和被管理者与经营管理者之间的矛盾，以及各类企业中不可避免地出现的劳动争议和个别的局部摩擦等，所有这些方面涉及职工利益的时候都需要工会来维护，向执政党和政府反映有关意见和要求，参与社会利益的协调。

在企业改革中，工会要通过平等协商和集体合同制度，协调劳动关系，维护企业职工的劳动权益。工会履行维护职能时，要密切关注就业、工资、住房、社会保障、职工福利、安全生产、劳动保护等劳动者的各项经济利益保护问题，倾听职工的呼声，关心职工的生活，尽心竭力为职工办事。通过工会的维护职能，使得全国人民总体利益和职工群众的集体利益，国家、集体、个人三者利益的矛盾在不断的协调中达到相对的一致和统一。

在我国社会经济关系、劳动关系发生剧烈变化的背景下，劳动就业、工资分配和社会保障这三大劳动经济问题日益突出，工会维护职工劳动经济权益的重要性也就不言而喻。从本质上讲，劳动关系作为劳动者和用人单位双方的社会经济关系是既对立又统一的。在市场经济条件下，凡有投入都是为了获得最大的产出。作为企业的两个最基本的生产要素——资本（生产资料）和劳动力，其投入也是遵循这一原则的，企业投资者、生产经营者力图获得最大的利润，劳动者则力图获得最高的工资。因此，在企业的收入分配过程中，劳资双方在经济利益上存在着此消彼长的对立关系。然而，资本要素和劳动力要素只有有机地结合起来，相互协作，才能最终创造财富。从企业创造产品、提高经济效益的角度看，劳资双方又存在着利益协调的统一关系。劳动关系的这种对立统一，客观上要求工会在维护职工的经济利益时，应把握好劳动关系双方的经济利益平衡点：一方面，要通过积极促进工资立法和社会保障立法及制定相关的配套改革措施，通过集体协商来更好地维护职工的工资分配权和社会保障权；另一方面，在维护就业权和工资权时，工会应具有长远的战略眼光。工会的职责并不是单纯地对抗，有时还需要妥协，这就要求新时代的工会要善于维护劳动者的利益。

鉴于我国面临的严峻就业形势，对工会来讲，要求提高工资收入和稳定就业岗位已成为两难选择。从战略发展看，劳动关系作为利益的对立统一体，双方的生存与发展均取决于能否提高企业经济效益，增强企业的核心竞争力。而提高企业经济效益的一个基本前提条件就是降低物力成本和人力成本。在资本全球化流动的今天，工会若一味要求提高工资可能导致的后果就是资方转移投资，工人失去就业岗位，这一点，在西方工业国家表现明显。西方国家的工会已经调整了自己的斗争策略，工资要求已不仅仅是提高收入的要求，而是要与稳定并扩大就业岗位相连。因此，从我国国情看，工会在维护职工的工资分配权益时，应始终坚持"就业优先"的观念，立足于企业的可持续发展，立足于维护就业岗位。在这方面，更要强调维护职工的职业（教育）培训权。工会要督促企业加强职工科技文化知识、职业技能以及再就业培训，努力提高教育培训的目的性、针对性和有效性。同时，也要切实帮助在职职工和待岗职工做好个人职业生涯发展规划，着力提高职工科学文化、技术技能和业务素质，增强职工的学习能力、创新能力、竞争能力、创业能力。这些都要求工会干部学习掌握现代企业经营管理知识，特别是人力资源管理的知识和技能，成为这方面的专才。唯有此，才能在复杂多变的经济形势下，真正有所作为，展示出工会的维权实力，体现工会在协调劳动关系中的价值，从而确立自身在劳动关系中的地位和作用。

（2）建设职能

在社会主义国家，工人阶级成为国家的主人，参与国家的建设和改革是工人阶级应有的权利和责任。工会作为工人阶级最广泛的组织，它的一项重要职能就是吸引和组织广大职工参加社会主义建设和改革。

工会履行建设职能不是直接组织生产和管理，而是参与生产的组织和管理。其基本形式包括大力弘扬劳模精神，促进全社会形成"尊重劳动、尊重知识、尊重人才、尊重创造"的良好氛围，发动和组织社会主义劳动竞赛，充分发挥劳模的骨干、带头和桥梁作用；开展职工技术革新、技术协作和技术扶贫工作，促进企业的科学管理和技术进步；组织职工开展合理化建议活动，提高职工的主人翁意识。

（3）参与职能

工会参与对国家和社会事务的管理是工人阶级主人翁地位的具体体现，是工会作用的重大转折和发展。

《工会法》第五条规定："工会组织要教育职工依照宪法和法律的规定行使民主权利，发挥国家主人翁的作用，通过各种途径和形式，参与管理国家事务、管理经济和文化事业、管理社会事务；协助人民政府开展工作，维护工人阶级领导的以工农联盟为基础的人民民主专政的社会主义国家政权。"

工会参与职能的特点在于"参与"而不是代替。所谓"参与"有两层含义：一是作为职工的代表者，代表职工参与对国家、社会和企业的管理；二是组织职工参与管理，其具体内容包括代表职工参与国家及地方的政治、经济生活；在制定和实施经济和社会发展规划，以及有关就业、工资、物价、住房、社会保险等直接涉及职工切身利益的重大政策措施的过程中，既反映职工群众的利益和要求，又向职工宣传、解释国家的有关规定，加强职工和国家、政府之间的联系，增进双方的相互了解。在现阶段，尤其要组织职工通过职工代表大会或者其他形式，参与本单位的民主决策、民主管理和民主监督。

（4）教育职能

工会对职工进行爱国主义、集体主义、社会主义教育，民主、法制、纪律教育以及科学、文化、技术教育，提高职工的思想、道德、科学、文化、技术和业务素质，使职工成为有理想、有道德、有文化、有纪律的劳动者。

8.4.2 中国工会的组织与管理

1）中国工会宗旨

工会是代表和维护工人阶级利益的一种组织。

2）中国工会章程与法规

中国工会组织的章程与法规是在发展中不断调整与完善的。1948年，第六次全国劳动大会上通过了《中华全国总工会章程》。章程对工会的性质、目的、任务、结构、组织原则、组织成员的地位和角色、权利与义务及组织活动的规则进行了说明。1950年6月，通过了《中华人民共和国工会法》，对工会的地位和责任、权利与义务等进行了法律规定。1992年4月，第七届全国人民代表大会第五次会议通过了《中华人民共和国工会法》，这是在对1950年制定的工会法进行适当修改的基础上形成的。1998年10月，中国工会第十一次全国代表大会通过了《中国工会章程》，这是在1948年制定的工会章程基础上适当修改而成的。2001年10月，通过了《中华人民共和国工会法（修正案）》，调整了工会的职能和权利义务，改革了工会组织制度，加强了工会经费的征缴和对工会干部的保护，同时增设了违反工会法的法律责任，这标志着我国新的工会法在适应市场经济环境方面有了长足的进步。2013年10月，中国工会第十六次全国代表大会通过了《中国工会章程（修正案）》，将维护职工合法权益由工会的"主要社会职能"升格为"基本职责"，突出强调了维权作用，这是工会适应市场经济发展，进一步密切联系群众的体现。2018 年 10 月，中国工会第十七次全国代表大会通过《中国工会章程（修正案）》。

3）中国工会会员募集

（1）工会会员成分

通过一定的手续加入工会的会员，是工会组织得以存在的基础。什么样的人可以加入工会呢？《中国工会章程》第一条对此作出了明确的规定，即"凡在中国境内的企业、事业、机关单位中以工资收入为主要生活来源的体力劳动者和脑力劳动者，不分民族、种族、性别、职业、宗教信仰、教育程度，承认工会章程，都可以加入工会为会员"。符合上述条件者，须首先提出个人申请，经工会小组讨论通过、基层委员会批准，才能入会。

从工会章程的规定来看，工会作为工人阶级的群众性组织，只有工人阶级的成员才能加入工会。在中国，工人阶级最初限于城镇的全民所有制和集体所有制的企业的劳动者。改革开放后，特别是邓小平提出知识分子也是工人阶级的一部分以后，工会作为一种群众性很强的组织，它的成员变得非常广泛和分散，凡承认工会章程的人，不论其是固定工、合同制工还是临时工等，只要履行了手续，都可以成为工会的成员。事实上，如今工会会员包含了各种劳动者，涉及各种各样的职业和行业，会员中既有觉悟很高的劳动者，也有思想保守的劳动者，这是今天工会不同于其他组织的特点。

（2）会员募集方式

中国工会会员吸收方式是局限在一个企事业单位内，是比较典型的企业工会。中国工会具体组织方式在《工会法》中予以明确规定，新《工会法》第十条规定，企业、事业单位、机关有会员 25 人以上的，应当建立基层工会委员会；不足 25 人的，可以单独建立基层工会委员会，也可以由两个以上单位的会员联合建立基层工会委员会，也可以选举组织委员一人，组织会员开展活动。

企业职工较多的乡镇、城市街道，可以建立基层工会的联合会；县级以上地方建立地方各级总工会；同一行业或者性质相近的几个行业，可以根据需要建立全国或者地方的产业工会；全国建立统一的中华全国总工会。

4）中国工会领导

工会组织活动的开展，需要有一个权威的、组织成员认可的领导体系。领导体系的权威性或者来自选举，或者来自上级任命。根据工会章程，中国工会的各级领导，都应由选举产生。但在实际工作中，工会干部中有一些是委派的，即由党委等行政领导指派。

5）中国工会经费筹集

工会的经费是开展各项活动的物质基础。目前，中国工会的经费筹集主要有以下几个渠道：

①会员缴纳的会费。

②建立工会组织的企业、事业单位、机关按每月全部职工工资总额的2%拨缴的经费。

③工会所属的企业、事业单位上缴的收入。

④人民政府的补助。

⑤其他收入。

6）中国工会体制和机构设置

中国工会实行产业和地方工会双重领导的组织领导制度。中华全国总工会是中国工会的最高领导机关。机构的设置是：全国总工会、全国产业工会，地方总工会、地方产业工会和工会基层组织。上级工会组织领导下级工会组织。工会组织的建立，报上一级工会批准。工会全国代表大会是我国工会的最高领导机关和决策机关。图8-2是中国工会的组织系统。

基层工会委员会每届任期3年或者5年。各级地方总工会委员会和产业工会委员会每届任期5年。基层工会委员会定期召开会员大会或者会员代表大会，讨论决定工会工作的重大问题。

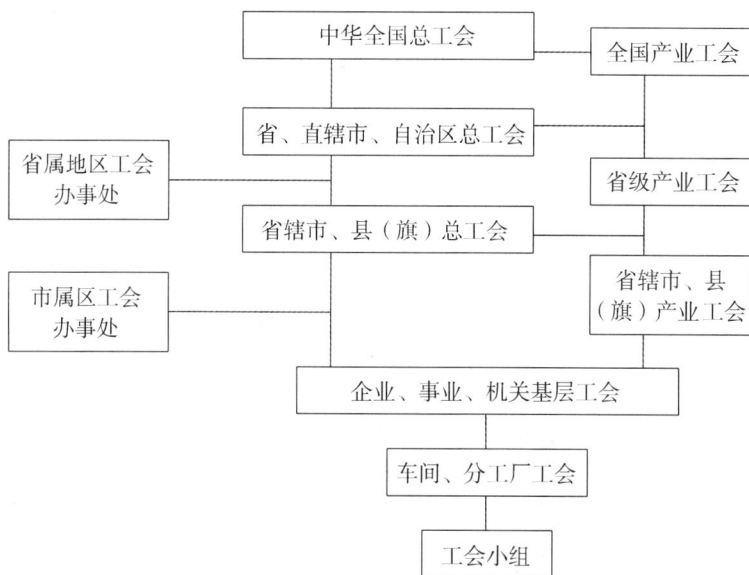

图8-2　中国工会组织系统

8.4.3　中国工会制度改革

目前，中国的劳动关系存在着日趋复杂和紧张的趋势，群体性事件时有发生。这固然与转轨时期劳动关系的自身因素有关，但同时也反映了工会在发挥自身功能、促进劳动关系稳定方面的严重不足。改革中国工会制度已是迫在眉睫的任务。

1）端正并强化工会的代表和维护职能

群众利益无小事，工会要做职工的贴心人，履行好基本职责，必须围绕职工群众最现实、最关心、最直接的利益来落实。目前，劳动就业、工资分配、社会保障、劳动安全卫生等都是职工最关心的问题，工会维护职工合法权益，首先必须维护他们这些方面的利益，并把维护职工合法权益贯穿到工会工作的各个方面、各个领域，甚至贯穿到推动改革、促进发展、积极参与、大力帮扶的全过程，不断增强工会组织的吸引力和凝聚力。

2）完善工会权、义、责对等制度

我国劳动法、工会法等法律法规赋予了工会广泛的权利，如参与企业民主管理、组织职工开展文娱活动等，有些权利是西方国家所不能给予的，如在国有企业中，工会通过职工代表大会行使评议、监督企业各级领导干部的权利和选举厂长权。政治上的参与权体现了社会主义制度下工会的优越性，是我们要保留和发扬的制度。相对广泛的权利，工会一方面没有发挥作用，另一方面也没有履行其应尽的义务，承担对等的责任，这和工会权、义、责不对称有必然联系。权利和义务的对等是法律对社会关系监督的基本准则，不履行义务应承担相应的责任，责任是权利义务对等的保障，权、义、责不对称导致工会及其领导人没有压力感和责任感，不仅不尽应尽的义务，面临新的、严重的侵犯职工的权益事件不敢主张正义。

完善工会权、义、责对等制度，增加工会的义务，可通过下列方式：一是明确工会干部应承担的经济处罚责任。借鉴西方国家做法，制订工作计划，对完不成计划，又有损害会员行为的工会干部，予以一定的经济处罚，以增强其工作责任心。二是选举工会干部，避免由企业或企业上级部门指派或变向指派工会主席，破除工会主席是政治地位象征的做法。三是定期评议工会，由会员对工会干部进行民主评议，不称职的予以罢免或引咎辞职。四是提高工会干部的经费补贴比例，使工会干部岗位的吸引力增强。

3）加强工会劳动监督制度

劳动关系是一个社会大系统，涉及政治、经济、文化等方面，社会对劳动关系实施了民主的、社会的、群众的和法律的全方位监督。工会作为代表职工利益的劳动关系主体，对劳动关系和社会利益关系的协调监督是劳动监督体系中重要的组成部分。工会劳动监督应以法律监督为主，具有多样性和民主性特征，包括同政府与企业行政领导召开联席会议，劳动检查，生产岗位上的工会劳动法律监督人员在事前、事中或事后的经常、大量的监督检查等形式，而所有这些劳动监督权都应设有相应的处罚。修改工会法，补充法律责任，对拒不执行工会法的行为进行相应的制裁，如用人单位拒不配合，有意阻挠工会监督甚至监督中发生了侵害劳动者合法权益行为，用人单位应承担相关责任。

工会要积极推进有利于调节劳动关系的相关法律制度建设：一是要推动和参与制定劳动关系法、劳动监察法等，这就需要工会认真研究现实生活中的劳动关系问题，从而促使相关法律法规在内容条款上更具针对性，尽可能具体可行，增强可操作性。二是要认真研究国际劳动立法和其他世界贸易组织成员的劳动立法。这样不仅可以借鉴国际社会的有益经验和成功做法，完善本国立法，而且也有利于在涉外企业中维护职工合法权益。三是要加大工会对劳动执法的监督力度。工会应积极建议劳动部门建立举报制度，并定期进行监察活动，及时发现问题，解决问题。

4）产业工会特色化

在坚持全国总工会的领导下，各产业工会应在工作内容、宗旨、任务等方面有所差异，各自代表本行业的劳动者群体利益，吸引不同利益需求的人到工会来。打破计划经济条件下的以"地方为主、产业为辅"的工会组织领导体制，建立适应市场经济的"地方指导、产业主导"的模式，形成地方总工会宏观指导、产业工会独立活动的格局。因此，从有利原则出发，应重新调整产业工会的设置，打破行政区域的框架；全国和省级产业工会应从有利于参政议政、统筹管理出发，按照性质相近的几个行业设置产业工会；市以下则从有利于联系基层和职工群众的需要出发来设置，保持原有规模，如此调整的益处在于上级产业工会便于宏观管理基层工会，提高管理效率，基层产业工会依然保持庞大的生命力，组织渗透到每一个企业之中。

5）拓展工会经营机制

工会除尽心尽职维护会员合法权益外，还应通过工会兴办企业或拓展经营机制为其会员带来经济利益和社会利益，此举必将增强工会吸纳新职工和凝聚会员的能力，也增强其维权的经济能力。我国工会在兴办三产，拓展经营方面没有形成支撑工会经济的支柱产业。实际上，我国工会兴办企业有三大优势：一是拥有庞大的会员，意味着拥有庞大的潜在消费市场；二是工会拥有未开发的闲置会费；三是兴办企业可争取到政府的优惠政策。工会在兴办企业时应注意把握以下原则：首先，涉足风险小、收益较小的行业，积累经验后再扩展到其他行业；其次，开办与会员、职工生活密切相关的项目，如保险、理财等，处处体现对会员的优惠，使会员直接受益；最后，在按市场经济运作企业的同时，注意宣传企业，提高企业带给工会的社会效益，提高工会的地位。

8.4.4 中国工会新时期的发展与挑战

1）新时期工会发展的主要成就

（1）工会不断完善基层单位职工代表大会等职工民主决策、民主管理、民主监督制度，使全心全意依靠工人阶级的根本指导方针得到进一步贯彻落实。

（2）工会履行维护职工合法权益的基本职责取得新成果。各级工会在自办职业培训机构、兴办职业介绍机构、兴办"困难职工帮扶中心"，积极配合政府做好基本养老保险工作，推动和监督"两个确保""三条保障线"政策落实，督促企业解决拖欠职工工资问题等方面取得初步成效。

（3）工会积极探索在新形势下开展劳动竞赛、技术革新、技术协作、发明创造的途径和办法。

（4）工会在巩固党的阶级基础和扩大党的群众基础方面取得了重大进展。

（5）各级工会加强源头参与和建立劳动关系协调机制。全国总工会和各级地方工会与产业工会，积极参与推动《工会法》的修订。修订后的《工会法》和最高人民法院相关司法解释的制定，为工会的发展提供了强有力的法律保障，基本建立了工会与政府有关部门召开联席会议的制度，劳动关系三方协商机制正在拓展和延伸。

（6）各级工会把提高职工整体素质作为长期战略任务，努力培育"四有"职工队伍。

2）新时期中国工会发展面临的新挑战

（1）中国工会面临的挑战

①经济危机与社会危机的挑战。国际层面，全球化速度加快，市场竞争已把国内市场与国际市场捆绑在一起，打破了过去单纯依靠国内市场的局面。只有在两种危机之间建立起一道"防火墙"，才能将危机的损害降到最小。市场经济国家的经验表明，工会是"防火墙"的重要组成部分。工会应发挥其保护劳动者权益，协调劳动关系、维护社会稳定的作用。中国工会面临学习和借鉴国际工会工作经验的任务。

②发达国家与国际组织的挑战。在全球化背景下，发展中国家的劳工权益问题越来越引起国际舆论的关注。各种人权组织、劳工组织等非政府组织采取更多行动，呼吁国际社会重视劳工权益的保护，中国劳工权益问题是它们关注的焦点。在中国与其他国家贸易往来中，是否遵守国际劳工制度，已成为它们承认中国市场经济地位的指标之一。如何应对国内劳动关系调整的需求和国际劳工制度的要求是中国工会的挑战。

③国内劳动关系与劳动争议案件的挑战。

④劳资冲突与社会矛盾对建设和谐社会的挑战。

（2）跨国公司工会的新挑战

①背景：全球化的进程重塑了资本与劳动之间的权利平衡关系

无论从宏观还是从微观上看，资本与劳动之间权利关系的平衡，有助于效率的提高和经济的增长。然而，作为经济全球化的一个客观结果，强资本弱劳工却比比皆是。全球化的资金流动与新科技应用于生产，无一例外地片面强化了资本的力量。相对地，劳工的力量则因就业岗位竞争的国际化和跨境流动的限制，以及失业、不安全与不平等的增加而被弱化了。

改革开放打破了我国计划经济时代资本与劳动之间的传统关系。随着市场经济体制的建立和资本多元化的进程，以及劳动力市场化等，资本的势力持续扩张，劳动者的地位持续弱化，其力量对比有更加悬殊的趋势。其具体表现为：私人资本与外国资本及其支撑的经济得到了极大的发展，劳动者的地位却在持续下降；资本所有者占有社会财富的份额越来越大，并在整个社会占有着越来越明显的优势地位，但存在部分职工失业，部分企业职工缺乏必要的社会保障等现象。

②强资本弱劳工情况下工会的作用

在经济全球化时代，实施全球一体化生产经营布局是跨国公司发展的主流。

目前，跨国公司正在实施一体化国际生产战略，这使跨国公司遍布全球的附属企业通过一体化而结成跨国生产体系，这有可能导致企业内部在生产组织、工作条件和劳动标准等方面的跨国协同。面对跨国公司提出的严峻挑战，跨国公司内部职工发生分化：一方面，企业优秀人才因为雇主许诺提供高水平的收入和工作保障，削弱了他们加入工会的动力；另一方面，那些处在企业边缘的非熟练工人，其"青春打工"的就业目标又使他们的就业时间、地区和企业较不稳定，频繁地流动使其不易被组织到工会中来，只能被动地接受的雇佣条件。因此，我国的外资企业应加快员工组织化的进程，加强工会作为职工利益的代表者和维护者的地位及其自身的改革和建设，突出工会平衡劳动要素市场价格的力量。

21世纪新的就业关系必须仰赖劳资双方的协调与合作才能完成。一方面，当前工作更需要劳工的注意力、创意与人际沟通能力；而另一方面，企业的持续获利则是镶嵌在社会整体发展上，包括劳动力、政府政策、法律规章、教育和社会文化等。因此，劳资与政府三者之间是合作伙伴关系：在全球化开放市场过程中，三者应共同建构组织结构能力（包括强化人力资源、管理能力与政府再造），并让政府、企业与社会群体共同参与。[①]所以，工会组织应更加重视宏观参与，研究并熟悉国际劳工制度和国际贸易的条款，积极通过政府、工会和外资企业的三方协调（合作）机制，对涉及劳动关系的重大问题进行沟通和协商，对拟订有关劳动和社会保障法规以及涉及三方利益调整的重大改革方案和政策措施提出建议，从而更有效地在改革发展过程中建立和谐稳定的劳动关系，维护涉外企业职工的合法权益。2006年7月29日，沃尔玛晋江店工会在福建泉州建立是一个标志性的事件，意味着沃尔玛这块工会"坚冰"被打破。中国工会依法保护劳动者权益，并以工会为依托推进包括跨国公司在华企业在内的各种所有制企业和谐用工在新世纪面临巨大的挑战和机遇。

【推荐阅读材料】（一）

习近平谈工会

2015年4月28日，习近平在庆祝"五一"国际劳动节暨表彰全国劳动模范和先进工作者大会上的讲话中提道：工会是党联系职工群众的桥梁和纽带，工会工作是党的群团工作、群众工作的重要组成部分，是党治国理政的一项经常性、基础性工作。新形势下，工会工作只能加强，不能削弱；只能改进提高，不能停滞不前。

2018年10月29日，习近平同中华全国总工会新一届领导班子成员集体谈话时说道：工会要坚持以职工为中心的工作导向，抓住职工群众最关心最直接最现实的利益问题，认真履行维护职工合法权益、竭诚服务职工群众的基本职责，把群众观念牢牢根植于心中，哪里的职工合法权益受到侵害，哪里的工会就要站出来说话。要做好城市困难职工解困脱困工作，及时做好因各种原因返贫致困职工的帮扶救

---

① 李碧涵. 全球化与劳动体制的新发展［R］. 中国台湾社会学会2001年年会、"生活/社会新视界：理论与实践的对话"学术研讨会.

助，为广大职工提供具有工会特点的普惠性、常态性、精准性服务。

【推荐阅读材料】（二）

集体合同制度：保证劳动关系和谐的有效制度形式

工会成立的初始目的及其核心功能便是进行集体谈判。集体合同制度的核心功能在于，首先，作为一个协商过程，集体合同制度提供了员工意见和要求集中表达的渠道，把分散无序的劳动关系冲突纳入有序的谈判制度中，成为可能的产业冲突的制度出口；其次，作为一个市场交易过程，集体合同保障了劳动者在工资、工时等劳动条件方面的最低利益，建立了劳动收入与经济发展之间的相应增长机制；最后，作为一个有效的契约，集体合同使劳动条件的变更具有相对稳定性，从而可以避免无规则的产业冲突，成为产业和平的有效保证，并在此基础上实现社会经济秩序的稳定。

主要工业化国家在市场经济实践中逐步建立起以集体谈判为核心的劳动关系调整体制，对保证经济与社会协调发展起到了重要作用。英国在劳动关系体制设计上将集体谈判和协约自治视为工资及雇佣条件决定的主导原则，而将国家立法居于次要和补充地位。美国以 1935 年《国家劳资关系法》为核心形成了确定合适谈判单位、选举谈判代表、履行诚实谈判义务等集体权利保障体系，通过劳资双方工会化与非工会化的竞争权利保障，构建了工资与劳动条件高度市场化的决定机制。著名的日本"春斗""秋斗"工资福利增长模式，在确保工资增长恰当反映当时经济形势的同时，也形成了高度信任与合作的劳动关系调整模式。以行业层面工资自治政策和企业层面劳资共决政策为主要形式的德国劳资自律调节体系，成功地实现了第二次世界大战后经济快速增长和社会矛盾的缓和。而以国家层面集体协议著称的北欧模式更是形成了劳资自治为主、国家间接干预的灵活、高效、广覆盖的劳动关系调整模式。

集体合同制度在克服市场经济体制的既有弊端，通过建立劳资利益分享机制来促进劳动关系稳定和社会经济持续发展等方面的成效是有目共睹的。著名经济学家弗里曼等学者通过对美国 20 世纪 80 年代的数据研究证明，通过集体合同谈判，工会会员的所得要比非工会工人的所得高出 30% 左右。工会相对工资的提高还在相当程度上减少了不同工作场所之间工资水平的不平等。而工会化企业所具有的外部压力对非工会化企业劳动关系状况的改善也起到了积极作用。因此，工会及其集体合同制度在提高效率和促进公平两方面的功能都是很显著的。市场经济体制下的劳动关系运行既体现市场经济一般规律，同时更要体现社会主义的人本观、和谐观。遵循市场经济的一般规律的要求，借鉴工业化国家在劳动关系调整中的成功制度实践，通过建立有效的劳动关系调整体制，实现在共建中共享，在共享中共建，是科学发展观的内在要求。

资料来源　陶文忠.集体合同制度：保证劳动关系和谐的有效制度形式 [J]. 中国党政干部论坛，2007（6）.

【推荐阅读材料】（三）

工会不独立 工人维权难

自2008年11月3日重庆市主城区出租车司机罢运之后，11月10日，海南三亚市和甘肃永登县两地的部分出租车司机，不满一些出租车公司垄断市场、租金过高以及黑车太多等问题，再次出现罢运。罢工是工人与政府或企业之间的博弈，是工人为维护合法权益而采取的一种手段。与诉诸暴力相比较，罢工是一种文明的维权方式，世界大多数国家的宪法都明确规定公民享有罢工权。我国宪法虽然没有规定公民享有罢工权，但是存在工人采取罢工形式维护自己合法权益的事实。令人遗憾的是，在上述罢运事件中，没有看到工会为维护工人权利挺身而出。

【推荐阅读材料】（四）

中国工会作用弱化

新华网对工会的作用和地位，在网上进行了问卷调查。调查结果显示，调查者中51.5%人认为工会在维护职工合法权益中的力量不够或者是没有力量。有关专家指出，工会的地位和作用弱化是由多方面原因造成的，其中最重要的原因是有的地方政府在执行"发展是硬道理"的过程中，片面地理解这个原则，结果在当地出台的红头文件中很多都是保护投资者利益的，而忽视了对工人权益的保护。正是这样的制度安排和政策措施，导致工人的地位在下降，同时也导致了当地工会的作用被弱化。

【本章小结】

本章从劳动经济学、组织行为学和社会学的角度，对工会的性质、含义、类型、功能进行了分析，指出工会是代表和维护劳动者利益的群众组织，是劳方真正的力量机构，通过集体谈判，改善劳动者的就业条件和待遇。在新的历史时期，工会的功能以及组织方式都发生了一定程度的改变，中国工会的组织以及运行机制应该变革，应增强集体谈判的职能，真正成为广大劳动者的代言人。

【关键概念】

工会、工会化、工会效应、工会结构、集体谈判、中国工会

【课题讨论题】

1.如何认识工会在现阶段我国政治经济生活中的地位和作用？在建立现代企业制度过程中，怎样做好工会建设？

2.你认为哪些产业组建工会相对较难？为什么？

【复习思考题】

1.试从劳动经济学角度和经济社会学角度认识工会的概念和性质。

2.阐述工会的代表与维护功能。

3.为什么说工会的真正力量在于它用集体谈判替代了个体谈判？

4.在我国国有企业建立现代企业制度的过程中，中国工会的组织管理应如何进行改革？

5.浅析中国工会组织职能异化。

6.试述中国工会的发展历程，取得的成就及未来的发展目标。

【自测题】

1.企业劳动合作的主要形式有（　　　）。

A.工人参与管理　　　　　B.劳资双方协议制度

C.集体谈判制度　　　　　D.工人小组活动

2.较难组织工会的产业有（　　　）。

A.制造业　　　　　　B.金融业　　　　　　C.批发和零售业

D.采掘业　　　　　　E.建筑业　　　　　　F.运输业

G.服务业　　　　　　H.不动产　　　　　　I.公共事业

第 9 章 /劳动保障

———— 学习目标 ————

　　劳动保障是保持和提高劳动生产效率与效果的重要措施。学习劳动保障的主要内容，掌握劳动保护的主要措施，了解劳动保护制度改革的内容及其对我国劳动经济发展的重要性。

9.1　　　　　　　　　　劳动保障概述

9.1.1　社会保障

　　劳动保障是社会保障的核心内容，因此，首先简要介绍社会保障的基本知识。

　　1）社会保障概说

　　（1）社会保障的定义

　　社会保障是社会政策研究中广泛使用的一个概念。国际劳工组织给的定义是："社会通过一系列公共设施，为其成员提供保护，以防止因疾病、产期、工伤、失业、年老和死亡致使停止和大量减少收入造成的经济和社会困难，提供医疗和为有子女的家庭提供补助金。"根据这一定义，世界大多数国家和政府纷纷通过立法和运用国民收入再分配的手段，对社会成员因年老、伤残、疾病、丧失劳动力或丧失就业机会，或因自然灾害和意外事故等面临生活困难时，提供物质帮助和社会服务，以确保满足其基本生活需要。在大多数国家和地区，社会保障是社会福利六大服务项目①之一。在现代社会，它主要针对8种收入风险②，保障人们的收入安全。

　　（2）社会保障的目的

　　①表层目的。社会保障的表层目的是保障公民在生活发生困难时仍能获得维持其生存所必需的生活资料，不致陷入困境，达到维护社会公平、缓解社会矛盾、保证社会稳定的目的。

　　②深层目的。社会保障的深层目的是通过满足公民维持一定生活水平或质量的需要，进而为实现社会安全和经济发展创造条件。

---

　　① 20世纪以来，大多数国家的政府承担了6项社会福利服务：①社会保障或收入保障服务，包括社会保险和社会救助；②医疗服务；③教育；④住房；⑤社会工作服务和对个人的社会服务；⑥就业服务。
　　② 8种收入风险包括疾病、老年、妊娠、工伤、残疾、失业及失收、丧偶和事故死亡。

（3）社会保障的依据与对象

①社会保障依据国家相应的法律规范，即社会保障的规则由立法规定，享受社会保障是公民的法定权利，提供社会保障是国家和社会的法定责任。

②社会保障的对象是全体社会成员，其中以暂时或永久丧失劳动能力的人、失去工作机会的人和收入不能维持最低生活水平的人及其家庭为主要对象。

（4）社会保障的主体与提供方式

①社会保障的责任主体是国家和政府，但并不排斥社会成员之间的互助互济活动。

②社会保障的权利主体是生活发生困难的公民，任何公民，无论什么原因陷入贫困，都有权要求国家和社会提供物质帮助，以保障其获得生存的条件。

③社会保障的提供方式是指通过国民收入分配和再分配来提供物质帮助，即政府和非政府公共机构将通过征税、收费等方式所筹集的资金，用于向生活发生困难的公民提供货币、实物、劳务等形式的帮助。

（5）社会保障的内容

社会保障制度初始是一种社会"安全网"，是依法对社会成员的基本生活权利给予保障的一种社会安全制度体系的总称，主要由社会福利、社会保险、社会救助、社会优抚和安置等制度组成。随着社会经济的发展，"社会保障"逐步过渡到"社会福利"阶段，是对所有公民普遍提供旨在保证一定的生活水平和尽可能提高生活质量的资金和服务的一种形式，以提高生活质量和社会服务为目标。

社会保障的构成内容，各国有不同的规定。依据《中共中央关于建立社会主义市场经济体制若干问题的决定》这一纲领性文件，我国社会保障体系由以下内容组成：

①社会保险是基本保障，保障劳动者失去劳动能力，从而失去工资收入后，仍能维持基本的生活水平，这是社会保障的核心。

②社会救济是最低层次的社会保障，保障最低生活水平，它是每个社会成员应享有的基本权利。

③社会福利是增进全体社会成员生活福利的高层次的社会保障。

④优抚安置是特殊性质的社会保障，保障社会上备受尊敬的军人及其眷属的基本生活。

⑤社会互助。

⑥个人储蓄积累保障。

此外，还提出了发展商业保险，作为社会保障的补充。

2）社会保障的特点

社会保障既是政府对全体社会成员承担的社会责任，又是全体公民根据宪法而应享有的基本权利之一。社会保障具有以下特点：

（1）强制性

社会保障的强制性是通过国家的专门法律制度来实现的。国家通过立法，对一定时期内的社会保障加以规范，并使其对社会成员具有普遍的约束力。社会保障的强制性主要表现在两个方面：一是任何一位公民只要符合社会保障法律的有关规定，都必须参加社会保障；二是在社会保障资金的筹集上无论是征税还缴费，都是以法律或法规为依据强制执行的。

（2）公平性

社会保障所要达到的主要目标之一就是实现分配的公平，从而维持社会的稳定和经济的持续发展。社会保障的公平性主要表现在：一是社会成员享受社会保障待遇的机会是均等的；二是社会保障通过征税或缴费等手段，参与国民收入的再分配，通过转移支付，在一定程度上缩小贫富差距，使整个社会收入分配更趋公平。

（3）全民性

社会保障的对象是全体社会成员。只要符合社会保障的条件，就有享受社会保障待遇的权利。社会成员一旦基本生活发生困难，应普遍地、无例外地得到社会保障的帮助，因此，社会保障的覆盖面具有全民性。

（4）最低保障性

政府提供的社会保障是以保障社会成员的最低生活水平为原则的。实践证明，较高的社会保障水平会诱发人们的懒汉心理，如不愿努力工作宁可失业享受社会救济，或提前退休靠领养老金维持生活。这些现象的存在，不仅直接增加社会保障支出，而且从长远来看，会阻碍经济发展。当然，各国社会保障最低保障水平并不是一成不变的，而是随着国家经济社会发展不断改变的。

3）社会保障的模式

（1）社会保障根据内容、性质，可以分为就业（收入）保障制度、普遍保障制度和社会援助制度

①就业（收入）保障制度。这种保障制度通常由国家通过立法来实行，具有强制性，是一种与工作相关联的保障制度。职工的保障项目主要取决于工作的年限和交纳保险费时间的长短，个人在事故后领取的养老金、伤残抚恤金、遗属抚恤金及失业救济金等与事故前的收入水平有关，其资金主要来源于雇主、雇员及政府。

②普遍保障制度，又称人头补助制，是一种"人人有份"的保障制度，它坚持社会保障的普遍主义原则。通常，一个国家的所有公民或居民都属于社会保障的对象；凡是在该国居住一定期限的居民或公民，都有按照立法统一规定的标准享受现金补助的权利。其资金主要来源于国家的财政拨款。

③社会救助制度，又称经济调查补偿制。政府根据实际情况，以个人或家庭为标准，制定一个最低生活保障线，也称"贫困线"，通过调查个人或家庭的财产来判断其是否符合享受资格。其保障对象只限于贫困或低收入的人。资金由国家财政提供。

（2）根据社会保障资金的筹资方式不同，社会保障可以分为社会保险型、国家福利型、国家保障型、个人储蓄型和最低生活保障型。

①社会保险型，又称为俾斯麦型社会保障即联邦德国模式，也可以称为与工作

相关联的保障模式，是根据特殊性原则建立的。其主要特点是实行"自助"原则，强调资金来源多元化，即保险最大部分由雇主与雇员共同缴纳；政府在收支不平衡时，酌情给予资助；双方负担的比例，视险种的不同有所区别。其目标是"人人为大家，大家为人人"，体现了人与人之间的互助原则。采用这一类型的国家，除德国外，还有美国、奥地利、比利时、日本等国。

②国家福利型，又称为贝弗里奇型社会保障模式，即"福利国家型"或"普遍社会保障形式"，也可以称其为"社会民主式"社会保障模式。最早起源于英国，是根据"普遍性"原则建立的，其理论基础是庇古、凯恩斯和贝弗里奇等经济学家的学说，其遵循的原则是"收入均等化、就业充分化、福利普遍化、福利设施制度化"①，其保障制度的核心是社会保险，运用课税资助下的现收现付制筹措资金。其特点为：一是强调对象的普遍性和保障项目的全面性，其保障内容庞大，覆盖面广，保障水平高；二是在公平与效率的序列选择上，以公平为主、效率次之，在二者不能兼顾时以牺牲效率来维护社会公平；三是社会保障基金的筹集借助财政政策，即通过国民收入再分配来组织实施，为了高福利不惜推行高税收政策，致使财政负担过重；四是按需保障的原则，强调公民生活中一切必要的需要不受时间、地域和其他限制，都应给予救济或补助。国家福利型实行政府统筹原则，即政府根据社会保障项目的具体需要，通过国家财政预算统一规划和组织，以保证政策的贯彻落实。实行福利国家型社会保障的，除英国，还有澳大利亚、瑞典和其他北欧国家。

③国家保障型，又称为社会主义国家社会保障，其理论基础是马克思的社会主义公有制理论。其基本特征是以国家为主体来发展社会保障事业，由国家统一制定法律、统一领导、统一收支标准、统一管理。社会保障费用由国家负担（通过对国有企业职工工资总额的一定比例扣除），个人不负担任何保险费。与福利国家一样，保障目标以追求社会公平为主，忽视效率，国家与单位负担过重，解体前的苏联、东欧等国家属于此类，包括改革前的中国社会福利。

④个人储蓄型，亦称为公积金制度或东南亚模式，属于自助型的社会保险模式，它强调个人或家庭在社会保障上的责任。其目标是以自助型为主，以促进社会经济的全面发展。公积金制度的特点是国家立法、强制实行，由雇主与雇员双方按规定比例缴纳保险费，政府不提供任何资助；基金存入雇员户下，当雇员达到退休年龄时，将其全部储蓄的保险金连同利息一次性发给受保的雇员。其优点是具有很强的激励作用，国家负担轻，避免了人口老龄化的困扰，不存在代际之间转嫁，对职工激励性强等；其弊病是缺乏保值措施，难以避免物价上涨和通货膨胀导致长期积累的基金贬值，缺乏社会调剂功能等。实行这种模式的，是以新加坡为代表的东南亚国家。

⑤最低生活保障型，也称为"以经济状况或生活水平为依据的社会保障制度"，其特点是由政府制定一定的最低生活标准，即所谓"贫困线"。通过调查家庭

---

① 夏永祥，党国印. 英国市场经济体制［M］. 兰州：兰州大学出版社，1994：133.

和个人的经济来源及状况，然后由专门机构依据法律、调查情况对申请者所需的补助金的数量和补助的方式作出决定。所需的资金按传统方式由财政收入拨款，救助只适用于贫困的或低收入的申请者，待遇水平仅限于满足基本的生活需要。目前世界上只有少数几个国家实行了社会救济型社会保障模式，如非洲某些国家。

4）社会保障的功能

社会保障通过对国民收入的再分配，保障全体社会成员的基本生存权利，不断提高社会整体福利水平。它既是社会发展的稳定机制，也是市场经济发展的维系机制，在经济社会发展中发挥着巨大作用。

①调节功能。社会保障是社会公平的"调节器"，虽然不具有直接刺激经济的功能，但它可以影响经济的发展：调节市场价值机制、竞争机制、动力机制、效率机制、社会公平机制、均衡机制、稳定机制之间的矛盾；调节社会成员之间分配不公，改善收入水平和富裕程度的过分悬殊的情况，保障社会成员的基本生活需要，防止少数人陷入贫困状况，使所有成员逐步走向共同富裕的道路，从而调节社会关系和社会矛盾。它还在一定程度上调节经济的运行：社会保障制度通过收入的再分配，不仅可以缩小过大的收入差距，而且可以刺激社会需求，缓和供求矛盾。通过社会保障给付形式将一部分收入转移到低收入者手中，而低收入者的消费倾向大于高收入者，因此社会总需求就会因消费需求的增加而增加，这对克服经济萧条是有帮助的。不仅如此，社会保障制度还被认为是减少经济波动的"内在稳定器"。在经济衰退时，投资及劳动者收入和消费下降，而社会保障支付会自动增加；在经济高涨时，劳动者收入及消费增加，社会保障支付会自动减少。这样，社会保障制度的存在就对社会总需求的过分收缩和膨胀起到了缓解作用。

②稳定功能。社会保障制度是维护社会稳定的"安全网"和"减震器"。一方面，在市场经济条件下，当劳动者面临失业、工伤、疾病、年老等风险时，凭借社会保障制度，使其基本生活得到保障，并给予社会成员精神上的安全感，这有利于社会稳定。另一方面，社会保障制度通过国民收入的分配和再分配所形成的基金，"劫富济贫"，保障人民的基本生活需要和身体健康，能在一定程度上缩小贫富差距并防止赤贫的出现，同时致力于创造良好的经济形势，从而提高全社会的就业水平和福利水平，保证经济的稳定发展和社会系统的安全运转。

③恢复与发展功能。劳动力再生产是社会再生产的基础，社会保障制度的实施，不仅使劳动者在失业时基本生活得到保障，遇到工伤和疾病时能得到治疗，不幸遭遇意外事故死亡时其未成年子女能得到抚恤而继续长大成人，而且社会保障中的教育和培训项目，作为人力资源开发的一部分，还能使劳动者得到受教育和培训的机会，提高劳动者的素质。这样，就保证了劳动力再生产的顺利进行，从而为社会再生产奠定基础。恢复功能可以恢复受创的社会功能和个人功能，保证社会和个人互动机制的正常运转。发展功能表现在：通过社会保障，提高人们的物质生活、精神生活水平和健康、道德水平，培养广大社会成员发扬努力劳动、互助互济的精神，激发和提高个人的劳动能力，促进个体与社会的协调发展，使社会经济生活实

现良性循环。

总之，社会保障是一种社会的自我保护制度，社会保障制度是市场经济建立和发展的必要条件之一。它具有两种最重要的功能：一是以向社会成员提供不同形式的劳动机会的方式维护社会的生产关系，以适应特定的经济社会发展的需要；二是以向社会成员提供与生产力发展水平相适应的最低生活保障的方式来缓解社会矛盾，稳定社会秩序。前一种功能具有强迫或鼓励劳动的性质，后一种功能具有社会福利的性质。社会保障制度就是追求这两种功能的平衡。

9.1.2　劳动保险

劳动保险，现在普遍称为社会保险，是社会保障法律制度的一个重要组成部分。它是以国家为主体，通过立法对遭遇劳动风险的劳动者在暂时或永久失去劳动能力（如因自然的身体或生理变化、职业上的灾害事故所致），或者虽有劳动能力而无劳动机会（解聘或失业），从而失去收入来源的情况下，由社会给予物质帮助和补偿的制度。

劳动保险是社会保障制度的核心，其保障对象最多、承担风险最高、占用资金最多。劳动保险除具有前述社会保障的一般特征外，还特别强调其主体特定性和储蓄性与补偿性。特定性是指社会保险的对象是全体劳动者，社会保险关系的各方主体是特定的，除个体经营者外，社会保险的投保人特定为工方，承保人特定为专门的保险机构，被保险人特定为职工（或投保的劳动者），受益人特定为职工或其法定亲属。储蓄性与补偿性是指社会保险往往采用储蓄补偿的形式，即劳动者要预先缴纳一定的保险金，在出现工伤、年老、失业等困难时，有权获得社会保险部门的经济补偿，其实质是对劳动者过去劳动的一种补偿。

根据我国的具体情况并借鉴发达国家的经验，我国目前的劳动保险项目主要有5个，即养老保险、医疗保险、失业保险、工伤保险和生育保险。其主体是养老保险、医疗保险和失业保险。

1）养老保险

养老保险是对达到法定退休年龄和缴费满一定年限的劳动者，由社会提供物质帮助，保障其基本生活的一项社会保险制度。根据国外老年保障的"三支柱"理论，国家基本养老保险属于"第一支柱"，单位提供的补充养老保险（亦称"职业年金""补充退休金""私人年金"等）和劳动者个人建立的补充性退休收入属于"第二支柱"和"第三支柱"。

（1）养老保险资金的来源

从世界范围看，按养老保险资金的筹措渠道，可以把养老保险划分为3种模式，即国家统筹模式、强制储蓄模式和投保资助模式。

①国家统筹模式。这是绝大多数社会主义国家在较长时期采取的一种模式，我国在改革开放以前实行的也是这一模式。这种模式的特点是：保险基金来源单一，不向劳动者征收养老保险金，完全由国家财政或企业负担；覆盖面狭窄，保障人数

有限，一般只覆盖城镇公有制部门就业的劳动者。

②强制储蓄模式。这是少数发展中国家实行的一类模式。这种模式的养老基金来自雇主与雇员双方，政府不进行投保资助，仅仅给予一定的政策性优惠。由于养老基金来自社会，由广大雇主与雇员共同承担，所以覆盖面大，社会化程度高。智利、新加坡就采用了这种模式。

③投保资助模式。这是当今世界上大多数国家实行的养老保险模式。劳动者和劳动者所在的企业定期向社会保险机构缴纳养老保险费，数额不足的由国家财政补贴。这实际上是由国家、企业和个人3方共同出资的方式筹集社会保险基金的模式。这种筹资方式的理论依据是：雇主希望有健壮劳动力的充分供给；劳动者愿意为预防未来的风险作一些贡献；政府在保障和改善公民的生活方面负有义不容辞的责任。

（2）养老保险金的给付

①领取养老金的条件。享受养老保险的条件，一般与一个国家所实行的养老保险的类型有关，也与养老保险的基本原则有关。养老保险金给付的基本条件通常有以下两个：

一是定期缴纳养老保险费。如美国规定自1950年起，每年投保满3个月或投保满10年者，可以享受养老保险。意大利规定，劳动者必须投保满15年，才有资格享受退休金。

二是达到退休年龄并解除劳动义务者。退休年龄各国的规定并不一致，美国、德国等国家规定，男性为65岁；我国是男性60岁，女性55岁。世界各国的退休年龄并不是一成不变的，有些国家往往因经济上或政治上的原因而修改原有退休年龄规定。人口预期寿命的延长和人口老龄化日趋严重，使世界各国对退休年龄的规定有提高的趋势。

②养老保险金给付的原则。养老保险金的给付一般实行年金制度，即养老保险金要按月或按年给付，不得一次性给付。因为社会经济是不断发展变化的，一次性给付很容易受到各种社会、经济因素及个人因素的影响，如通货膨胀、使用不当等，使养老金发生贬值，甚至化为乌有，从而使被保险人陷入困境，使养老金不能起到养老的作用。

此外，养老金的给付原则还有：养老金与投保正相关，投保时间越长，所得养老金越多；分享经济成果，养老金随着整个国家经济发展的情况而加以调整；与物价水平相联系，即应根据物价指数的变动，适当调整养老金给付标准。

2）医疗保险

（1）医疗保险的意义

医疗保险是国家和社会对劳动者因为疾病、受伤等，需要去医疗机构进行诊断、治疗时，提供必要的治疗费用和医疗服务的一种社会保险制度。当劳动者因病使劳动能力受到限制或暂时丧失时，通过医疗保险提供的收入补偿和医疗服务，使其尽快恢复健康，这对劳动者个人，对用人单位，对社会来说，都具有重要的意义。

首先，实施医疗保险对保证劳动者的身体健康，促进劳动力再生产的正常进行，有着重要的作用。劳动者患病，会使其劳动能力受到限制或暂时丧失，通过医疗保险提供的医疗服务，使劳动者在得病时能得到及时、有效的治疗，促使其早日恢复健康，满足经济发展对劳动力的需求。

其次，劳动者在因病丧失劳动能力，不能参加劳动致使收入中断时，通过医疗保险所提供的收入补偿，保障患病劳动者基本治疗与生活的需要，解除由于患病带来的经济上、精神上的后顾之忧，这对调动劳动者的工作积极性，维护社会安定有重要意义。

最后，实施医疗保险，依靠社会和群体力量来帮助劳动者个人抵御疾病风险，使劳动者实现"病有所医"，这对提高劳动者乃至全体国民的健康水平，保证民族的兴旺，促使社会机制正常运行，都有不可替代的作用。

（2）医疗保险的特点

医疗保险作为社会保险的一个子系统，除了具有社会保险的共同特点外，还具有自身的特点。

①医疗保险关联性强。医疗保险的疾病涉及面广、发生率高，与其他社会保险子项目密切交织在一起。被保险者不论是否享受养老保险、工伤保险、生育保险及失业保险，只要发生受伤、疾病、生育等都必须同时享受医疗保险，医疗保险的关联性是其他社会保险项目所不及的。

②医疗保险的职能主要是保障劳动者的身体健康。对劳动者来说，医疗保险费的开支，属于"劳动能力的正常维持费用"。除医疗保险外的其他社会保险项目，享受保险待遇的条件是收入减少或生活贫困等，而医疗保险享受保险待遇的条件不同，即与劳动者身体健康有关的疾病的发生和治疗。

③医疗费用难以预测和控制。医疗费用受多种因素影响，其费用变化较大，难以掌握。同时，随着人民生活水平的提高，健康意识的增强，医疗需求随之不断提高，决定了医疗费用有不断提高的趋势。

医疗保险的上述特点决定了：一方面，必须建立相应的医疗保险基金，由社会保险机构统筹，以集中社会力量向患者提供医疗服务，增强其承受风险的能力；另一方面，要加强医疗保险基金的管理，控制支出，避免浪费。

3）失业保险

失业保险是指国家通过法律手段集中建立基金，对遭遇失业风险而中断收入的劳动者，在一定期间内提供基本生活保障的一种社会保险制度。失业保险主要有以下特点：

①失业保险的对象是失业劳动者。社会保险的其他项目，如养老、医疗、生育、工伤等保险，其对象均是暂时或永久丧失劳动能力的劳动者，而失业保险只对有劳动能力并有劳动意愿，但无劳动岗位的人提供保险，也就是说失业保险的对象是没有丧失劳动能力的劳动者。这是失业保险与其他社会保险项目最大的不同之处。

②保险目的的多元性。社会保险的其他项目是通过保险金的给付，为丧失劳动能力的人提供基本生活保障。而失业保险不是单纯的经济救助与帮助，更重要的是通过职业培训、职业介绍等促进失业人员重新就业。

③造成风险的原因不同。其他社会保险项目中劳动事故的形成，均属自然原因，如身体健康的损害、工作中的疏忽大意或无法预料的自然力等。而失业保险的对象，却是由于社会经济方面原因而导致的劳动事故。诸如，人口、劳动力资源与经济增长的比例失调，产业结构的调整以及就业政策的变化等，都可能成为失业的原因。这和其他社会保险项目中劳动事故的成因有着明显的区别。

上述养老保险、医疗保险和失业保险构成了社会保险的主体。可以看到，社会保险的权利义务关系是双向的，社会成员在享受社会保险之前，需缴纳一定数量的保险费，这些保险费聚集成社会保险基金，为社会保险提供了经费支持。社会保险，特别是其中的商业性保险部分，是实行"谁投保谁受益，多投保多受益"的原则，市场规则起着重要的作用。另外，社会保险的资金来源多样，强调国家、企业（或单位）、个人3方合理负担。这几方面决定了社会保险是与市场经济相适应的先进保障手段，是社会保障体系的最重要组成部分。

9.2　劳动保护

9.2.1　劳动保护概述

1）劳动保护的含义

劳动保护是指国家和企业为了保护生产者在生产劳动过程中的安全与健康，为改善劳动条件、防止伤亡事故和职业病发生而采取的各种组织和技术措施的总和。

劳动保护的范围，只限于保护劳动者在劳动过程中的安全与健康，不包括劳动过程之外如社会生活的安全、非职业疾病的预防和治疗与健康保护，更不包括劳动者在政治、经济、法律等方面的权益。

在当今世界上，劳动保护是每个国家所面临的一大社会问题。联合国国际劳工局大会通过决议，号召各国和各地区的政府和企业家，改善职工劳动场所及其邻近环境的物质条件，以保证职工在劳动过程中的安全。国际劳工局对劳动保护问题的关注，表明这个问题的紧迫性和重要性已被广泛理解和接受。

2）劳动保护的任务

劳动保护的基本任务可以概括为以下几个方面：

（1）保证安全生产，力争减少或消灭工伤事故

企业要不断改善劳动条件，同伤亡事故和职业病作斗争，使不安全、有害健康的作业安全化、无害化，实现安全生产和文明生产。

（2）完善劳动组织，合理安排工作时间和休息时间

企业要根据生产发展、工作条件及劳动保护的需要，确定科学的劳动时间和休

假制度，限制加班加点，保证劳动者有适当的休息时间和休假天数，使他们能保持旺盛的精力。

（3）对女工实行特殊保护

由于女工的生理特点，往往比男工患病率高，特别是在经、孕、产、哺期，受毒敏感性和患病率比平时更高，因此，需要对女工实行特殊保护。

3）劳动保护的意义

（1）劳动保护是现代化生产发展的客观要求

在企业生产活动中，出现不安全因素是一种客观存在，它与生产活动密切相关。而劳动保护工作正是人们用来认识和驾驭这些不安全因素的工具，并且随着生产的发展而不断加以完善。所以，劳动保护是生产过程本身的客观要求。并且，随着科学技术的发展，随着新材料、新工艺、新能源的不断采用，以及新兴工业领域的拓展，一方面给社会带来了丰富的物质文明，另一方面也增加了对自然环境和人类具有危害性的因素。因此，现代化生产发展对劳动保护提出了新的内容和更高的要求。

（2）劳动保护是"以人为本"的具体体现

事实上，劳动保护由联合国国际劳工局于1974年初次提出，正是20世纪70年代初期联合国环境与发展大会可持续发展理论，以及"以人为本"观念推动的结果。只不过，今天劳动保护在我国更具有非凡的意义，因为它已经成为以人为本理念和科学发展观的最重要内容之一。如今，衡量一个企业是否做到了可持续发展，在对待企业自身的人力资源的态度上，是否在劳动保护的前提下进行人力资源开发利用，都是试金石。

（3）有利于增强企业凝聚力，提高企业经济效益

虽然开展劳动保护需要企业支付一定的费用，但是，劳动保护能够减少伤亡事故和职业病的发生，从而减少因伤亡事故和职业病发生时必须支付的医疗费用、抚恤费用、赔偿费用，减少了因劳动者误工的损失，减少了被执法机关罚款的损失等。此外，加强劳动保护，还可以提高企业的声望，增强企业凝聚力和对外部优秀人才的吸引力，这对企业经济效益的提高，会起到十分重要的作用。

（4）劳动保护是维持社会稳定的一种手段

劳动保护是世界各国都很关注的社会问题之一，为了保护劳动者的职业安全和改善卫生条件，各国都通过立法来加以保证。如《中华人民共和国宪法》《中华人民共和国劳动法》中都有劳动保护条款，此外，我国还颁布了一系列有关劳动保护的单行法规。各国政府通过对劳动保护的规范和监督，来避免因劳动保护问题而导致的罢工、游行等社会对抗活动，实际上是把劳动保护作为维持社会稳定的手段之一。

劳动保护主要包括两个方面的内容，即劳动卫生和安全生产。

9.2.2　劳动卫生

劳动卫生是劳动保护的一部分，它是指在劳动过程中，为了改善劳动条件，保护劳动者健康，避免有毒、有害物质的侵害，防止发生职业病和职业中毒而采取的措施的总和。

1）职业危害因素

影响人类健康的因素可分为职业性和非职业性因素。职业危害因素是指在生产过程中，产生和存在影响劳动者身体健康的各种因素。职业危害因素种类繁多，按其性质可以分为三类。

（1）化学性因素

化学性因素是引起职业中毒和职业病最常见的有害因素。其主要包括金属化合物，如铅、镉、氧化锌等；有机化合物，如苯、汽油、沥青等；生产性粉尘，如矽尘、石棉尘等；刺激性及窒息性气体，如氨、硫酸、一氧化碳、化学农药等；高分子化合物，如合成橡胶、塑料等。

（2）物理性因素

物理性因素主要包括异常气象条件，如高温、高湿、强烈的热辐射等；异常气压，如高气压、低气压等；各种电磁波和各种能量的辐射，如无线电、红外线、紫外线、X射线等；振动和生产性噪声等。

（3）生物性因素

生物性因素主要包括各种病原微生物、寄生虫等的侵袭和感染，如炭疽杆菌、硬蜱虫等。

（4）人类工效学因素

人类工效学因素产生的劳动卫生问题主要由劳动组织和劳动制度不合理导致。如作业时间过长、劳动强度过大、劳动安排与劳动者生理状况不相适应，长时间处于某种不良体位或使用不合理的工具，个别器官或人体系统过度紧张，厂房低矮狭小、布置不合理、通风照明不良，无防护设施等。

2）职业病

职业病是指劳动者在劳动过程中，接触一种或几种职业性有害因素而引起的疾病。职业病的特征：一是在较长时期内形成，属于缓发性伤残；二是比较多地表现为人体内器官生理功能的损伤，如放射性白血病等。这类疾病一般很少有痊愈的可能，属于不可逆性损伤。

1957年我国首次发布了《关于试行"职业病范围和职业病患者处理办法"的规定》，将职业病确定为14种。1987年对其进行调整，增加到9类99种。2002年，为配合《中华人民共和国职业病防治法》的实施，卫生部联合劳动保障部发布了《职业病目录》，将职业病增加到10类115种。国家卫生计生委、人力资源和社会保障部、安全监管总局和全国总工会于2013年12月23日发布国卫疾控发〔2013〕48号文件，对原《职业病目录》进行修订，修订后的《职业病分类和目录》由原来的

115 种职业病调整为 132 种（含 4 项开放性条款）。其中新增 18 种，对 2 项开放性条款进行了整合。另外，对 16 种职业病的名称进行了调整。

为了保障劳动者的健康，《中华人民共和国劳动法》（以下简称"《劳动法》"）规定，从事某种有害作业的职工，其所在单位必须对职工进行定期的健康检查。《劳动法》还规定了国家建立职业病处理和统计报告制度。这一制度包括职业病的诊断、职业病报告和职业病调查等内容。职业病诊断一般是由当地专家组成的职业病诊断小组进行诊断，职工一旦被确诊为职业病，就应发给《职业病诊断证明书》，享受国家规定的职业病待遇。职业病的报告以地方为主逐级上报，发现职业病时必须立即发出报告卡。职业病的调查一般是在发生紧急的职业病情况时，由卫生部门会同劳动部门、主管部门和工会进行调查，了解情况，分析原因。此外，职业病的统计工作也是职业病防治工作的一项重要内容。通过对职业病的统计分析，可以确定预防和治疗的重点，并为制定预案和相关政策提供依据。

3）加强劳动卫生管理的主要措施

（1）工作场所要保持正常通风条件

通风的主要作用在于排出工作地污染、潮湿、过热、过冷的空气，送入外界清洁空气，以改善工作场地的空气环境。为了净化劳动环境，除了采取自然通风、机械通风的措施之外，还应从工作场所的具体情况出发，配置除尘设备，做好除尘工作。

（2）保持良好的采光照明条件

改善采光和照明是另外一种有效控制有害因素的措施。采光指以天空的自然散光作为光源，在工作场所建筑设计中应充分利用自然光源。照明则是指人工光，在不能利用阳光的情况下，需采用照明。照明多在采光的基础上设置，以满足工作场所需要的光照度。工作场所合理的采光照明应该是：光照强度适宜、均匀、稳定，无眩目感。一般来说，自然光优于人工光；间接光优于直接光；匀散光优于集聚光。

（3）合理控制噪声

在生产过程中，由于生产性因素而产生的声音，就是生产噪声或工业噪声。噪声对劳动者具有极大的危害，短时间会引起听觉疲劳，长时间则会引起职业性难听，使劳动生产率迅速下降。对工业噪声的控制要从 3 方面采取措施：一是对噪声源的控制，这是控制噪声的最根本措施；二是控制噪声的传播，采取吸声、隔声和消声等方法控制噪声的传播；三是在厂区规划和厂房设计中采取防止噪声危害的措施。

（4）制定劳动卫生标准

劳动卫生标准是以保护劳动者健康为目的的卫生标准，其主要内容是对劳动条件的各种卫生要求作出统一规定。由于控制、减弱职业性有害因素的强度和浓度是在现有经济与技术条件下，预防职业性损害的首要环节，因此，在劳动卫生实践中，要对各种职业性有害因素规定一个接触限量，以作为企业和职工衡量作业卫生状况的尺度和改善劳动卫生条件的目标，并作为政府有关部门实施工业卫生监督的依据。从内容上看，劳动卫生标准除了对作业环境中的各种职业有害因素规定浓度或强度标准，如对作业场所的微波辐射制定卫生标准外，还要对某些作业方法和劳动卫生管理制定标准。

9.2.3 安全生产

安全生产是指保障劳动者在生产过程中不致产生劳动急性伤害的一切措施。由于在生产过程中一旦发生工伤事故，往往会产生难以挽回的损失，因此，加强安全生产是一项重要工作。

1）劳动过程中的不安全因素

（1）物的因素

物的因素包括对器械的防护不够充分；设备有缺陷（有尖突物，装有磨损部件或断裂部件）；设备结构不安全；存在着危险的生产过程和作业等（如不安全的堆货、混乱的通道、超负荷）；缺乏作业工具和保护用具等。

（2）人的因素

人的因素包括不安全的作业方式（包括用不适当的方法抬举重物，站在危险的作业位置，对正在搬运货物的机器设备进行保养作业或清洗，在起重吊车下工作等）；进行未经许可的作业；拆除或停用安全设施；利用不安全或不合适的装置；不使用保护用具和作业用具。

（3）环境的因素

环境的因素包括照明不良；空气流通不良；噪声；温度不合适等。

（4）管理的因素

管理的因素包括劳动组织不合理；忽视安全生产教育；安全检查制度不健全等。

2）加强安全生产管理的措施

（1）建立安全生产责任制

安全生产责任制是企业的各级领导、职能部门和一定岗位上的劳动者个人对安全生产工作应负责任的规定。企业安全生产责任制，一般采取分级和分部门负责制。通过这一制度，把"管生产的必须管安全""安全第一"的原则用制度的形式固定下来，使劳动保护工作事事有人管，人人有专责，并贯穿于生产全过程和生产管理的各个环节。

（2）加强安全技术管理

现代生产是劳动者运用现代化的机器设备进行的，机器设备大都具有高温、高压、高速等特点，这些都是可能导致事故的因素。此外，不同行业有不同的生产过程，其劳动对象、工艺过程、生产方法和生产的外部条件各具特点。如果不根据这些特点，采取相应的安全措施，往往会导致突发事故，威胁劳动者的安全。因此，企业应从自身的生产特点出发，采取各种有效措施，保证安全生产。

不同类型的生产企业有不同的安全技术，如电气安全技术，起重安全技术，交通运输安全技术，锅炉压力容器安全技术，防火防爆安全技术，焊接安全技术，机械设备安全技术，井下、高空、水下安全技术，建筑安全技术等。这些安全技术分别形成不同的学科，也有不同的安全法规，但是，仍然存在着带有共性的技术安全手段和措施。这些手段和措施主要有以下方面：

①改进生产工艺。对可预见的危险作业，凡技术、经济条件许可的，首先进行工艺改造，谋求性能可靠，而不依赖操作人员的技术，这是最理想的安全措施。改进生产工艺包括以下 3 个方面，即"三化"：

自动化机械手和自动化远距离操作可消除危险，或采用半自动化来控制危险。

机械化减少人力操作，对容易发生差错的感觉性作业实行机械化操作，以消除危险。

操作简易化降低操作人员的工作强度，有利于防止疲劳。

②设置安全装置。这些安全装置主要包括以下 3 个方面：

防护装置，即采用屏护的方法，使人体与生产过程中的危险部分相隔离。隔离措施很多，如防护罩、防护网、挡板等，或采用与机器设备有相互制约关系的连锁装置等。

信号装置，当危险状况即将出现时，该装置可以警示操作人员预防和及时消除危险。它包括颜色信号、音响信号和指示仪表 3 类，如指示灯、压力表等。

安全标志、危险牌和识别标志。用色彩、几何图形、图形符号表达特定的安全和危险信息，引起人们对危险环境和物体等不安全因素的注意，预防发生事故，如路标、航标等。

③预防性试验和检验。机器设备在出厂前和使用过程中，要按照有关安全标准的要求和规定期限，逐项进行检查和试验，合格后才准予出厂或继续使用，如机械强度试验、电器绝缘试验等。

④搞好机器设备的维护保养与计划检修，防止和减少机器设备遭受意外损坏。

（3）加强安全生产教育

安全生产教育是指对职工进行劳动保护方针、政策和专业安全知识等方面的教育。通过安全教育，使职工熟悉和掌握劳动保护法规、安全生产方面的技术知识和规章制度，树立安全生产的观念。

（4）加强安全生产检查

安全生产检查是贯彻国家劳动法规的重要手段，也是保证生产顺利进行的必不可少的组织措施。

安全生产检查的主要内容是：检查企业安全生产方针和国家有关政策、法令的执行情况；检查企业劳动条件、机械设备和安全卫生设施是否符合劳动保护要求，并对检查出来的问题，及时进行解决；检查企业安全生产的管理制度执行情况。

安全生产检查一般由企业或企业主管部门作为经常性工作进行，必要时也可由政府有关部门单独或联合组织检查团进行。安全生产检查可分为两类：一是针对安全情况作普遍的检查;二是针对某一问题,如作业场所的尘毒含量、机械的安全防护装置等进行专项检查。在检查中,要广泛发动职工,从各方面来发现和揭露生产过程中的不安全、不卫生因素,以便通过检查发现问题,采取措施,消除隐患,防止事故的发生。在发生伤亡事故时,还应结合事故的处理,进行专题检查,总结经验教训,防止类似事故的重复发生。

9.3　　　　　　　　　　中国社会保障制度

9.3.1　中国社会保障制度的发展进程及特点

中国社会保障制度是以保护全社会劳动者根本利益为中心的制度,其发展改革历程勾勒出劳动保障制度的发展改革进程。

1)中国社会保障制度的发展进程

(1)建设起步阶段(1949—1966)

建设起步阶段的基本任务是建立全国统一的社会保险制度框架。这一阶段的主要成果是:①建立了企业职工的社会保险制度;②建立了政府机关、事业单位的社会保险制度;③开展社会救济;④实施社会福利和职工福利;⑤建立农村社会保障。

(2)受挫阶段(1966—1976)

这个时期,中国社会经济各方面处在动荡之中,社会保障制度也未能幸免。在社会保险方面,社会保险制度出现"真空"状态,社会保险管理机构被撤销,社会保险无人监督、执行,社会保险政策、法令在许多地方和单位得不到贯彻执行;在社会救济方面,灾民救济和社会救济工作缺乏统一的组织和领导,因而处于停滞状态;在社会福利方面,许多福利性生产单位被撤销或合并到有关工业部门,许多福利设施被占用、合并或撤销,一部分社会福利保障对象重新陷入生活困境。

(3)恢复和改革阶段(1976—1992)

①社会保险。除了恢复并继续执行"文化大革命"前的法规、政策,1978年以后对有关制度进行了修订和局部改革。

第一,建立了失业保险制度。1986年7月12日,国务院颁布了《国营企业职工待业保险暂行规定》,标志着我国失业保险制度正式确立。

第二,改革了工伤保险制度。1990年2月28日,《中华人民共和国企业职工工伤保险条例(征求意见稿)》提出工伤保险制度改革的6条基本原则。

第三,改革了养老保险制度。1991年6月26日,国务院颁布了《关于企业职工养老保险制度改革的决定》,改革的主要内容是实行基本养老保险、企业补充养老保险和个人储蓄性养老保险相结合的多层次养老保险制度。

第四,改革了医疗保险制度。1989年《关于公费医疗管理办法的通知》对公费医疗的范围、管理问题提出了原则性意见;1992年的《关于企业职工的医疗保险制度改革的设想》《关于实行大病医疗费用社会统筹的意见》,进一步明确了企业医疗保险制度改革的内容。中国共产党第十四届中央委员会第三次全体会议通过的《中共中央关于建立社会主义市场经济体制若干问题的决定》，提出了城镇企业职工养老和医疗保险金由单位和个人共同负担，实行社会统筹与个人账户相结合的养老保险制度。

②社会福利。国家重申了对福利生产的保护扶持政策和减免所得税政策，使得社会福利生产有了迅速发展，社会福利事业由国家包办向社会办福利转变。

③职工福利。完善职工福利补贴制度，提高职工生活困难补助的起点，改革职工福利基金的提取方式，由从企业利润分成中提留的方式改为按工资总额的一定比例在成本中列支。

④社会救济。扩大城市救济的对象，改革社会救济的方法和手段，缩小无偿使用救济救灾款的范围，实行无偿使用和有偿使用相结合，救济救灾款的管理方式由单纯运用行政手段转变为行政手段与经济手段相结合。

（4）全面深化改革阶段（1992年至今）

这个时期，国家在建设社会主义市场经济体制的同时，第一次明确地把深化社会保障制度改革作为经济体制改革的4个重要环节之一。我国社会保障制度改革的目标是：到20世纪末，基本建立起适应社会主义市场经济体制需要的，资金来源多渠道，保险方式多层次，权利和义务相对应，管理和服务社会化的社会保障制度。

这期间，我国社会保障制度改革最大的变化是于2010年10月28日发布了《中华人民共和国社会保险法》（以下简称《社会保险法》），于次年7月1日起施行。该法在基本养老保险、工伤保险、失业保险、生育保险、社会保险费征缴、社会保险基金、社会保险经办、社会保险监督和法律责任等方面都做了原则规定。

从此，中国社会保障制度的建设和改革进入了一个新的阶段。

2）中国社会保障发展的特点

（1）社会保障费用的增长速度向低于经济发展速度转变

从理论上讲，社会保障费用的增速应低于经济发展的增长速度，两者保持一种适当的比例，这样才有利于经济持续增长与社会稳定。由于中国原有社会保障严重滞后于经济发展，社会保障费用自改革开放以来一直是以超过经济增长速度的速度发展。2017年5项社会保险（不含新型农村社会养老保险和城镇居民社会养老保险）基金收入合计67 154亿元，比上年增长13 592亿元，增长率为25.4%。基金支出合计57 145亿元，比上年增长10 257亿元，增长率为21.9%。其中，养老、失业和工伤3项基本保险基金收入45 277亿元，支出39 608亿元。[①]2019年这3项基本保险收入共计59 130亿元，支出54 492亿元。[②]这种社会保障增长速度远远快于经济增速的趋势，可能会再持续一个时期，但它会逐渐转为低于经济发展速度。

（2）社会保障水平的区域不平衡性

改革开放以来，中国经济发展呈东、中、西梯度发展态势，东部地区经济发展

---

① 中华人民共和国人力资源和社会保障部. 2017年度人力资源和社会保障事业发展统计公报［EB/OL］.（2018-05-21）. http://www.mohrss.gov.cn/ghcws/BHCSW gongzuodongtai/201805/t20180521_294290.html.

② 中华人民共和国人力资源和社会保障部. 2019年度人力资源和社会保障事业发展统计公报［EB/OL］.（2020-06-05）. http://www.mohrss.gov.cn/gkml/ghtj/tj/ndtj/202009/t20200911_385449.html.

水平明显高于中西部地区。与此相关，社会保障的地区发展亦极不平衡。如发达地区人均全年离退休金比不发达地区高得多，其城乡社会保障水平也远远高于后者。在短期内这种地区发展的极不平衡性还不会有很大的改变，而且还可能扩大，经济发达的沿海地区的社会保障水平高于西北、西南边远地区仍然是大趋势。但是，即使在西部的不发达地区，在那里的大城市周围，已经开始了社会保障的城乡一体化的成功尝试，在较大范围内敲响了农村社会保障制度改革的钟声。①

（3）社会保障的二元化格局

中国发达的城市经济与不发达的农村经济并存，现代工业与传统农业并存。初步建立了较完整的社会保障制度，社会保险覆盖率较高，养老保险金已基本实现了社会统筹，建立了国家、企业和个人共同负担的基金模式，医疗保险、失业保险、工伤保险以及女职工生育保险，都在原有的制度上进行了改革和逐步完善。2009年下半年，国家在部分省市启动新型农村社会养老保险②试点。2012年12月底，新农保参保人数达到4.6亿人，比上年末增加约1.33亿人，但仍有几千万符合参保条件的农民没有参保。在医疗保险方面，2017年年末，6 225万农民工参加了基本医疗保险。③这种城乡社会保障发展水平的客观差距，具有深刻的经济和社会背景。

9.3.2 中国社会保险现状

中国的社会保障，目前更集中地表现为建立了相对完善的社会保险制度。近年来，坚持民生为本、人才优先，扎实推动人力资源和社会保障事业改革发展，各项工作取得积极成效。在统计制度上，从2009年起，城乡社会保障合并在一起进行统计。根据中华人民共和国人力资源和社会保障部各年度人力资源和社会保障事业发展统计公报，全国"五大保险"稳步发展。其中，养老保险参保人数增加，养老基金总收入和总支出平衡并略有结余；企业职工基本养老保险基金中央调剂比例稳步提高，调节规模扩大；为城乡居民中的贫困人口建档立卡，参加基本养老保险，基本实现贫困人员基本养老保险应保尽保；为低保对象、特困人员等贫困群体代缴城乡居民养老保险费，2019年共计6 693.6万贫困人员④从中受益。

医疗、失业、工伤和生育等保险也同样得到重视并有长足发展。

---

① 目前全国已有1 000多个县（市）推行农村养老保险，参加的农民有3 500多万人。其中，最有积极意义的是成都市政府在全国率先试点的城乡综合发展一体化试验，为解决辖区内农村人口的社会保障问题初步总结出了成功的经验。
② 新型农村社会养老保险简称"新农保"，是相对于以前各地开展的农村养老保险（老农保）而言的。老农保主要是农民自己缴费，实际上是自我储蓄的模式。新农保最大的特点是采取个人缴费、集体补助和政府补贴相结合的模式，有三个筹资渠道。特别是中央财政对地方的补助，是直接补贴到农民。这是继取消农业税、农业直补、新型农村合作医疗等一系列惠农政策之后的又一项重大的惠农政策。此外，老农保主要是建立农民个人账户的模式，而新农保借鉴了目前城镇职工账结合的模式。新农保在支付结构上分两部分：基础养老金和个人账户养老金，基础养老金由国家财政全部保证支付，这意味着中国农民60岁以后都将享受到国家普惠式的养老金。
③ 中华人民共和国人力资源和社会保障部. 2017年度人力资源和社会保障事业发展统计公报［EB/OL］.（2018-05-21）. http://www.mohrss.gov.cn/ghcws/BHCSWgongzuodongtai/201805/t20180521_294290.html.
④ 中华人民共和国人力资源和社会保障部. 2019年度人力资源和社会保障事业发展统计公报［EB/OL］.（2020-06-05）. http://www.mohrss.gov.cn/gkml/ghtj/tj/ndtj/202009/t20200911_385449.html.

9.3.3 中国社会保障改革与发展中存在的问题

自20世纪80年代以来，中国政府对社会保障制度进行了一系列改革，经过多年的探索和实践，已经初步建立起以社会保险、社会救济、社会福利、优抚安置和社会互助为主要内容，多渠道筹集保障基金、管理服务逐步社会化的社会保障体系。但是，中国的社会保障制度还停留在社会保障体系建设的"初级阶段"[①]。在完善社会保障方面取得了显著成绩的同时，仍然存在着诸多问题，主要表现在以下几个方面：

（1）社会保障管理体制尚未理顺

中国社会保障管理系统如图9-1所示。

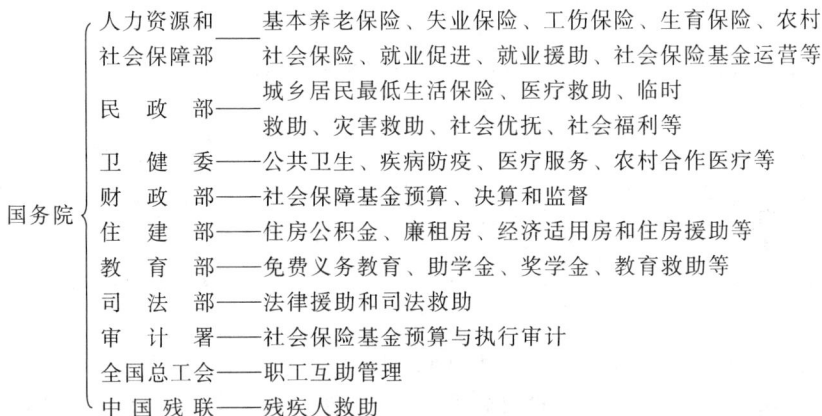

人力资源和————基本养老保险、失业保险、工伤保险、生育保险、农村
社会保障部　　社会保险、就业促进、就业援助、社会保险基金运营等
民　政　部————城乡居民最低生活保险、医疗救助、临时
　　　　　　救助、灾害救助、社会优抚、社会福利等
卫　健　委——公共卫生、疾病防疫、医疗服务、农村合作医疗等
财　政　部——社会保障基金预算、决算和监督
国务院｛住　建　部——住房公积金、廉租房、经济适用房和住房援助等
教　育　部——免费义务教育、助学金、奖学金、教育救助等
司　法　部——法律援助和司法救助
审　计　署——社会保险基金预算与执行审计
全国总工会——职工互助管理
中国残联——残疾人救助

图9-1　中国社会保障管理体系

图9-1表明，管理体制问题是中国社会保障制度发展中长期存在的问题之一。主要表现在两个方面：

一是行政管理政出多门，社会保障项目之间协调困难，直接的后果便是决策分散化倾向严重，缺少系统决策机构。

二是行政管理与监督管理不分，缺少独立、权威的社会保障监督机构。社会保障业务管理与基金管理不分，缺少专业化、有资质的社会保障基金运营管理机构。

由于中国的社会保障法律制度仍然停留在社会保险层面，后面提到的社会保障问题也就顺理成章了。

（2）社会保障覆盖范围不全

中国传统的社会保障项目主要覆盖国有单位，而社会保障体制改革也主要是在

---

① 美国经济学家贝弗里奇在1942年发表的《社会保障及有关服务》中指出：这里所用的社会保障一词是指当由于失业、疾病和事故而中断收入时能保证有一项收入来取代它，当年老退休和由于另一个人死亡而失去抚养时能保证获得一项收入，当生育、死亡和结婚而需要额外支出时能保证获得一项收入。贝弗里奇的定义反映了社会保障制度建立初期的特点，即这个时期社会保障制度是为帮助劳动者渡过各种风险，保障劳动者的最低生活。在实践中，这个阶段社会保障管理的范围主要是社会保险和社会救助两大项目。第二次世界大战后，随着社会生产力的发展，欧美一些经济发达国家开始逐步扩大社会保障的实施范围，增加社会保障项目，有的国家还建立起了"福利国家"。这些国家的社会保障的主要特点是：保障的内容已不仅仅是劳动者的最低生活，而且希望通过建立新的社会保障项目和提高给付标准，来达到缩小社会成员的收入差距和维护社会稳定的目的。以被誉为"福利国家"橱窗的瑞典为例，其社会事务部管理的社会保障项目除传统的社会保险和社会救济外，第二次世界大战后又增设了父母保险、儿童福利、丧偶及单亲家庭津贴、丧葬补贴及各种社会服务项目，同时社会保障的覆盖范围扩大到全社会，各种福利标准普遍提高。总之，随着社会进步，社会保障的范围在逐步扩大。

国有企业中进行。传统的失业保险制度只适用于国有企业，医疗保险改革试点实际上也局限在国有单位，至今仍难以出台全国统一的医疗保险制度。即使是城镇事业单位的医疗保险改革也并未在全国范围内统一执行。在养老保险方面覆盖面略大一些，但不同所有制之间的差异巨大，越来越不适应我国多种经济成分共同发展的要求。城镇企事业单位的社会保障方式和程度仍然受到就业体制"双轨制"的严重影响。

（3）社会保障统筹层次偏低，基本社会保障面临严峻考验

在中国的社会保障制度中，完全由政府负担的保障项目和国家强制的社会保险项目统筹的层次高，抵御风险的能力强，而目前中国的养老、失业、医疗保险的统筹层次都不同程度地偏低。基本养老保险以市县级统筹为主，保障的共济性受到制约。职工医疗保险制度改革在多数试点城市尚未做到地市级统筹，有的城市缴费比例在市级和所属地区、县不一样，企业和机关不一样。

根据美国兰德信息公司曾对全国31个省、市、自治区上万名城市居民的随机调查，城市市民最关心的热点社会话题，排列前3位的分别是社会保障、下岗失业与就业、医疗制度改革，对城市社会问题的认定排列前3位的是失业下岗、腐败问题、社会差距拉大。这进一步证明了劳动者权益保障问题的严重性，它已经成为一个关系到国家和社会稳定的重大社会问题。

（4）社会保障资金的筹措及管理尚不到位

社会保险基金主要来源于企业、劳动者和政府3方。其中，企业担负着筹资的大部分责任。然而，部分企业尤其是在社会保险统筹中占主体地位的国有企业经营很不景气，在收缴比例相对较高的情况下，企业无法按时足额缴纳其所应缴纳的社会保险费用，出现了实缴率逐年下降而拒缴率或欠缴率逐年上升的现象。

社会保障基层执行力弱，缺乏反馈。因此，基本养老保险基金（甚至失业保险基金）的管理在一些地区和部门存在严重挤占、挪用基金的问题，造成基金的严重损失。

（5）社会保障项目改革滞后

中国社会保障的另一个弊端就是国家单一保障模式。近年来，原国家保障项目的改革虽取得了较大进展，但补充保险方面改革仍然滞后。企业补充保险包括企业补充养老保险和企业补充医疗保险两部分。企业补充养老保险是企业在国家统一制定的基本养老保险之外，依据企业自身的经济实力，在履行缴纳基本养老保险费义务之后的附加保险，所需资金主要来源于企业自有资金，国家在利税方面给予优惠。企业经济条件好时，可以多补充，经济条件差时，可以少补充或不补充。在我国多层次的养老保险中，属于第二次保险。我国企业补充养老保险于20世纪80年代开始在部分企业试行。1995年，劳动部发布了《关于建立企业补充养老保险制度的意见》，对企业补充养老保险进行了初步的政策规范。截至1999年年底，参加由社会保险机构管理的企业补充养老保险的有173万职工，相当于参加基本养老保险职工（9 502万）的1.4%。此外，还存在少数行业和大型企业单独建立的补充养

老保险。由此可见，中国企业补充养老保险覆盖范围太小，还难以形成对基本养老保险的有力补充。在补充医疗保险方面，由于按规定参加各项社会保险并按时足额缴纳社会保险费的企业，可自主决定是否建立补充医疗保险，因此，补充医疗保险在许多企业实为"虚拟"项目。[①]

（6）社会保障亟待加强立法

中国现行的保障法律是《中华人民共和国社会保险法》。严格地讲，这仅仅是关于"五大保险"的，全方位的根本性保障制度改革尚待时日。现在，中国社会保障制度改革主要是靠国务院和有关部门的行政规章以及地方行政规章推行。政府承担社会保障的职能，不等于在行政上直接干预社会保障的具体事务。因此，需要用法律来规范国家的社会保障工作。

9.3.4 中国社会保障改革的目标、思路和措施

1）总体目标

社会保障改革发展的总体目标是分阶段性的。

"十五"计划建议和国务院《关于完善城镇社会保障体系的试点方案》均明确地提出了完善社会保障制度的总目标："建立独立于企业事业单位之外、资金来源多元化、保障制度规范化、管理服务社会化的社会保障制度。"

"独立于企业事业单位之外"是指将过去计划经济体制下的"企业保障""单位保障"转变为市场经济体制下真正的"社会"保障，社会保障不再是企业制度的一部分，而是成为一项社会制度；"资金来源多元化"是指将过去计划经济体制下社会保障资金完全由企业承担转变为社会主义市场经济体制下由企业、个人和政府共同承担，"多元"出资；"保障制度规范化"是指对各项社会保障制度进一步加以完善并进行明确的法律规范；"管理服务社会化"是指将计划经济体制下的社会保障事务由企事业单位自己管理转变为社会主义市场经济下由社会提供管理和服务。

这个目标的实质是对社会主义市场经济体制下政府、企业和个人各自的社会保障职能和责任进行准确的定位：政府是社会保障制度建设的组织者、政策制定者，负责制度的建立、完善和监督，并承担一定的经济责任；企业和个人必须承担缴纳社会保险费的责任；社会保障管理和服务则由有关社会机构来承担。这样的职能定位既符合我国建立社会主义市场经济体制的基本要求，也符合国际潮流。

2020年发布的《中共中央关于制定国民经济和社会发展第十四个五年规划和二〇三五年远景目标的建议》指出：

健全多层次社会保障体系。健全覆盖全民、统筹城乡、公平统一、可持续的多层次社会保障体系。推进社保转移接续，健全基本养老、基本医疗保险筹资和待遇调整机制。实现基本养老保险全国统筹，实施渐进式延迟法定退休年龄。发展多层次、多支柱养老保险体系。推动基本医疗保险、失业保险、工伤保险省级统筹，健

① 佚名. 企业补充保险［EB/OL］. （2013-01-09）. https://baike.baidu.com/item/企业补充保险/2761594?fr=aladdin.

全重大疾病医疗保险和救助制度，落实异地就医结算，稳步建立长期护理保险制度，积极发展商业医疗保险。健全灵活就业人员社保制度。健全退役军人工作体系和保障制度。健全分层分类的社会救助体系。坚持男女平等基本国策，保障妇女儿童合法权益。健全老年人、残疾人关爱服务体系和设施，完善帮扶残疾人、孤儿等社会福利制度。完善全国统一的社会保险公共服务平台。

2）中国社会保障改革的基本思路

2012年，我国首次提出了"要统筹推进城乡社会保障体系建设""坚持全覆盖、保基本、多层次、可持续方针，以增强公平性、适应流动性、保证可持续性为重点，全面建成覆盖城乡居民的社会保障体系""健全全民医保体系，建立重特大疾病保障和救助机制，完善突发公共卫生事件应急和重大疾病防控机制"。2020年发布的《中共中央关于制定国民经济和社会发展第十四个五年规划和二○三五年远景目标的建议》从"改善人民生活品质，提高社会建设水平"的高度，提出了健全多层次社会保障体系的基本思路。这就为国家社会保障制度的完善和建设指明了方向。

建立完善的社会保障制度需要一个长期的过程。从国际社会保障发展的历史看，各国社会保障从开始建立到形成完善的制度，大体上都经过了一个过程：由建立单项制度，逐步发展到多项制度，最终形成项目齐全的制度体系；由覆盖少数人口逐步发展到覆盖大多数人口，直至覆盖全体居民；保障水平也由初期的仅能维持生存，发展到保障基本生活，最终达到较高的保障待遇。中国社会保障制度建设也必然要经历一个由近及远、由低到高、逐步完善的长期过程，不可能一蹴而就。新型社会保障制度是社会化的社会保障制度，它不仅要促使职工从"单位人"转变成为"社会人"，而且制度本身要具有经济上的可持续性，并兼顾保障范围、水平和程度的公平性。改革和完善我国社会保障制度的基本思路是：①

（1）立足当前，着眼长远，逐步完善

立足当前，就是要贯彻落实现行的社会保障政策，以维护社会稳定。

着眼长远，就是要进一步推进各项社会保障制度改革和建设并逐步加以完善。为此，必须充分考虑我国的经济社会发展水平，盲目地追求社会保障的高水平和项目的齐全，不仅不利于社会保障的可持续发展，也会给经济发展带来不利影响。

（2）坚持从实际出发

21世纪30年代，中国人口将达到16亿人，届时退休人员将达到在职人员的40%以上，养老费用相当于在职职工工资总额的44%，远远超过国际普遍认同的20%~23%的警戒线。城乡二元经济结构尚不能完全消除，区域经济发展不平衡的现象还比较严重，不同行业间社会成员的收入差距比较明显，这些都决定了中国的社会保障制度改革只能是渐进的，保障水平是多层次的。重建我国社会保障制度时，既要考虑政策的规范性和统一性，又必须考虑政策的灵活性、适应性和前

① 刘福垣. 中国社会保障体制改革的方向［J］. 中国人力资源开发，2002（4）：16.

瞻性。

（3）坚持保障水平与生产力发展水平相适应

社会保障水平由生产力发展水平决定，我国建立新的社会保障制度的根本目的是发展生产力。过低的保障水平会损害劳动者的积极性；无所不包的"大福利"与"高福利"又脱离中国国情。目前，社会保障只能是低水平的，只能保障居民的基本生活；社会保障制度的保障范围逐步保障城镇国有单位职工扩大到全体城镇人口，并把农村人口也纳入进来；没有条件"一步到位"地建立项目齐全的社会保障制度。在可以预见的一段时期内，社会保障制度建设的重点仍是城乡社会保险制度和社会救济制度（最低生活保障制度）。

（4）坚持权利、义务统一和效率与公平结合

长期以来，中国的社会保障费用国家包揽过多，个人支付较少，国家和企业已不堪重负，劳动者缺乏自我保障意识和责任，个人的权利与义务明显不对称。在建立新的社会保障制度的时候，应逐步增加个人的支出和责任，兼顾公平与效率，进而达到更高水平的公平。

3）中国社会保障改革的主要措施

（1）改革现行社会保障管理体制

①立足现状，走社会化管理模式。中央政府社会保障职能部门统一制定社会保障基本制度，各级政府社会保障专管机构统一管理社会保障基金和社会保障对象。

②打破部门分割，实现集中统一管理。政府职能部门对社会保障实行集中统一管理，是由社会保障作为社会化分配形式的性质所决定的，是社会保障管理发展的必然趋势。

③逐步实施高层次管理。社会保障是一个复杂而庞大的制度，各个保障形式的性质、特点、保障对象、社会功能、实施原则、实施范围、待遇标准、享受条件、费用来源、管理方式等都不尽相同，既有共性，又各有其特殊性。因其共性，必须坚持对社会保障工作的统一领导；因其特殊性，又要在统一领导下按不同保障项目分别立法，并依法分项加以管理，以利于准确、及时、高效地实施各项具体的社会保障制度，扩大和强化管理服务。

（2）完善四项重点社会保障制度

社会保障是民生安全网、社会稳定器，与人民幸福安康息息相关，关系国家长治久安。2020 年的规划将 2012 年的"坚持全覆盖、保基本、多层次、可持续方针"进一步拓展为"健全覆盖全民、统筹城乡、公平统一、可持续的多层次社会保障体系"。

这就是说，多层次的社会保障体系既要坚持全覆盖、保基本、多层次、可持续的基本方针，更要按照兜底线、织密网、建机制的基本要求，实现覆盖全民、城乡统筹、权责清晰、保障适度、可持续的奋斗目标，更好体现社会公平正义，努力满足人民群众差异化需求。

建立健全多层次社会保障体系包括保障项目和组织方式两个层面。当前和今后

一个时期内，在保障项目方面，完善我国社会保障制度的重点在加强城乡居民基本养老保险、基本医疗保险、失业和工伤保险，以及最低生活保障等四个方面的制度建设。

①基本养老保险

1997年发布的《国务院关于建立统一的企业职工基本养老保险制度的决定》规定，养老保险制度的目标模式是：建立起适应社会主义市场经济体制要求，适用城镇各类企业职工和个体劳动者，资金来源多渠道、保障方式多层次、社会统筹与个人账户相结合、权利与义务相对应、管理服务社会化的养老保险体系。作为一个阶段性的社会保障制度建设，已经基本完成使命。根据2020年规划的"全面实施全民参保计划"的要求，新时期基本养老制度建设的具体内容是：

第一，实施全民参保计划。

社会保障覆盖率是衡量全面建成小康社会的基本指标之一。全面实施全民参保计划，是实现覆盖全民目标、促进人人享有基本社会保障最重要的举措。扩大参保覆盖范围的重点是中小微企业和广大农民工、灵活就业人员、新就业形态人员、未参保居民等群体。通过全面实施全民参保计划，对各类人员参加社会保险情况进行登记补充完善，建立全面、完整、准确的社会保险参保基础数据库，实现全国联网和动态更新。采取有效措施，促进中小微企业和重点群体积极参保、持续缴费，促进和引导各类单位和符合条件的人员长期持续参保。

第二，全面实施统一的城乡居民基本养老保险制度。

进一步积极推进机关事业单位养老保险制度改革，完善城镇职工基本养老保险和城乡居民基本养老保险制度，尽快实现养老保险全国统筹。

实现养老保险全国统筹的第一步是要进一步巩固省级统筹。在基金管理体制方面，从建立企业职工基本养老保险基金中央调剂制度入手，通过转移支付和中央调剂基金在全国范围内进行补助和调剂，在此基础上尽快实现全国统筹。逐步形成中央与省级政府责任明晰、分级负责的基金管理体制。

第三，完善社会统筹与个人账户相结合的城镇职工基本养老保险制度。

基本养老保险实行社会统筹与个人账户相结合，将统账分开管理，个人账户实行实账积累，筹集资金以弥补社会统筹的基金缺口。它有利于调动职工个人缴费的积极性和促进职工勤奋工作；有利于督促企业缴费和加强基金管理；有利于企业经营机构的转换和劳动力的合理流动。对基本养老保险的个人账户有以下要求：一是按照社会统筹与个人账户相结合的原则，由社会保险机构为参加基本养老保险的人员每人建立一个终身不变的基本养老保险个人账户；二是职工在同一地区调动工作，个人账户及其储存额随同转移；三是职工在退休前或退休后死亡，其基本养老保险个人账户的储存额尚未领取或未领取完，其余额中的个人缴费部分按规定发给职工指定的受益人或法定继承人。对于基本养老保险的社会统筹部分要逐步扩大统筹的范围，这样，更有利于增强养老基金的互助互济和保障功能。

第四，养老保险资金筹措机制改革。

继续实行职工基本养老保险资金由国家、企业和个人三方共同负担的筹资机制。其中，实行个人缴纳保险费，促使职工更加积极主动地工作、劳动，"未雨绸缪"，为自己将来养老做好准备，同时在一定程度上缓解国家和企业的财政压力。

进一步规范职工和城乡居民基本养老保险缴费政策，健全参保缴费激励约束机制。

积极稳妥推进划转部分国有资本充实社保基金，进一步夯实制度可持续运行的物质基础。

第五，推进养老保险基金管理机制的改革。

继续完善规范化管理制度。要求在养老保险基金监管上，尽量增收节支，维护基金平衡。其具体做法包括：逐步实施渐进式延迟退休年龄；将养老金待遇与缴费年限、退休年龄挂钩，适当延长获得全额基础养老金的缴费年限，提前退休要相应地减发养老待遇，推迟退休可相应增发养老待遇；建立有效的监督制度，防止基金征缴和支付各个环节的"跑冒滴漏"等。

启动和推进养老保险基金的投资运营，努力实现基金保值增值。

逐步建立待遇正常调整机制，统筹有序提高退休人员基本养老金和城乡居民基础养老金标准。

第六，加快发展职业（企业）年金，鼓励发展个人储蓄性养老保险和商业养老保险。

②基本医疗保险

按照国家部署，继续实行医疗保险制度改革、医药卫生体制和药品流通体制"三改并举"，同步推进的方针。

基本医疗保险制度改革的目标是，实现"用比较低廉的费用提供比较优质的医疗服务，满足广大人民群众的基本医疗保障需求"，包括建立单位和个人共同缴费的筹资机制；实行社会统筹与个人账户相结合，把均衡费用负担、分散风险与加强个人自我约束、为将来年老积累资金结合起来；通过制定药品目录，医疗服务范围标准，实行医疗机构、药店定点管理等措施，强化医疗服务管理，建立医疗费用支出的约束机制等。

第一，继续整合城乡居民基本医保制度，全面建立和完善统一的城乡居民基本医疗保险制度和大病保险制度。

城乡居民基本医疗保险是我国居民医疗保险的基础性制度。城乡居民大病保险制度，则有利于拓展基本医保的功能，放大保障效应，夯实医保托底保障和精准扶贫的制度基础。

要不断巩固完善大病保险制度，对贫困人员通过降低起付线、提高报销比例和封顶线等倾斜政策，实行精准支付。

通过加强基本医保、大病保险和医疗救助的有效衔接，实施综合保障，切实提高医疗保障水平，缓解困难人群的重特大疾病风险。

第二，深化基本医保制度和管理体制改革。

全面统一城乡居民基本医保制度和管理体制，实现经办服务一体化。完善国家异地就医管理和费用结算平台，基本实现异地就医住院费用直接结算，为群众提供高效便利服务。

第三，深化支付方式改革，建立完善适应不同人群、疾病、服务特点的多元复合支付方式。

第四，探索建立长期护理保险制度，不断完善政策体系，减轻长期失能人员的家庭经济负担。

第五，鼓励发展补充医疗保险、商业健康保险，努力满足人民群众多样化医疗保障需求。

③失业、工伤保险

我国失业保险预防失业、促进就业的作用明显增强，预防、补偿、康复"三位一体"的工伤保险制度体系初步形成。今后一个时期，要建立健全失业保险费率调整与经济社会发展的联动机制，完善失业保险金标准调整机制，放宽申领条件，落实稳岗补贴、技能提升补贴政策。积极实施工伤保险基金省级统筹，全面推开工伤预防工作，促进待遇调整机制科学化、规范化。

失业保险工作主要有两个方面：一是要继续扩大保险覆盖面，提高失业保险费征缴率；二是稳步推进失业人员基本生活保障转为失业保险的工作。

第一，逐步扩大失业保险的覆盖范围。

第二，拓宽失业基金的筹资渠道，实行社会统筹。即根据失业保险费用由国家、企业、个人三者合理分担的原则，由企业和职工个人分别按工资总额一定比例缴纳失业保险费，在失业保险基金入不敷出时，由地方财政给予补贴。

第三，保障失业人员的基本生活，帮助失业人员再就业。失业人员的根本出路和失业保险的根本目标是失业人员再就业。因此，在失业救济金给付标准的确定上，既要考虑保障失业人员的基本生活，又要防止标准过高影响就业人员的劳动积极性。在政策取向上，用积极促进再就业来取代过去单纯发放失业救济金，用提高救济条件、缩短救济期限、加强转业训练和就业服务的办法，来促进失业人员的再就业。在失业保险金投放上，把单纯用来解决失业人员生活费来源，改为逐渐将更大的比例用于转业训练、职业介绍、健全劳动供求信息网络等方面，以促进失业人员再就业。

第四，健全失业保险基金的管理监督机制。这主要从以下几个方面着手：A.要求由劳动部门所属非营利机构具体经办失业保险业务，执行失业保险政策，收缴、管理和发放失业保险金，提供就业服务，帮助实现再就业。B.严格基金的预算管理和财务、会计、审计、监督制度，定期向社会公布失业保险基金和失业救济工作情况，增强透明度，由政府有关部门、企业、劳动者、工会和其他社会团体的代表组成社会监督机构，实施对失业保险工作的监督。C.失业保险基金必须存入财政部门在国有商业银行开设的社会保障基金财政专户，保证专款专用。D.明确对渎职和挪用保险基金的处罚措施。

④城乡社会救助体系建设

统筹城乡社会救助体系，完善最低生活保障制度，完善社会救助、社会福利、慈善事业、优抚安置等制度。保护被救助对象的人格尊严。

继续提高社会救助法治化水平，不断完善低保规范管理机制，稳步提高各项救助水平，持续推进社会福利、慈善事业和优抚安置。

要强化基本民生保障，兜住民生底线，不断提升保障水平。

完善最低生活保障制度，推进城乡低保统筹发展，确保动态管理下的应保尽保。

建立健全残疾人基本福利制度，完善扶残助残服务体系，全面提升儿童福利服务水平。

激发慈善主体发展活力，规范慈善主体行为，完善监管体系。完善优待、抚恤、安置等基本制度。

（3）发展社区化劳动保障服务

家庭是人类社会生活的细胞。在强调社会保障服务社会化的同时，要鼓励个人储蓄自保和家庭成员互保。父母抚养子女，子女赡养老人，既是中华民族的美德也是公民必须遵守的法定义务。家庭保障不仅体现在经济上的赡养，而且还体现在精神方面的人文关怀、生活照料、尊重体贴、感情沟通、排遣孤独等，这都是社会保障所难以替代的。所以，必须充分发挥家庭保障的独特作用。随着市场经济的发展，必须把社会保险的服务功能从政府和企业中分离出来，使其走向社区这一载体，真正实现社会保障以家庭为基础的社区化。

（4）扩大社会保障范围

中国城乡社会保障制度上的二元结构是长期形成的，最终将被农村工业化、农业现代化消除，催生全国统一的社会保障管理制度。改革开放以来，越来越多的农业劳动力进入城市，为国家工业化、现代化、城镇化作出了巨大贡献。他们同一般工人、市民没有差别，工资是其生活的唯一或主要来源。他们已经失去了传统生活的安宁，昔日赖以生息的土地已经不再能保护他们免遭劳动风险的侵害，迫切需要国家建立统一的、城乡社会保障协调发展的新体制，保障他们必要的人格、尊严和生活。充分考虑这部分人口的利益，扩大社会保障范围，是各级政府的当务之急。

（5）加强社会保障资金的筹措与管理

①筹集社会保障资金

社会保障资金是社会保障制度的核心问题和首要环节，是社会保障制度得以建立并正常运行的物质基础和前提。过去，我国社会保障资金主要由企业承担，导致企业不堪重负，传统的社会保障制度也因此难以为继。社会保障制度改革，不仅仅是建立企业、个人和国家三方共同承担的筹资机制，政府更应当开辟筹措资金的渠道来填补资金缺口并承担转轨成本，而不应将社会保障制度改革的成本转嫁给企业。政府筹资渠道有：

第一，调整财政支出结构，提高社会保障支出在财政总支出中的比例。

第二，变现部分国有资产。从理论上说，国有资产的一部分是过去国有企业职工社会保障权益的沉淀，现在用其补偿他们过去的社会保障权益也是完全合理的。部分拉美国家和东欧前社会主义国家采用了这种方法来补充改革过程中社会保障资金的缺口。

第三，发行社会保障专项债券筹集一部分资金。

第四，通过开征某些新税种（如利息税、消费税、遗产税）以及发行彩票等方式来筹集社会保障资金等。

第五，依靠劳动者自我积累基金。

②社会保障基金管理

按照平衡、安全、效益三结合的原则对保障基金实施有效的管理。在保证依法足额征缴基金的前提下，既要保证基金安全，又应实现基金的保值与增值。例如，德国对各种社会保险费的收缴，是通过金融机构的网点操作，将其统一集中于"健康账户"。德国法律规定，社会保险基金只能存入银行生息，将风险降低到最低限度。中国社会保险基金的保值增值方面，可以学习德国的审慎态度，对保险基金进行严格管理。

（6）加快社会保障法制建设

现阶段，改革和完善社会保障法律制度是发展社会主义市场经济、完善市场经济体制的迫切需要，还是社会主义法制建设的一个重要组成部分。

①制定社会保障相关法律。严格界定社会保障的范围、对象、职责、标准、水平、权利、义务，以保证社会保障工作的开展有法可依。

②完善社会保障制度的配套法律法规体系。社会保障的立法工作是一项复杂的系统工程，应注意配套出台相关的法律法规，与其他法律部门相结合，建立强有力的制约机制，保证社会保障法律规范的有效实施。当前，以法律手段解决社会保障基金的支付风险问题，已成为社会保障制度中一个非常突出的问题。①

③进一步开展社会保障法制知识普及教育规划。

（7）发挥政府职能在社会保障制度中的作用

"市场失效"与"政府失效"的实践表明，社会保障制度的管理实施，不是用理想的政府去代替不完善的市场，也不是用理想的市场去替代不完善的政府，而是应当转变观念，将政府政策的职能定位于促进或补充民间部门的协调功能，从而在不完善的政府和不完善的市场之间建立一种有效的协调机制，使二者的总和效用最大化。具体而言，应注意以下方面：

①建立、健全市场交易规则。首先，通过制定社会保障相关法律，为社会保障制度运行提供一个完整的制度框架和基本准则。其次，成立专门的机构，依照《中华人民共和国证券投资基金法》《中华人民共和国反不正当竞争法》等法律法规的

---

① 主要是保障基金收支不平衡，特别是保险费不能够足额征缴。国家虽然颁布了《社会保险费征缴暂行条例》，但没有系统地考虑社会保险费的征缴、运用和支付等规范性制度和实施办法，还没有以立法的手段来强制实行社会保险规范。

规定，对社会保障制度的运行、社会保险基金的营运投资实施监督管理，以解决"外部性""信息不对称""逆选择和道德风险"等市场失效问题，减少乃至消除行政非效率以及"腐败""寻租"行为，保证社会保障制度的健康运行。最后，重视引进或培育信用评级机构、会计师事务所、律师事务所等市场中介机构，以增强市场机制克服自身缺陷的能力，实现良性运转。

②充分发挥市场机制的作用。社会保障制度部分竞争性和部分排他性的特点，客观上为利用市场机制解决社会保障问题提供了可能性。对营利性、成本与收益可准确计量和分摊的补充保障项目，实施市场调节的机制，一般交给市场去安排。对部分成本与收益、私人收益与社会收益严重偏离的社会保障项目，如社会救济、基础性社会福利以及须强制实施的项目（如社会保险），目前应主要由政府实施。但是，政府在提供这些项目的过程中，应尽量避免垄断行为，并适时引入竞争机制，以提高行政效率。例如，将统筹部分的社会保险资金交给不同的政府基金管理机构进行投资营运，将"个人账户"部分资金交给竞争性的私营基金管理公司进行投资营运。

③政府承担为社会保障制度供款的职责，根据社会保障制度各子项目性质的不同，提供不同比例的资金。

④实施宏观调控，提供良好的外部环境。政府通过实施宏观调控，完善金融市场，健全投资规则，促进经济持续、快速、健康发展，为社会保障制度运行提供一个良好的外部环境。

【推荐阅读材料】（一）

中国社会保障制度改革背景

中华人民共和国的社会保障制度是从20世纪50年代初建立和发展的，其面对的主要是国家机关、企业、事业单位的职工，部分内容还涉及城镇居民。

1951年政务院颁布《中华人民共和国劳动保险条例》。该条例对保险费的征集及管理和支配、保险项目及标准、保险实施范围、执行和监督都进行了明确规定。条例规定，机关事业单位职工养老保险由财政支付、财政部和人事部管理，企业职工养老保险由企业支付、全国总工会管理。由于当时达到退休条件的老人很少，缴费率（缴纳的养老保险费占月工资的比例）仅为3%，养老金工资替代率（相当于某基期职工工资的比例）在50%~70%之间。后来对条例进行了修改，扩大了实施范围，提高了若干待遇，但基本格局一直保持到20世纪60年代。

国家机关和事业单位的劳动保险制度是以单独的法规确立的。1955年国务院颁发了《关于国家机关工作人员退休处理暂行办法》等4个文件，根据上述条例国家机关工作人员的社会保险与企业职工享受的大体相同。国家机关和事业单位工作人员的医疗保险制度也是在20世纪50年代建立的。1952年公布的《国家工作人员公费医疗预防实施办法》《各级人民政府工作人员在患病期间待遇暂行办法的规定》，使国家机关和事业单位工作人员得到了较好的医疗保障，其医疗保险的范围比《中华人民共和国劳动保险条例》广，待遇也稍优厚。此后随着社会政治经济的发展，社会保险也有相应的完善。到20世纪60年代中期，中国已经建立了适应社会主义计划经济的一套社会保障制度，在保障职工基本生活、医疗和社会稳定等方面发挥了积极的作用。

在"文化大革命"期间，社会保障制度受到严重干扰和破坏。社会保险工作处于无人管理的状态。社会保险金的征集管理和调剂使用制度被停止，国有企业一律停止提取劳动保险金，退休金、医疗费和其他劳保开支改在营业外列支，使社会保险变成了"企业保险"。不但使职工失去了保障，也给负担过重的企业的经营发展施加了沉重的压力。

在"文化大革命"以后，中国进入了以经济建设为中心的新时期。中国的社会保障制度开始恢复和重建。1978年《国务院关于工人退休、退职的暂行办法》颁布，对从事危险工作的工人退休条件有所放宽，鼓励提前退休。养老金替代率提高到60%~75%，缴费率从1978年的2.8%提高到1985年的10.6%。

到20世纪80年代中期，形成了以企业为主体的社会保障系统。由企业负责资金的筹集、发放和管理，属典型的受益基准制，保障水平较高，其覆盖面主要是国有企业。

值得指出的是，直到20世纪90年代中期，改革主要针对企业职工养老制度和公费医疗制度进行，机关事业单位社会保险制度变化不大。

随着国民经济体制的变化，为适应社会主义市场经济的需要，加快社会保障制度的改革已成必然。各地进行了大量的试点，获得了许多有益的经验，相关的理论研究和策略探讨也为新体制的设计提供了可贵的意见。

1986年《国务院关于发布改革劳动制度四个规定的通知》把企业职工养老保险范围扩大到劳动合同制工人，其费用来源是企业和个人缴费，企业缴费率15%（包括医疗、丧葬、抚恤等），个人缴纳标准工资的3%，并开始在县、市级实行统筹。1991年全国96%的市县实行了养老保险统筹，标志着社会保障制度改革进入了实质性阶段。

中国部分地区在社会保障改革方面走在前面，一些国有企业在养老保险和失业保险方面从80年代初已经试行社会统筹的方法，一些地区已经取得了许多有益的经验，如上海市的养老保险改革始于1993年，现在已覆盖了国有企业、集体企业、三资企业、私营企业、个体工商户和机关事业单位，覆盖面达到97%（上海市劳动局，1997）。

一些行业的养老保险改革也已经启动，如煤炭行业从1995年起，开展省级统筹，1996年实行全国全行业统筹调剂。煤炭行业进入统筹的有286家企业，在册职工327万人，离退休人员120万人，养老金占工资总额的29%，是全国最困难的行业。实行统账结合后，退休人员能够按时足额领到养老金，维持了社会稳定，对在职职工而言，解决了后顾之忧，提高了生产积极性。养老保险制度的改革有力地保证和促进了企业改革（朱登山，1996）。

党的十四届五中全会发布《中共中央关于制定国民经济和社会发展"九五"计划和2010年远景目标的建议》后，中华人民共和国第八届全国人民代表大会第四次会议通过的《关于国民经济和社会发展"九五"计划和2010年远景目标纲要》提出：到本世纪末，基本建立起适应社会主义市场经济体制要求的、资金来源多渠道、保障方式多层次、公平和效率相结合、权利与义务相统一、管理体制集中统一、管理服务社会化的社会保障体系框架；建立起适用于各类企业和个体劳动者的、统一制度、统一标准、统一管理、统一调剂使用资金的社会保险制度。党和政府高度重视社会保障制度的改革，进入90年代以后把在全国建立统一的养老保险和失业保险制度放在优先位置。1991年发布了《国务院关于企业职工养老保险改革的决定》，1993年国务院发布了《国有企业职工待业保险规定》，1994年国家发布了《关于职工医疗制度改革的试点意见》。

【推荐阅读材料】（二）

中国失业保障体系

现阶段，我国的失业保险制度实际上可以称为"城镇失业保障制度"。农民被排除在失业保障的范围之外。即便在城镇，个体经营者和学生也不在保障范围之内，基本上没有失业保险。到1998年年底，全国参加失业保险的职工总数占城镇职工人数的比例为63.7%，换句话说，即使在城镇，失业保障也还有较大（36.3%）的未覆盖空间。

我国的失业保障制度的发展大体经历了三个阶段：

第一阶段是1978年至1992年的社会保障改革起步阶段。从20世纪80年代中期起，我国开始在一些城市实施养老和医疗制度的改革。1991年国务院发布《关于企业职工养老保险制度改革的决定》，提出了建立多层次养老保险的目标，基本养老保险实行社会统筹，先由市、县级统筹再逐步过渡到省级统筹。医疗保险和失业保险改革也在逐步推进。与此同时，在农村社会保障制度方面，主要开展了中央政府主导下的大规模扶贫运动。

第二阶段是1993年至2003年的社会保障制度重构阶段。这一阶段的社会保障立法，主要围绕市场经济制度的确立而展开，在立法的指导思想方面，遵循了"效率优先，兼顾公平"的原则。在内容上，通过国务院一系列行政法规的出台，基本建立起了城镇职工养老、医疗、失业、工伤、生育等社会保险制度和城市居民最低生活保障制度。

第三阶段是2004年至今的社会保障制度全面深化阶段。当前我国社会保障制度的目标是要建立城乡统筹的社会保障制度，着力解决我国社会长期存在的、由城乡二元结构导致的农村社会保障制度薄弱问题。为此，国务院相继颁布了多项政策文件，涉及养老金计发、农民工社保、农村低保、扩大基本医疗保险覆盖等多个方面。

由此可见，失业保险制度的发展是伴随着国企改革的深入逐渐完善的。而今，国有企业改革基本完成，失业保险制度应该向着完善自身方向发展，朝着促进再就业方面发展。

资料显示，在全世界172个建立社会保障制度的国家和地区中，有40%建立了失业保险制度，但在人均收入不足700美元的低收入国家这一比例只有13%，而在人均收入超过1万美元的高收入国家这一比例高达92%。

我国的失业保险体系基本已经建立起来，同时有较高的基金积累。根据社保基金会公布的数据显示，截至2012年年底，社保基金会管理的资产总额达到11 082.75亿元，比上年增长27.5%，首次突破1万亿元。目前，社会保险基金管理上存在两大问题。第一，在基金的使用方面，如果将这笔结余存入银行并不能起到保障的作用，也未能达到好的保值增值的作用。目前，从基金管理者的账面分析看，主要用于投资。2012年，全国社保基金投资收益645.36亿元，投资收益率为7%，其中已实现收益率4.38%。这一成绩是近3年来最好水平，但同时也为确保基金安全带来了新的考验。应探索将失业保险的结余用于促进再就业的工作上，将这笔钱变相用于失业人员，同时也起到完善失业保险体系的作用。当前，我国的失业主要是由于经济改革引起的规模较大的结构性失业，而随着改革的深化，失业结构也将随之调整，国企改革完成之后，失业的结构将趋于相对稳定，多表现为摩擦性失业。因而，失业基金完全有能力为规模不太大的失业人群建立再就业服务。第二，随着人口老龄化高潮的到来，我国社会保险基金的缺口将扩大。2015年11月16日，财政部发布数据显示，2014年，全国社会保险基金总收入40 439亿元，比上年增长12.4%；总支出33 681亿元，比上年增长17.2%，本年收支结余6 758亿元，年末滚存结余51 635亿元。社保基金预算支出的增速明显高于收入增速。

【推荐阅读材料】（三）

智利圣何塞矿难的生死大营救

2010年8月5日，智利阿塔卡马沙漠中的圣何塞铜矿发生塌方事故，33名矿工被困地下700米深处。经过长达69天的漫长等待后，在全球数千家媒体的直播中，智利矿工穿过长达622米的救生隧道，终于重见天日。随着最后一名被困矿工升井，智利此次矿难救援堪称奇迹，世界罕见。在整个过程中，救援人员在政府指导下，依靠高技术，果断救援，为顺利救出受困矿工提供了保证，也给大家留下颇多启示。

第一，政府牵头、分工明确、营救不计代价。矿难发生后，智利总统立即终止外事活动，3次亲临救援现场。政府迅速组织了专业的救援队伍承担救援任务，并邀请了美国太空总署专家提供救援意见。政府雇了3个钻井公司，他们都争先恐后，看谁能率先钻入矿井，这增加了迅速实现营救的机会。据报道，智利国家铜矿公司为救援行动制订了1 500万美元的预算计划。

第二，井下设有人性化的安全保障避难所。避难所内有通风口，有饮用水及食物，还有用以自救的基本清理设备等。正是这一具有人文关怀的避难所，才给救援留足了时间和空间，也使得矿工们等待 17 天，早已超出黄金救援时间后还能向外界发出"活着"的信号，并最终坚持到获救。我国一些矿难伤亡人数较多，一个重要的原因就是缺乏完善的紧急避难系统，所以目前正在强制推行建立和安装避险系统和避险设备，要求煤矿、非煤矿山要在 3 年之内建立紧急避险系统、压风自救系统等，以提高井下矿工的安全保障。

第三，矿工具备自救能力。智利矿难的成功营救，离不开矿工的自救，矿工们面临困难所表现出来的心理素质和自救能力令人钦佩。智利矿工们能在避难所中划分出生活区、活动区和娱乐区，进行有序的生活，体现了超强的自救意识和本领，这一定与他们平时的自救培训有关。因此，国内的各类矿场除了促生产抓效益之外，也要高度重视矿工自救能力的培训，建立相应的矿工自救组织，通过培训和演练提高矿难发生后的自救、互救能力。

第四，救援方案体现人性化、科学化。为了救援，智利研制了先进的专用救生舱；邀请美国航天专家在被困矿工的营养和心理方面提供意见。救援中，专家对矿工在生理和心理上可能出现的问题做充分准备，矿工们提前服用阿司匹林预防升井时血液凝固，食用高热量流食克服升井时的眩晕恶心感，穿上保持体温的特质衣服，戴上能监控心率和体温的生物测量腰带。

这里面看到了对生命的尊重，看到了政府的循规办事。这次矿难最终以矿工被全部救出结尾，体现了矿工们的毅力和坚强，政府的全力救助起了关键作用，这是做好了各个环节必然的结果。中国是一个矿难频繁发生的国家。他山之石，可以攻玉。各地矿山应更多地关注民生，加大安全投入，关注细节，给井下建设完善的安全保障设施，以人本、人性的理念面对社会责任。

资料来源　根据新华网、人民网资料整理而成.

【本章小结】

劳动保障是社会保障的核心。社会保障制度是生产社会化的产物，具有强制性、公平性、全民性、保障性等特点。以劳动者为主要保障对象的社会保险，特别是其中的养老、医疗、失业三大保险，是我国的基本保险，在社会主义市场经济建设中具有不可替代的作用。劳动卫生和安全生产是劳动保护的主要内容，在生产劳动过程做好劳动保护具有重要意义。

【关键概念】

社会保障　社会保险　社会救济　社会福利　优抚安置　劳动保护　劳动卫生安全生产

【课堂讨论题】

1.为什么把社会保障制度称为社会经济发展的"安全网"和"减震器"？
2.社会保险与商业性保险有何区别？

【复习思考题】

1.请你为一个企业作福利项目策划。

2.中国目前的社会保障体系包括哪些内容？你认为中国社会保障体制改革的方向是什么？

3.社会保障有哪些基本特征？试述社会保险、社会救济、社会福利三者的关系。

4.什么是劳动卫生？什么是安全生产？

【自测题】

1.社会保障制度的核心是什么？

2.社会保障的功能有哪些？

3.我国现阶段建立社会保障制度应遵循的基本要求是什么？

4.我国现阶段建立健全社会保障制度的基本目标和作用是什么？

第10章 /劳动就业

---- 学习目标 ----

学习基本就业理论，了解影响就业的因素、促进就业和提高就业效率的途径，
掌握中国经济转型期间劳动就业的特点。

10.1　　　　　　　　劳动就业及其性质

10.1.1　就业与就业者

1）就业

对就业的认识是经济学中的一个重要问题，因为它直接关系到一国的社会经济
稳定。不同的国家对就业有不同的认识。

按照国际劳工组织的定义，就业是指一定年龄阶段内的人们为获取报酬或为赚
取利润所进行的活动。

在美国，所谓就业就是劳动者在一个星期以内干1个小时以上有报酬的工作，
或者在一个星期以内干15个小时以上无报酬的工作。根据这个定义，就业者包括
以下几个部分：

（1）所有在规定的调查周内从事任何一项有报酬的工作1小时以上者；

（2）所有在自己的企业或自己的农场工作的劳动者；

（3）所有那些已有工作，但由于疾病、恶劣气候、休假、劳资争议或其他个人
原因请假而暂时未工作的人；

（4）所有在农场或家庭开办的企业、其他单位从事一周15个小时以上的无报
酬工作者。

为什么从事15小时以上无报酬的工作也算就业？这是因为这些人虽然没有报
酬，但对生产、社会有贡献。从事无报酬工作的人多半是家庭妇女，其家庭情况比
较好，她们出去找工作的主要目的是要为社会尽一定的义务。此外，还有一些退休
人员，他们有退休金作为生活的保障，工作是为了作贡献或增加生活乐趣，不要求
报酬。

根据对国内外就业定义的研究，我国有学者认为：劳动者运用生产资料从事社

会劳动，并获得可赖以为生的报酬收入或经营收入的经济活动，称作劳动就业，简称就业。由此可见，就业具有三个基本要件：第一，具有劳动能力的人，从事某种社会经济活动；第二，这种劳动属于社会劳动，为社会所承认；第三，从事这种社会活动可以获得赖以为生的收入。

2）就业者

就业活动的主体是就业者。世界各国和有关国际组织从劳动统计学和国民经济学的角度出发，对就业者的统计确定了数量标准。如劳动时间、工资或经营收入等。

按照国际劳工组织的规定，凡是在有关劳动法规规定年龄之内，符合下列情况的人都属于就业者：

第一，正在工作中的人，是指在规定的时间内从事有报酬工作的人；

第二，有职业，但是临时没有工作的人，例如，由于疾病、事故、劳动争议、休假、旷工，或因气候不良、机件损坏、故障等原因而临时停工的人；

第三，雇主或自营人员，或正在协助家庭经营企业或农场而不领取劳动报酬的家属工人。如在规定时间内，从事正常工作的1/3以上者（如一周内从事15小时以上工作）。

1994年，我国劳动部与国家统计局对就业者的概念明确为："就业人员，也称从业人员，是指从事一定社会经济活动并取得劳动报酬或经营收入的人员。已办理离休、退休、退职手续，但又再次从业（有报酬或自营等各种方式）的人员，也为就业人员。就业人员中不包括从事经济活动的就读学生。统计中将对就业人员中的不充分就业人员，即'工作时间不足就业人员'、'收入不足就业人员'及'就业不足人员'予以特别关注。"

综上所述，劳动就业人员是指达到法定劳动年龄、具有劳动能力的劳动者，运用生产资料依法从事某种社会活动，并获得赖以为生的报酬收入或经营收入。这个概念包括5方面的含义：第一，劳动者需具有劳动能力，包括劳动权利能力和劳动行为能力；第二，达到法定劳动年龄，在我国即年满16周岁；第三，其从事的劳动属于社会劳动；第四，其所从事的劳动是有报酬的职业劳动而不是义务劳动；第五，是得到社会承认的职业并且是合法的劳动。

根据国际规定，凡在规定年龄之上，以下情况者都属于就业人员：第一，正在工作的人；第二，有职业但临时因疾病、休假、劳动争议等暂时不工作的人，以及单位因各种原因临时停工的人；第三，雇主和自营人员；第四，已办理离休、退休、退职手续，但又再次从业（有酬和自营等方式）。各国根据本国的情况，分别制定各自的统计标准。

劳动就业的概念是对就业现象的本质概括。通过对就业现象的理论抽象，可区别就业与其他社会现象的本质差异。

根据劳动就业的概念可以清楚地看到：①就业与生产资料所有制无关，在社会主义国民经济体系中，无论生产资料的全民所有制、集体所有制企业，中外合资、合作企业，外商独资企业，还是个体劳动者，都属于就业者的范畴；②就业与一定的劳动制度所决定的企业用工形式无关，劳动者不论是固定工，还是合同工，或是其他临时工，均属于就业者；③就业与国民经济部门无关，劳动者不论在何种经济部门从事劳动并取得劳动报酬或经营收入，均是参与了就业活动的人；④劳动者从事义务性劳动、社会救济性劳动、家务劳动或非法劳动，则不属于就业者的范围之内。

10.1.2　充分就业

1）充分就业的概念

提高劳动就业的数量和质量并进一步提高劳动者的收入，促进社会经济的稳定发展是一国政府的重要职能，因此，无论实行哪种经济体制，充分就业都是政府宏观经济管理的重要目标之一。

按照凯恩斯的定义，充分就业就是"在某一工资水平下，所有愿意接受这种工资的人都能得到工作"。凯恩斯把失业分为"自愿性失业"和"非自愿性失业"（工人愿意按市场工资受雇于雇主但却得不到就业）两种。按照凯恩斯的思想，只要解决了"非自愿失业"人员的就业问题，就算达到了充分就业。

在凯恩斯以后，理论界对"充分就业"进行了深入研究，大致形成了两种意见：一是认为充分就业是指劳动力和生产设备都达到充分利用状态；二是认为充分就业并不是失业率等于零，而是总失业率等于"自然失业率"（弗里德曼）时的就业状态。

除充分就业的定性研究外，经济学家对社会是否充分就业进行了定量研究。例如，根据20世纪50年代的社会经济背景，有些经济学家认为，失业率不超过4%可算作充分就业；而20世纪80年代以来，经济学家又提出只要失业率不超过6%即为充分就业。

本书认为，可从两个方面考察充分就业：一个方面是从市场均衡角度考虑的充分就业状态；另一个方面则是从劳动者个人角度考虑的充分就业状态。前者包括从劳动力市场和产品市场两种市场入手。从劳动力供求关系看，所谓充分就业是指劳动力供给与劳动力需求处于均衡，国民经济的发展充分地满足劳动者对就业岗位的需求这样一种状态。从对社会总供给和总需求的管理来看，充分就业是指总需求增加时总就业量不再增加的状态，换言之，凡是接受市场工资率愿意就业的人都能实现就业的状态。后者是指劳动者满负荷工作且其劳动收入达到了该国法定的最低工资标准，本人也不愿意从事更多工作的就业状态；反之，不充分就业就是指劳动者劳动时间少于法定工作时间，或劳动报酬低于当地最低工资标准，同时本人要求从事更多工作时的就业状态。

由此可见，充分就业是一个相对的概念。在动态的市场经济中，从时间序列上保持总供给与总需求、劳动力供给与劳动力需求在总量及其结构上的持续均衡是极其困难的事情。充分就业并不意味着完全就业，失业现象依然会在一定程度上存在。当然，对每一个国家来说，其充分就业的标准存在一定的差异，即在不同的国家以及不同的经济发展时期，充分就业的定量指标是不同的。此外，整个社会的充分就业并不意味着劳动者个体的充分就业。

2）充分就业是国家宏观经济管理的重要内容

由于就业问题的重要性，许多国家都将充分就业作为国家宏观经济管理的重要内容。例如一国的货币政策是国家对经济进行宏观调控的重要杠杆，而充分就业是货币政策的目标，许多国家甚至将其放在首要位置，见表10-1。

表10-1 部分发达国家的货币政策目标

国别	货币政策最终目标的内容及排列次序
美国	充分就业，经济增长，抑制通货膨胀，平衡国际收支
英国	充分就业，实际收入的合理增长，低通货膨胀率，国际收支平衡
日本	稳定物价，稳定的经济增长，国际收支平衡，充分就业，收入均等化，资源合理分配
加拿大	充分就业，国际收支平衡，反通货膨胀

资料来源 刘锡良. 中国经济转型时期的货币政策研究［M］. 成都：西南财经大学出版社，1998：53.

政府应把就业作为社会经济发展的第一目标。当然，这也并不是说，任何时候政府宏观经济的第一目标只能是充分就业。应该体现出阶段性特色，比如在物价快速上涨已经严重影响到社会经济秩序的稳定时，就应该将稳定物价作为当期的第一目标，这不但不影响充分就业，而且更有利于政府宏观经济管理长期充分就业目标的实现。

10.1.3 劳动就业的性质

在劳动经济学中，劳动就业的实质是劳动者为谋取生活资料而与生产资料结合。就业不仅是劳动者谋生的重要手段，而且是社会生产过程得以实现的重要环节和前提条件。正如马克思指出的："不论生产的社会形式如何，劳动者和生产资料始终是生产因素。但是，二者在彼此分离的情况下只在可能性上是生产的因素。凡要进行生产，就必须使它们结合起来。"[①]

任何时候，劳动力与生产资料都是分离的；任何时候，劳动者寻求与生产资料结合的愿望，都是相同的。但是，不同的生产方式，劳动力与生产资料的结合方式是不同的。

1）原始社会、奴隶社会和封建社会的劳动

在原始社会，生产中人的因素与物的因素之间存在着天然的统一关系。在奴隶社会，劳动者本身变成了占有的对象，奴隶完全失去了自由，其劳动具有强迫的性

---

① 马克思，恩格斯. 马克思恩格斯全集：第24卷［M］. 中共中央马克思恩格斯列宁斯大林著作编译局，译. 北京：人民出版社，1972：44.

质，劳动力是被迫地与生产资料结合在一起。

在封建社会，封建主占有主要的生产资料——土地，农民或农奴虽然有了人身自由和属于自己的部分生产工具，但是他们只是作为土地的附属物依附于封建主。

可见，在资本主义以前的社会形态中，劳动力与生产资料的结合，或带有自然性，或带有强迫性，或带有依附性，但都不是通过就业实现劳动力与生产资料的结合。

2）资本主义社会的劳动就业

在资本主义社会，劳动力与生产资料的结合开始采取了劳动就业的形式，这主要是社会化大生产的要求。

（1）社会化大生产背景下生产资料使用社会化。单个人使用的生产资料变成只能由大批人使用的生产资料，生产资料的使用具有社会性。

（2）社会化大生产背景下生产过程社会化。生产本身由一系列个人行为变为社会行为，分散的生产过程变为社会化的生产过程。

（3）社会化大生产背景下产品社会化。产品的生产过程不再是直接满足生产者的需要，而是通过交换为全社会提供满足需要的手段。这样，社会生产不再以家庭为基本的生产单位，而是采取了同时能够容纳大量生产资料和劳动力，进行大规模生产经营的组织形式——企业。

可见，社会化大生产为就业形式的产生奠定了生产力基础。

3）社会主义社会的劳动就业

社会主义与资本主义的本质差别是生产关系发生了质的变化，生产资料公有制成为社会的主导经济形式，劳动者成为生产资料的主人。至于社会主义物质资料再生产的具体过程，仍然采取了劳动与生产资料结合的就业方式。其原因如下：

（1）社会主义生产仍然是建立在社会化大生产的基础之上，企业仍然是生产的基本组织形式。企业要按照生产的技术联系和技术要求组织生产过程。在这种条件下，劳动力与生产资料的结合，还必须通过一定的方式实现具体的结合。

（2）社会主义经济依然是商品经济。企业仍然是独立的商品生产者和经营者。价值规律要求企业的生产必须符合社会必要劳动时间的规定，生产诸要素的配置也必须符合社会必要劳动时间的要求。劳动力与生产资料的结合仍然属于生产要素的配置。因此，劳动力与生产资料的结合必须反映效益的原则，还需通过就业方式实现生产要素的统筹安排。

（3）社会主义社会的劳动者是生产资料的所有者，是社会的主人。他们有权决定生产什么，生产多少，但这并不妨碍劳动者的劳动力作为生产要素在生产过程中发挥作用。因此，作为生产要素之一的劳动力与生产资料的结合还必须通过一定的方式。

（4）社会主义社会的劳动者既是生产资料的所有者，又是个人劳动力的所有者。无论是单一的社会主义公有制，还是多种所有制经济并存，甚至是经典作家设想的全部生产资料的社会公共所有、不存在商品经济，劳动力都是归劳动者个人所有的。在社会主义社会，劳动仍然是谋生的手段，劳动力的生产和再生产仍然要以参加社会劳动为前提。劳动力只有且必须通过一定的形式与生产资料结合，才能体现出劳动者在经济关系上的这种双重身份。

10.2　就业理论

10.2.1　传统的西方就业理论

传统西方就业理论发展于资本主义上升时期，这时生产迅猛扩张，失业现象还不十分严重。因此，在西方传统经济学家看来，只要存在着完全自由竞争，工资就可以随着劳动供求变化而自由涨落，使一切可供使用的劳动力资源都被用于生产，从而实现充分就业。该理论代表人物有萨伊、马歇尔和庇古。

1）萨伊的就业理论

萨伊在1803年发表的代表作《政治经济学概论》一书中，提出了著名的"市场法则理论"。萨伊认为，在"W—G—W"这一以货币为媒介的物物交换过程中，卖就是买，买就是卖，因而供给本身也就创造了需求。在萨伊看来，市场经济内部不会有生产过剩危机和失业。因为商品的供给与需求只是一枚货币的两面，一种商品的供应量，相当于另一种商品的需求量。任何一种商品的市场价值，必然等于生产此种商品时所耗的劳动力、资本和土地3种要素之和。举例来说，资本家把商品卖掉，就需要买机器、原材料和劳动力；农民把粮食卖掉，就需要买布匹和其他生产、生活资料。由于供给和需求经常是趋向平衡的，因此，不会产生大规模的、经常性的失业，只会产生局部失业。从全局和整个国家看，就不会产生失业。如果出现了较多的失业，就会引起货币工资下降，资本家就会多雇工人。在货币工资下降到一定程度时，雇主就会把工人全部吸收到企业中来，这样失业问题就可以依靠市场的自发调节作用得到解决。综上所述，我们将萨伊的就业理论概括为以下几点：

（1）依靠市场自发的价格机制，国家内部的经济失调会迅速地被商品市场和生产要素价格的自行运动所消除。

（2）在正常情况下，市场经济趋向于充分就业，向着供给与需求的均衡点运动，偏离此点的现象是不正常的，也是无关紧要的。

（3）反对政府干预经济，"因为财产权意味着能够自由处理自己的财产""如果政府当局不掠夺，那就是人民最大的幸福，财产就可以得到保护，不遭到别人掠夺"[①]。

萨伊一方面在宏观上排除了因总需求不足引起的生产过剩危机和大规模失业的可能性，另一方面又在微观上探讨了工资率的变动对劳动供求的巨大影响，从而奠定了西方传统就业理论的基础。

① 萨伊. 政治经济学概论［M］. 陈福生，陈振骅，译. 北京：商务印书馆，1963：140.

2）马歇尔和庇古的就业理论

继萨伊之后，英国剑桥大学教授马歇尔及其学生庇古对劳动就业进行了深入研究。

马歇尔在 1890 年出版的《经济学原理》一书中，在分析了资本主义失业现象之后，提出在自由竞争的条件下，只要劳动力市场没有人为阻力，就可以通过工资的自由涨落和劳动力供需之间的自发调节，达到充分就业。马歇尔和古典经济学家一样，在就业问题上提倡自由放任原则，反对政府对劳动力市场的干预行为。

庇古是马歇尔的学生。庇古继承了萨伊的就业思想，并在理论上进一步发展和严密化，提供了决定就业量的两个假设：一是工资率等于劳动的边际生产物即产值；二是工资的效用等于就业量的边际负效用。这两个假设，集中体现了传统就业理论的主要观点，即工资率的自由升降可以调节劳动供求，实现充分就业。

第一个假设说明，工人所创造的产值必须等于工资。因此，只要工人愿意降低现行货币工资水平，使之持续低于劳动边际生产物，即产值，资本家就会不断增加雇佣数量，直到实现充分就业。第二个假设说明，工人只有在他们所获得的工资能够抵消他们参加劳动所带来的不愉快和痛苦时，才愿意就业。因此，如果工人能够提高自己忍受劳动所引起的痛苦和不愉快的能力，就可以将劳动的边际负效用降至工资效用以下，从而增加自己参加工作的机会或保住饭碗。

正是基于这样的认识，庇古认为，劳动力市场的供给不可能与需求脱节，如果失业增多，货币工资就会下降，资本家将会多雇用工人。反之，如果劳动力短缺，货币工资就会上升，资本家就会相应地减少工人雇佣量。

上述分析说明，庇古高估了工资率调节劳动供求的能力。其实，尽管工资率的变动对就业量的影响十分明显，但不是决定性的，只是影响就业量诸因素中的一个。它的作用主要表现在两个方面：一是对资本家是否扩大投资，增雇工人产生影响；二是它决定着资本家或厂商采取何种技术来进行生产。

西方传统就业理论对工资率的变动对劳动力供求的影响，以及阐述适当控制工资增长对刺激投资、加快经济发展、增加就业的作用方面具有重大的理论意义，它开创了从微观角度分析就业问题的先河。但是，由于它过分相信工资率的调节作用，认为仅仅依靠物价、工资率的收缩性，就能自动地带来充分就业，特别是忽视总需求不足对社会生产的破坏性，从而导致了理论的最后破产。

10.2.2　凯恩斯就业理论

第一次世界大战以后，资本主义经济危机进一步加深，尤其在 1929—1933 年的大萧条中，有 4 000 多万工人长期失业。无情的现实宣告了古典学派就业理论的破产。经济危机带来了新古典学派就业理论的危机，急需对这种社会经济现象作出合情合理的说明。凯恩斯以古典理论的叛逆者姿态出现，放弃了市场调节自然平衡的观点，主张以国家干预经济生活来摆脱失业和萧条的困境。

约翰·梅纳德·凯恩斯（1883—1946）是英国经济学家，在 1936 年出版了

《就业、利息和货币通论》，又被凯恩斯称之为《就业的一般理论》或《通论》，就是说他的就业学说适用于所有就业水平。

凯恩斯认为，一国的国民经济任何一个时期都有一个决定性的唯一的就业量，它是全体厂商在它们效用最大化（例如在商品经济体制下，一般为利润最大化）情况下提供给该国居民的。这一就业量是与整个国民经济生产水平相适应的。因此，凯恩斯的就业理论实际上就是研究生产水平及相应的就业水平是由哪些因素决定的、怎样决定的理论。

首先，从供给方面考察，要使企业提供一定的就业量，就必须使雇主能够获得必要的利润，这个利润不能低于雇主为达到效用最大化目标所需要获得的最低限度利润。显然，企业生产规模越大，提供的就业量越大，它所需要得到的这一最低利润的数额也就越高。因此，如果把生产的成本与这一最低利润相加之后所得到的货币数额称为厂商的供给价格的话，那么，就业量与供给价格呈正相关函数关系。社会就业总量是每个厂商提供的就业量的总和，社会总供给价格是每个厂商提供相应就业量所要求的个别供给价格的总和。所以，社会就业总量与总供给价格之间也呈正相关函数关系。

其次，从需求方面考察，厂商把生产规模扩大到什么水平，把就业量扩大到什么水平，还要考察社会对它的产品的可能要求。经济学把用货币表示的厂商预期的社会对其产品的需求称之为厂商的需求价格。需求价格实际上就是厂商的与每一生产水平（雇佣水平）相对应的预期收益。社会总的生产规模和就业规模是所有厂商的生产规模和就业规模的总和。所以，社会的总需求价格就是所有厂商与其生产规模相应的需求价格总和。厂商对收益的预期是根据社会居民的收入作出的，因而社会总需求价格也是由社会居民的总收入水平决定的。厂商的生产规模越大，提供的就业量越大，社会居民的收入水平就越高。所以，社会就业总量与社会总需求价格之间也呈正相关的函数关系。

图10-1清楚地反映出凯恩斯的就业理论思想。

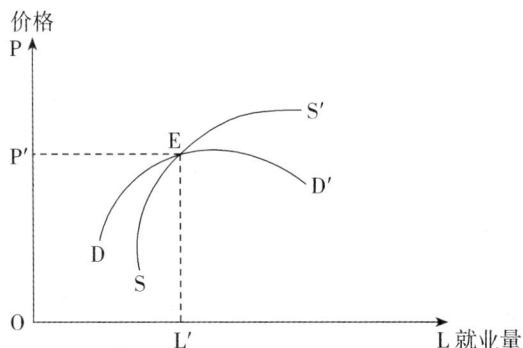

图10-1　社会总供给、总需求与就业

图10-1中的SS′曲线是总供给曲线，DD′曲线是总需求曲线。总供给曲线与总需求曲线相交于点E，E点所对应的社会总需求P′，即凯恩斯所定义的"有效需

求"（是指预期能够给资本家带来最大利润量的社会总需求）；E 点所对应的就业量
L′，即当一国的有效需求为 P′时的唯一决定的就业量，定义为均衡就业量。显然，
在这一点上，该国的就业量不会被确定在小于 L′的水平上。因为，如果实际就业
量小于 L′，社会总需求大于社会总供给，这时全部或部分厂商也一定会发现：在
这一生产水平和就业水平上，它们的预期收益大于它们所需要的最低利润和生产成
本，如果再进一步扩大生产，扩大就业还有利可图，既然如此，厂商们一定会继续
扩大生产，增加雇佣，从而扩大社会就业。同样，在这一时点上，该国的就业量也
不可能被确定在大于 L′的水平上。因为，如果实际就业量已超过均衡就业量，就
意味着社会总需求已小于总供给，在这种情况下，全部或部分厂商也一定会发现它
们的生产规模过大，按这一规模生产，预期收益将小于它们在这一规模上所需求的
最低利润和生产成本，因此，厂商们将纷纷缩小生产规模，减少雇佣，从而减少社
会就业。唯有在实际就业量与均衡就业量相等时，社会总需求与总供给相等，厂商
们也普遍认为预期收益与预期成本（它们需要的最低利润与生产成本之和）相等，
其效用可达到最大化。

　　图 10-1 反映的均衡就业量 L′，显然不是由劳动力市场的局部均衡所决定的，
而是由多种市场均衡共同作用的结果。凯恩斯以前的就业理论认为，这一就业量也
是劳动力市场上的均衡就业量，因而一国经济总是趋向于充分就业的。凯恩斯则不
然，他发现，总需求与总供给均衡时，劳动力市场不一定正好达到均衡。如果总供
给与总需求均衡所决定的就业量正好是劳动力市场上的均衡就业量，即在总供给与
总需求达到均衡时，劳动力市场也正好达到均衡的话，那么，此时的均衡就业量也
就是充分就业量，经济处于"充分就业均衡"这样一种状态上。

　　凯恩斯认为，一般来说，均衡就业量总是小于充分就业量，其根源是有效需求
不足。为什么会产生有效需求不足呢？凯恩斯从收入和有效需求的角度给出了两种
解释。在总收入法观点下，凯恩斯认为，实现充分就业的基本条件是总供给与总需
求相等。总需求等于消费需求与私人投资需求之和（其门徒后来又加了政府开
支）。由于国民生产总值和社会总消费量是一个比较稳定的常量，因此，总需求量
的大小，主要是由私人投资总量多少决定，而总供给能否等于总需求，充分就业能
否实现，主要取决于私人投资总量。要实现和维持充分就业，就要寻找出保持高水
平总需求的途径。私人资本投资量的多寡与边际资本效率和利息率相关，而后者又
经常波动，这导致主要依靠私人资本投资所形成的总需求也必然经常波动，从而造
成劳动力的稳定增长和总需求经常波动的矛盾。因此，靠私人资本投资实现供需平
衡并进而实现充分就业的机会是异常微小的，需要国家实行宏观调控。有效需求法
认为，当就业增加时，收入也增加，进而消费也会增加。但是，消费的增加没有社
会实际收入增长得那么快，这就使收入和消费之间出现一个差额。因此，要想有足
够的需求来支持就业的增长，就必须增加实际投资，来填补收入与消费之间的这一
差额。换言之，在消费一定的情况，要实现充分就业，必须增加投资，这是有效需
求法的核心，而凯恩斯就业理论体系就是围绕该核心逐步展开的。

凯恩斯主义认为，通过利率把储蓄转化为投资和借助于工资的变化来调节劳动供求的自发市场机制，并不能自动地创造出充分就业所需要的那种有效需求水平。在竞争性私人体制中，"三大心理规律"（即边际消费倾向递减、资本边际效率递减和对灵活偏好的态度）使有效需求往往低于社会的总供给水平，从而导致就业水平总是处于非充分就业状态，要实现充分就业必须通过政府加大投资的方式来实现。

凯恩斯从"三大心理规律"出发，得出了和萨伊、马歇尔完全不同的结论：在一般情况下，资本主义经常出现的是有效需求不足。有效需求不足，产品无销路，工资再低，资本家也不愿意多雇工人。因此，在一般情况下，失业是不可避免的。凯恩斯开出的医治在"需求不足"时达到充分就业状态的"处方"是：

第一，抛弃传统自由放任政策，扩大政府职能，采取政府干预和调节经济的一系列措施，把私人垄断资本主义转变为国家垄断资本主义。

第二，放弃节约原则，提倡浪费性消费，甚至用建金字塔或战争来增加财富消耗。

第三，有效需求不足是造成失业的原因，补救办法是可采取增加投资与提高消费的"双管齐下"策略。在消费水平既定的情况下，应主要实行"投资社会化"，由国家总揽投资。

第四，放弃传统的财政原则，鼓吹扩大政府开支，发行国债，实行赤字财政和温和的通货膨胀，以刺激经济，增加有效需求，应对经济危机，达到并保持充分就业。

第五，采用总量分析的宏观经济学办法，代替古典经济学的以均衡价格为中心课题的微观分析。他认为，就业、生产、收入和消费都是整个社会的总量。

凯恩斯的就业理论在很长一段时间得到了推崇，被称为"凯恩斯主义"或"凯恩斯革命"。20世纪40年代至70年代，凯恩斯理论一直是主要资本主义国家社会经济决策的理论依据，并在一定程度上产生了重要作用。

10.2.3 货币学派和供给学派的就业理论

20世纪70年代中期以后，在美国和英国等发达国家，货币学派和供给学派很快取代了凯恩斯学说，成为美、英政府制定社会经济政策的理论基础。因为西方国家在经济发展中出现了凯恩斯学说难以理解的"滞胀"现象，凯恩斯讨论的通过扩大有效需求来实现充分就业已行不通。

1）货币学派的就业理论

货币学派主要从需求方面探讨如何抑制总需求的过度膨胀，将失业率降至正常水平，其代表人物是弗里德曼。

弗里德曼提出了自然失业率的概念，指出在市场机制自发调节下达到总需求与总供给均衡时的失业率，是不会受货币因素影响而发生变动的，因而是一种不可逾越的"自然失业率"，即使政府强行扩大总需求，将实际失业率降至自然失业率之下，不久也会回到自然失业率水平。因此，当自然失业率高于充分就业水平时，不管政府怎样扩大有效需求，也不会消除"非自愿失业"，只会加剧通货膨胀。

为了降低失业率，货币学派提出了一些积极措施，从更有效地发挥市场机制的调节作用出发，开辟新的就业领域。具体措施有：

（1）改进劳动力市场工作，消除各种人为障碍和限制。

（2）加强失业人员培训。

（3）建立效率更高的职业介绍所，为失业者及时地获得工作岗位信息创造条件。

2）供给学派的就业理论

与货币学派不同的是，供给学派是从供给方面寻求促进经济增长、实现充分就业的途径，其代表人物有阿瑟·拉弗、保罗·罗伯茨等。

供给学派认为，凯恩斯主义只重视需求分析，忽视供给因素的作用，这在萧条和衰退时期可行。但在通货膨胀时期，总需求已明显超过总供给，供给不足成为经济的主要问题，应该将主要力量放在刺激生产上，鼓励个人和企业进行生产积累，更加勤奋地工作，更积极地投资，以扩大供给，填补总需求与总供给之间的差额。其主要措施是降税。

当然，在供给学派的政策建议中，减税虽然是一项主要措施，但不是唯一措施，他们还主张限制政府开支，放松政府干预和限制，加强市场调节作用，实行相对有节制的货币政策。这些都与货币学派的观点不谋而合，是对传统经济自由放任主义的继承和发展。

总之，货币学派和供给学派认为，促使经济增长，实现充分就业的最好办法是刺激经济等式中的供给（生产）方面，而不是增加商品和劳务的消费，即需求方面。关键在于降低税率，鼓励个人和企业进行储蓄和生产，使人们更卖力地工作，更经济地投资。概括起来，它们提出的主要措施有：

（1）大幅度、不断地降低个人所得税和企业税的税率，以激励人们更努力地工作和进行投资。

（2）实行相对有节制的货币管理，使货币的增长和长期的经济增长潜力相适应。必要时还需转向某种形式的金本位制。

（3）取消财政和货币政策的调节作用，更多地依靠市场经济的内在动力。

（4）减缓政府开支的增长速度，以便制止税务负担在国民生产总值中所占的比重不断增长，并且自动地为私人投资提供资金。

这四条措施都与税率的调整有关，可见供给学派和货币学派的核心和精髓在于通过降低税率促进经济增长和实现充分就业。正如供给学派的代表人物保罗·罗伯茨所说："供给学派经济学强调边际税率，因为供给学派相信，税收是通过改变对工资、储蓄、投资和承担风险的刺激来影响经济的。这一不同的观点（指不同于凯恩斯的观点——引者）是供给学派在经济政策上的革命实质所在。"①

---

① 罗伯茨. 供应学派革命：华盛顿决策内幕［M］. 杨鲁军，虞虹，李捷理，译. 上海：上海译文出版社，1987：5.

我们可以看到，供给学派和货币学派，实际上是18世纪萨伊"供给创造需求"理论的翻版，是新瓶装旧酒。

10.3　影响劳动就业的因素

影响劳动就业的因素是复杂多样的，概括起来主要有人口因素、科学技术进步因素、经济因素、劳动制度因素、国家宏观政策因素和心理因素等几个方面。

10.3.1　人口因素

人口是社会经济活动的主体，是劳动力资源再生产的基础。在一定的经济条件下，人口是劳动力供给量的决定性因素。人口的数量和素质，直接决定着就业水平。

1）人口数量影响就业者供应量

劳动力资源是全部人口中有劳动能力的人口，其中对就业供应有重要影响的是具备就业客观条件并要求就业的那部分劳动力。劳动力人口占总人口的比重与人口的年龄构成有着密切的关系。在人口年龄构成一定的条件下，劳动人口的数量与人口总量成正比关系，人口总量对就业水平、就业率、就业劳动收入等起着直接的决定性作用，即人口数量变化直接影响着就业者的供应量。

2）人口构成影响就业结构合理性

（1）人口性别构成与就业结构

某一国家或地区如果男女性别比过低，即女性人口比重、进而女性劳动人口比重大，就业压力就相应大一些。一般情况下，男女性别比的正常值为106（男性：女性）。

（2）人口年龄构成与就业结构

如果劳动人口年龄构成过于年轻，期初的就业供给量可能很大，社会的就业压力陡增，但随之而来的则是劳动力老化，引起劳动效率下降，甚至就业供给不足，同样影响社会经济发展。

（3）人口素质与就业结构

社会发展的总趋势是产业结构、职业结构的多元化，同时人口的素质也不断提高。在此背景下，主要是要求提高人口素质以适应就业结构的多元化发展。

在人口素质诸要素中，对就业结构起决定作用的是人口的身体素质和文化科技素质。前者表明目前和未来的人口是否适应产业结构、部门结构对劳动力资源的要求；后者反映目前和未来的人口是否适应产业结构、部门结构变化对劳动力资源的要求。

10.3.2　科学技术进步因素

1）科技进步与就业容量

科技进步与就业量的关系是二重的：一方面，科技进步直接提高劳动生产率。

劳动生产率提高，从短期和局部看，起到排斥劳动的作用，从而减少就业量。另一方面，从长远和全局来看，科技进步在提高劳动生产率、排斥就业的同时，又不断创造出新的行业和职业，从而产生新的就业领域，增加新的就业岗位。

从全社会看，劳动生产率提高也会直接扩大就业面，这有两层含义：第一，劳动生产率提高，意味着劳动者在单位时间内为社会提供更多的剩余产品，从而提供更多的资金积累，而这正是扩大就业必不可少的物质基础。第二，劳动生产率提高与扩大就业互补。劳动生产率提高，加快了经济的增长，创造了更多的就业岗位。在扩大就业岗位的同时，实现了人尽其才，物尽其用，反过来又会极大地提高整个社会的劳动生产率。20 世纪 90 年代后半期，美国经济快速增长的一个重要原因就是美国的技术进步非常快，走在了知识经济时代的最前面，而也正是在这个时期，美国实现了经济的高增长、低通胀，其失业率很长一段时间都保持在一个较低的水平。美国经济的增长打破了传统经济学对经济增长、通货膨胀率以及就业时间关系的认识，称之为"新经济"。

2）科技进步促使就业多元化发展

（1）科学技术发展改变了社会产业结构和就业结构

新技术的出现和发展，使得一些传统产业不断萎缩而新的产业不断涌现。传统产业的萎缩减少了对就业的需求，而新产业的发展又提供了更多新的就业机会。据美国商务部《美国工业展望》统计，美国的钢铁、汽车、造船及修理三个传统工业部门 1973 年就业人数为 103 万人，1982 年下降为 80.2 万人，而同期电子计算机测量、控制仪器和宇航三个新型工业部门就业人数由 50.2 万人上升到 116.9 万人，扣除在传统工业部门失去工作的 22.8 万人，新增就业机会 43.9 万个。此外，新技术的发展使劳动构成的要素发生了变化：劳动资料的种类和形态越来越多样化，新型劳动材料不断涌现，信息成为劳动构成要素。

（2）新技术革命促使劳动形态发生变化

劳动者的劳动方式由直接参加劳动变为对劳动过程进行调控；劳动形态逐步由以体力劳动为主转化为以脑力劳动为主。这些变化，对劳动者的文化素质与技术素质，都提出了更高的要求。

此外，科学技术进步还导致产业结构向着高度化方向发展，服务业劳动力所占的比重不断上升，直接扩大了妇女和残疾人的就业机会和就业容量。

10.3.3　经济因素

"发展是硬道理"，提高经济增长的速度和效益，增加就业机会是解决就业问题的基本保证。因此，经济因素是影响劳动就业的决定性因素。

1）经济发展水平决定劳动就业总体水平

劳动力需求是从整个经济发展的需求派生出来的，企业增加劳动力需求是为了发展生产，以满足社会需要，增加盈利。因此，经济越发达，增长速度越快，相对而言的劳动力需求也就越多，就业也就越充分。相反，如果经济发展停滞甚至萎缩倒退，劳动力需求就会大幅度减少，失业人数也会增加。所以，促进经济发展，保持一定的经济增长率是解决就业问题的根本途径。

2）经济形式是解决社会就业的前提条件

所谓的经济形式，就是生产资料所有制形式，它体现生产资料所有者与劳动者在社会再生产过程中的经济关系。中华人民共和国成立以后，我国在很长一段时间内经济形式都比较单一，整个社会的就业水平比较低。改革开放以后，随着多种经济形式的快速发展，社会就业水平得到了空前提高。改革使人们认识到，在社会主义初级阶段，生产力发展要求实行多种经济形式，而多种经济形式的存在和发展，一方面可以适应不同层次的生产力水平，从而使社会各产业得到发展，为扩大就业提供了广阔的空间；另一方面，又可以满足不同劳动素质且需要就业的劳动者的就业需求，实现劳动者在不同的经济形式中与生产资料的直接结合，实现充分就业。

3）不同的产业结构决定了劳动者的就业结构

在社会化大生产中，劳动者与生产资料结合的自然形式和就业总量，取决于社会各产业所提供的就业岗位总量。产业对就业的影响表现在两方面：一是产业发达程度决定了社会提供的就业容量；二是产业结构变化要求就业结构和劳动者素质随之变化。因此，能否正确确定产业结构，直接影响到就业的容量和结构。现代社会经济发展中产业结构高度演进的规律告诉我们，随着科学技术的发展和劳动生产率的提高，第一产业就业容量不断缩小，第二产业就业容量呈曲线变动趋势，第三产业就业容量则急剧扩大。

10.3.4 劳动制度因素

劳动就业和社会再生产的发展一样，既要受到生产关系的影响，又要受到上层建筑的影响。因此，能否实现充分就业，除了受生产力发展和经济形式影响外，还受到劳动经济管理制度方面的影响。

1）国家劳动就业方针政策

如果国家的方针政策与生产力发展水平相适应，符合国情，合理解决就业问题就比较容易；反之，就业问题就难以科学解决。新中国的劳动就业历史充分证明了这一点。

2）用工制度

所谓的用工制度，是指国家在使用劳动力方面所实行的各项制度。用工制度正确，有劳动能力且需要就业的人不但能够就业，而且在就业之后能充分地发挥自己的聪明才智，为社会经济的发展作出贡献。反之，就会使一些有劳动能力并要求就业的人不能就业，或者即使就业也不能充分调动其劳动积极性，从而浪费了他们的劳动能力。例如，有的大城市规定一些工种只允许具有本地户口的劳动力就业。这是一种歧视性的用工制度，一方面阻碍了要在此工种就业的外地劳动力的就业，另一方面又使本地劳动力具有了优越感，从而在工作中不能充分调动其积极性。再如，在改革开放前及其后的很长一段时间内，国有企业没有用工自主权，由相关部门统一按照计划分配，而且实行终身制，这就经常造成人才的错误配置，使得人不能尽其才，而企业也不能按需求才，同时还使企业的员工没有压力，工作积极性较差。

在资本主义国家有两种劳动就业制度：一种是放任自流、自由竞争的劳动就业制度；另一种是国家干预下的自由就业制度。20世纪30年代世界经济危机强烈地震撼着资本主义经济生存的基础，其基本特征之一就是大批工人失业，而这次危机实际上宣告了自由竞争就业制度的终结。因此，现今世界各国大多采用国家干预下的自由就业制度。

我国已经建立与社会主义市场经济制度和现代企业制度相适应的新型劳动就业制度，即"政府促进，市场调节，供求双方自主选择"。这种新型的就业制度具有以下基本特征：确立充分就业目标；以社会为主体提供就业保障；向劳动者提供就业竞争条件，提高其就业能力；个人自主择业，单位自主用人；政府促进，市场调节就业。

3）工资制度和政策

工资制度是有关工资支付的原则和方法的总称。工资政策是国家遵循客观经济规律及工资制度制定的，是有关部门处理工资问题时的指导原则和依据。

正确的工资制度和政策，既能吸引劳动力到各种就业岗位就业，又能吸引劳动力按照社会化大生产发展的客观要求流动；既能保证就业时充分发挥其劳动积极性，又能保障在不适合原岗位时愉快地调换工作；既能吸引有相应劳动能力且需要就业的人积极到各种经济形式、经济组织中就业，又能鼓励他们自谋职业。这样，充分就业就有了基础。

中华人民共和国成立后，我国的"按劳分配"制度长期采用了"大锅饭"的平均分配形式，分配制度减弱人的工作积极性，企业工人的工作积极性普遍较低。改革开放以来，国有企业实施了多种改革措施，其中重要一项就是打破国有企业原有的分配机制。

10.3.5 国家宏观政策因素

一个国家确定什么样的社会经济发展战略目标和战略思想，对就业有很大的影响。国家能否确定劳动就业在社会经济发展中的战略地位，树立充分就业的战略思想，把实现充分就业作为各级政府的一个重要战略目标；政府是否能制定和出台有利于就业的各项经济政策，如投资政策、财政政策、金融政策、税收政策、外贸政策、收入政策、技术政策和产业政策，对就业的影响是非常大的。20世纪90年代中期，我国把控制通货膨胀放在国家宏观经济管理的首位，并采取了相应的措施，使得通货膨胀得到了控制，并从通货膨胀转变为通货紧缩。然而，通货膨胀的控制却是以就业形势变得严峻为代价。当然，这不是说就业形势严峻全是通货紧缩惹的祸，但不可否认，控制通货膨胀是重要原因之一。

10.3.6　心理因素

影响劳动就业的心理因素包括劳动者的就业意识、就业意愿、职业评价、择业动机，以及对一系列就业行为过程及其结果的估计等。它是人们对就业问题的基本认识和根本态度。

就业意识影响和指导着人们的行为，使劳动者的就业行动具有目的性、方向性和预见性，影响着人们对某种职业的取舍。不同的时期由于受到不同的社会和家庭环境的影响，就业意识会发生相应的变化。例如，在改革开放后的一段时间，人们普遍向往的是进入国有企业、事业单位或行政机关，成为一名全民固定工，个体户和私营企业不为人们所看重。在20世纪90年代中后期，人们热衷的已不再是国有企业，而是外资企业、合资企业。但就是在这种背景下，许多人的就业意识仍然没有顺应时代的变化。许多国有企业下岗工人不愿意到私营企业打工，其原因就是"尽管我现在下岗，但仍然是国有企业职工，而到私营企业，却变成了给私人老板打工"。因此，很多人下岗以后，宁愿领取下岗生活补助，也不愿意去私企，更不愿意摆摊，认为那样做没有面子，心理因素阻碍他们再就业。所以，要实现社会的充分就业，除了国家要有正确的产业发展政策，促进经济快速健康发展，创造更多的就业岗位外，还要求劳动者具有相应的素质和健康的就业心理。

热爱劳动是中华民族的传统美德，妇女参与社会劳动更是妇女解放和男女平等的标志，因此我国妇女的劳动参与率一直比较高。此外，年老退休后在"老有所为"思想的指导下，积极参加各种公益劳动和报酬性劳动。凡此种种，都影响着中国的劳动就业。

10.4　中国城镇就业制度

中国是一个城乡差距非常明显的国家，国家重视城镇适龄劳动人口的就业问题，形成了具有中国特色的城镇就业制度。

10.4.1　中国城镇就业制度及其改革

就业制度是国家或其授权机关制定的，以法律、法令或其他形式体现的与劳动者就业直接相关的办事程序、规章、条例的统称。它包括招工制度、用工形式、就业方针等。在一定意义上，就业制度被等同于用工制度。

1）中国就业制度发展沿革

（1）1949年至20世纪50年代中期：就业制度建立期

中华人民共和国就业制度的建立是从解决旧中国遗留下来的失业问题和安置城镇新成长的劳动力就业方面开始的，其特点是由政府统一介绍就业和劳动者自谋职业相结合。建立了劳动力统一介绍制度，无论何种经济形式的企业，在招用劳动力时，都要向劳动部门申请，由劳动部门设立的劳动力介绍所统一介绍，企业自行招工，也要向劳动部门备案。

（2）20世纪50年代中期至"文化大革命"：就业计划制度期

①就业计划制度完成期。"一五"计划中后期，就业制度逐渐发生变化，集中表现在三个方面：第一，1955年中央政府确定招工和职工调配实行"统一管理、分工负责"的原则，明确规定招工必须经过劳动部门批准才能进行。这实际上取消了用人单位自行招工的权利，将招工权集中在劳动部门。第二，对要求就业的劳动力由政府完全"包下来"，且其范围不断扩大。第三，这些被"包下来"的人员成为用人单位的固定工，不得随便辞退。到"一五"计划结束时，传统计划体制下的就业制度终于形成。

②就业计划制度极端期。在"一五"后，经济发展遭受挫折。由于指导思想上的主观主义和急于求成，我国生产资料所有制结构的调整进一步脱离生产力基础，在所有制形式上片面追求"一大二公"，片面追求国有化程度越高越好，采取了个体向集体过渡，集体经济向全民经济过渡的政策。在这种背景下，到"文化大革命"结束时，于"一五"计划末形成的就业计划制度已经发展成为一种极为典型的形式。

（3）20世纪80年代初期以后：就业计划制度改革期

20世纪70年代末80年代初，城镇就业制度改革被提上了政府的议事日程。原来实行计划安排的国家机关和事业单位都实行公开招聘，而且倾向逐渐明朗：加大市场化人员配置力度，从根本上解决劳动计划就业固有的弊端。

2）传统就业计划制度的特点

传统劳动就业制度是国家宏观经济高度集中统一、生产资料所有制以及生产经营方式单一化的产物，一直沿用到20世纪80年代改革开放以前。经过多年演变，逐步形成了以高度集中指令为龙头的，由劳动计划（"人头"计划）、就业制度（"统包统配"）和用工制度（"国家固定工"）组成的三位一体结构。它的主要特点有：

（1）劳动者就业由政府包揽。

（2）劳动力配置靠行政调配，价值规律不起作用。

（3）企业没有用工自主权，只能执行国家用工计划。

（4）工资、福利、保障全部由国家负担，企业没有分配自主权，而且员工的收入在很长一段时间都被压在一个较低的水平，不能反映劳动的价值。

（5）劳动力流动受到严格控制，企业不能辞退员工，人员实行"能进不能出"的政策。

中华人民共和国成立初期，这种劳动制度对社会主义建设和社会安定起了一定的作用。随着经济的发展，其弊端日益明显，劳动者的就业竞争意识和劳动积极性越来越低，相应的劳动就业效率也大大降低。改革开放后，传统劳动就业制度越发显出其与社会经济发展不适应，就到了非改不可的地步。

3）我国城镇劳动就业制度的改革

中国改革开放是从农村"家庭联产承包责任制"开始的，而国有企业改革一直是改革的焦点。国有企业改革是以"放权让利"为主线，国有企业的用人权也就理所当然地成为改革的重要内容，但是其改革在实质上进展缓慢。回顾劳动就业制度改革的历程，实际是遵循了四大策略，即多方就业、双向选择、合同用工和合理流动。

（1）多方就业

为适应国民经济的调整和妥善安置"文化大革命"造成的严重后果，20世纪70年代末80年代初，重点抓了城镇社会劳动力管理的改革，力图解决一度曾十分严重的城镇就业问题。在这个阶段，提出了在国家的统筹规划和指导下，实行劳动部门介绍就业、自愿组织起来就业和自谋职业相结合的"三结合"就业原则，并推出了劳动服务公司这一新型的社会劳动力管理组织。此外，中国市场经济改革的推进，使得各种所有制的企业快速发展，人们的就业渠道得到了拓宽，国家的"统包统配"单渠道安置就业的局面被逐渐打破，多种形式就业成为劳动就业管理中的指导思想和客观现实。

（2）双向选择

经过较长时间的改革酝酿，我国于1986年10月颁布了在全民所有制企业新招的工人中，实行"面向社会、公开招收、全面考核、择优录用"的管理办法。这一改革初步确立了劳动者与企业的双向选择关系，初步在劳动力要素的配置方式中引入了一定程度的竞争机制。实践证明，这一方针，对劳动力要素的有效配置起到了积极作用。

但是，由于各种条件的限制，特别是整个国家劳动人事管理制度的改革没有配套，这一方针没有也不可能从根本上动摇固定用工制度的根基。城市就业存量基本上不存在就业竞争，即使是就业增量部分的就业竞争，在很长一段时间也极不充分。

（3）合同用工

应该说，双向选择的核心内容是推行全员劳动合同制。企业与员工的权利和义务通过合同的方式予以界定，这种方式有助于打破传统国有企业的固定用工制度。由于中国国有企业的特殊性质，合同用工首先是在新员工中采用的，即采用"新人新办法、旧人旧办法"的改革策略。而在大量的私营企业、乡镇企业和合资企业中的员工基本上都是采用合同用工制度。

（4）合理流动

在国有企业新增职工中，在全面推行劳动合同制基础上，从1987年开始，大范围地推动固定工制度的改革，劳动就业制度的改革步伐，终于迈进了传统用工制度的核心——国家固定工制度中，先后提出了优化劳动组合、合同化管理、停薪留职、变"国家职工"为"企业职工"等多种思路和措施，使人员既保持多数稳定，又有一定数量的合理流动。为了促进劳动力的合理流动，兴办了大量的人才市场和劳动力市场。这些措施都使劳动者能够在市场经济推进过程中合理地寻优流动，提高了劳动力资源配置的效率。

4）我国城镇劳动就业制度改革的目标

中国经济市场化改革不可阻挡，市场经济的核心就是市场对资源的配置起基础性作用。在整个中国的市场化改革进程中，劳动就业制度的市场化改革是一个极为重要的组成部分，因为劳动力是生产力要素中最活跃的因素。

中国城镇劳动就业制度改革的目标是：大力加强劳动力市场建设，推动市场机制在劳动力资源开发利用和配置中的基础性作用，通过市场实现充分就业和劳动力的合理配置与流动；劳动管理的建立是以劳动契约为基本形式，通过劳动关系双方的自我调节和政府的适当干预，保持劳动关系的协调和相对稳定；政府部门的主要职能是运用法律手段、经济手段及必要的行政手段进行间接管理和宏观调控，做好指导和服务工作；通过劳动用工制度的改革，最终实现企业自主用工、劳动者自主择业和自主流动的"三自"劳动就业模式。

10.4.2　解决就业问题是我国一项长期战略任务

1）中国就业问题解决的概况

（1）就业总规模不断扩大

中华人民共和国成立时，全国城镇劳动力处在普遍失业状态。当时，城镇从业人员只有 1 533 万人，而城镇失业者达 474.2 万人，失业率高达 23.6%。为了迅速扭转这种局面，政府一方面组织发展经济，另一方面利用多种经济形式，采取政府帮助就业和自谋职业相结合的政策，解决城镇就业问题。到 1952 年城镇就业人员迅速增加到 2 486 万人，城镇失业人员减少到 376.6 万人，城镇失业率下降到 13.2%。随着第一个五年计划的实施，国家开始了大规模的经济建设，从而带动了就业规模迅速扩大。1957 年年末，全国从业人员达到 23 771 万人，比 1949 年增加了 5 689 万人，增长了 31.5%，城镇从业人员达到 3 205 万人，比 1949 年增加一倍以上，城镇失业率也进一步下降到 6% 以下。

从 1958 年起直到改革开放前，由于"左"的思想的影响，我国的经济工作出现了重大失误，全国从业人员特别是城镇就业人员增加缓慢。"文化大革命"期间"上山下乡"的知识青年集中返城，又形成了大量的失业人员，使城镇就业形势极度紧张。以 1978 年 12 月党的十一届三中全会为标志，我国进入了改革开放的新时期。经济建设取得了令世人瞩目的成就，解决劳动就业问题也取得了很大成就。但是，从 2017 年就业上升到 77 640 万人的高峰之后，就业总量便开始下降，2018 年年末全国就业人员共 77 586 万人，2019 年年末为 77 471 万人，比上年末减少 115 万人，其中城镇就业人员为 44 247 万人，比上年末增加 828 万人。[①]劳动就业仍然是我国经济发展、社会稳定中一个需要长期引起关注的问题。

---

① 国家统计局. 中国统计年鉴 2020［M］. 北京：中国统计出版社，2020.

（2）就业结构逐渐优化

中华人民共和国成立以来，特别是改革开放以来，就业结构紧随着中国经济结构在不断地优化。

①三大产业的就业结构优化。中华人民共和国成立初期，中国是一个农业大国，就业人口的绝大多数处于农村，城镇就业比例极低。1949年，全国城镇就业人员只有1 533万人，仅占全国从业人员的8.5%。随着中国工业化进程的推进，城镇就业人口迅速增加。2006年我国城镇就业人口占全国就业人口的比例已达到了37.1%。

中华人民共和国成立之前，中国以加工工业为代表的第二产业十分落后，第三产业在国民经济中的比例更是低得可怜。1952年全国从业人员的83.5%从事第一产业，第二产业从业人员仅占全部从业人员的7.4%。在中国工业化进程中，第二产业的比例迅速提高，相应的就业人员比重也不断提高。改革开放以后，就业结构优化速度加快，二、三产业就业人员比重继续提高，制造业、金融服务、科技服务、批发和零售业就业人数增加。2019年年末，全国就业人员中，第一产业就业人员占25.1%，第二产业就业人员占27.5%，第三产业就业人员占47.4%。2019年全国农民工总量29 077万人，比上年增加241万人，其中外出农民工17 425万人。[1]

1978—2019年全国三次产业就业人员结构变化如图10-2所示。

从图10-2中看出，伴随着经济结构和产业结构的不断调整，1978—2019年，三大产业就业结构发生了巨大的变化。一方面，第三产业是吸纳就业的蓄水池，服务业特别是新兴服务业吸纳就业的能力远强于传统制造业。另一方面，第三产业的增速明显快于第一和第二产业，带动劳动力不断向第三产业转移，促进了第三产业就业人员比重的明显上升。目前，我国三次产业就业人员的比重已从1978年年末的70.5∶17.3∶12.2转变为2019年年末的25.1∶27.5∶47.4。变化最快的是2010年以后，2019年第三产业就业人员占比9年前提高了12.8个百分点。[2]

一个趋势是，随着人们生活质量的提高，服务业就业人数不仅比重上升，而且结构也在优化。2010年以后，中国服务业发展迅速，已经成为拉动国民经济增长的主要动力和新引擎。2019年，服务业对经济增长的贡献率为59.4%，较2010年的39%增长20%以上。[3]

②就业的所有制结构优化。在就业的产业结构发生变化的同时，非公有制经济的就业比例迅速上升。以城镇为例，1952年城镇个体劳动者约占城镇全部从业人员的一半。此后，由于过分强调公有制，把个体私营经济作为"资本主义尾巴"而限制其发展，导致了个体私营经济的全面萎缩，到1978年全国40 152万从业人员中仅城镇有个体从业人员15万人，其余都在国有和集体单位就业，个体从业人员占全部从业人员的比例不到0.04%。改革开放以来，非公有制经济的快速发展是中国经济增长中的一道亮丽的风景线，个体和私营经济的就业人员也同步迅速增加。

① 中华人民共和国人力资源和社会保障部.2017年度人力资源和社会保障事业发展统计公报［EB/OL］.（2018-05-29）. http://www.dhlh.gov.cn/rsj/Web/_F0_0_28D04GIGEN3DVB9W9C5DMU1JJ6.htm.
② 国家统计局. 中国统计年鉴2018［M］. 北京：中国统计出版社，2018.
③ 国家统计局. 中国统计年鉴2020［M］. 北京：中国统计出版社，2020.

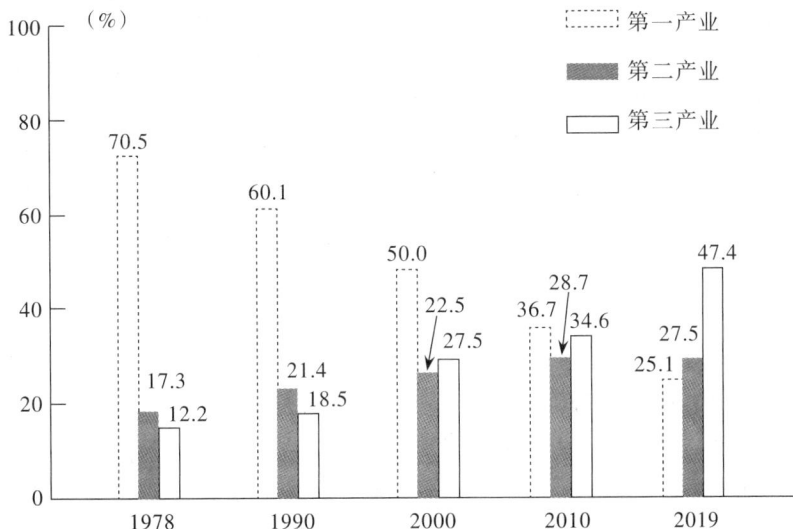

图 10-2　1978—2019 年中国就业结构变化

资料来源　根据 2011 年、2020 年中国统计年鉴整理.

2011 年年末，有限责任公司、股份有限公司以及外商投资企业等其他经济类型单位就业人员 6 536 万人，比 2002 年增加 4 359 万人，年均增加 484.3 万人；城镇私营企业和个体就业人员为 12 139 万人，比 2002 年增加了 7 871 万人，年均增加 874.6 万人。十六大以来，城镇非公有制经济共吸纳就业 12 230 万人，年均增加超过 1 300 万人。2019 年年末，全国私营企业和个体就业人数达到 40 524.4 万人[①]。非公有制经济的发展，不仅为我国经济的快速发展作出了重大贡献，也成为缓解城镇就业压力，吸纳农村富余劳动力的重要途径。[②]

个体和私营经济吸纳就业能力显著增强。近年来，国家围绕激发市场活力，进一步深化商事制度改革，"三证合一""一照一码"全面实施，新登记注册企业平均每天超过 1 万户。个体、私营经济的快速发展有力带动了非公有制经济就业人员的增加。2019 年年末，全国个体、私营经济就业人员达 40 524.4 万人，占全国就业总人数的 52.3%，分别比 2015 年年末的 28 077 万人、占 36.25% 增加 12 447.4 万人和 16.05%，年平均增加 3 111.85 万人，年平均增长 4%；在全部城镇就业人员中，个体、私营经济就业人员达 26 259 万人，占 53.4%，分别比 2015 年年末的 18 980 万人和占 25.7% 增加 7 279 万人和 27.7%，年平均增加 1 820 万人，年平均增长 7%。[③]

③就业人员知识结构优化。从业人员的知识层次也发生了巨大的变化，从解放初的以文盲为主的知识结构向知识程度较高变化。从业人员素质的提高是高水平就业的体现，它支撑中国经济的健康增长。

（3）就业选择逐渐市场化

①　国家统计局. 中国统计年鉴 2020 ［M］. 北京：中国统计出版社，2020.
②　佚名. 中国就业局势整体保持稳定 城镇失业得到有效控制 ［EB/OL］.（2012-08-17）. http：//www.china.com.cn/news/txt/2012-08/17/content_26268933_2.htm.
③　国家统计局. 中国统计年鉴 2020 ［M］. 北京：中国统计出版社，2020.

中华人民共和国成立之初，"政府帮助就业和劳动者自谋职业相结合"的多渠道就业方针，对迅速解决当时的就业问题发挥了非常重要的作用。但随着经济政策的改变，这一行之有效的就业方针也逐渐被"统包统分"的就业政策所取代。僵化的就业体制带来的是低效率的就业。1979年城镇登记失业人员达到568万人，城镇失业率达到5.4%。针对当时的就业形势，1980年8月，全国劳动工作会议提出了解决就业问题的根本途径，即在全国统筹规划和指导下，实行劳动部门介绍就业、自愿组织起来就业和自谋职业相结合的"三结合"就业方针。这一就业方针极大地推动了中国的就业改革。各地建立了各种形式的劳动力市场，劳动者越来越多地通过市场进行配置。企业特别是大量在改革中发展起来的非公有制企业，依靠劳动力市场寻找其企业生存和发展所需的劳动力资源。到2008年，全国已经拥有各级各类职业介绍机构近3.7万家，其中公共职业介绍机构2.44万家[①]，介绍的就业人超过2 000万。劳动就业选择的市场化是中国市场经济建设和发展的重要内容。

（4）重点人群就业常态化

高校毕业生、"下岗再就业"人员、"4050"人员、"零就业"家庭、退役军人等的就业，是就业工作的重点和难点。2012—2015年，各级各部门紧紧围绕"社会政策要托底"的政策思路，通过加强就业援助，强化对灵活就业、新就业形态的扶持，加大再就业支持力度，托底帮扶就业困难人员，搞好职业技能培训，完善就业服务体系，落实好援企稳岗、社保补贴、税费减免等政策和措施，有力帮扶了就业重点和难点人群的就业。据教育部数据，2012—2015年我国共有2 175万高校毕业生进入就业大军，初次就业率连续13年超过70%。据人社部统计，整个"十二五"期间，我国共解决失业人员再就业2 770万人，就业困难人员就业890万人，"零就业"家庭基本消除。[②]

2）解决就业问题是我国宏观经济管理中一个重要的长期战略性任务

劳动就业制度的改革，使我国在短期内较为有效地渡过了一个又一个就业高峰期。但是，由于中国的特殊国情，在很长一段时间内，就业问题都将引起人们的强烈关注。20世纪末中国庞大的下岗失业人员所带来的社会问题将在长时间内影响我们的决策。

作为一个发展中国家，中国经济曾是一个人口和劳动力长期、快速膨胀并严重过剩的经济。虽然从20世纪70年代末期开始实施的计划生育政策，但长期的累积，人口规模仍然过大。1949年全国人口为5.42亿人，而1995年就突破12亿人，提前5年超过预定的人口控制目标。

1978年开始实施改革开放政策，一方面劳动力供给依然超过了经济发展的承受能力，另一方面劳动力的"红利"又推进了经济改革和对外开放。多渠道就业的

① 国家统计局. 2010年第六次全国人口普查主要数据公报（第1号）[EB/OL]. (2011-04-28). http://www.stats.gov.cn/tjsj/tjgb/rkpcgb/qgrkpcgb/201104/t20110428_30327.html.
② 佚名. 十八大以来中国就业形势基本稳定 城乡就业结构改善 [EB/OL]. (2016-03-09). https://business.sohu.com/20160309/n439823936.shtml.

方针，缓慢释放长期积累的就业压力。全国城乡创造的新增就业机会累计达 2.2 亿个，比改革开放前 30 年多出大约 2 000 万个。这一成就的取得主要得益于农村家庭联产承包责任制的推行，城市经济发展实行小型化、分散化以及非公有制经济的迅猛发展和非效率型的就业政策。但现实就业状况离充分就业相距甚远，这不仅表现在农业剩余劳动力要求工作的压力随农村工业化、产业化进程的加快而增大，而且表现在企业效率改革所引起的大量冗员释放，以及经济结构调整带来的资本和劳动力重新组合向社会提出的、几乎是史无前例的就业结构调整需求，解决就业问题将是我国一个长期的战略性任务。

　　值得注意的是，近年来，人口红利渐渐消失，劳动力短缺的现象开始显露。2019 年年末，中国总人口 140 005 万人，其中 15～59 岁人口 98 910 万人，占 70.6%，比 2010 年的 74.5% 低了 3.9%。[①]同时，劳动人口老龄化现象严重，1985—2017 年，中国劳动力人口（包括学生）的平均年龄从 32.2 岁上升到 37.8 岁。[②]虽然国家实行了放开二胎的政策，但成效远不及预期。因此，劳动力紧缺的趋势估计还会持续下去。但从总量上看，基本态势依然是劳动力供给侧结构阻碍了经济发展对劳动就业的需求。

【推荐阅读材料】（一）

企业就业测量三大问题

　　我国企业就业测量存在三大突出问题：一是测量体系和管理体制。我国企业就业测量体系是分类分块的，包括劳动统计报表制度、私营个体工商注册登记和乡镇企业统计三部分，但是，三者之间的测量标准不一致，既不能通过简单相加形成完整的企业就业统计，也无法进行准确的横向比较。我国企业就业测量管理体制属于高度集中型政府统计体制，但在实际管理过程中存在着一定的松散性，这也是目前我国就业统计数据失真的原因之一。二是测量方法。目前，我国的就业调查方式主要包括全面调查和行政记录两种方式，较为单一；测量周期主要包括季度和年度，测量的灵活性与时效性不够；样本管理没有类似国外企业登记系统的样本框维护，不能及时跟踪企业的变化情况。三是测量指标。我国企业就业测量指标的设置较为繁杂，且与国际相比仍存在着缺漏与不足。

　　资料来源　曾湘泉，等. 面向市场的中国就业与失业测量研究：中国就业战略报告（2005—2006）［M］. 北京：中国人民大学出版社，2006.

【推荐阅读材料】（二）

我国对不同群体的就业政策有哪些？

　　1. 对城镇新增劳动力，主要为其提供职业介绍、就业训练等项服务，引导其通

---

① 国家统计局. 中国统计年鉴 2020［M］. 北京：中国统计出版社，2020.
② 中国人力资本与劳动经济研究中心. 中国人力资本报告 2019［EB/OL］.［2020-12-20］. https://www.chinairn.com/news/20191216/170638892.shtml.

过市场实现就业。

2.对下岗失业人员，主要采取在保障其基本生活的基础上，通过扩大就业渠道，提供政策扶持，开展就业服务和再就业培训以及社会援助等，指导和帮助他们实现再就业。

3.对农村剩余劳动力：一是在农业内部挖潜，在做好种植业的同时，发展林业、畜牧业、水产业，向深度开发；二是发展乡镇企业和农村第三产业，就地就近向非农产业转移；三是发展小城镇，吸纳农村剩余劳动力；四是引导一部分农村劳动力按需有序异地就业，以满足城市经济发展的需要。

4.对特殊就业群体，采取不同的促进就业措施。

（1）妇女就业：《中华人民共和国宪法》《中华人民共和国妇女权益保障法》《企业职工生育保险试行办法》等法律法规制定了专门条款，保障妇女劳动就业权利，促进妇女就业发展。与此同时，社会各界努力加强妇女的职业技能培训，开发和扩大适合妇女就业的领域和行业，实行更加灵活的就业形式，为不同就业需求的妇女提供就业机会。

（2）残疾人就业：实行集中与分散相结全、鼓励自谋职业的方针。福利企业是集中安置残疾人就业的重要形式，政府给予税收减免等优惠政策，鼓励发展福利企业，以吸纳更多的残疾人就业。

【推荐阅读材料】（三）

《中华人民共和国就业促进法》修改

（《中华人民共和国就业促进法》2007年8月30日第十届全国人民代表大会常务委员会第二十九次会议通过，自2008年1月1日起施行；根据2015年4月24日第十二届全国人民代表大会常务委员会第十四次会议《中国人民代表大会常务委员会关于修改〈中华人民共和国电力法〉等六部法律的决定》修订，由中华人民共和国主席令第24号发布，自公布之日起施行）

修订如下：

将第四十条第二款修改为："设立职业中介机构应当在工商行政管理部门办理登记后，向劳动行政部门申请行政许可。"

【本章小结】

劳动就业一般是指具有劳动能力的人所从事的某种社会经济活动。这种社会经济活动是社会承认的合法活动，人们依靠这种活动获得赖以为生的收入。虽然世界上几乎各国政府都把充分就业作为自己追求的几大长期经济目标之一，但在不同社会制度下，劳动就业的性质是不同的。劳动就业的实质是劳动者为取得生活资料而与生产资料结合。从劳动就业问题提出开始，西方经济学家就不断地探讨劳动就业理论，所有这些理论都有自己的时代背景，对解决就业问题都曾经起到过积极作用。我们应该结合中国的国情，借鉴西方的理论与实践，研究适合中国的就业理论，指导我国劳动用工制度的改革实践，为社会稳定和改革开放奠定基础。

【关键概念】

劳动就业　充分就业　就业弹性　就业制度

【课堂讨论题】

1.试述我国就业制度的内容及其改革。

2.我国的就业形势及其解决路径。

【复习思考问题】

1.影响就业的因素有哪些？

2.比较不同社会制度下劳动就业的性质。

3.试比较不同就业理论的共性与特性。

【自测题】

1.简述就业的定义。

2.简述传统就业理论的内容。

3.评价凯恩斯就业理论。

4.简述货币学派与供给学派就业理论的内容。

第11章 /失业

───── 学习目标 ─────

　　学习失业理论，了解失业的类型及原因，认识失业与通货膨胀的关系，掌握降低失业率的政策。

11.1　失业的界定与类型

11.1.1　失业的界定

1）失业的概念

（1）失业的定义

失业与就业相对应，从传统的、最简单的经济分析观点来看，失业是劳动者与生产资料相分离的一种状态，它意味着劳动者失去了运用生产资料进行活动的机会，从而也失去获得相应的劳动报酬甚至生存的机会。

劳动经济学认为，所谓失业是指劳动力供给与劳动力需求在总量或结构上的失衡所形成具有劳动能力且有就业要求的劳动者处于没有就业岗位的状态。在进行劳动经济统计时，对失业者作出若干具体的规定，如劳动年龄的规定、就业要求的规定等。通常，在劳动年龄之内，有就业要求且在职业介绍部门或就业服务机构登记求职的人，均为失业者。

按照国际劳工组织的定义，失业是指有劳动能力且愿意就业的劳动者找不到工作的一种社会现象，其实质是劳动者不能与生产资料结合进行社会财富的创造，是一种经济资源的浪费。根据这个定义，凡在特定的年龄以上，在规定的时间里属于下列情况的被称为失业：①无工作，即不在有报酬的职业或自营职业中；②本人当前可以工作，即具有劳动能力；③正在寻找工作，即正在采取各种方式寻找工作。

世界各国由于国情不同，对失业的界定存在一定的差异。但是，现代市场经济国家对失业的规定一般都包含下列内容：在统计时点上被确定为有工作能力但没有工作，且在此以前4周内曾做过专门努力寻找工作。此外，以下两部分人也包括在失业定义范围之内：①"暂时被解雇正等待恢复工作的人"；②"等待时间达30天可以到新的工作岗位上报到的人"。①也就是说，对失业者身份的认定，要"有劳动能力""有就业要求""目前没有工作"3个条件同时具备。②

（2）失业定义的依据

①劳动力应该面向市场，如果他们没有从事市场工作（例如只是从事家务劳动等非市场性工作），且没有在市场上寻找工作，就不能算作就业，也不能算作失业。换句话说，只有面向市场的经济活动人口，才能计算为就业人口或失业人口，否则为非劳动力。

②失业问题的要点是评估经济的状态而不是衡量个人的经济困难。失业率有一定的局限性或缺陷。具体来说，尽管它确实反映了某个时点迫切需要工作又未就业人数的比重，但由于多种原因，它未必能准确地反映出一个群体的成员蒙受的经济困难：第一，不积极寻找工作者，包括那些寻找失败后放弃寻找者，不计算在内；第二，失业统计没有告诉人们就业者的收入水平以及这些收入是否达到"脱贫"的水平；第三，很多失业者，如青少年失业者、家庭有其他收入者，他们的收入常常不是家庭生计的主要来源；第四，许多失业者得到失业补偿计划的援助；第五，许多失业者登记寻找工作后，又在自谋职业中重新拥有固定职业、具有稳定生活来源，但他们并没有到职业介绍所撤销求职申请；第六，失业资料提供失业人口的信息，但没有提供就业人口的信息。尽管存在着上述缺陷，但上述定义仍不失为显示劳动力市场状况的有用信号。

2）我国对失业的界定

在过去的很长一段时间里，我们都把失业看成是资本主义国家的"伴侣"。苏联在20世纪30年代末就公开宣布消灭了失业，我国也于1958年宣布已经彻底消灭了失业人口。在社会主义国家"无失业论"的固定思维模式下，为消除失业，我国农村实行适龄劳动力自然就业；在城镇20世纪60年代发起了知识青年"上山下乡"运动；20世纪七八十年代，以城镇"待业"表示劳动者有劳动能力且愿意就业而未能就业的现象；20世纪90年代以后又以"下岗职工"（最初提法"下岗待业职工"）来说明劳动者离岗情况等。这样，在我国出现了两个与失业相关的概念。

（1）待业

有人曾经认为，社会主义国家没有失业，只有"待业"。对待业的标准，1982年中国人口普查时有关部门作出了如下规定：在劳动年龄之内，有劳动能力的人要求就业而没有任何职业的人为待业。城镇待业人员主要包括城镇待业青年和社会闲散劳动力这两部分。前者是16～25岁的未能升学的初、高中毕业生，即新进入劳动力市场的人口，也叫新成长劳动力；后者是男26～50岁、女26～45岁的其他城镇待业者，其中包括不少因非经济原因离开劳动力市场，现在又重新回到劳动力市场寻找工作的人口。

待业的本质就是失业，待业概念与国际惯例不符，正如"待业人员"又被称为

---

① 霍夫曼. 劳动力市场经济学［M］. 崔伟，等译. 上海：上海三联书店，1989：359.
② 特别提醒，在判定失业的时候，西方国家主流观点没有年龄上限的规定。

"待分配人员"，其国家就业制度背景暴露无余。它更包含了众多消极被动的因素：对待业者而言，只要"等待"，就一定能就业，忽视和挫伤了劳动者作为自我劳动能力所有者的主体地位和积极性，助长了待业者的就业依赖性；对国家而言，只要有人待业，无论经济状况如何都要安排就业，从而让国家背上了沉重的包袱。

（2）下岗

"下岗"是中国特定时期对失业的又一个提法。对"下岗"概念的界定主要有两种观点：

一是下岗职工是指由于企业的生产和经营状况等原因，已经离开本人的生产和工作岗位，并已不在本单位从事其他工作，但仍与用人单位保留劳动关系的人员。根据这一界定，"下岗职工"具有两层基本含义：①下岗的原因不是个人而是单位，因员工个人原因离开企业不算在下岗范畴内；②他们仍与原单位保留着劳动关系，被解除劳动关系的人不属于下岗职工。

二是按"三无"标准来重新界定下岗职工，即由于企业的生产和经营状况等原因，在原企业中没有工作岗位3个月以上，也没有得到安置再就业，但仍没有与原企业解除劳动关系的职工。

上述两种观点表明，下岗职工实际是国外所称的失业人员，只是还保留与原单位的劳动关系而已。"下岗"一词是在我国转轨时期，人们思想意识急剧转变但又受到传统理论严重束缚下的产物，与国际惯例不符。

3）中国失业的概念

1993年10月，国家正式承认失业的概念。1994年年末，国家劳动部会同国家统计局对失业和就业作了重新定义。在新的定义中，失业人员是指在规定的劳动年龄内，具有劳动能力、在调查期内无业并以某种方式寻找工作的人员。其具体包括5层含义：

①"规定的劳动年龄"，其下限即为《劳动法》所规定的16周岁，其上限为国家规定确定的退休年龄。

②劳动年龄内的人员是否具有"劳动能力"，在有争议的情况下，以国家指定的劳动（能力）鉴定机构的鉴定为准。

③"调查期"是指每季末最后一日（含）之前的两个完整周。

④"无业"是指没有从事任何社会经济活动，也没有获得工资收入或其他劳动报酬、经营收入。

⑤"以某种方式寻找工作"指的是有求职愿望，并且采取刊登求职广告、在职业介绍机构登记、到劳动力市场求聘、托亲友介绍、为自谋职业做准备等各种方式求职。

但是，在实践中，中国的失业，主要指的是城镇失业，使用的统计指标是城镇登记失业率，不能真实反映我国城镇失业情况。而"下岗"又是一个模糊不清的概念，对制定宏观经济目标和政策意义不大。

在这种背景下，1998年劳动部和国家统计局重新确认失业的定义，并沿用至今。不同的是，更简明地将失业人员具体化为 5 类人：

①16 岁以上各类学校毕业或肄业的学生中，初次寻找工作但尚未找到工作者。

②企业宣告破产后尚未找到工作的人员。

③被企业终止、解除劳动合同或辞退后，尚未找到工作的人员。

④辞去原单位工作后尚未找到工作的人员。

⑤符合失业人员定义的其他人员。

根据上述规定，下列人员不包括在失业人员中：①正在就读的学生和转学人员；②调查期内在各种经济类型单位中从事临时性工作并获得劳动报酬的人员；③已达到国家规定退休年龄而无业的人员；④未达到退休年龄但已办理退休（含离休）、退职手续而无业的人员；⑤个体劳动者及帮工；⑥家务劳动者；⑦尚有劳动能力但需要特殊安排的残疾人；⑧自愿失业人员及其他不符合失业人员定义的人员。

4）中国和外国失业统计的差异

分析中国和外国对失业的界定发现，中外在失业统计指标上存在较大的差异。主要表现为统计口径、失业数据来源、失业年龄界限、从业时间等方面的差异。

（1）统计口径

国外的失业人数包括城镇和农村的全部失业人数，而我国的失业统计口径只限于城镇居民，不包括农村的失业人数。

（2）失业数据来源

国外失业数据的主要来源是通过对住户的抽样调查获得的，而我国失业数据主要是通过在地方政府劳动管理部门登记的失业人数汇总而来的。

（3）失业年龄界限

国外对失业者只规定年龄下限（如 16 岁），并无年龄上限界定，退休以后继续寻找工作者仍算失业者。我国对失业者的年龄不仅有下限规定（16 岁），而且也规定了年龄上限。

（4）从业时间

根据国外惯例，一些国家通常对劳动者在一定时期内的工作时间作出了规定，凡劳动者在一定时期内劳动时间累加不满足规定标准的人，被视为失业者，列入失业统计范围。例如，美国规定在调查周内从事有报酬工作 1 小时、或者从事无报酬工作 15 小时以上，法国规定每周工作 20 小时，低于这些时间标准属于失业，高于这些标准属于就业。在我国的劳动统计中，缺乏以劳动时间来界定失业的明确标准，失业者多是长期没有工作的人。

11.1.2　失业的类型

20 世纪以来，经济学家对失业的类型及其成因进行了长时期的、广泛而深入的讨论和分析。迄今为止，摩擦性失业、技术性失业、结构性失业、季节性失业、周期性失业和隐性失业等几种失业类型及其成因被大多数的经济学家所接受。

1）摩擦性失业

（1）摩擦性失业的界定

劳动者从进入劳动力市场寻找工作到获得就业岗位之间所产生的时间滞差，以及劳动者在就业岗位之间的变换所形成的失业被称为摩擦性失业。它反映了劳动力市场经常的动态性变化，表明劳动力经常处在流动过程之中。通过这种失业形式，劳动者从对个人和社会收益较少的工作、就业岗位变换到对个人和社会收益较大的工作、就业岗位上。

（2）摩擦性失业的原因

①劳动力市场的动态属性。即使劳动力规模不变，每个时期都会有人进入劳动力市场寻求就业，而另一些就业者或失业者退出劳动力市场，也有人辞职寻找其他工作。

②信息不完善。企业之间需求的随机波动引起一些企业解雇工人，而同时另一些企业增雇工人。由于不可能迅速获悉或评价有关求职者特征和职位空缺性质的信息，导致求职者寻求工作需要一定的时间。

③失业者和拥有职位空缺的雇主之间相互寻找的时间，以及洽谈所需要的时间。

因此，经济学家们认为，摩擦性失业是一种正常性失业，是竞争性劳动力市场的一个自然特征，它的存在与充分就业不矛盾。摩擦性失业的水平取决于出入劳动力市场的流量和失业者找到工作的速度。这个速度是由现行经济制度决定的，制度变化会影响摩擦性失业水平。经济学家还认为，失业者找到工作的速度与信息发达程度、信息传递方式及劳动力市场制度有关，也与求职者对新职业的适应程度有关。因此，疏通信息渠道，改革现行经济制度，加强失业培训可以减少摩擦性失业。

2）技术性失业

（1）技术性失业及其原因

在生产过程中由引进先进技术替代人力，以及改善生产方法和改善经营管理而造成的失业为技术性失业。这类失业产生的原因有：

①主要是由于引进节省劳动力的机器而产生的失业。

②使用新的生产方法而产生的失业。

③改变生产过程而产生的失业。

④使用新材料而产生的失业。

⑤改善经营管理方式而产生的失业。

（2）技术性失业理论

部分经济学家提出自动理论，即从短期和长期两个角度观察，技术进步对就业的影响有着显著的差异。从长期来看，在经济内部，劳动力总需求并不因为使用技术而受影响，也许对一些特殊等级和类型的工人需求会造成长期不利影响，这部分一般来讲是有限的；从短期来看，由于引进节省劳动力的机器或技术，工人被解雇。技术排挤出的工人会迅速在原部门或在其他地方重新就业，能使技术性失业自动降低到最低程度。

假设某种产品需求弹性很大，引进新技术降低了成本和价格，导致产品需求增加，产量增加，必然导致被解雇的工人因购置机器被重新雇用。反之，假设一个产品需求无弹性，价格下降，并不引起需求量的扩大，被解雇的工人很少有重新回到原岗位工作的机会。但是，引进节省劳动力的机器的工业产品价格下降，如果消费函数不变，那么消费者多余的购买力将花在其他产品上。因而，被解雇的工人逐渐被那些增加产品需求的部门所吸引，最终技术性失业者被自动消化。持这种观点的人认为，由于技术进步造成的失业是短暂的、不严重的，而且会自行消失，无须政府干预。

但是，有证据表明技术性失业对一些家庭构成严重的问题：第一，技术性失业的平均失业长度是年龄、技术的函数；第二，这些失业者再就业时，不得不接受较低的工资，因而生活水平显著下降；第三，他们再就业时，一般不满意新的工作，特别是老年技术工人，因为他们被解雇后重新就业时，比青年工人和技术水平低的工人，在地位和收入方面，会遭受到更大的损失。

（3）技术性失业的特点

①产品的需求弹性越大，对失业的影响越小。

②工资的弹性越大，对失业的影响越小。

③以新方法生产现有产品与生产新产品的技术比较，前者对失业的影响程度大。

④技术进步对非熟练工和半熟练工的影响大。

⑤技术进步所替代的工人的平均年龄越高，对失业的影响越大。

解决技术性失业最有效的办法是推行积极的劳动力市场政策，强化职业培训，普遍地实行职业技能开发。

3）结构性失业

（1）结构性失业的界定

由于经济结构如产业结构、产品结构、地区结构等变动，造成劳动力供求结构上的失衡所导致的失业称为结构性失业。科学技术的发展、收入水平的提高和消费偏好的变化，对劳动力需求结构产生全面系统的影响。如果劳动力供给结构不能适应需求的变化，且劳动力不能完全替代，就会造成失业与职业空缺并存的局面。结构性失业在正常失业中占有很大比例。

在市场货币工资率给定的情况下，失业工人没有具备重新就业所需要的知识和技能，工人之间不能相互替代，就会很难解决结构性失业难题。产业需求与劳动力需求结构性的调整，在国民经济各产业部门重新配置劳动力所需要的时间越长，总需求构成的变化造成的劳动力在产业间的转移所需要的人力资本投资越多，结构性失业的持续时间就越相应地延长。

（2）结构性失业的原因

结构性失业与技术性失业有一部分是重叠的。技术性失业程度与产品需求的价格弹性、劳动力需求的工资弹性有较大关系。例如，引进新技术可降低单位产品的生产成本，从而可使价格降低，若此类商品的需求弹性较大，产品需求会因价格下降而增加，被新技术替代的工人会因生产规模扩大而重新就业。但是，当此类商品需求弹性较小或无弹性时，即使商品价格下降，需求也不增加，消费函数不变，消费者的多余购买力会用于其他方面，产品需求结构发生变化，导致技术性失业转换为结构性失业。此外，技术进步造成某些行业的衰落，并且这种衰落是永久性的，即使工资下降也无法维持就业时，技术性失业就等同于结构性失业。例如，汽车的出现、普及以及汽车出租行业的迅速发展，造成以人力、畜力为动力的运输行业的持久性衰落，人力车夫、马车夫等职业的工资率降低也无法维持就业。

（3）缓解结构性失业的对策

最有效的对策是推行积极的劳动力市场政策，包括超前的职业指导和职业预测、广泛的职业技术培训，以及低费用的人力资本投资计划等。

4）季节性失业

因季节变动所导致的劳动者就业岗位的丧失，称为季节性失业。

（1）季节性失业的原因

①行业和部门对劳动力的需求随着季节的变化而波动，如农业、旅游业、建筑业、航运业等。

②行业随季节不同会产生购买的高峰和低谷，如服装业、制鞋业、汽车业等。在发达国家，由于失业保险制度的覆盖面大，雇主在淡季会解雇工人而不是减少工作时间或降低工资率，而工人虽然知道一年中会有一段时间的失业，但有失业津贴，加之预计淡季结束会被重新雇用，他们将解雇视为带薪假期。但由于失业津贴通常比较低，对高工资工人来说可能相对更少，多数工人会不满于这种局面。所以，企业为吸引工人，必须支付高工资以补偿工人预期的失业。事实也确实如此。其他条件相同时，工人预期年失业期越长，工资越高。

（2）季节性失业的特点

季节性失业与摩擦性失业相似，在劳动力生产处在劳动力供求均衡状态时，也会存在这种类型的失业。它是一种正常性的失业。季节性失业有以下特点：

①地理区域性。具有鲜明季节变化的地区与季节变化不显著的地区，这种类型的失业有较大的差异。

②行业性。一些行业是明显的"季节性行业"，这种行业受季节影响导致就业波动大。

③规律性。这种类型的失业有明显的高峰和低谷之间的差异，但并不是均匀地分布在全年。

④失业持续期的有限性。完全由于季节变换而失业的劳动者，一般情况下不仅知道何时失业，而且知道失业期限有多长。

季节性失业虽然是一种正常的失业，但它也给社会带来两个不良影响：一是季节工人的就业时间短，收入受到影响；二是工人的季节性失业不利于劳动力资源的有效利用。

为减少季节性失业，政府应加强对季节性失业的预期工作，以便季节性工人尽早作出就业淡季的安排。此外，应制订一个合理补助计划，一方面减少季节性失业工人的生活困难，另一方面应刺激其重新寻找工作。

5）周期性失业

周期性失业是指由于经济的繁荣与萧条的周期循环所引起的劳动力市场供求失衡造成的失业。由于不能科学预测经济周期，周期性失业持续期影响深度与广度等具有不确定性，所以是一种严重而又难以应对的失业类型。

当经济处于景气或繁荣期时，总需求旺盛，生产迅速扩展，对劳动力的需求自然也迅速增加，大量的失业者被吸收，失业率降至最低；当经济处于衰退或萧条期时，总需求严重不足，生产停滞，大量企业停产，甚至破产，劳动力需求极度萎缩，失业率上升至最高。

尽管经济学家对经济周期或经济波动的原因解释不同，但对在经济衰退期，失业所带来的危害及其严重性却是有目共睹的。因此，有效预防或延迟经济的衰退，以及在经济衰退期如何刺激总需求，并实现充分就业，是宏观经济学家的基本研究课题。

6）隐形失业

（1）隐性失业的界定

从失业的表现形式上，把失业分为"隐性失业"与"显性失业"。所谓隐性失业，是指被雇佣者从事不能充分发挥其能力的工作，或者是从事劳动生产率低于其从事其他工作时所能达到的劳动生产率的工作。

（2）隐性失业的特征

①劳动者与生产资料表面上没有分离，没有如显性失业者那样，处在无工作状态，但实质上是生产的富余人员。

②这些富余劳动力表面上有工作，不是处于"寻找工作"的状态，但实际上，他们始终存在一种供给愿望，因而也是劳动力市场上一种潜在的竞争力。

隐性失业需要从对就业人口总体状态所进行的考察中确定它的存在，测量它的程度，不能从个别劳动者的状态中考察。因此，我们不能在个体就业人口中确定哪位是"隐性失业者"，只能推算出在全部就业人口中隐性失业的成分有多大。

11.2　失业的衡量及社会承受力

11.2.1　失业的衡量

1）对显性失业的衡量

失业率和失业持续期是衡量失业的主要指标。

（1）失业率

①失业率的测度。失业率是最常用的测度标准，是失业人数与社会劳动力总人数之和。用公式表示，即：

$$失业率 = \frac{失业人数}{就业人数 + 失业人数} \times 100\%$$

失业率既可以从社会总失业率进行统计，也可以按性别、年龄、所受教育程度等分组资料计算。前者反映社会的失业程度；后者计算出的失业率可以反映某一特定群体的失业程度，并据以有针对性地制定相应的就业对策。

②失业率的意义。第一，失业率是国民经济周期变动的显示器，失业率的降低，预示国民经济向好的方向发展，而失业率的持续升高，意味着国民经济的衰退期即将来临。第二，失业率是国民经济运行效率的衡量指标，奥肯法则表明失业率与国民生产总值呈反方向变化。第三，失业率与国民的物质和文化生活质量联系密切，失业率低，国民的物质和文化生活水平就相对较高，反之，人们的物质和文化生活水平就会下降。

③失业率的局限。第一，可能因为一些自愿失业者、失业兼职者被统计为失业人数而高估失业程度。第二，可能因为一些沮丧的失业者（经过长期而艰辛的寻职努力而失败，退出劳动力市场的人）、大部分劳动力利用不充分者未能统计到失业人数中而低估失业率。第三，失业率没能说明失业者的收入分配情况，包括他们是否超过（或低于）了贫困线。第四，不能反映就业者的情况等。

（2）失业持续期

①失业持续期及其计算。失业持续期是指失业者处在失业状态的持续时间，一般以周（星期）为时间单位，通常计算平均失业持续期。

其计算公式为：

$$平均失业持续期 = \frac{\sum 失业者 \times 周数}{失业人数}$$

②失业持续期指标的含义。失业持续期指标反映的情况是：第一，反映失业的程度和解决失业问题的难度，失业持续期短，说明失业问题较轻，是一种正常失业，解决失业问题的难度较小；反之，说明失业问题严重，是一种非正常失业，解决难度大。第二，反映劳动力流动情况，在失业率既定的情况下，失业持续期越短，说明劳动力流动的速度越快；失业持续期越长，说明劳动力流动的速度越慢。第三，反映人口、经济运行的惯性等。

③失业持续期影响因素。失业持续期主要取决于：第一，劳动力市场组织、职业介绍所的数量；第二，构成劳动力的人员分布情况；第三，失业者寻找工作的要求和能力。第四，职业的种类和提供就业的机会。

④年失业率。利用平均失业持续期指标可以计算年失业率，其公式为：

$$年失业率 = \frac{该年度有失业经历的人占}{社会劳动力总额的比例} \times \frac{平均失业持续期（周）}{52周}$$

年失业率取决于失业人数占社会劳动力的比例和平均失业持续期。深入细分两者，其政策含义不言而喻。例如，同为3%的年失业率，既可以是所有的社会劳动力有3%的时间处在失业状态，也可以是有3%的社会劳动力在一年中完全处在失业状态而成为长期失业者。在前一种情况下，失业的负担平均分摊在每一个人的头上。后一种情况则是有限的一部分人经受着社会全部失业的痛苦。显然，后者带来的问题要比前者严重得多。长期失业者群体的存在，不仅使失业者本人承担失业的损失和痛苦，而且对社会稳定存在的危害比前者大得多。正是由于这一点，有许多经济学家对失业现象进行了深入细致的研究。他们发现，目前的失业状况持续期较短，发生率较高。他们认为，由于早期的失业理论忽视了这一现象，仅仅强调失业是少部分人的问题，过分夸大了失业的严重性。

失业率与就业率的变动都与劳动力参与率相关。劳动力参与率是现实劳动力数量与总人口之比。劳动力参与率提高可能导致失业人口和就业人口同时上升。因此，有时失业率的上升并不意味着就业人口的下降。

2）对隐性失业的衡量

（1）直接法

①劳动生产率法。通过测定劳动的边际生产率或边际劳动生产率来直接测定隐性失业量或过剩劳动量。

②工作率法。通过比较劳动供给主体所希望的就业时间和实际的就业时间来测定剩余劳动力。采用这种方法要直接了解劳动者本人的意见。

（2）间接法

①最佳劳动投入法。这种方法首先在理论上设定投入在一定生产资料上必要的最佳劳动者人数（或时间），然后，通过与实际就业人员（或时间）比较来推算过剩劳动力，使用这种测定的难处就是测定最佳劳动人员（或时间）的数额。

②最佳人口法。这是一种比较人口密度的方法。采用这种方法首先要运用人口学等学科的理论，拟定出理论上的最佳人口密度，将他与实际的人口密度进行比较，推算出过剩人口，然后比较在生产资料一定的条件下能够保证标准收入的最少人口和实际人口。

③理论收入法。这种方法是先拟定收入标准，然后比较在生产资料一定的条件下能够保证标准收入的最少人口和实际人口。

11.2.2 失业的社会承受力

1）失业的影响

像其他事物一样，失业对社会的影响可以从积极和消极两个方面来进行分析。

（1）失业的积极影响

①失业对社会的积极影响

社会必须具有一定量的失业。因为，第一，失业可以为经济周期发展提供劳动力需求的"蓄水池"。当经济处于收缩阶段时，将会排斥劳动力，出现失业问题；

而经济处于扩张阶段时，可为经济发展提供急需的劳动力。第二，失业的强迫机制，会使劳动者不断提高自身素质，从而提高社会就业质量。第三，有利于提高工作效率，因为高效率的工作并不能保证所有的劳动者全部就业，特别是现代科技在发展过程中出现科技对劳动的替代，提高生产率是一个必然的趋势。如果保证每一个劳动者都就业，则就业的效率就会很低，而失业的威胁必然使劳动者为获得或保持就业岗位而努力工作。第四，失业是劳动力资源优化配置所必须付出的代价。

②失业对劳动者个人的积极影响

一定的失业时间是人尽其才所必要的，按照职业匹配理论，劳动者只有通过大量搜寻，才能找到与自己气质、性格、能力、知识、爱好等相适应的职业，因搜寻而导致的一段时间内的失业，对劳动者个人而言是利大于弊的。此外，现代科学技术的发展是日新月异的，劳动者为适应经济技术的发展变化而不断提高自身的素质已经成为必须，而这在某种程度上将以一定时间的失业为代价。

（2）失业的消极影响

①经济总量的损失。根据奥肯定律，失业是一种资源低效率配置，造成经济总量的损失。失业既可以被视为劳动力资源的浪费，又可以被视为社会产出的损失。它意味着生产达不到充分就业时的水平，不符合充分利用一切资源发展经济的原则，降低整个国家为公众提供福利的能力。也就是说，失业是社会人力资本的损失，直接堵塞了人力资本创造新价值的道路。

②扩大收入分配的差距，加剧两极分化。高失业率会造成失业与贫困的恶性循环，因为就业能力低的人收入低又容易失业。

③失业直接影响劳动者精神需要的满足程度。失业及丧失劳动收入，使失业者承受着巨大的压力。这种压力不仅来自家庭，亦来自社会。就业并通过劳动谋生是人最重要的社会经济特征，这个特征的丧失会极大地挫伤劳动者的自尊心和自信心，直接影响劳动者的生活方式和社会交往方式，阻碍劳动者精神需要的满足。根据强化刺激的分析，对人造成最大压力的三个层次依次是：第一层是死亡的威胁；第二层是入狱的威胁；第三层是失业。失业对人的心理压力是仅次于死亡和被捕的第三层威胁。许多失业者形成了复杂或变异的心态，如不满、自卑、失落、悲观厌世、慌乱、埋怨等心态。

④失业将在一定程度上影响社会治安，甚至危及社会稳定。正因为如此，社会各界都将降低失业率作为一个极为重要的社会政策目标加以研究。什么样的失业率是社会可接受的失业水平成为人们普遍关注的重点，而这取决于失业的社会承受力。

2）失业的社会承受力

失业的社会承受力主要取决于三个因素：第一，失业社会保障制度的完善程度。如果失业者的社会保障制度比较完善，失业的社会承受力就比较大，反之，就比较小。第二，家庭负担系数的大小。家庭负担系数是指每一个就业者所负担的人口数。家庭负担系数越大，社会对失业的承受力就越小。第三，消费物价上涨率。如果生活费上涨较快，上涨幅度较大，失业的社会承受力就较小，反之则较大。

当然，影响社会失业承受力的因素还有很多，如失业者失业时间的长短、医疗与其他社会保障制度的完善程度，以及失业者个人积蓄或家庭积蓄的多少等。

当社会的失业率超过其社会承受力的时候，社会经济就存在严重的矛盾。这种矛盾发展到极端就是对政权的威胁，社会经济就不可能发展。因此，政府必须高度重视就业在政府宏观经济管理中的中心地位。

11.3　失业与通货膨胀

最早研究失业与通货膨胀关系的是英国经济学家菲利普斯，他通过对英国1861—1957年失业率和货币工资变动率的关系研究，指出宏观经济政策能够有效地减少失业。20世纪60年代的美国经济证明宏观经济政策确实有效地遏制了通货膨胀、降低了失业率，并促进了经济增长。但到了20世纪70年代，失业和通货膨胀显著上升，宏观经济政策又变得无能为力了。于是，一些经济学家认为，宏观经济政策不可能永久地改善失业状况，降低失业率必然要以产生通货膨胀风险为代价。

11.3.1　工资膨胀率

工资膨胀是指经济的总工资的膨胀，其膨胀率是整个经济中小时工资综合测量值的年增长百分率。即使每项工作的工资不变，平均小时工资也会发生变化。这有4种情况：①就业者从低工资行业（如零售商业）流出，进入雇用较多低工资劳动者的行业（如建筑业），平均小时工资就会增加；②企业从雇用较多低工资的非熟练工人，改用雇用较多的高工资熟练工人，平均小时工资也会增加；③劳动力年龄结构分布发生变化，工资较低的新成长劳动力增加，平均小时工资就会下降，反之，工资较高的成年工人增加，平均小时工资就会上升；④其他条件不变，但工人的加班时间延长，加班费也引起平均小时工资的增加。

如果把上述因素加进整个经济的平均小时工资，就可以看出其有膨胀的趋势。由于每个产业、职业的平均小时工资在整个经济的总工资中所占份额的比例不同，将它们加权平均，得出各群体工人的工资额，然后再除以工作时间，即得出平均小时工资。

从宏观角度看，工资的增长首先受市场劳动力供求关系的制约。劳动力供过于求时工资膨胀率下降，反之，劳动力供不应求时，工资膨胀率则上升；其次，工资膨胀率受雇主所追求的利润水平制约，即雇主雇用某一类劳动力时，直到雇用的最后一名工人对总产出所带来的增值额等于其边际生产率，才能保证其获得最大利润。此后，他不会再增加工资。不仅如此，他还会利用各种替代效应减少工人的雇用数量，以遏制工资上升。

在现实生活中，工资必须经常调整。首先，根据经济发展的情况，随着劳动生产率的提高而提高。但是，工资的增长率不得超过劳动生产率的增长速度。其次，工资指数化，即按生活费指数调整工资，以保证实际工资不下降，保证劳动力的再生产。但是，这种机制，带来了成本驱动型的物价上涨，工资和物价互相促进，轮番上升，形成恶性循环，造成工资与物价同时膨胀。

11.3.2 菲利普斯曲线

菲利普斯曲线是表示失业率与货币工资变动率之间此消彼长、相互替换的曲线。源自英国经济学家菲利普斯论文的两个重要结论：一是失业率与货币工资变动率彼此是逆相关的。当失业率较高时，相应的货币工资变动率较低甚至为零，而当失业率较低时，货币工资变动率往往较大。二是上述关系在相当长的时间内是稳定的。据此，菲利普斯把他的研究结果用曲线的形式描绘出来，如图11-1所示。

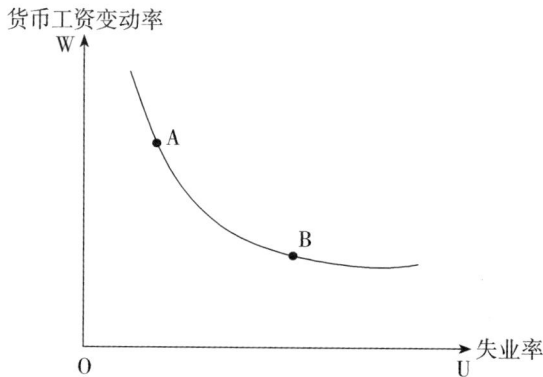

图11-1 菲利普斯曲线

如图11-1所示，横轴为失业率，纵轴为货币工资变动率。曲线斜率为负，反映了失业率与货币工资变动率的负相关关系。曲线向原点凸出，上部较陡，下部平坦，例如在B点，失业率下降1个百分点只伴随着货币工资的较少增加。

尽管菲利普斯本人使用货币工资变动率来表达这条曲线，但经济学家大多使用通货膨胀率，因为通货膨胀率对经济政策更为重要。用不同变量分析，结果是有差异的，因为生产率的增长率不同，两种通货膨胀率也将不同。例如货币工资变动率等于3%，生产率的增长率也是3%，那么通货膨胀率等于零；如果生产率只增长了1%，货币工资变动率等于3%，那么通货膨胀率就将是2%。无论使用什么通货膨胀率指标，失业与通货膨胀之间都存在同样的负相关，只有曲线的位置而不是斜率受到影响。

菲利普斯的这个理论符合20世纪五六十年代西方国家的实际情况，并为运用货币或财政政策提供了依据。但进入20世纪70年代以后，却出现了另一番情况，失业与通货膨胀之间不存在交替关系了。

11.3.3 短期菲利普斯曲线与长期菲利普斯曲线

到了20世纪70年代，失业率与工资、价格之间的交替关系，在短期内存在，但从长期来看，两者的关系是一致的。于是，芝加哥经济学派的代表人物弗里德曼对菲利普斯曲线提出了新的观点，即引入预期的因素。所谓预期，就是在产生通货膨胀的情况下，人们根据过去的通货膨胀率来预期未来的通货膨胀率，并把这种预期作为指导未来经济行为的依据。例如，上一年的通货膨胀率是10%，人们据此预期下一年的通货膨胀率也不会低于10%。这样，他们就以此作为下一年工资增长的基础，即下一年的工资增长率为10%。弗里德曼根据预期因素提出短期菲利普斯曲线与长期菲利普斯曲线。

短期菲利普斯曲线是指在短期中，预期的通货膨胀率可能低于以后实际发生的通货膨胀率。这样，工人所得到的实际工资的增长率可能低于以后实际发生的通货膨胀率，从而，在这个期间实际利润增加，刺激投资，就业增加，失业率下降。这里确实存在通货膨胀与失业的交替关系。但这毕竟是短期的，即预期的通货膨胀率低于以后实际发生的通货膨胀率在短期出现。所以，在短期中，即使通货膨胀率上升，政府通过财政扩张和扩大货币发行量两个政策也可以减少失业。

但是，在长期中，工人将根据实际情况不断调整自己的预期，所以工人预期的通货膨胀率与实际发生的通货膨胀率迟早会一致。因此，经过一段时间，工人会要求增加名义工资，使实际工资不变，从而通货膨胀就不会起到减少失业的作用。这就是长期菲利普斯曲线，这时的曲线是垂直的，即无论通货膨胀率如何变动，失业总是在自然失业的水平上。所以宏观经济政策在长期是无效的。

短期菲利普斯曲线和长期菲利普斯曲线可用图11-2表示。

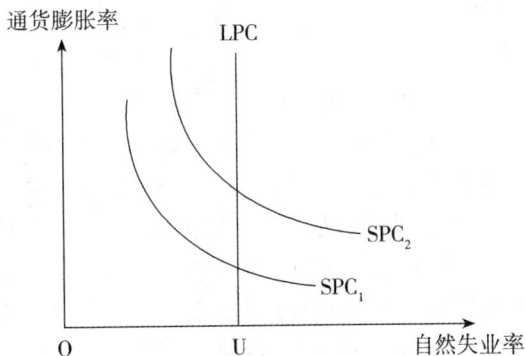

图 11-2　短期菲利普斯曲线与长期菲利普斯曲线

图11-2中，SPC_1和SPC_2为不同的短期菲利普斯曲线，LPC为长期菲利普斯曲线。短期菲利普斯曲线向右下方向倾斜，表明失业与通货膨胀率之间存在交替关系。长期菲利普斯曲线是一条从自然失业率U出发的垂直线，说明从长期来看，失业率是自然失业率，其与通货膨胀率不存在交替关系。

11.3.4 自然失业率

自然失业率是弗里德曼借用瑞典经济学家维克赛尔的"自然利息率"这一范畴提出来的。维克赛尔认为，经济中存在着两种利息率，即货币利息率和自然利息率，它随着资本的供给和需求的变动而跳跃式地升降。自然利息率又称正常利息率或均衡利息率，它是指资本供给和需求相一致情况下的利息率。它既不会使一般物价水平趋于上升，也不会使一般物价水平趋于下降。

如果货币利息率高于自然利息率，经济将会出现储蓄大于投资的情况，从而引起经济的收缩；如果货币利息率低于自然利息率，经济将会出现储蓄小于投资的情况，从而引起经济的扩张。弗里德曼接受了维克赛尔的这种关于自然利息率的概念，并由此表述了"自然失业率"的概念。弗里德曼认为，在就业方面，也同样存在着"市场失业率"和"自然失业率"。市场失业率是指市场上实际存在的失业率，而自然失业率则是指在没有货币因素干扰的情况下，让劳动力市场和商品市场的自发供求力量发挥作用时应有的，处于均衡状态的失业率。

弗里德曼进而指出，在竞争条件下，实际工资率是有伸缩性的，它随失业人数的多少而变化，较低的失业水平是劳动力需求过量的迹象，它将迫使实际工资率下降。但是，不管失业人数如何变动，实际工资率如何变动，一切与实际工资率结构不相适应的人员仍将被排斥在就业之外，也就是说，"自然失业率"在经济中是始终存在的。自然失业率包括了我们前面所说的摩擦性失业、结构性失业和季节性失业，它们合在一起构成所说的自然失业。自然失业率通常是与通货膨胀率联系起来定义的。确切地说，自然失业率就是通货膨胀率不变（既不上升也不下降）时的失业率。

自然失业率水平及其变动是现代宏观经济学研究的一个课题。据统计，20世纪60年代绝大部分时期自然失业率为4%左右；70年代中期大约为5.8%，现在为6.5%~7%。也就是说，自然失业率一直在上升。经济学家把上升的原因归结为：一是劳动力人口构成发生变化。一般来说，劳动力中不同的人口统计组别有着不同特点的失业率。如果那些失业率较高的组别在劳动力中占着很大的份额，那么自然失业率便会上升。实际情况表明，在劳动力结构中，妇女、青少年和半就业的工人所占的比重越来越大，他们不断地进入劳动力市场，又不断地离开劳动力市场，他们比较频繁地变换工作，结果使得平均失业率有了上升的趋势。二是工资刚性程度增强。刚性工资往往阻碍劳动力市场均衡的实现，从而提高了自然失业率。工资刚性一方面与最低工资立法有关；另一方面也与工会在工资谈判中的作用增大相关。三是稳定的社会福利开支。许多经济学家认为，由于社会保险制度为工人提供了一个可接受的底限工资，因而，它提高了人们接受就业的最低工资，最终在一定程度上增加了失业。

11.4　　　　　　　失业治理的政策选择

11.4.1　主动的失业治理政策

1）提高劳动力供给质量

从劳动力供给角度治理失业，面临两个问题：第一，劳动力供给的数量控制。任何形式的失业，首先表现为劳动力供给总量大于劳动力需求总量，因此失业治理的首要问题是如何控制劳动力的供给规模，使其与劳动力需求大致相对应。第二，劳动力的结构和质量与劳动力需求不相称。所以，失业治理的第二个问题是如何改变劳动力的供给结构，提高劳动力的质量，使其与劳动力需求相适应，控制和减少劳动力的供给。当前，我国经济面临失业率上升、失业人数增加的压力，提高劳动力供给质量，既可延缓当前劳动力供给受到的冲击，又可以从根本上缩短劳动力质量与经济发展要求之间的距离。

（1）延长每个劳动者的受教育年限

这一措施可以带来几方面的效应：一是可以推迟年轻人进入劳动力市场的年龄，起到直接缓解失业的作用；二是可以提高每个劳动者的素质，降低结构性失业的可能性；三是可以提高一个国家的整体竞争能力。

（2）特殊群体培训

对所有劳动者来说，失业的风险分布是不均匀的，一个社会中总有那么一些人群，他们特别容易受到失业的侵袭，例如，初次就业者、妇女就业者、劳动生产率较低的失业者等。为了使这些特殊的就业者能够被企业所接受，需要处理这部分人的工资收入水平与其劳动生产率之间可能的矛盾。换句话说，从法律和道德上讲，这部分人的工资不能比社会平均工资水平低太多，虽然他们的实际劳动生产率有可能达不到那样的工资水平。解决这个矛盾的首选办法是政府鼓励企业采用实习雇用的形式，边工作边培训，让这部分人取得经验，由此可能发生的企业效率损失则通过政府的税收优惠政策来弥补。

（3）开展职业培训

在现代经济生活中，各种职业的专业性不断提高，各种职业专用技能的要求越来越高，因此职业培训不仅对需要岗位转移的失业者是必要的，而且对已经就业者来讲也是重要的。职业培训是伴随终身的，否则就业者就会面临失业的危险。我们这里讨论的职业培训主要是针对失业者来说的，一是为了提高劳动者的素质，二是为了满足失业者转岗的需求方的要求。因此，从理论上讲，职业培训对消除结构性失业从而降低自然失业率具有特别重要的意义。

正因为职业培训在治理失业当中具有重要的意义，因此许多国家都是通过政府的财政补贴或向企业征收一部分税收来进行职业培训。职业培训在整个就业政策开支中占有相当重要的份额。

2）劳动力市场的修复

失业的出现，在很大程度上是因为劳动力市场的调节功能出现了问题。因此，修复劳动力市场的调节功能是治理失业的一个重要措施。如何修复劳动力市场的调节功能，要从一个经济体系当中劳动力市场按纯粹的市场机制运行来看，被破坏到什么程度，或者不完善到什么程度。市场机制的充分运行必须具备两个条件：一是当供求失衡时，市场机制能够迅速反应，上下波动，调节供求达到平衡；二是企业可以根据劳动力市场工资的上下波动和生产当中劳动发挥效率的情况，自由确定劳动力需求量等。如果这些条件不具备，就要努力创造条件。当然，在现实生活中，劳动力是一种特殊的商品，工资的确定远比普通商品的价格制定过程复杂得多。

3）提高经济活动水平

根据凯恩斯的理论，失业主要是有效需求不足所引起的。因此，治理失业的一个有效措施就是刺激有效需求和经济活力。目前，西方也有许多经济学家对治理失业还是持这样的观念：经济的持续增长是治理失业的根本性药方。

促进就业的宏观经济政策首先是通过刺激投资、政府支出和出口等变量，带来整个国民收入的提高，以此引起消费需求的增长，整个国民经济活动水平提高（即经济的增长）。在这个过程中，失业率降至最低。

11.4.2　被动的失业治理政策

通常，失业保障和社会援助被认为是治理失业的被动措施。其理论基础是：就业水平是由一个国家的经济活动水平决定的，是不能改变的，所有试图改变就业水平的措施都将影响市场本身的运作机制，到头来还将受到市场机制的报复，失业率还会回到治理以前的水平。但是，失业问题确实给社会与经济生活带来种种障碍，并且还涉及社会公平，就业者在经济增长过程中享受不断增长的收入，而失业者却在丧失职业的同时，失去了工资和机会。既然就业水平本身是难以改变的，所有试图改变就业水平的措施，轻则影响效率，重则造成宏观经济的进一步不平衡。因此，政府对失业问题能够做的，就是事后的失业保障和失业救济工作，以此来维持失业者最基本的生活水准，为其在劳动力市场上的再就业提供一个缓冲期。

1）被动的失业治理政策基本项目

（1）失业保障

设立普遍的失业救济保险计划主要有三个原因：

①提供失业收入保障

工人失业之后符合一定的条件，他们有权利自动享有一定的救济收入。人们自愿加入保险的原因是担心风险，为了避免因将来失业带来的长期收入减少而产生的潜在巨大痛苦，支付少量的保险金就是一种颇具诱惑力的主张。当加入失业保险计划的成员面临相同失业风险时，他们所获得的保险救济金与其所交纳的保险费的多寡成正比。参与保险计划成员的预期回报为零，也就是说平均每个成员希望获得的救济金的期望值等于所交纳保险费的期望成本。

②提高劳动力市场效率

当一个人失业时，通过向其提供失业救济，可以使他有足够的时间来找到一份能发挥其才干的工作，从而提高劳动力市场效率。因为如果一个受过良好教育的人，由于缺乏收入而不得不接受一份不能充分发挥其才能的工作，这将是一种潜在的损失。相反，如果他有足够的时间，他可以在别的地方找到一份能充分发挥其才华的工作。尽管这个理论还有待证实，但确实让人们思考失业保障的实际意义。

③帮助政府的社会援助支出达到有效目的

失业救济金作为社会援助的基本项目，其领取者必须经过严格的资格审查，这样可以减少政府的开支，让真正需要社会救助的困难群体能够享受到政府的帮助。

（2）社会救助

社会救助是对不能得到以保险为基础的救济金和赚取足够收入的人设立的作为最后依靠的保障制度。其目的是保障人们的自尊和增加他们为生活而积极奔波的热情。

2）被动政策的主动影响

被动治理失业的政策是在事后处理问题，减少社会震荡，但不等于说它的影响就纯粹是被动的。实际上，它也有主动的影响。

（1）保障失业者生存是社会的责任

被动政策即失业保障和社会救助所需要的基金最终是由就业者来支付的，因此失业保障和社会救助基金的数额就会影响到就业者的劳动成本。这就促使企业和个人不能把保障失业者生存的全部责任都推给政府承担。

（2）被动失业治理政策对就业水平的正效应

一般情况下，失业者用失业保障金和救济收入进行消费，其边际消费倾向高于就业者。那么，提高向就业者和雇主征税，把这些收入转移给失业者，远比就业者自己提高消费水平，更能刺激总需求，从而增加就业。

11.4.3 西方经济学家对失业治理的最新思考

1993年秋，由法国著名的非均衡经济学家马兰沃和比利时非均衡经济学家德雷滋等人发起，组成了一个失业问题国际研究小组，成员中还有美国著名的经济学家索洛以及两位英国经济学家。他们发表了一份名为《就业和社会凝聚力》的研究报告。接着《新经济学家》杂志又发表了由法国政治学院教授费都西等13位经济学家联名签署的《促进就业宣言》，提出了一些治理失业的良策。

（1）在劳动力市场的供求运动中，价格扮演着一个重要的角色。

（2）灵活安排就业时间。经济学家都认为，工作时间规定的僵化可能使失业增加；劳动时间更加灵活，则有可能大幅度提高劳动生产率。一些经济学家认为，每天工作8小时和一周5天的工作制度阻碍了就业的增长，应缩短工作时间。

（3）限制技术进步在短期内对就业的负面影响。技术进步对经济和就业的影响，可分为长期影响和短期影响。从长期看，技术进步不仅不减少就业，而且可以创造很多新的工作岗位。但在短期，技术进步对就业的影响是负面的，技术进步使许多传统的工作岗位消失，如出现机器替代劳动力和电脑替代劳动力的情况。当前，失业加重是以信息技术为代表的新生产技术体系产生的必然结果。科学技术从产生到发展大致可划分为3个阶段，目前是处于劳动力被替代、劳动时间被缩短的第一阶段，大规模创造就业、创造新市场的时代还没有到来。因此，需要政府采取政策协调和引导以减少负面影响，加速向第二、第三阶段过渡，大力发展信息技术产业，因为信息技术产业是一个关联度不断拉长的产业，它改变了消费观念，扩大了市场等。同时，信息技术产业缩短了劳动时间，使劳动者有更充裕的时间消费新产品和新服务。

11.5　中国失业的形势

11.5.1　失业的总量和结构

1）失业总量分析

中国政府从1994年起正式使用失业和失业率的概念，并公开发布城镇登记失业率和城镇登记失业人数。根据公布的数据，中国城镇登记失业率一直上升，1994年为2.8%，1995年年为2.9%，1996年起超过3.0%，直到2001年还在3.6%以内。2002年，城镇登记失业率突破4.0%后持续增高，2010年达到4.14%。以后有所回落，但城镇登记失业率一直保持在4.05%至4.09%。[①]2012—2014年年末城镇登记失业率4.1%，2015年年末就业困难人员就业173万人，年末城镇登记失业率4.05%。[②]从全国城镇登记失业人数看，1978年改革开放以来，失业人数由升到降。2016年是一个"拐点"，2017年开始下降。

中国城镇失业人员是指有非农业户口、在劳动年龄内，有劳动能力和就业需求并在当地劳动部门所属的职业介绍机构登记的失业人员。因此，城镇登记失业率相对社会真实失业率明显偏小。1978—2019年，城镇登记失业人数和城镇登记失业率如图11-3所示。

若将城镇登记失业率视为显性失业率，则可以将未登记失业者和各种形式的就业不充分者与劳动适龄人口之比视为隐性失业率。对于隐性失业，目前没有官方正规渠道的反映。但是，在2019年、2020年两年的统计年鉴中有一项新的指标"城镇调查失业率"，这两年依次为4.9%和5.2%，分别比同年度的"城镇登记失业率"

---

① 资料见各年人力资源和社会保障事业发展统计公报。
② 中华人民共和国国家统计局. 2015年国民经济和社会发展统计公报［EB/OL］.（2016-03-01）. http://www.stats.gov.cn/tjsj/zxfb/201602/t20160229_1323991.html.

3.8%和3.62%高1.1个百分点和1.58个百分点。[①]这个差距至少代表了"隐性失业"的程度。显性失业者是迫切需要政府直接帮助解决就业的劳动者。隐性失业者中的大部分将逐渐显性化，必将加大政府面临的难题。

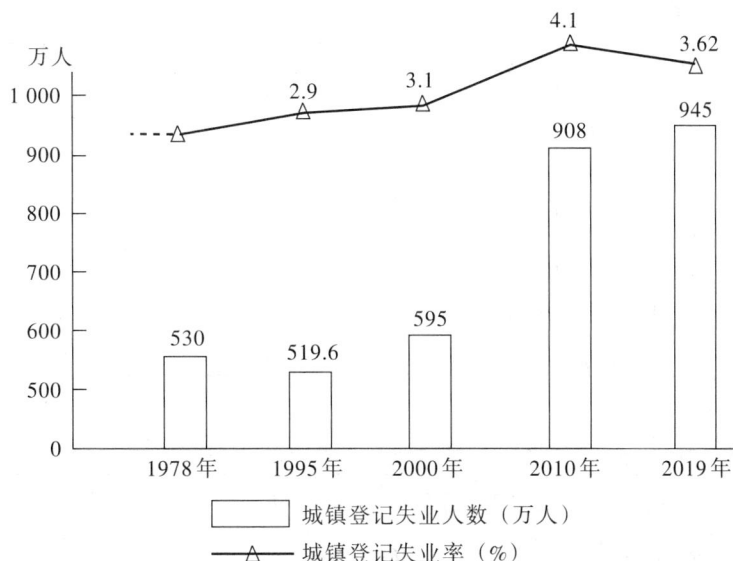

图11-3 1978—2019年城镇登记失业人数和城镇登记失业率[②]

2）失业结构分析

（1）失业率与学历呈非线性关系

一般来说，受教育程度越高，失业的可能性越小，但观察中国城镇失业和受教育程度之间的关系可以发现，二者之间并没有出现上述简单的线性关系，而是呈现一种非线性关系。有着最高失业率的既不是受教育程度最低者，也不是受教育程度最高者，而是具有中等教育程度者。中国城镇经济活动人口中，失业的峰值出现在受教育水平为初中、高中和中专这几个群体上。而受教育程度更低的人口群体，失业率反而较低。失业率最低的群体出现在受教育程度最低的"小学及以下者"和最高的"大学专科及以上者"两个极端上（见表11-1），而且受教育程度与失业之间的上述关系没有表现出很大的性别差异。

但是，要警惕高学历者失业率上升的动向。

（2）失业者队伍有年轻化的趋势

我国失业者队伍年龄结构，开始从以"4050"（40～50岁）为主向"2030"（20～30岁）为主转化。2002年，20～39岁的年轻失业者在整个失业者中的比重为60.8%，其中20～24岁的为13.6%（"毕业即失业"的为44.8%），而30～34岁的为17.2%。年轻人失业与高学历失业相联系，不仅是对教育资源的巨大浪费，而且必将严重影响社会风气和社会稳定。

---

① 国家统计局. 中国统计年鉴2020［M］. 北京：中国统计出版社，2020.
② 相关年度中国统计年鉴。

表11-1 分性别和受教育状况的城镇劳动者的失业率、劳动参与率和就业率（%）

	总 计			男 性			女 性		
	失业率	劳动参与率	就业率	失业率	劳动参与率	就业率	失业率	劳动参与率	就业率
文盲	2.28	24.98	24.4	1.87	41.12	40.35	2.49	20.64	20.12
扫盲班	1.51	34.89	34.37	1.74	45.88	45.08	1.38	30.83	30.41
小学	4.15	60.42	57.91	4.37	69.89	66.84	3.91	52.59	50.53
初中	9.77	75.88	68.45	8.74	83.15	16.16	11.19	67.16	59.64
高中	11.67	69.47	51.35	10.15	74.22	55.09	13.83	63.68	54.87
中专	9.20	66.49	60.37	8.95	69.60	63.37	9.45	63.69	57.67
大学专科	4.43	79.63	76.10	3.68	80.93	77.95	5.51	77.84	73.55
大学本科	1.97	62.30	61.07	1.86	64.05	62.86	2.19	58.99	57.70
研究生	1.06	68.94	68.21	0.26	68.73	68.55	2.66	69.37	67.53
总计	8.21	67.67	62.12	7.49	76.07	70.37	9.13	59.25	53.84

资料来源 2000年第五次人口普查长表0.95%抽样数据。

11.5.2 失业的社会承受力及原因分析

随着改革的深入，中国的失业问题也越来越突出。过去，粗放型经济增长和追求社会极端平均下的低水平就业，掩盖了劳动经济效率的巨大损失。现在，部分低效率在业人员被抛进了失业队伍，这是经济发展战略指导思想的进步，是中华人民共和国成立后错误的人口政策所必须付出的代价。我们不能因为失业问题的日益严重而放弃改革，失业问题只能在发展中解决。但是，社会对失业有一个承受力，若失业者过多，失业时间过长或短时期内增加过快，都将严重影响改革的进程。只有正确认识失业的社会承受力和失业的原因，才能正确解决失业问题。

1）失业的社会承受力减弱

近年来，国家对职工的福利制度进行了改革，先后推行医疗、住房等一系列减少国家负担的改革。然而，与此相适应的社会保障体系却极不完善，职工一旦失业，生活受到严重影响；计划生育的推行和社会老龄化的加速使劳动者的家庭负担日益加重。当前，物价稳中趋升，水、电、煤气费，子女教育费，医药费，服务费（交通、理发等费用）等开支不断上涨。在这种背景下，社会对失业的承受力减弱。

2）失业原因分析

西方经济学一般把失业原因归结于经济因素和非经济因素。经济方面的原因，如摩擦性原因、周期性原因、结构性原因等，在我国的现实生活中都可以找到表现和依据，而且与世界上大多数国家并无二致。今天，需要引起注意的是，非经济因素对我国现实失业问题的特殊作用。

（1）体制因素

计划经济向市场经济过渡，企业必须把旧体制下多余的职工释放出来，以增加企业的效率。市场经济下优胜劣汰的竞争规则使减产、停产、破产引起的失业必然存在。

（2）政策因素

过去的经济战略、技术政策、人口政策、货币政策和财政政策等，有的本身就是今天劳动力供大于求、失业量陡增的动因；而今天在治理劳动力结构性过剩、解决就业压力的时候，有时还不得不考虑到过去的一些政策（如人口政策）的连续性，进而加大了解决问题的难度。

11.5.3　解决失业问题的对策

1）完善失业保障制度体系

失业保险制度，是指依法筹集失业社会保险基金，对因失业而暂时中断劳动、失去劳动报酬的劳动者给予帮助的社会保险制度。其目的是通过建立社会保险基金的办法，使员工在失业期间获得必要的经济帮助，保证其基本生活，并通过转业训练、职业介绍等手段，为他们重新实现就业创造条件。

中国失业保障制度自1986年初创以来，30多年时间大致经历了建立（1986年7月—1993年4月）、调整（1993年4月—1999年1月）和完善（1999年1月至今）三个阶段。总的来说，失业保障制度在促进企业改革、维护社会稳定方面发挥了积极作用，但是，失业保障制度体系建设还不够完善。

完善社会保障体系的重点应该是增强其就业保障功能。积极的劳动就业政策应该是社会保障体系的要义。因为，社会保障基金的支出，构成社会消费需求，与经济扩张和收缩之间存在着一种反向运动的内在联系。当经济繁荣、就业增加、收入提高、社会消费需求具有扩张倾向性时，社会保障基金支出就会减少；反之，社会保障基金支出就会增加。因此，只有达到充分的就业，才会从根本上减轻社会保障的负担。要把失业保险制度与积极劳动政策紧密结合起来，建立就业导向型的失业保障制度，以实现扩大就业的总目标。

2）积极引导产业优化升级，创造层次丰富的就业需求，从而拓宽高素质劳动力就业渠道，提高就业质量

经济新常态不是短期波动性特征，而是经济发展中相对稳定的阶段性特征，就业政策的选择应当着眼于长远合理调整产业布局和经济结构。加快完善新兴产业布局，推动经济向现代产业集群转型，打造新的经济增长点，拓宽就业渠道，创造更多适合高素质劳动者的智力型、技术型、管理型就业岗位。

3）加强人力资本投资，提高劳动力的素质是解决失业问题的前提

劳动力资源是经济发展中的重要资源，但低素质的劳动力供给对现代经济而言是一种无效供给。我们必须大力提高劳动者的素质以适应经济发展对劳动力资源的要求，这就必须进行人力资本投资。

进行人力资本投资不但能提高劳动者的素质，还能减少劳动力的现实供给，缓

和供需矛盾。根据世界银行提供的数据，10~19岁年龄组劳动参与率：中国男性为45%、女性为42%，韩国分别为14%和16%，印度分别为30%和16%，日本分别为10%和10%，美国分别为24%和20%。显然中国这一年龄段的劳动参与率过高，说明在这个年龄组内，更多的年轻人弃学就业，国家也未能为他们提供更好的受教育机会和条件。加大教育投入，在增加未来就业效率的同时会减少现实中低素质的就业人口和劳动力供给。

职业技能教育是当前人力资本投资的重要内容和切入点，其重点是岗前和岗中的培训。岗前培训主要是针对首次就业的劳动者，使他们未来就业效率增加（当前许多刚毕业的大中专毕业生就业难与职业技能水平不高有很大关系）。对劳动者的岗中培训使劳动者能适应技术进步和新兴产业的技能需求。对农民的专业技术培训是职业技能培训中的一个重要内容，它事关农业的产业化、现代化的实现，对有效解决农村剩余劳动力就业更有战略意义。

为顺应产业结构迈向中高端水平、缓解就业结构性矛盾，教育管理部门应与时俱进积极优化学科专业结构，加快发展现代职业教育，大规模开展职业培训，加大创业培训力度。培育学生创新能力，鼓励学生在就业、创业中发挥特长，避免只倾向政府机构、事业单位等，不考虑专业特长。同时开发针对不同创业活动、不同阶段特点的创业培训项目，把创新创业课程纳入教育体系。

4）积极培育和发展劳动力市场，建立与社会主义市场经济相适应的市场就业机制是解决失业问题的关键环节

劳动力资源是一种重要的生产要素，必须有相应的要素市场以充分实现资源的价值。

在劳动力市场的建设中，政府应起主导作用，具体表现为：政府应加强对现有劳动力市场的管理，切实保障用工与务工双方的利益；根据社会需要开辟特色劳动力市场，如下岗职工就业市场、保姆市场等；鼓励民办职业介绍机构提供职业中介服务等。

5）推进两个根本性转变，促进国民经济有效率地持续快速增长是解决失业问题的根本出路

（1）重视农业和农村对吸收农村剩余劳动力的作用

①通过农业产业化，将农民的分散经营和农业经营的规模效益结合起来，实现产、供、销一体化，改变"农业第一车间千家万户，后续车间部门分割垄断"的现状，在农业现代化的过程中拓宽农民就业渠道。

②大规模开展农田水利基本建设和农村消费环境建设，既可以为农业的持续发展提供保障，又可以启动农村消费品市场，推动国民经济增长，为剩余劳动力创造新的就业岗位。

③推进乡镇企业改革，促进农村个体和私营经济以及第三产业的发展，可以扩大农村劳动力的就业渠道。

④加快农村小城镇建设，在城市化发展中实现农村剩余劳动力的转移。

⑤加大政策扶持力度，推进非公有制企业技术革新，提高非公有制企业管理水平，促进其健康发展。

（2）继续发挥国有企业在劳动就业中的重要作用

①积极推进国有企业改革，切实为国有企业的发展创造公平的竞争环境，增强国有企业的市场竞争力，实现国有企业的高效率就业。

②对经营困难的国有企业，在坚决推向市场中掌握好节奏，避免就业压力短时间增大影响社会稳定。

（3）根据我国国情和国际市场竞争的需要，实现技术密集型产业与劳动密集型产业同时发展的方针

①技术密集型产业能适应世界经济竞争的需要，并推动中国经济的现代化进程。

②在发展基础产业带动经济增长过程中，要着眼于解决众多低素质劳动力的就业问题。改变当前基本建设的设备采购中部分购买外国产品的现状，增强基础产业对经济增长和增加就业的贡献能力。

③加强第三产业发展的管理政策研究：一是大力提倡发展可以吸收城乡大量富余劳动力的行业与领域，如家庭服务业等；二是处理好第三产业发展中的"肚子"与"面子"问题，有关部门应妥善处理部分劳动者为了生存自发摆摊设点、占道经营与城镇市容建设之间的矛盾，做到"情"与"法"和谐统一，这是新时期"情为民所系"面临的考验。

6）放眼世界是中国解决就业问题不容忽视的战略

（1）发展出口加工业，引进外资，接受来料加工，扩大就业门路。

（2）组织劳务出口。

中国劳动力资源占比高，而目前劳动力输出占世界劳务市场比例低。考虑到一般体力劳动者难以进入国际市场，政府要力争通过国家间的双边协议或合作，利用建设项目输出劳动力。

①加强对劳动力的专业培训，切实提高中国劳动力的国际竞争能力。

②保护我国出口劳务人员的合法权益。

③严厉打击"蛇头"组织的非法偷渡活动。

7）逐步降低劳动参与率和劳动时间，减少劳动力供应

（1）严格实施《中华人民共和国义务教育法》，减少 10～19 岁的劳动力供给。

（2）建立和实行工资与效益挂钩制度，提高就业者抚养能力，降低对低素质劳动者的就业要求，减少家庭就业人员。

（3）正确理解"老有所为""发挥余热"的含义。

【推荐阅读材料】（一）

失业警戒线的确定

现在一些发达国家对失业率"度"的掌握大体标准是：3%～4%的失业率属劳

动力供给紧张型，5%~6%属劳动力供给宽松型，7%~8%为失业问题突出型，9%以上为失业问题严峻型。就美国而言，20世纪90年代一般认为"充分就业"标准的失业率为5.5%~6%，失业率低于5%表明劳动力供给紧张。中国作为一个发展中的社会主义市场经济国家，虽然劳动力资源十分丰富，但是人均自然资源相对贫乏，保持过低的失业率既不现实，也无必要。

在确定失业警戒线时，我们认为应遵循的原则是：一是实事求是，适度放宽的原则。要与国家经济发展水平相适应，其中财政收支状况应为一个最基本的指标。二是综合考虑、全面配合的原则。要综合考虑政治、经济、文化、社会、历史等因素，特别是劳动者个人对失业的心理承受能力。三是动态化、差异化的原则。失业警戒线不应该一成不变，不同地区、不同劳动力供求状况、城市化水平等都应该成为调整失业警戒线的依据。

【推荐阅读材料】（二）

透视中国低失业率之谜

中国有世界上最多的人口，也有最庞大的劳动力队伍。按理说，中国的失业问题应该非常突出。但事实上，长期以来，中国的就业问题除了在某些特定时期比较严重外，绝大多数时候都保持了较低的失业率。不过，这种"低失业率"的背后究竟隐藏着什么样的发展模式缺陷，却是一个不能不让人深思的问题。

从统计数据看，我国的城镇登记失业率长期保持在较低水平。即使是在金融危机冲击严重的2008年和2009年，国家统计局公布的城镇登记失业率也只在4%左右徘徊，失业总人数不到1 000万人。即使是人口流动频繁的农村，其失业问题也不严重。数据显示，农村青年失业率甚至要比城市青年失业率还低得多。在全球金融危机冲击下，农民工曾有过短暂的大规模回流和失业，但很快在经济刺激计划的作用下重回工作岗位，而且自2004年开始，我国一直处在"民工荒"的劳动力短缺状态。另外，虽然我国没有公布能够和国际接轨的调查失业率，但从相关部门透露的信息来分析，我国的调查失业率也不如一些人猜测得那么高，我国的失业程度远不如当今的欧美诸国严重。

与此同时，我国的国民经济保持了长达30多年的高速发展，"高增长、低失业"的发展路径让世界各国羡慕不已，称之为"中国的奇迹"。

不过，我们仔细探究中国低失业率的原因和机理时，却可以看到一幅并不能让人兴奋的图景。首先，中国的低失业率是以低工资为代价的。根据统计，目前中国的最低小时工资尚不到2美元，仅为美国同期每小时工资水平的4%，不及东亚国家的15%，是墨西哥的50%。如此低廉的工资水平在保证了较高就业率的同时，却导致劳动者生活水平提高的速度缓慢，也成了抑制国内需求扩大的主要因素。

其次，低失业率的另一个代价就是就业质量不高。除了工资水平低外，还出现许多劳动者就业不稳定、劳动时间过长等问题。就业岗位不稳定导致跳槽现象频繁，一家权威人力资源管理咨询公司的调查显示，目前我国30岁以下的年轻人平均5年至少更换工作一次，一生中至少要换7次工作。在劳动时间方面，超长时间加班已成为部分劳动者工作的普遍现象，即使城市白领也不例外。另外，工作环境差也是一个突出的问题，不少企业为了追求利润最大化，忽视工作场所的环境建设和安全保护，对劳动者的身心造成极大损害。

最后，低失业率的背后还透露出社会保障缺乏的现状。虽然我国的社会保障制度建设有很大的进展，但保障覆盖面不全、保障水平低的问题仍很严重，比如农民工的社会保障覆盖面不到20%。保证资金不足问题严重，据估算，不考虑失业保障，保障资金的需求至少在10万亿元，而目前全国各类社保基金积累额大约为2.5万亿元，缺口很大。

由此可见，中国低失业率的代价十分高昂。如何在保证就业规模不断扩大、维持现在低失业率的同时，既能够不断提高劳动者工资水平、就业质量，建立更完善的社会保障，又能够保持国民经济的快速发展，真正实现经济增长与就业扩大的良性循环，是未来中国进一步发展必须面对的核心问题。

资料来源　李长安. 透视中国低失业率之谜［EB/OL］.［2012-06-07］. http：//www.huaxia.com/xw/rmpl/2011/06/2443675.html.

【推荐阅读材料】（三）

跨国公司裁员潮频频波及中国或导致失业问题恶化

包括日本《读卖新闻》在内的多家媒体报道，日本夏普公司正考虑将旗下位于中国大陆和墨西哥的电视机组装厂，出售给中国台湾鸿海精密工业股份有限公司，这可能导致夏普再削减约3 000个工作岗位。

据报道，夏普位于中国的工厂有1 500多名员工，位于墨西哥的工厂有约1 500名员工。如果夏普决定出售上述两家工厂，其最新裁员人数将达到约8 000人，相当于夏普全球雇员总人数的约14%。

值得注意的一个新动向是，在全球新一波裁员潮中，跨国公司的中国区并未能像以往一样"免疫"。换而言之，一向在中国很少裁员的外企，今年也开始大规模裁员，如摩托罗拉日前宣布全球裁员4 000人，这一重点涉及北京、南京、上海等地研发中心的裁员计划在华引发强烈反响。

财新网统计了跨国公司近一年在华的裁员情况，结果发现，不仅是摩托罗拉、诺基亚、索尼、AMD及全球最大风力发电机生产商维斯塔斯等跨国企业在华的裁员数动辄以百人甚至千人计，且裁员所涉及部门并不局限于工厂环节。（编者注：德国媒体最新报道，西门子也在初步商讨数以千计的裁员计划）

针对外企裁员动向，安邦咨询公司警告，当裁员开始蔓延至相对稳定的外资白领时，这可能是中国失业问题恶化的迹象，"在经济转冷之下并不轻易松动的宏观调控政策，很可能因为失业问题恶化而松动"。

【推荐阅读材料】（四）

茅于轼：中国目前没有真实的失业率数据

北京天则经济研究所常务理事茅于轼在 2011 年网易经济学家年会（NAEC）圆桌讨论现场上表示，中国和美国评价经济发展的指标是不同的，美国更侧重于失业率，而中国更侧重于 GDP 的增长，但 GDP 有质量好坏的区别，社会产生的财富如何分配就是评价 GDP 质量的一个指标，而失业率又是考虑财富分配是否公平的一个重要指标，但中国目前仅有登记失业率，并没有真实的失业率指标。

茅于轼指出 GDP 有质量好坏的区别，公平分配财富的 GDP 就是比较好的 GDP，不能以牺牲环境、消耗资源为代价，这样的 GDP 是在借子孙后代的财富来发展。

谈及最低工资标准时，茅于轼认为，市场力量是调节工资水平的最好方法。

【推荐阅读材料】（五）

机器人、人工智能 5 年内将使 500 万人失业

2016 年 3 月 15 日下午，谷歌围棋人工智能阿法狗（AlphaGo）与韩国棋手李世石结束最后一轮较量，AlphaGo 获得本场比赛胜利，最终人机大战总比分定格在 1：4。在第四局的比赛中，李世石下出白 78 "神之一手"，导致 AlphaGo 误判形势，直到 5 步棋后才意识到形势不利。李世石中盘获胜，取得对 AlphaGo 的首次胜利。而 AlphaGo 也因为首次失利获得世界第四的排名。

"阿法狗"成为近期最热的话题之一，关于人工智能的讨论也更加火热。在人机大战开始之前的 2 月 15 日，情人节刚过，国外科技网站 CNet 就援引了美国莱斯大学计算机工程教授摩西·瓦迪一条没那么甜蜜的言论，瓦迪教授指出，随着人工智能（Artificial Intelligence，AI）的发展，到 2045 年人类的失业率将超过 50%。

世界经济论坛（World Economic Forum）警告称，科技的发展将推动我们进入第四次工业革命，并改变业已存在数十年的劳动市场格局。到 2020 年，科技的发展将导致 15 个主要发达和新兴经济体净损失逾 500 万个工作岗位。

这些国家包括澳大利亚、中国、法国、德国、印度、意大利、日本、英国以及美国。

世界经济论坛在一份名为《职业的未来》的报告中称，虽然技术和岗位被取代的现象将出现在所有地区的所有行业中，但其他领域的就业将出现增长。

世界经济论坛预计，通过裁汰、自动化或去中介化的方式可能减少 710 万个工作岗位，与此同时也有 210 万个工作岗位将被创造，其主要集中在更为专业的领域，例如计算机、数学、建筑以及工程。这些新工作岗位的产生可以部分抵消工作岗位减少的负面影响。

世界经济论坛创始人兼执行主席克劳斯·施瓦布（Klaus Schwab）在这份报告中称："如果今天不采取紧急且有针对性的行动对短期转型进行规划并培养具有未来所需技术的劳动力，各国政府未来将不得不应对不断增长的失业率、社会的不平

等以及消费人群日趋萎缩的商业环境。"

【本章小结】

失业是与就业相对而言的概念，各国国情不同，对失业有不同的定义，但共同的思想是失业是指劳动力供给与劳动力需求在总量或结构上的失衡所形成，具有劳动能力且有就业要求的劳动者处于没有就业岗位的状态。国际劳工组织认为，失业是指有劳动能力并愿意就业的劳动者找不到工作的一种社会现象，其实质是劳动者不能与生产资料相结合进行社会财富的创造，是一种经济资源的浪费。失业有多种类型，如摩擦性失业、技术性失业、结构性失业、季节性失业、周期性失业和隐性失业等。它们产生的原因不同，测度的方法也不同。一个社会对失业总有一定承受能力，决定失业承受能力的因素是社会保障制度的完善程度、家庭负担系数的大小和生活费的上涨率。自从失业问题出现以后，西方经济学家就进行了不懈的研究，提出了许多失业及其治理的理论方法。各国需要从自己的国情出发，寻找与其相适应的治理失业问题的最佳对策。

【关键概念】

失业　失业率　自然失业率　菲利普斯曲线

【课题讨论题】

怎样认识社会主义国家的失业现象？试探讨解决我国失业问题的对策。

【复习思考题】

1.为什么说摩擦性失业是劳动力市场的特征？

2.决定失业承受能力的因素有哪些？

3.怎样认识失业的积极影响？

4.失业有哪些消极影响？

【自测题】

1.失业有哪些类型？

2.什么是摩擦性失业、结构性失业、周期性失业和隐性失业？

3.什么是失业持续期？失业持续期长短对治理失业的对策选择有什么意义？

4.测度失业有哪些方法？

5.失业率、年失业率、自然失业率三者之间有什么关系？

第12章 /劳动管理

───── 学习目标 ─────

政府通过劳动法规对劳动经济进行管理,有利于降低市场经济的不确定性和风险性,使劳动力市场能够充分有效地发挥作用,同时保障劳动者的利益,维护竞争与公平。现代企业劳动管理新目标是建设符合SA8000"社会责任标准"的企业。学习和借鉴西方发达国家劳动力市场管理的经验,了解和掌握我国劳动法的相关内容。

12.1   政府管理

12.1.1   西方发达国家对劳动力市场的管理

西方国家政府对劳动经济的管理主要是依据法律、法规对劳动力市场进行调节与干预,措施多种多样,主要包括对劳动力市场结构的调节和对劳动力市场运行的干预两个方面。

1)对劳动力市场结构的调节

西方国家对劳动力市场结构的干预,集中表现在就业政策和人力资源政策两个方面,前者调节劳动力的需求,后者调节劳动力的供给,以实现重复就业条件下的市场均衡目标。

(1)就业政策

①制定保护就业的法律。西方国家的充分就业政策是通过影响就业总水平,进而影响经济活动总水平的宏观经济政策。20世纪30年代前,西方国家在非战时经济状态下,一般不干预劳动力市场的需求和就业,就业水平由劳动力市场中的供求关系决定,失业被认为是劳动力市场供求调节过程的副产品。1929—1933年世界经济危机,打破了"劳动力市场上充分就业是正常的,失业只是暂时现象"的传统认识,高达25%左右的失业率几乎使劳动力市场陷入瘫痪。各国政府被迫承认,失业是全国性问题,政府应承担减少失业的责任。为此,美国国会接连通过《1945年就业法案》和《1946年就业法案》,确立了政府对失业问题的义务。

②政府直接兴办公共项目。除政府经常性雇用大批劳动力外,一般首先通过有关法案,其次是通过财政拨付款项作为公共支出兴办一些项目,从而扩大公共部门

或私营部门的劳动需求，增加就业量，降低失业率。

③实施有利于就业的税收政策和货币政策。税收政策主要通过增加和减少税收对劳动力市场进行调控，如通过提高税率和降低起征点以增加政府财政收入，用于公共部门投资或直接用于创造就业机会。但这是一柄"双刃剑"，增加税收势必抑制私人投资，进而导致减少私人投资领域劳动力的需求量。货币政策对劳动力的调控主要通过扩张性货币政策，如降低存贷款利率，促进私人投资和扩大经济活动规模，间接影响就业量。从短期看，货币政策不能很快扩大或减少劳动力的就业量，但从长期看对劳动力市场的作用却是非常巨大的。

（2）人力资源政策

劳动力市场上的失业，不仅仅由劳动力需求不足引起，也有供给方面的原因。劳动力资源的发展，经常落后于经济发展和技术进步对劳动力需求的改变。所以，不仅要有调节劳动力需求的就业政策，而且要有针对劳动力供给的人力资源政策，从供给方面调节劳动力市场。

①人力资源政策的目标。西方国家政府根据经济发展对劳动力的需求，调节和改善劳动力供给，进而改进劳动力市场在劳动力资源配置上的功能。其具体目标是：一是消除劳动力面临的就业障碍，例如基础教育不足、缺乏工作技能、社会和心理障碍以及劳动力市场信息不足等；二是使劳动力获得充分的就业准备时期，以保证在劳动力市场上有广泛的职业选择余地和选择自由。就业准备和就业选择在劳动者年轻时期尤其重要；三是增加失业者的技能训练，提高他们的就业能力以及在用人单位充分实现自身价值的能力；四是配合就业政策，消除某些经济衰退地区的失业现象。

②具体做法。第一，开展职业预测。职业预测是对一段时间内可提供多少就业岗位的预测，主要是使教育部门了解各行业有多少求职者需要培训和需要何种培训。职业预测过程必须包括各种相关行为的调查，如雇主的行为（创造就业机会、提供对劳动力的需求）、工人的行为（是否愿意参与工作、提供劳动力）等。美国的职业预测是由劳工部门的官员在所划定的劳动力市场地区进行的。劳动力市场地区往往以大城市为中心，包括近郊区和远郊区，劳工部在各地区设置劳工部预测局，其任务是对各地区的预测进行指导和帮助。

第二，加强基础教育和职业教育，促进高等教育发展。随着科技革命的不断兴起，新技术、新工艺在生产领域的推广和运用，不仅要求劳动者的基本素质要不断提高，而且劳动者的生产技能需要不断更新。同时，与生产领域相关的其他行业的从业者也要与科技发展相适应，不断提高素质和技能。为了适应经济发展对新型劳动力的需求，政府对基础教育、职业教育和高等教育的投资是促进高质量劳动力供给的主要途径。

第三，对失业者给予再就业培训。失业者大都无法承担再就业培训费用，因此政府出资对失业者进行各种再就业培训，使他们拥有适应需求的知识与技能，帮助他们重返工作岗位。

2）对劳动力市场运行的干预

（1）调节工资变动的工资政策

①制定最低工资标准，抑制雇主过分压低员工工资的倾向。

②制定收入政策，抑制最高工资增长率。收入政策的形式多种多样：

一是价格决策。政府通过各种方法收集工资和价格方面的信息，加以分析整理并公布。通过公众的力量或公众行为的威慑力量，限制工资和物价的上涨。

二是工资价格指导线。通常，一般的工资标准是根据劳动生产率和消费物价变动来确定工资增长率。工资价格指导线则具有明确的工资-价格变动标准，其效果比公众影响要大得多。

三是对那些工资提高低于事先决定标准的企业给予经济刺激。其具体办法是采用社会规划等形式，在劳资双方决定工资增长率时（通常是集体谈判），有政府或公众代表参加以确定经济刺激标准。

四是对那些工资增加高于事先决定标准的企业施加经济惩罚，主要形式是征收附加税。

（2）就业服务

劳动力通过竞争寻找职业存在盲目性且求职时间长，某些特殊类型劳动力独立寻职更为困难，客观上需要公共就业服务。公共就业服务的基本目标在于缩短就业过程，改善劳动力市场的组织和流动，最终使全部劳动力资源得到更有效的利用。公共就业服务充当劳动力和雇主之间联系的媒介。具体服务项目有：

①寻找职业服务。西方国家大都是由政府设立职业介绍所，为求职者提供免费的帮助。职业介绍所掌握了部分用人单位的职位空缺，向它们推荐符合职业资格的劳动力。同时，对前来寻找职位的劳动力加以评估，向他们介绍适合其技能、知识的工作。

②就业咨询。面对劳动力市场上用人单位复杂的职业分类，劳动者怎样选择适合自己能力、兴趣、技能和体力的工作是一件困难的事。就业咨询提供了这种便利，就业咨询的服务对象包括：一是刚刚进入劳动力市场的青年劳动力；二是不适应现有职业的劳动者；三是受歧视的少数民族劳动力以及身体有残疾的人。

③对特殊劳动力提供就业帮助。特殊劳动力主要是指退伍军人、青年劳动力和专业技术人员。对退伍军人的就业，根据立法规定，一般有公共就业服务安排；青年就业没有保证，就业服务机构应采用各种办法使青年人顺利地完成学习从而就业，由不稳定就业向稳定就业转变。专业技术人员的需求和供给是全国性的，如美国设有全国性服务网帮助有专业技术的劳动力就业。

④搜集、研究和发布劳动力市场信息。公共就业服务的效率在很大程度上取决于它提供的劳动力市场信息质量和丰富程度。

⑤为用人提供单位服务。公共就业服务部门提供职位申请者，或受雇主委托寻找雇员，雇主也会给就业服务部门职业订单，请其代办劳动力审查等事宜。公共就业服务部门提供的职业分析、劳动力评估和劳动力供求信息也给雇主带来方便，就业服务机构还为工会提供某些帮助。

（3）失业保险制度

1911年英国建立了世界上第一个强制性失业保险制度，开创了强制性失业保险的先河，欧美各国纷纷效仿，大部分欧美国家在20世纪二三十年代建立了强制性失业保险制度。

失业保险制度的理论基础是：失业不是由劳动者个人原因，而是由劳动者无法控制的社会经济原因所引起的，社会应对失业者提供一定量的补偿。这种观点被普遍接受，最终形成失业保险立法。

失业保险制度有以下特点：第一，失业保险范围广泛，保险对象涉及社会各部门、各领域的工薪收入者。第二，失业保险金是一种专门津贴，仅对符合条件的被解雇工人发放，以前没有工作、被开除或自动离职的失业者，或已经用尽失业保险金的失业者以及因劳资纠纷而失去工作的失业者，都得不到失业保险金。第三，失业保险金是有限的。如美国一般是在6个月内补偿失业者工资损失额的一半以上，但各州的差别很大。

失业保险的意义在于：一是从宏观经济运行角度来讲，宏观经济运行具有很大的不确定性，谁也无法保证经济永远处于繁荣时期。当经济处于繁荣期时，就业率高，每一个就业者交纳一部分失业保险金，一旦经济处于萧条时期，失业率大幅度上升，政府将这笔在经济繁荣时期积累起来的失业保险金支付给失业者，使他们维持基本的生活，拥有寻找再就业的机会。二是对每一个就业者来说，失业风险是不确定的，谁都有可能面临失业，因此为了避免在失业降临时收入来源枯竭的风险，每个就业者都应该交纳失业保险金。

另外，西方国家政府对劳动力市场的运行、调节措施还配有反歧视政策，以保证公平就业和公平报酬；同时配有劳动保护政策，以保证劳动者的经济利益、就业条件和就业权利。

12.1.2　中国政府对劳动力市场的管理

在计划经济体制下，国家对劳动力资源采取政府配置的方法，劳动者到了一定年龄，由国家统包统配，企业用人数量和质量依据指令性计划由国家分派。这种方式，虽然起过积极作用，但缺陷不少，主要表现在：国家统得过死，人为堵死了许多就业渠道，忽视了市场的存在，排斥了市场的作用，压抑了企业和劳动者的积极性和创造性，从而成为国家发展经济和扩大就业的障碍。

社会主义市场经济的确立和发展，客观要求将人力资源的计划配置变为市场配置。实现这个转变，离不开完善的劳动力市场。但是，当时我国劳动力市场处于起步阶段，功能不齐全，吞吐能力较弱，而且在发展过程中也遇到了重重困难，如劳动力供给大大超过了需求，失业保险程度低，就业服务不健全等。在这种情况下，单靠市场调节劳动力资源，必将导致就业的结构性失调和劳动力的盲目流动，造成一系列的社会问题。因此，国家对劳动力市场的宏观调控便成为当务之急。国家在市场配置资源的基础上，建立规章制度，用劳动法律法规规范和监督劳动力市场，使其朝着法治化、规范化方向发展。

1）政府对劳动力市场进行宏观管理

（1）发展经济，创造就业条件，调整劳动力资源的供求总量和结构，扩大劳动力市场规模，实现经济增长与劳动就业的协调发展

经济发展与就业增加密切相关，只有经济的健康发展，才能不断增加就业岗位。同时，经济增长对就业的贡献却随着经济发展模式的不同而不同。20世纪80年代前期，由于在政策上注重支持民营经济和第三产业的发展，我国就业增长大幅度提高，1978—1984年，国内生产总值增长率同就业增长率的比率是3.3∶1。随着经济体制改革的推进和增长方式的根本转变，原来作为就业主渠道的国有企业，吸纳就业的能力明显减弱，还必须裁员。中小型企业、劳动密集型企业、第三产业将成为新的经济增长点。它们具有投资少、见效快，安置就业容量大的特点，国家要在资金、信贷、税收方面给予一定的扶持。新世纪中国经济的增长，一方面面临全球化的挑战，另一方面还面临国内经济增长方式的转变，迎接这两个挑战都必须充分发挥中国劳动力的比较优势，因此，调整劳动力资源的供求总量和结构，实现经济增长与劳动就业的良性循环具有十分重要的价值。

（2）建立现代化的劳动力市场信息网络体系

目前，为企业和劳动者提供职业信息的中介机构越来越多，服务日趋完善。但是，企业与劳动者之间的信息传递不够畅通，尤其是从农村进入城市的劳动者和一些文化水平低的劳动者，获取职业信息的渠道少，难以保障自身的权益，在一定程度上抑制了劳动力的流动。畅通的信息网络平台有助于劳动力供需双方交易壁垒的消除，提升交易效率，这是政府劳动力市场管理的基本职责。

（3）对劳动力市场进行监督和管理，解决劳动力资源配置过程中出现的争议问题

摆脱计划经济体制的束缚后，企业与劳动者都在市场中获得了极大的自主权。然而，企业与劳动者之间的摩擦、争议也越来越多、越来越频繁。在劳动争议中，职工个人往往处于弱势地位。为确保企业与劳动者的合法利益不受侵害，不影响生产和生活的顺利进行，解决二者之间的矛盾和冲突成为当务之急。政府将依据新的形势，制定相关的法律、法规，促进企业和谐劳动关系的建立。

（4）建立完善的社会保障体系，为劳动力市场形成和发展提供安全和保证

社会保障是现代社会劳动经济管理的重要内容。从中国经济发展的基本阶段出发，结合发达国家的经验，构建中国社会保障体系，对保护劳动者利益，推动企业合理、合法用工具有十分重要的意义。

2）改革劳动管理体制

（1）改革就业制度

发展多种所有制形式和经营方式，逐步建立起企业自主用人、个人自主择业、市场调节供求、社会提供服务的就业市场化体制是经济体制改革的重要内容。要逐步深化所有制结构调整，开辟多种就业渠道，调整产业结构，促进就业结构的改善，加强职业技术培训，逐步实行"先培训后就业"的制度。

（2）改革用工制度

第一，逐步推行劳动合同制。首先在新招工人中实行劳动合同制，然后改革在传统体制时期形成的固定工制度，在原有的固定工中逐步推行劳动合同制。第二，改革招工办法，采取面向社会、公开招聘、全面考核、择优录用的方式。第三，建立失业保险制度，并逐步推行养老保险的社会化管理体制。

（3）改革工资制度

首先，企业可以自主决定内部工资分配形式和工资差别，奖金自主分配。其次，改革工资形成机制，实行各种形式的企业工资总额与企业经济效益挂钩的办法。

（4）改革社会保险制度

逐步建立起覆盖城镇所有职工的，政府、企业、劳动者三方共同负担的、待遇标准合理和保险基金统一调剂使用的社会保险体系。

12.2　劳动法

12.2.1　劳动法的概念及调整对策

劳动法是调整劳动关系以及与劳动关系密切联系的其他社会关系的法律规范的综合。劳动法是以劳动者权益保护为宗旨，融实体法与程序法为一体的独立法律体系。我国劳动法的内容包括促进就业法、劳动合同法、工作时间和休息休假法、工资法、劳动安全卫生法等。

1）劳动法的主要调整对象

劳动法的主要调整对象是劳动关系，但并非所有社会劳动关系均由劳动法调整，劳动法调整的劳动关系是劳动者与用人单位之间在实现劳动过程中发生的社会关系。其特征是：

第一，劳动关系的当事人一方是劳动者，另一方是用人单位。

第二，劳动关系是在实现劳动过程中发生的社会关系。所谓实现劳动过程，就是劳动者参加到某用人单位中去劳动，与用人单位提供的生产资料相结合，而不是劳动者同自有的生产资料相结合。强调劳动过程，就是强调劳动力和生产资料相结合的生产过程，从而有别于物物交换的关系。后者属于民法典的范畴，与劳动过程没有直接联系，因而不受劳动法调整。

第三，劳动关系具有人身关系与财产关系的双重属性。劳动者向用人单位提供劳动力，就是将其在一定时间内交给用人单位支配，因而劳动关系具有人身属性。这一属性也决定了用人单位对劳动力的使用、管理，直接关系到劳动者的人身，关系到其生命和健康，因而劳动力使用者应负责提供劳动安全及卫生条件。劳动关系的人身属性决定了劳动者应遵守用人单位的内部劳动规则，按照劳动力使用者的要求进行劳动。

劳动关系具有财产关系的属性是指劳动者有偿提供劳动力，用人单位向劳动者支付劳动报酬，由此缔结的社会关系具有财产关系的性质。这种财产关系与民法典调整的财产关系有一定区别。民法典所调整的财产关系主要是主体之间因交换物化了的劳动（劳动成果）而发生的财产流转关系，而劳动法调整的是活劳动和物化劳动相交换的关系。但是，民法典上的以提供劳务为标的的合同，如委任合同、演出合同，与劳动关系有相似之处，在某些情况下也可以适用劳动法的有关规定。

第四，劳动关系具有平等关系、隶属关系的属性。在市场经济条件下，劳动关系是通过双向选择确立的，双方当事人在建立、变更或终止劳动关系时，是依照平等、自愿、协商原则进行的，因而劳动关系一经确立，劳动者一方就从属于用人单位一方，成为用人单位的职工，须听从用人单位的指挥和调度，双方形成管理与被管理，支配与被支配的关系，因而具有隶属关系的性质。

2）劳动法调整的与劳动关系密切联系的其他社会关系

在现实生活中，有些社会关系本身不是劳动关系，但它们或者是发生劳动关系的必要前提，或者是劳动关系的直接后果，也可能是伴随劳动关系而产生的其他社会关系，总之，这些关系的形成与劳动关系有密切联系，因而也成为劳动法的调整对象，与劳动关系密切联系的其他社会关系包括：

（1）劳动力方面的社会关系

劳动力方面的社会关系是指劳动保障行政部门与用人单位和职工之间因招收、流动、职业教育和培训等问题而发生的社会关系。

（2）社会保障方面的社会关系

社会保障方面的社会关系是指参加社会保障的单位和劳动者与社会保障机构之间发生的关系。

（3）职工组织与用人单位之间发生的关系

职工组织与用人单位之间发生的关系是指工会履行职责，为保护劳动者合法权益而与用人单位或劳动者发生的社会关系。

（4）处理劳动争议方面的关系

处理劳动争议方面的关系是指处理劳动争议的调解机构、仲裁机构和司法机构与劳动争议当事人之间在处理劳动争议过程中发生的关系。

（5）监督劳动法执行方面的关系

监督劳动法执行方面的关系是指国家有关机关因监督劳动法的执行而与用人单位之间发生的社会关系。

12.2.2 劳动法的内容

2008年1月1日，新的《中华人民共和国劳动合同法》（以下简称"《劳动合同法》"）施行。该法的颁布及实施在中国具有十分特殊的意义，对广大的立法者而言，《劳动合同法》是一部从一审到四审经历了近3年的法律。《劳动合同法》从构建和谐稳定的劳动关系出发，立法定位向劳动者倾斜，但在本质上维护了企业和劳动者双方的合法权利。

1）劳动合同

（1）劳动合同的概念和原则

劳动合同是劳动者与用人单位之间确立劳动关系，明确双方权利和义务的书面协议。

订立劳动合同的原则：根据《劳动合同法》总则第三条，订立劳动合同，应当遵循合法、公平、平等自愿、协商一致、诚实信用的原则。依法订立的劳动合同具有约束力，用人单位与劳动者应当履行劳动合同约定的义务。

（2）劳动合同的内容

劳动合同的内容是对劳动者和用人单位权利与义务的具体规定。它是双方当事人切身利益的反映，也是国家劳动法律、法规和政策的体现。根据《劳动法》第十九条的规定，劳动合同应包括以下内容：

第一，劳动合同期限。这是指劳动合同的有效时间，我国《劳动法》规定劳动合同的期限分为有固定期限、无固定期限和以完成一定的工作为期限。劳动合同还可以约定试用期，试用期最长不得超过6个月。在劳动合同期限内，当事人双方要受劳动合同的约束，不得违反劳动合同所约定的义务。新的《劳动合同法》关于无固定期限合同的有关规定引起了争议。该法第十四条指出："无固定期限劳动合同，是指用人单位与劳动者约定无确定终止时间的劳动合同。用人单位与劳动者协商一致，可以订立无固定期限劳动合同。有下列情形之一，劳动者提出或者同意续订、订立劳动合同的，除劳动者提出订立固定期限劳动合同外，应当订立无固定期限劳动合同：（一）劳动者在该用人单位连续工作满十年的；（二）用人单位初次实行劳动合同制度或者国有企业改制重新订立劳动合同时，劳动者在该用人单位连续工作满十年且距法定退休年龄不足十年的；（三）连续订立二次固定期限劳动合同，且劳动者没有本法第三十九条和第四十条第一项、第二项规定的情形，续订劳动合同的。用人单位自用工之日起满一年不与劳动者订立书面劳动合同的，视为用人单位与劳动者已订立无固定期限劳动合同。"众多企业认为该条款是对企业的约束，甚至认为这又是一种终身制，这是理解的偏差。①

---

①　2008年5月8日，国务院法制办公布的《中华人民共和国劳动合同法实施条例（草案）》规定，用人单位在十四种情形之下可以与劳动者解除"无固定期限劳动合同"，五种情形之下"无固定期限劳动合同"终止。有劳动合同法规定的以下十四种情形之一的，用人单位可以与劳动者解除无固定期限劳动合同：（一）用人单位与劳动者协商一致的；（二）劳动者在试用期间被证明不符合录用条件的；（三）劳动者严重违反用人单位的规章制度的；（四）劳动者严重失职，营私舞弊，给用人单位造成重大损害的；（五）劳动者同时与其他用人单位建立劳动关系，对完成本单位的工作任务造成严重影响，或者经用人单位提出，拒不改正的；（六）因劳动合同法第二十六条第一款第一项关于劳动者以欺诈、胁迫的手段或者乘人之危，使用人单位在违背真实意思情况下订立或者变更劳动合同，致使劳动合同无效的；（七）劳动者被依法追究刑事责任的；（八）劳动者患病或者非因工负伤，在规定的医疗期满后不能从事原工作、也不能从事由用人单位另行安排的工作的；（九）劳动者不能胜任工作，经过培训或者调整工作岗位，仍不能胜任工作的；（十）劳动合同订立时所依据的客观情况发生重大变化，致使劳动合同无法履行，经用人单位与劳动者协商，未能就变更劳动合同内容达成协议的；（十一）用人单位依照企业破产法规定进行重整的；（十二）用人单位生产经营发生严重困难的；（十三）企业转产、重大技术革新或者经营方式调整，经变更劳动合同后，仍需裁减人员的；（十四）其他因劳动合同订立时所依据的客观经济情况发生重大变化，致使劳动合同无法履行的。该草案还规定，有劳动合同法规定的五种情形之一的，无固定期限劳动合同终止，这五种情形是：（一）劳动者开始依法享受基本养老保险待遇的；（二）劳动者死亡，或者被人民法院宣告死亡或者宣告失踪的；（三）用人单位被依法宣告破产的；（四）用人单位被吊销营业执照、责令关闭、撤销或者用人单位决定提前解散的；（五）法律、行政法规规定的其他情形。

第二，工作内容。这是指劳动者为用人单位提供的劳动或完成的工作，包括工种和岗位、工作地点和场所。关于工作的数量、质量标准，若不宜具体规定，应作出原则性规定。

第三，劳动保护和劳动条件。劳动保护是用人单位对劳动者在劳动过程中的安全和健康所给予的技术措施和组织措施。劳动条件是为完成工作任务，由用人单位向劳动者所提供的、不得低于规定标准的必要的环境条件和物质条件。

第四，劳动报酬。这是指劳动者在完成规定的工作任务后，有权从用人单位取得的劳动收入，是用人单位主要义务在劳动合同中的体现。劳动报酬支付的形式有工资、津贴、奖金等。劳动合同应明确工资数额，津贴、奖金发放标准，支付的方式以及获取的条件等。

第五，劳动纪律。这是指用人单位为使劳动者顺利完成劳动任务必须遵守的规则和秩序，包括国家法律、行政法规规定的规则和用人单位按照合法的程序制定的内部劳动规则。

第六，劳动合同终止的条件。劳动合同终止的条件是导致或引起合同关系消灭的原因，包括法定终止条件和约定终止条件。合同期限届满、约定义务完成属于法定终止条件；双方当事人根据各自的实际情况，经与对方协商一致，将一定情形的发生作为合同终止的法律事实，当约定的事实出现时劳动合同自行终止，属于约定终止条件。

第七，违反劳动合同的责任。这是指劳动合同一方当事人违反合同规定的义务而承担的法律责任。劳动合同一经订立，对劳动者和用人单位即具有法律效力，任何一方违反劳动合同所规定的义务，均应承担相应的责任。第一，用人单位侵犯劳动者利益的情形及相应的责任。《劳动法》的第九十一条规定：用人单位有下列侵害劳动者权益情形之一的，由劳动行政部门责令支付劳动者的工资报酬、经济补偿，并可以责令支付赔偿金：克扣或者无故拖欠劳动者工资的；拒不支付劳动者延长工作时间工资报酬的；低于当地最低工资标准支付劳动者工资的；解除劳动合同后，未依照本法规定给予劳动者经济补偿的。第二，因劳动者原因导致劳动合同不能顺利行使，劳动者应承担的责任。《劳动法》第一百零二条规定：劳动者违反本法规定条件解除劳动合同或者违反劳动合同中约定的保密事项，对用人单位造成经济损失的，应当依法承担赔偿责任。因此，劳动者和用人单位必须在劳动合同中明确约定违反劳动合同的法律责任。

此外，2007年6月29日第十届全国人民代表大会常务委员会第二十八次会议通过、自2008年1月1日起施行的《劳动合同法》第十七条第七款，明确加入了"社会保险"的条款。①社会保险是国家通过立法建立的、对符合法定条件的劳动者在其生育、养老、疾病、死亡、伤残、失业以及发生其他生活困难时，给予物质帮

① 第十七条明确规定："劳动合同应当具备以下条款：（一）用人单位的名称、住所和法定代表人或者主要负责人；（二）劳动者的姓名、住址和居民身份证或者其他有效身份证件号码；（三）劳动合同期限；（四）工作内容和工作地点；（五）工作时间和休息休假；（六）劳动报酬；（七）社会保险；（八）劳动保护、劳动条件和职业危害防护；（九）法律、法规规定应当纳入劳动合同的其他事项。劳动合同除前款规定的必备条款外，用人单位与劳动者可以约定试用期、培训、保守秘密、补充保险和福利待遇等其他事项。"

助的制度。本条应明确双方当事人各自的社会保险缴费项目、缴费标准和缴费办法等。

2）劳动争议

（1）劳动争议的概念

劳动争议是指劳动关系双方当事人围绕劳动权利与劳动义务问题而发生的纠纷。劳动争议的范围大致包括以下 4 项：

第一，因企业开除、除名、辞退职工和职工退职、自动离职发生的争议。

第二，因执行国家有关工资、保险、福利、培训、劳动保护的规定发生的争议。

第三，因履行劳动合同发生的争议。

第四，法律、法规规定的其他劳动争议。

妥善、正确处理劳动争议，对发展良好、健康的劳动关系，维护劳动者的合法权益，保障用人单位生产任务的顺利完成，促进经济的发展具有极其重要的现实意义。近年来，随着《劳动法》的贯彻实施，劳动争议数量有上升的趋势，表明越来越多的劳动者和用人单位已经拿起法律武器保护自己的合法权益。但是，并非所有劳动争议都能通过劳动争议仲裁得到解决。由于《劳动法》适用范围的限制，相当一部分劳动者由于缺乏有效的法律途径，其合法权益仍在不断受到侵害。各地劳动保障监察机构应加大维权力度，严肃查处违反劳动保障法律法规的行为，并在全国范围内重点组织开展农民工权益保护等专项检查活动。

（2）劳动争议处理的程序

①协商。劳动争议发生后，双方当事人可以采用协商的方式解决争议，协商可以在劳动争议发生后，采取其他方式之前采用，也可以在采用其他方式过程中采取。但是协商解决劳动争议，必须符合法律法规的相关规定。

②调解。调解是企业内部处理劳动争议的基本方式，但不是劳动争议处理的必经方式。必须本着自愿原则进行，当事人是否向企业劳动争议调解委员会申请调解，可由争议双方自主选择。但是，如果一方当事人向劳动争议调解委员会申请调解，而另一方当事人却向劳动争议仲裁委员会申请仲裁，则劳动争议调解委员会无权调解。劳动争议发生后，当事人若申请调解，应自其权利被侵害之日起 30 日内，以书面形式或者口头形式向企业劳动争议调解委员会提出申请。经调解达成协议的，双方当事人应当自觉履行；调解不成的，当事人可以在规定的期限内向当地劳动争议仲裁委员会申请仲裁。

③仲裁。劳动争议发生后，当事人任何一方都可直接向劳动争议仲裁委员会申请仲裁。提出仲裁要求的一方，应当自劳动争议发生之日起 60 日内向劳动争议仲裁委员会提出书面申请。劳动争议仲裁委员会接到仲裁申请后，应当在 7 日内作出是否受理的决定。受理后，应当在收到仲裁申请的 60 日内作出仲裁裁决。仲裁委员会可依法进行调解，经调解达成协议的，制作仲裁调解书。仲裁调解书具有法律效力，当事人必须自觉履行。一方当事人不履行的，另一方当事人可向人民法院申

请强制执行。

④诉讼。当事人对仲裁不服的，可自收到仲裁裁决书之日起15日内向人民法院提起诉讼。对经过仲裁裁决，当事人向法院起诉的劳动争议案件，人民法院必须受理。人民法院一审审理终结后，对一审判决不服的，当事人可在15日内向上一级人民法院提起上诉。经二审审理所作出的裁决是终审判决，自送达之日起发生法律效力，当事人必须履行。

（3）中国劳动争议的新特征

随着市场经济和企业改革的逐步深入，劳动力市场日益活跃，劳动力资源在社会主义市场经济的有效调节下，进行了有效合理的重新配置和组合。劳动者与用人单位的关系发生了许多新的变化，失业、下岗、"跳槽"已成为频繁发生的经济和社会现象。与此同时，劳动关系的摩擦也日益增多，劳动争议急剧上升。当前，劳动争议存在以下特征：

①数量上升。集体劳动争议案件从2011年的6 592件上升到2015年的10 466件，增长近60%[1]。2019年集体劳动争议案件有所下降，为9 235件。劳动者申诉案件由2015年的784 229件上升到2019年的1 021 334件，增长30%，年平均增长近31%。[2]

②劳动争议原因呈多样化。

按劳动争议的原因划分，由劳动报酬引起的纠纷从2011年的200 550件上升到2019年的446 572件，增长2.2倍，年平均增长约25%；由社会保险引起的纠纷，同期从149 944件上升到149 966件，增长几乎可以忽略不计；由解除、终止劳动合同引起的纠纷，同期从118 684件上升到259 550件，增长2.19倍，年平均增长24%以上。[3]从增长率看，劳动报酬是引起劳动争议的主要原因，其次是劳动合同纠纷，最后才是社会保险纠纷。

在国有企业改革初期，有些单位领导把让职工下岗当作手中的权力。凭借印象而不是平等竞争，对谁的印象好谁就上岗；凭借关系，谁的关系硬，谁就上岗，即使是劳模、技术能手，如果没有社会关系也难逃下岗的厄运；利用下岗作为打击报复的武器，顺我者上岗，逆我者下岗；群众下岗，干部不下岗。上述现状的存在，严重侵犯了员工的合法权益，劳动争议增加。

③劳动合同争议出现了许多新的特点。一是不依法订立合同。不少用人单位不愿和职工签订合同，认为是个包袱，不愿受合同的约束。有的企业虽然订立劳动合同，但合同签订后不到劳动行政部门办理审查签证，也不发给职工。二是"霸王"合同导致了大量劳动纠纷的发生。目前，劳动力市场上劳动力供求信息不对称，许多用人单位，利用自身的强势地位，违反劳动法的有关规定，对职工提出苛刻条件，如恶劣的工作环境、过长的工作时间、工伤自负的约定等。三是任意违反劳动

① 中华人民共和国国家统计局.中国统计年鉴2016［M］.北京：中国统计出版社，2016.
② 国家统计局.中国统计年鉴2020［M］.北京：中国统计出版社，2020.
③ 中华人民共和国国家统计局.中国统计年鉴2016［M］.北京：中国统计出版社，2016；国家统计局.中国统计年鉴2020［M］.北京：中国统计出版社，2020.

合同。一些用人单位，尤其是私营企业和个体承包者拖欠和克扣工资，有的以实物抵冲工资，任意延长工作时间、节假日加班加点，却不给加班费；不及时交纳，甚至拒绝交纳养老金、失业保险金，使职工的权益受到极大的损害，用人单位与员工之间的矛盾加深。

④"跳槽"引起的劳动争议日益增多。在市场经济下，人力资源的自由流动是保证资源合理有效配置的前提。但一些员工受到利益的驱动，频繁"跳槽"，并带走原单位的客户资料、销售网络等商业秘密和专利技术，给原单位造成重大损失，为了减少利益损失，单位必然拿起法律武器。

（4）劳动争议的成因

①企业与员工法律意识淡薄，是产生劳动争议的一个主观原因。由于我国劳动者素质普遍不高，对劳动法律、法规缺乏相应的了解，不知道用法律武器来为自身的劳动规避风险，维护自身权益；而企业作为营利性组织，常常把劳动关系看作简单的商品买卖关系，漠视员工的权益，导致企业与员工之间难以融合，纠纷不断。

②片面追求经济利益，故意违反法定义务。一些企业为了追求自身利润的最大化，以牺牲员工的利益为代价，而地方保护主义使得一些地方监管部门袒护企业的违纪违法行为，加深了企业与员工之间的矛盾。

③劳动力市场监察失衡，难以制约违法侵权行为。随着劳动争议的不断增加，劳动监察部门受资金、人手等方面因素的限制，监察力度不够，不少地方劳动监察流于形式，对企业的非法用工行为视而不见，对职工的不法行为视而不见，使劳动违法违纪行为频繁发生。

3）劳动就业管理制度

2001 年 12 月 11 日中国加入世界贸易组织（WTO）。为履行入世承诺，在劳动就业管理制度方面，中国政府加大了改革和完善的力度。这主要表现在以下 4 个方面：

（1）完善劳动力市场建设。2009 年年末，全国拥有各级各类职业介绍机构37 123 家，其中公共职业介绍机构 24 921 家，全年公共职业介绍机构介绍的就业人数达 2 097.6 万人次。[①]全国大中城市和一部分县级城市（县城）都与中国劳动力市场网实现了联网，绝大多数城市实现了按季度发布职业供求分析报告。

事业单位聘用制度基本实现全覆盖，事业单位岗位设置管理制度进一步完善。2019 年工作人员聘用合同签订率超过 96%，岗位设置完成率超过 97%。[②]

（2）推进依法行政，维护劳动者合法权益。各级劳动保障部门转变职能，创新管理体制，维护群众利益。劳动保障立法取得新的进展，2003 年 4 月，国务院发布了《工伤保险条例》。接着，劳动保障部相继制定、出台了有关工伤保险、最低工

① 中华人民共和国人力资源和社会保障部. 2009 年度人力资源和社会保障事业发展统计公报 [EB/OL].（2017-10-31）. http://www.mohrss.gov.cn/SYrlzyhshbzb/zwgk/szrs/tjgb/201710/t20171031_280389.html.
② 中华人民共和国人力资源和社会保障部. 2019 年度人力资源和社会保障事业发展统计公报 [EB/OL].（2020-06-05）. http://www.mohrss.gov.cn/gkml/ghtj/tj/ndtj/202009/t20200911_385449.html.

资、集体合同、企业年金等方面的规章。2019年12月30日，国务院公布《保障农民工工资支付条例》，自2020年5月1日起施行。人力资源和社会保障部先后公布《职称评审管理暂行规定》《香港澳门台湾居民在内地（大陆）参加社会保险暂行办法》，废止了《社会保险登记管理暂行办法》，修改了《人才市场管理规定》《失业保险金申领发放办法》《外商投资人才中介机构管理暂行规定》《外商投资职业介绍机构设立管理暂行规定》4件部门规章。[①]迄今为止，全国各地都在制定或者完善劳动保障方面的地方性法规和规章制度。

（3）继续推进收入分配制度改革，规范收入分配秩序。企业工资收入分配宏观调控体系建设和工资决定机制改革积极推进。全国31个省（自治区、直辖市）建立了最低工资保障制度，其中绝大多数都建立了工资指导线制度，几乎所有的大中城市发布了劳动力市场工资指导价位，并逐步公布行业人工成本。此外，根据有关部门的要求，越来越多的企业建立了工资集体协商制度。

（4）加大调整劳动关系的力度，建立和谐稳定的劳动关系。

（5）建立健全人力资本体系，重视从国家层面开展人才队伍与人事工作建设。这方面具体包括实施政府特殊津贴、国家百千万人才工程，建立国家级专家服务基地，完善专业技术人员资格考试，鼓励专业技术人才参与知识更新工程，建立和发展博士后科研工作站（流动站）等。同时，培养"大国工匠"，职业院校（就业训练中心、培训机构）开展职业技能培训，开展国家级一类职业技能大赛，组织参与世界技能大赛等。

12.3　　　SA 8000：现代企业劳动管理新目标

中国加入WTO后，越来越多的企业融入国际竞争中。这必然要求企业按照国际惯例办事。目前，美国、欧洲一些国家开始强制推广SA8000（社会责任标准）认证，严格的劳工标准将对我国出口形成新的贸易壁垒。现代企业劳动管理的新目标是建设符合SA8000的企业，如何引起企业足够重视，并且积极应对，是政府面对全球化竞争必须承担的责任。

SA8000，即"社会责任标准"，是Social Accountability 8000的英文简称，是根据国际劳工组织公约、世界人权宣言和联合国儿童权益公约制定的全球第一个道德规范国际标准，于1997年10月公布。SA8000与ISO9000质量管理体系、ISO14000环境管理体系一样，皆是被第三方认证机构审核的国际标准，其宗旨是确保供应商所供应的产品，皆符合社会责任标准的要求。该标准适用于世界各地任何行业，不同规模的公司。目前，不少欧美国家企业已把SA8000标准作为进口产品的一个附加条件。我国越来越多的企业开始发布企业社会责任报告，但更多的企业将面临企业社会责任报告编写的挑战和急需建立社会责任管理体系的知识以及社会责任管理

---

① 中华人民共和国人力资源和社会保障部. 2019年度人力资源和社会保障事业发展统计公报［EB/OL］.（2020-06-05）. http://www.mohrss.gov.cn/gkml/ghtj/tj/ndtj/202009/t20200911_385449.html.

能力提升。

12.3.1　SA8000认证对企业的意义

这一国际标准规定了企业必须承担的社会责任，包括对员工工作环境、人身权益、健康与安全、机会平等、薪酬、工会权益等提出了最低要求，把工人的生产生活放在首位，实现员工与企业共同发展的双赢。最终可能发展成为一个覆盖道德、社会和环境等范围，像ISO一样的国际贸易标准。企业推行SA8000，可以规范企业日常管理，丰富、合理化经营目标。企业的目标不仅体现在财务报表上的盈利，更要关注整个社会的发展，关注劳工、关注环境，要把经济效益和社会效益，把短期目标和长远目标相结合，更要有全球观念。

SA8000认证对企业的意义主要在于：

（1）减少国外客户对供应商的第二方审核，节省费用。

（2）更大程度地符合当地法规要求，促进社会责任感。由于市场竞争和社会发展，企业再也不能独立于社会之外，再也不能只对股东负责，以利润最大化为唯一目标，应成为社会共同进步和发展的一个组成部分。企业持续盈利来自良好的社会环境，而社会环境的改善则进一步促进了企业的发展。因此，企业必须肩负起部分社会责任，完全遵照法律行事，在改善劳资关系、促进企业与社会共同发展上有所作为。

（3）建立国际公信力。SA8000要求企业经认证机构全面、独立的审核后，获得社会责任认证证书，这将是对该组织道德行为和社会责任管理能力最为有效的认可，使企业在国际上建立起相当的公信力，树立良好的信誉形象。

（4）使消费者对产品建立正面情感。消费者购买产品不仅仅是看价格和质量，往往还受对产品品牌认知的影响。一个负责任、遵纪守法的企业总是能够得到消费者更多的青睐。因此，树立良好的品牌形象十分必要，SA8000正是一个企业打造品牌形象，提升美誉度和知名度的有效手段。

（5）使合作伙伴对本企业建立长期信心。与ISO9000一样，该标准同样要求整个供应链上下游企业共同遵守，这就增加了企业之间的信任，减少了企业之间的交易成本。

SA8000认证对企业来说并不容易，且成本不低，但是其积极意义不容忽视。尤其是在贸易往来中，面临越来越多的新的贸易壁垒，如何绕过这些壁垒，首先，政府要引起足够的重视，进一步用法律法规规范企业的行为。其次，企业要自觉地按照国际惯例办事，否则就会在国际竞争中，遭遇麻烦和失败。在国际上，这方面的教训已有不少。例如，科特迪瓦是世界可可第一出口国，其中30%出口到美国。自2003年起，美国谴责科特迪瓦在可可生产中大量使用童工，并表示如果该问题不能解决，美国将停止从科特迪瓦进口可可。此后，科特迪瓦政府和可可行业做了大量工作，不仅在可可种植者组织内广泛宣传，同时根据国际劳工法制定了相关规定，不准雇用14岁以下的童工。虽然科特迪瓦政府在这方面做了大量的立法和监管工作，但任重道远。

12.3.2　SA8000对企业的要求

良好的劳资关系使工人对企业的发展产生责任感，能够提高员工满意度，可以最大限度地减少管理和监督成本；能够提高员工工作效率，生产企业可以大幅提升优良品率；可以减少员工跳槽频率，缩短员工自我提升的时间，使其尽快发挥企业发展的推动力量的作用。相反，劳资关系紧张，则会导致员工"消极怠工"，企业管理成本大幅上涨，生产浪费严重。SA8000在一定程度上体现了"以人为本"的理念，通过制定和推行严格的劳工标准，关注社会弱势群体，改善劳工在与资本相互关系中的不利地位。

该标准的主要要求：

（1）童工：不得使用或者支持使用童工。

（2）强迫性劳动：不得使用或支持使用强迫性劳动，也不得要求员工在受雇起始时交纳"押金"或寄存身份证件。

（3）歧视：不得因种族、社会阶层、国籍、宗教、残疾、性别、工会会员或政治归属等而对员工在聘用、报酬、培训、升职、退休等方面有歧视行为；公司不能允许强迫性、虐待性或剥削性的性侵扰行为，包括姿势、语言和身体的接触。

（4）组织工会的自由及集体谈判权利。

（5）惩戒性措施：不得从事或支持体罚、精神或肉体胁迫以及言语侮辱。

（6）工作时间：在任何情况下都不能经常要求员工一周工作超过48小时，并且每7天至少应有1天休假；每周加班时间不超过12小时，除非在特殊情况下及短期业务需要时不得要求加班；且应保证加班能获得额外津贴。

（7）工资：企业支付给员工的工资不应低于法律或行业的最低标准，并且必须满足员工的基本需求，并以员工方便的形式如现金或支票支付；对工资的扣除不能是惩罚性的；应保证不采取纯劳务性质的合约安排或虚假的学徒工制度以规避有关法律所规定的对员工应尽的义务。

（8）健康与安全：应具备避免各种工业与特定危害的知识，为员工提供安全健康的工作环境，采取足够的措施，降低工作中的危险因素，尽量防止意外或健康伤害的发生；为所有员工提供安全卫生的生活环境，包括干净的浴室、洁净安全的宿舍，卫生的食品存储设备等。

（9）管理系统：高级管理层应根据本标准制定公开透明、各个层面都能了解并实施的符合社会责任与劳工条件的公司政策，要对此进行定期审核；委派专职的资深管理代表具体负责，同时让非管理阶层自选一名代表与其沟通；建立并维持适当的程序，证明所选择的供应商与分包商符合本标准的规定。

【推荐阅读材料】（一）

"劳动力过剩"是一个伪命题

人们对劳动力短缺与过剩的判断，都是相对资本对劳动力的需求而言的。一个国家的劳动力实际上既不可能真正短缺，也不可能真正过剩，许多人没事做，必然是许多事没人做，有多少劳动者失业，就有多少资本失业。

在现实社会中，某些企业、某个行业或劳务市场上，劳动力出现一时的剩余或短缺是经济结构变化中不可避免的经济现象，而一个国家在国民经济整体上出现劳动力的剩余或短缺现象是政府错误政策的产物。如果劳动力呈现长期的过剩状态，则是国民经济发展战略严重失误的必然结果。人们面对农业部门积累的大量剩余劳动力和极为严峻的就业形势，不是认真反思政府在经济和社会发展上的方针、政策和战略方面的失误，而是把所谓的劳动力过剩归咎于人口理论和人口政策，企图通过所谓计划人口生育的数量来解决问题，这实际上是一误再误。根据以人为本发展观，人作为经济社会发展的主体，是看问题的出发点，短缺或剩余的只能是人以外的东西，怎么能是自己的劳动力？所以我们说，所谓劳动力过剩是主客体错位的糊涂观念，是一个伪命题。

资料来源　刘福垣. "劳动力剩余"是一个伪命题［J］. 中国人力资源开发，2008（12）.

【推荐阅读材料】（二）

富士康N连跳事件：关注新生代员工生存状态

2010年1月至5月间，富士康接连发生9名员工坠楼事件，引起公众强烈关注。就在"九连跳"事件的余震未消时，第13名员工也已纵身殒命，富士康被网民戏称为"赴死坑""死亡工厂"。这些跳楼身亡的富士康一线员工，多是来自农村的第二代民工，平均年龄20多岁。在富士康，一线员工除加班工资外的基本待遇只能维持在最低水准线，面临着巨大的生存压力。据报道，富士康要求员工签署自愿加班切结书，员工如果要辞职则必须支付畸高的违约金，被网友称其为比跳楼还可怕。N连跳事件使富士康深陷舆论漩涡，随即宣布基层员工加薪，引发了珠三角企业加薪潮和迁移潮的连锁反应。2010年7月，富士康部分工厂开始西迁成都和郑州，但随即爆出富士康大规模使用当地中专生作为实习生，获取"低成本劳工"。2010年10月，多地高校调研报告揭露富士康内部仍有大量滥用学生工、漠视职业安全隐患、私了瞒报工伤事故、强制加班并克扣加班费等违法违规的用工行为。

富士康N连跳事件，不仅折射出代工企业艰难的生存状态问题，也昭示了中国平民生存之痛。由于教育水平的提高，新生代民工自我意识增长，向往体面的工作，追求生活质量，需要更多更大的社会空间，但承压能力相对较弱，普遍面临着社保少、工资低、工伤多、加班多、争议多的困境。当他们遭遇富士康的低薪和高压、碎片化的生存无法承受后，或许纵身一跳成为解脱自己的最好出路。尽管跳楼接连发生，却始终不见政府的劳动执法和工会的维权行动，而沉默的员工怕丢饭碗，选择冷漠或是逆来顺受地承受这一切。笔者认为，富士康的应对措施不应停留于表面化和形式化的加薪、心理疏导或口头承诺，应采取一些实质性的措施，建立人文关怀的管理体制和工资集体协商增长机制。

从廉价用工中汲取利润的富士康遭遇中国劳动法的变革与敲打，从劳动法角度讲，富士康所谓的自愿加班切结书以及离职违约金的霸王条款可能因违反劳动法的强制性规定而被认定无效。而滥用学生工、私了瞒报工伤事故、漠视职业安全隐患等用工行为更是直接违法了劳动法。富士康超长时间的加班挤压了员工休息、交流和发展的空间，军事化的管理扼杀了员工的个性发展和人格尊严。员工累了，趴下了，也许就有了N连跳。

　　资料来源　任宝宣. 2010人力资源和社会保障十大劳动法案件〔EB/OL〕. (2010-12-31). https://www.clssn.com/html1/report/3/4776-1.htm.

【推荐阅读材料】（三）

三方机制

　　三方机制是近百年来在西方发达国家逐步形成并推广的一种社会关系和企业劳资关系的协调机制。三方机制在调解社会矛盾，解决劳资冲突方面发挥着重要作用。随着经济日益全球化，三方机制已推广到许多国家和地区，三方机制成为各国协调劳资关系、处理劳资纠纷的共同准则。我国作为国际劳工组织的成员，无疑应当使劳动制度，包括劳动争议处理制度尽可能地与国际通行的制度接轨。

　　三方机制应当由三方组成，即由代表政府的劳动行政部门、代表职工的地方总工会和代表用人单位的企业代表组织（中国企业联合会、企业家协会、商会等）组成。三方机制，实际上是一种平等对话的机制。政府、企业组织和工会组织三方的职能不能替代，各有侧重，相互独立，相互没有隶属关系，切实代表基层组织和会员的利益。

　　（1）政府代表。工会法中明确规定政府劳动行政部门是政府的代表。一直以来，我国参加国际劳工大会的政府代表也是劳动行政部门。由此可以看出，劳动关系三方代表中政府代表应该由政府劳动行政部门担任。

　　（2）企业组织代表。计划经济时期，全国各地建立了企业联合会（企业家协会），应该说该组织代表的是国有企业。随着新建企业的迅猛发展，企业所有制形式呈现多元化，企业组织形式也呈现多元化，民间的商会、个体经营者协会、青年企业家协会、女企业家协会等相继出现，作为企业方代表，它们都可以成为三方机制的一方。目前，在中央层面，还是由中国企业联合会作为企业方代表。

　　（3）职工代表。由于三方机制协商的是劳动关系方面的重大问题，如劳动就业、劳动报酬、社会保险、职业培训、劳动争议、劳动安全卫生、工作时间和休息休假、集体合同和劳动合同等。它超出了具体企业的范围，因此，代表职工参加三方机制的是各级总工会。

【推荐阅读材料】（四）

2013年《劳动合同法》修正案解读

　　十一届全国人大常委会第三十次会议表决通过了《劳动合同法》修正案，提高了劳务派遣单位设立条件，对劳务派遣中的"同工同酬""三性"岗位等规定进行了细化。此次修改共四条内容，分别是第57条、63条、66条和92条，都是关于劳务派遣方面的。

将第57条修改为："经营劳务派遣业务应当具备下列条件：

（一）注册资本不得少于人民币二百万元；

（二）有与开展业务相适应的固定的经营场所和设施；

（三）有符合法律、行政法规规定的劳务派遣管理制度；

（四）法律、行政法规规定的其他条件。

经营劳务派遣业务，应当向劳动行政部门依法申请行政许可；经许可的，依法办理相应的公司登记。未经许可，任何单位和个人不得经营劳务派遣业务。"

将第63条修改为："被派遣劳动者享有与用工单位的劳动者同工同酬的权利。用工单位应当按照同工同酬原则，对被派遣劳动者与本单位同类岗位的劳动者实行相同的劳动报酬分配办法。用工单位无同类岗位劳动者的，参照用工单位所在地相同或者相近岗位劳动者的劳动报酬确定。

劳务派遣单位与被派遣劳动者订立的劳动合同和与用工单位订立的劳务派遣协议，载明或者约定的向被派遣劳动者支付的劳动报酬应当符合前款规定。"

将第66条修改为："劳动合同用工是我国的企业基本用工形式。劳务派遣用工是补充形式，只能在临时性、辅助性或者替代性的工作岗位上实施。

前款规定的临时性工作岗位是指存续时间不超过六个月的岗位；辅助性工作岗位是指为主营业务岗位提供服务的非主营业务岗位；替代性工作岗位是指用工单位的劳动者因脱产学习、休假等原因无法工作的一定期间内，可以由其他劳动者替代工作的岗位。

用工单位应当严格控制劳务派遣用工数量，不得超过其用工总量的一定比例，具体比例由国务院劳动行政部门规定。"

将第92条修改为："违反本法规定，未经许可，擅自经营劳务派遣业务的，由劳动行政部门责令停止违法行为，没收违法所得，并处违法所得一倍以上五倍以下的罚款；没有违法所得的，可以处五万元以下的罚款。

劳务派遣单位、用工单位违反本法有关劳务派遣规定的，由劳动行政部门责令限期改正；逾期不改正的，以每人五千元以上一万元以下的标准处以罚款，对劳务派遣单位，吊销其劳务派遣业务经营许可证。用工单位给被派遣劳动者造成损害的，劳务派遣单位与用工单位承担连带赔偿责任。"

【本章小结】

在市场经济条件下，市场对劳动力资源的利用和配置不是万能的，在发挥市场的基础性作用的同时，政府如何利用其职能管理劳动力市场，已经成为当务之急。西方国家在长达200多年的市场经济发展过程中，逐步建立和完善了一套政府对劳动力市场结构和劳动力市场运行进行调节和干预的管理理论和实践，对我国具有重要的参考价值。我们要立足中国国情，认真研究中国的劳动关系及其在新时代的特征，以劳动关系管理为中心，改革劳动管理体制，完善劳动管理的法律、法规和制度，切实维护市场经济秩序，保护劳动者和用人单位双方的合法权益。

【关键概念】

劳动关系　劳动争议　政府劳动管理　劳动法　SA8000

【课堂讨论题】

借鉴西方劳动关系管理的经验，结合劳动关系的内容，分析我国劳动关系管理的现状，讨论改进劳动关系管理的措施。

【复习思考题】

1.简述政府对劳动力市场结构进行调节的内容。

2.简述政府对劳动力市场运行进行干预的内容。

3.劳动关系的基本内容有哪些？

4.我国劳动关系管理的重点在哪里？

5.SA8000认证对企业有何意义？政府对此应该有何作为？

【自测题】

1.简述失业保险的特点。

2.简述劳动争议在新时代的特征。

3.处理劳动争议的基本方法有哪些？

4.简述劳动法的基本内容。

5.劳动法调整的主要对象是什么？